내 사랑 마창노련

내 사랑 마창노련 하

초판인쇄 1999년 6월 25일
초판발행 1999년 7월 1일

발 간 마창노련사 발간위원회
발 간 인 이승필
글 쓴 이 김하경
펴 낸 이 조명희
펴 낸 곳 도서출판 **갈무리**
등 록 1994. 3. 3. 제17-161호

주 소 서울 강서구 화곡동 918-2호 인터시티오피스텔 601호
전 화 607-6851 / 팩스 : 697-0768

web page http://galmuri.co.kr
e-mail galmuri@galmuri.co.kr

ISBN 89-86114-23-2 04900
      89-86114-24-0 (전2권)

★ 잘못 만들어진 책은 바꾸어 드립니다.

내 사랑 마창노련

마창노련사 발간위원회
글쓴이 김하경

갈무리

1999

내 사랑 마창노련 (하)

제6장 민주노조 총단결(1993)

제7장 민주노총과 산별노조 건설을 향하여(1994)

제8장 마창노련 정신이여 영원하라(1995)

제9장 민주노총과 산별노조 시대로

제5장

다시 또다시 1992

1. 새로운 집행부 출범

허연도 의장 선출

1월 17일로 예정된 마창노련 제3차 정대의 성공적 개최와 사수를 위해 마창노련은 선전과 조직에 총력을 기울여 나갔다.[1]

그러나 대회 장소로 내정된 창원대학교에서 장소불허 방침이 통보되고 1992년 1월 17일 경찰이 또다시 마창노련 사무실과 가톨릭여성회관, 그리고 창원대학교 주변을 에워싸고 원천봉쇄하였다. 이에 마창노련은 장소를 경남대로 옮기고 대회 시작 3시간 전부터 미리 경남대에 들어와 대회 사수의 의지를 드러냈다.

이로써 마침내 1992년 1월 17일 마창노련 제3차 정대가 성사되었다. 1991년 9월 6일 무산된 이후 반 년 만의 대회 성사였다.

특히 마창노련 제3차 정대는 그동안 내정되었던 허연도 의장(마창노련 전 정책실장)을 만장일치로 선출함으로써 2년간의 지도부 공백을 극복하고 힘찬 도약의 첫걸음을 내딛게 되었다.

---

1) 「강력한 노학연대로 노동해방 그 날까지 힘차게 싸워 나갑시다!」(마창노련이 마창총협 등 청년학생에게 배포한 유인물, 2쪽); 「마창노련 정기대의원대회를 통해 무엇을 얻을 것인가?」(선전지침, 1쪽); 「마창노련 3차 정기대의원대회를 통해 어떤 결의를 모을 것인가?」(사전 조직화를 위한 토론 지침, 3쪽).

제3차 마창노련 정기대의원대회

1992년 1월 17일 경찰의 원천봉쇄를 뚫고 경남대에서 열린 마창노련 제3차 정기대의원대회.
이 날 대의원대회에서 대의원들은 허연도 정책실장을 마창노련 의장으로 선출하였다.

허연도 의장은 인사말을 통해 비록 7개월의 짧은 임기지만 최선을 다하겠다는 각오를 다짐하고, "이러한 임무를 수행하다가 구속되더라도 두렵지 않다"는 굳은 의지를 천명하였다. "노조는 투쟁 속에서 단련되고 발전된다. 따라서 당면한 투쟁을 회피함으로써 조직은 지켜지는 것이 아니라 오히려 썩는다는 평범한 사실을 가슴 깊이 되새기자"는 의장의 다짐은 오랫동안 지도구심 없이 떠돌던 마창노련 조합원들에게 큰 힘을 주고 활력을 안겨 주었다.

한편 마창노련은 새로운 집행부 출범과 때를 맞춰 사무실 이전을 결정하고 근 4년간의 오랜 지하생활을 청산하고 새로운 2층 건물로 이전하게 되었다.2) 그동안 마창노련은 전체 조합원에게 구체적, 현실적 어려움의 실체를 공개하고 새로운 사무실 마련과 누적된 부채청산

---

2) 사무실 개소식은 4월 17일 열렸다.

을 위해 조합원 '1인당 5천 원'을 '특별결의'하여 모금하였다.3) 마창노련의 지도력과 집행력이 약화되고 조직력의 심각한 침체에도 불구하고 마창노련에 대한 조합원의 긍지와 기대, 그리고 사랑이 얼마나 큰가를 잘 알 수 있는 실례라 할 수 있겠다.

(가칭) '한국노동당 건설 추진위원' 서명 파문

한편 제3차 정대에서는 1991년 말부터 '노동자의 정치세력화'를 놓고 갈등을 빚어온 정당과 노조와의 결합 방식 논의가 표면화되었다.

문제는 전노협 및 지노협 몇몇 임원이 1991년 12월 16일 발족한 (가칭)한국노동당건설 추진위원회(이하 '한노당')에 추진위원으로 서명하면서 '공식 직함'을 사용한 데 대해 이에 대해 '된다', '안 된다'로 나뉘어 찬반 양론이 불붙게 된 데서부터 시작되었다.

전노협 20차 중앙위원회는 격론과 휴회를 거듭한 끝에 합의정신에 따라 세 가지를 결정하였다.

하나는 개인의 정당활동(정치참여)은 직위 고하를 막론하고 규제하지 않는다. 또 하나는 전노협 및 지노협의 임원은 정치(정당)활동을 함에 있어 직책 사용을 하지 않고 개인 자격으로 참여한다. 마지막으로 전노협의 임원은 정당활동 참여시 대외적으로 이름을 사용하지 않고 공개적인(공공연한) 활동을 자제한다 등이었다.

그런데 위와 같은 전노협 결정사항에 대한 해석을 둘러싸고 '마창한노당'이 마창노련 제3차 정대에서 이의를 제기하고, "어떠한 경우든

---

3) 1991년 10월 28일 마창노련 운영위는 '특별결의'를 '사전'에 결의하고 12월 31일까지 모금을 추진하였다. 마창노련이 조합원에게 보낸 부채청산에 관한 '특별결의' 내용에는 부채총액 1천만 원과 새로운 사무실 마련을 위한 4,800만 원(40평형 지상 사무실 전세금 평당 120만 원) 등 총 6천만 원의 재정 내역이 상세히 밝혀져 있다. 마창노련 전체 조합원 1만8천 명 중 1만3천 명이 1인당 5천원씩 모금한 결과 사무실이 마련되었다.

정치적 이유로 임원자격을 제한하거나 특정한 정치적 입장을 포기 또는 소지할 것을 강요해서는 안 되며 정치활동의 자유를 보장해야 한다"고 강력히 주장하고 나섰다.[4]

이에 따라 정대는 격론 끝에 찬반 표결에 들어간 결과 찬성 49명, 반대 24명으로 '지노협 임원진과 집행위원까지 전노협 중앙위의 결의에 따른다'고 확정짓게 되었다.

그러나 2월 10일 한노당 추진위원으로 서명한 마창노련 운영위원들은 마창노련에 공개질의서를 보냈다.[5] 질의서는 "마창노련 정대 결정사항이 전노협 20차 중앙위 결정사항보다 훨씬 더 폭 넓고 강한 규제인데다가 전노협 결정사항을 정면으로 위배하기 때문에 잘못되었다"고 주장하였다. 그리고 "전노협 결정사항인 '자제한다'를 '정당활동을 안한다'로 해석한 것, '합의정신'을 '표결'로 몰고간 점" 등 몇 가지에 대한 해명을 요구하고 나섰다.

이에 대해 마창노련은 3월 27일 임대에서 '정당활동에 관한 안건'을 심의 토론한 후 질의서에 대한 답의 형식으로 제3차 정대의 결정사항을 다시 한번 재확인하였다. 다시 말해 "전노협 중앙위원회의 결정사항대로 한다. 그러나 세부적인 사항은 전노협 중앙위원회와 마창노련 운영위원회, 마창노련 대의원대회에서 해석한다"라는 전제하에 "마창노련 제3차 정대는 전노협 중앙위원회의 결정사항에 대한 적용범위를 임원 및 집행국장 선으로 결정한 바 있다"라고 재차 밝혔다.

---

4) 노동자정당 건설 마창추진위원회가 대의원들에게 배포한 「마창노련 제3차 정기대의원대회에 드립니다」(6쪽) 문건과 그에 따른 별첨자료, 「노동당건설 13문 13답」(6쪽).
5) 공개질의서 「마창노련 제3차 정대 석상에서 한 발언의 진위여부와 해명을 마창노련의 책임있는 기관에 요구합니다」(4쪽 문건, 1쪽 별첨자료).

2. 1·18 마창노련 연대투쟁

전투적 집행부와 대중의 진출

1991년 말부터 마창노련 대기업노조에 전투적 민주노조 집행부가 힘을 발휘하기 시작하면서 그동안 마창지역에 드리웠던 광범한 연대기피, 단위사업장 위주의 사업 편향들이 극복되고 계급적 연대의식이 싹트기 시작하였다.

세일중공업에서는 1991년 하반기부터 해고자들이 승소하여 속속 복직함으로써,6) 침체되었던 전투적 민주노조의 기운이 현장 안에서부터 서서히 고개를 들기 시작, 마침내 1991년 10월 25일 안준환 위원장과 김영조, 반금규, 황선엽 부위원장 등 새로운 집행부가 출범하게 되었다.

또한 효성중공업에서도 홍여표 전 위원장이 출소하고 해고자들의 출근투쟁이 격화되면서 현장조합원들의 투쟁의욕이 살아나기 시작했다.

대림자동차 역시 이승필 위원장의 출소와 동시에 대표권 시비가 불거져 연초부터 강고한 파업투쟁이 전개되었으며, 기아기공도 1991년 파업투쟁 이후 구속된 집행부 일부가 집행유예로 석방됨에 따라 그동안 간부의 구속과 노조활동 탄압 등으로 위축되었던 조합원들의 불만이 터져 나오면서 단협투쟁이 활기를 띠어 파업결의에까지 이르렀다.

이렇듯 마창지역에서는 전투적 집행부가 등장하여 조합원들의 투쟁열기가 치솟고 있었다.

---

6) 세일중공업은 단협 중 '징계위원회를 노사동수로 구성하고 가부동수일 경우 부결로 한다'는 조항 때문에 회사측이 징계회부 대신 직권해고라는 탄압을 자행해 왔다. 이로 인해 해고자들은 고등법원이나 대법원에서 승소판결을 받는 경우가 많았다.

이런 차에 울산 현대자동차노조에도 1991년 9월 3대 이헌구 위원장 및 새로운 집행부가 들어선 뒤 해고자문제, 성과금문제, 노조탄압 등 일상투쟁으로부터 조합원들의 투쟁이 촉발되어 승리를 쟁취하게 되었다.[7] 이에 고무된 현대자동차노조는 10월 28일 정대에서 연말상여금 투쟁을 결의하게 되었고, 이로써 성과금분배 투쟁의 서막이 올랐다.

현대자동차노조의 성과금 분배투쟁은 1991년 말부터 시작된 '30분 일 더하기 운동' 등으로 위축된 상황에서 터져 나왔기에 전국 노동자들로부터 뜨거운 성원과 기대를 한 몸에 받았다.

1월 14일 현대자동차 3만 조합원은 파업을 결의하고 본격적인 투쟁에 돌입하였다.[8] 이에 자본과 정권, 그리고 노동진영 전체가 촉각을 세우며 현대자동차 투쟁의 귀추를 주시하게 되었다.

이들 전투적 노조 집행부는 공통적으로 1992년 임단투를 본때 있게 잘해내겠다는 기대를 갖고 탄압과 침탈로 약화된 노조조직을 강화하는 한편 임투 때까지 막연히 기다리는 것이 아니라 일상투쟁을 통해 임투의 토대를 확보하고자 하였다.

반면에 그동안 전노협 창립 이후 알게 모르게 실리추구와 조합보전이란 명분을 앞세우며 투쟁을 회피하는 분위기가 지도부에 만연한 것

---

7) 현대자동차노조는 1대 이영복 집행부의 직권조인, 2대 이상범 집행부의 변신 등으로 집행부에 대한 불신이 많았다. 따라서 1991년 9월 출범한 3대 이헌구 집행부에 대한 조합원들의 기대와 의욕이 커지게 되었다. 이에 해고자의 구속과 고발 및 추석 상여금에 대한 불만으로 터져 나온 전 조합원의 잔업거부, 상용사업부의 행카추락에 대항하여 감행한 잔업거부, 공조회에서 지급한 불량도자기의 조직적 반품투쟁 등 일상투쟁을 통해 노조는 '회사측의 고소취하', '사측 부담 2만 원짜리 상품권 지급과 공조회의 민주적 운영약속' 등 승리를 쟁취하게 되었다.

8) 노조는 새벽 6시부터 오전 11시까지 회사측의 부당노동행위 및 단협위반과 관련하여 '쟁의행위에 대한 파업 찬반투표'를 실시하여 그 결과 22,824명(88.8%)의 찬성으로 파업을 결의하였다.

에 대해 의혹을 갖고 있던 조합원들은 전투적 집행부가 출범하자 전폭적인 지지와 막연한 기대, 그리고 뭔가 이룰 수 있다는 자신감을 갖게 되었다. 여기에 임금 등 경제적인 부분뿐만 아니라 노조탄압이라든가 생산현장에서의 통제강화 등에 의해 억눌렸던 현장조합원들의 누적된 분노와 불만이 분출하면서 민주노조사수를 위한 투쟁이 폭발적으로 전개되었다. 자본과 정권 역시 1992년 총선과 대선을 앞두고 폭발적으로 전개될 민조노조진영의 1992년 임투전선을 사전에 제압하기 위해 노동통제와 임금억제를 더욱 폭압적으로 자행하였다.

이리하여 1992년 벽두부터 총자본 대 총노동의 대립전선에는 일촉즉발의 긴장감이 감돌게 되었다.

1·10 효성중공업노조 파업투쟁 돌입

효성중공업노조(김성일 위원장)는 1991년 하반기 민주집행부가 출범하고 민주파 대의원이 대거 진출함에 따라 민주노조의 기틀을 확고하게 마련하게 되었다.[9]

10월 20일 효성중공업노조는 정대에서 해고자인 홍여표 전 위원장과 박강우 조합원을 노조 상근자로 결정하고 단협 체결권을 조합원총회에 두기로 결의하였다. 그러자 회사측은 집행부를 아예 교섭대상으로 인정하지 않거나 사소한 일상활동마저 사사건건 시비를 걸어 노조와 마찰을 빚었고, 해고자의 조합상근을 방해하기 위해 노조전임자 직책수당 지급 중단, 노조 여직원 노무부 소환 등을 자행하였다.

---

9) 1991년 7월 7일 출소한 홍여표 전 지부장이 8월 5일부터 출근투쟁을 시작하자 민주집행부에 대한 조합원들의 기대와 열망이 높아지면서 8월 21일 7대 노조 위원장 선거에서 민추위후보 김성일 위원장이 1차 투표에서 당선되고, 이어 10월 19일 대의원선거에서 전체 대의원 27명 중 민주파 대의원 20여 명이 당선되었다.

이에 집행부와 조합원들은 똘똘 뭉쳐 노조탄압분쇄투쟁을 전개하였다. 일부 간부들은 개별 간부를 상대로 한 회사측의 계속되는 회유와 협박에 흔들렸으나 해고자들은 12월 18일부터 매일 아침 1공장 정문에서 출근투쟁을 전개하였다.

해고자 출근투쟁은 마창지역을 비롯한 전국 곳곳에서 벌어지고 있었다. 회사측은 해고자의 현장출입을 철저히 봉쇄하고 동참 조합원들에게 압력을 가하기 위해 카메라나 비디오를 찍으며 감시하였고 이로 인해 처음에 조합원들은 선뜻 나서지 못하고 주저하게 되어 투쟁동력이 잘 붙지 않았다.

그러나 날이 갈수록 투쟁은 치열해지고 옷이 찢기고 피멍이 든 해고자를 바라보는 조합원들의 분노는 차츰 구체적 행동으로 나타나게 되었다. 그리하여 매일 열리는 중식시간 조합원 전체집회는 점차 투쟁열기를 더해갔다.

그러던 1992년 1월 9일이었다.

아침 일찍부터 평소와 같이 해고자들의 정문 출근투쟁이 벌어졌다. 그런데 전 같으면 간부들이 선동하면 멈칫하던 조합원들이 이 날은 선동하자마자 동력이 확 붙어 전례 없이 많은 조합원들이 한꺼번에 쏟아져 나왔다.

조합원들은 정문의 바리케이드를 두 번이나 무너뜨렸고 그 순간을 틈 타 홍여표 전 위원장은 1공장 후문을 통해 조합사무실로 들어갔다. 회사측은 노조사무실의 전기와 전화를 끊고 곧이어 50여 명의 관리자들이 노조사무실에 들이닥쳐 닥치는 대로 사무실 집기를 부수며 난동을 부리고 홍여표 전 위원장을 끌어내려 하였다. 이 몸싸움 과정에서 결국 홍여표 전 위원장 등 노조간부들이 들려서 회사 정문 밖으로 내동댕이쳐졌다. 회사측은 이 사실이 알려질 것이 두려워, 노조사무실이 있는 본관정문을 봉쇄하고 점심을 먹으러 오는 조합원들을 후문으로 출입시키려 하였다.

뒤늦게 노조 피습 소식을 전해듣게 된 조합원들은 분노하여 회사의 저지를 뚫고 노조사무실까지 곧바로 진입하였다. 폭력현장을 확인한 조합원들은 회사측 만행에 항의하여 즉각 중식과 작업을 거부하고 각 공장별 규탄집회, 노조사무실 앞 조합원 전체집회 등을 통해 '민주노조 사수, 노조탄압 분쇄'의 투쟁결의를 다졌다.10)

이렇듯 조합원들이 자발적으로 앞장서 작업거부에 나섬으로써 파업투쟁이 시작되었다.

1월 10일 오전 8시 30분, 1,400여 전체 조합원은 연수원 운동장 앞에 집결하여 노래와 구호를 부르며 비상총회를 개최하고, '비상투쟁대책위원회'를 구성하였다. 밤 11시부터 새벽 4시까지 회사측의 면담이 계속되었으나 회사측은 정상화 후 대화만을 주장하며 회유와 책임전가에 급급하였다. 이에 노조측은 분노를 그대로 표출하고 나오게 되었다.

1월 11일에도 조합원들은 노조사무실 침탈에 항의, 해고자도 조합원임을 당당하게 주장하면서 총회투쟁과 부서별 토론회, 풍물패 모집, 사수대 발대식 등을 통한 투쟁열기를 더욱 뜨겁게 달구었다.

대림자동차노조 대표권 쟁취 준법투쟁(태업) 전개11)

대림자동차노조에서도 1991년 12월 1일 이승필 위원장(마창노련

---

10) 노조간부들은 어쩔 줄을 몰라 당황하면서, 방향을 제대로 잡지 못한 채 조합원들에게 흥분을 가라앉히고 냉정해 줄 것을 요구하여 조합원들의 비웃음을 샀다. 결국 조합원들의 자발적인 파업투쟁으로 간부들도 철야농성에 들어갔다.
11) 대림자동차노조의 투쟁은 1991년 12월부터 시작하여 1992년 6월까지 계속되었다. 1단계는 1991년 12월부터 1992년 1월까지의 '대표권쟁취투쟁', 2단계는 총선투쟁을 전후한 '민주노조사수투쟁', 3단계는 총선투쟁 이후 6월까지 '민주노조재건투쟁'으로 나눌 수 있다.

부의장)의 석방으로[12] 이전부터 현장의 뿌리가 깊고 신뢰가 큰 위원장에 대한 조합원들의 기대가 엄청나게 커지게 되었다. 그리하여 조합원들은 1991년 한 해 동안 침탈된 조직과 투쟁력을 극복할 수 있다는 희망과 자신감에 부풀게 되었다.[13]

비록 '노조의 자주성'이나 '대표권'이 조합원들에게는 직접 이해관계가 멀고 돈과도 관계없는 사안이었지만 조합원들은 자신들이 신뢰해서 선출한 위원장에 대한 대표권은 당연히 인정해야 한다고 믿었다. 그리하여 1991년 한 해 동안 억눌렸던 조합원들의 분노가 폭발하면서 그야말로 조합원의 사기는 하늘을 찌를 듯 높아만 갔다.

12월 27일 4/4분기 1차 노사협의회에 맞추어 노조는 중식시간에 투쟁 선포식을 가졌다.[14] 그러나 회사는 끝까지 노조대표권을 인정하지 않으면서 노사협의회에 계속 불참하고 탄압을 멈추지 않았다.[15]

한편 1991년 12월 18일 조립1과에서 발생한 난방기 사건으로 회사측이 조합원 2명을 부당징계하고 부서원 60명 전원에게 무노동무임금을 강행하였다.[16] 이에 노조는 즉각 반발하고, 1월 6일 대표권쟁취 및

---

12) 이승필 위원장은 1990년 2월 23일 국가보안법 위반혐의로 3월 8일 구속되었다가 1년 8개월 만에 군산에서 만기출소하였고, 조현준 조직부장은 이승필 위원장 재판투쟁에서 앞장서 투쟁을 이끌었다는 이유로 5월 18일 구속되었다가 12월 5일 안동에서 출소하였다. .
13) 회사측은 1991년 2월 12일 옥중당선된 이승필 위원장을 전격 해고시키고 대표권을 인정할 수 없다면서 노사협의회를 비롯한 노조활동 일체를 부정했다. 조합원들은 "노조대표는 조합원이 인정하는 것이지 회사 마음대로 인정하고 마는 것이 아니다"라고 주장하면서 1991년 한 해 동안 민주노조를 '비상대책위원회' 체제로 힘들게 지켜 왔으나 8명의 지도부가 구속당한 노조의 지도력, 집행력은 취약해지고 패배적으로 변해가고 있었다.
14) 4/4분기 노사협의회의 노조측 요구는 '해고자(7명) 원직복직, 성과금(1991년 총매출액의 1%)지급, 작업환경 개선' 등이다.
15) 회사측은 12월 18일, 김윤수, 홍지욱, 고영태 등 3명에 대한 조합사무실 출입을 봉쇄하였다.

부당징계 철회를 위한 투쟁위원회(위원장 : 권대운 수석부위원장)를 구성하고 전 조합원이 철야농성투쟁에 돌입하였다.

특히 '전 공장 생산 50% 저하'라는 준법투쟁에 돌입하여 하루 820대의 오토바이 생산량이 절반으로 떨어지는 등 계속 태업을 강행하고 연일 중식시간에 본관 항의규탄투쟁을 전개하였다.

그러나 1월 10일 오후 5시경 회사는 급작스럽게 4/4분기 노사협의회 요구안 중 하나인 성과금을 12월 월급봉투와 함께 일방지급하였다.[17] 단체교섭은 거부하면서 단체교섭의 요구사항인 성과금을 지급한다는 것은 한마디로 노조와 조합원을 분열시키고 기만하는 책동임이 분명하였다. 노조 집행부는 "노조와 단체교섭을 통해 결정되지 않은 성과금 지급은 거부한다"는 방침 아래 상여금수령을 거부키로 결정하였고, 집행부의 결정에 따라 즉각 전 조합원은 상여금을 반납하였다.

이렇듯 대림자동차노조의 높은 단결과 투쟁의 원동력은 뭐니뭐니해도 지도부의 올바른 투쟁지도와 이에 대한 조합원의 전폭적인 지지

---

16) 12월 18일 난방 히터에서 유독가스가 새어나오자 조합원들은 심한 두통증세를 일으키고 잠시 바람을 쐬러 밖으로 나갔다. 그러자 부서장이 작업장 이탈로 트집을 잡았고 난방기 개선을 요구하면서 말다툼이 벌어지자 부서원 60명 전원이 자발적으로 라인가동을 중단하고 항의하는 사태가 발생했다. 회사측은 즉각 이상철, 신상태를 주동자로 몰아 12월 20일 징계위에 회부하였고, 부서 조합원들은 "2명을 징계하려면 조합원 모두를 징계하라"며 머리띠 매기, 현수막 걸기, 회사측 대자보에 대한 반박대자보 붙이기 등을 통해 해당부서원 전원이 현장순회 투쟁을 벌여나갔다. 그러자 회사측은 12월 30일 부서원 60여 명에 대한 무노동무임금 처리를 공고하고, 1월 4일 2명의 조합원을 정직 2개월에 처하였다.

17) 1월 10일 김해근 조합원(26세)이 선반작업 도중 대형사고가 발생하여 급히 병원 중환자실에 입원하였으나 의식을 찾지 못하고 중태에 빠지자, 회사측은 안전사고로 인해 조합원들의 분노가 거세질까봐 이를 무마하고 투쟁열기를 가라앉히기 위한 특단의 조치를 감행하였는데, 그것이 바로 상여금 100% 지급 사건이었다.

와 신뢰에서 나온 것임은 물론이다. 그러나 회사측은 1월 15일(8차)까지 한 번도 노사협의회에 참석하지 않으면서 한편으로는 고소고발, 구속수배 등 채찍전술과 또 다른 한편으로는 상여금 지급 같은 당근전술을 병행하면서 꾸준히 탄압작전을 감행하였다.[18]

기아기공노조의 단협 투쟁

기아기공 노조는 91 임투 이후 회사측의 집중탄압으로 인해 지도력 자체가 완전히 무너지고 30여 명의 간부들과 조합원들이 징계에 처하게 되었다. 징계자들은 출근투쟁을 계속했으나 노조의 힘이 약해 회사의 교묘한 지능적 탄압에 밀리고 있었다.

이에 계속 돌파할 기회를 찾고 있던 중 현대자동차, 대림자동차, 효성중공업에서 투쟁이 격화되자, 기아기공 조합원들도 자신감을 되찾아 투쟁의지를 높이기 시작하였다. 분위기가 점차 살아나자 노조는 1월에 시기를 맞춰 단협투쟁에 돌입하였다.

1992년 1월 8일 장초 위원장과 김윤규 부위원장 등에게 실형이 선고됨과 동시에 류창호 직무대행 등 지도부 일부가 집행유예로 석방되었다. 노조는 이를 기회로 석방동지 환영식 겸 중식집회를 통해 단체교섭 보고대회를 갖고 투쟁의 깃발을 힘차게 올렸다. 그러나 좀처럼 회사측과의 쟁점은 좁혀지지 않았다.

지도부는 결사항전의 의지와 태세를 갖추고 솔선수범하며 투쟁에 나섰고 조합원들도 지도부의 투쟁의지에 발맞춰 한걸음씩 쟁의결의를 향해 다가갔다.

---

18) 1월 14일 장정일, 김한주, 손희찬 등 3명에게 출석요구서 발송, 1월 16일 이승필 위원장과 조현준 전 총무부장 대상으로 '출입금지 가처분 신청서' 제출(정권은 이승필 위원장을 회사 밖으로 내몰기 위해 평소 3개월 걸리는 일정을 앞당겨 1월 24일 공판일정을 확정하는 치밀함까지 드러 냈다).

1·18 마창노련 연대투쟁의 쾌거

한편 현대자동차노조가 파업을 결의하자 즉각 회사측은 1월 15일 휴업조치로 맞섰고, 이에 노조는 공장 점거투쟁에 들어갔다.

150만 평 양정벌을 점거한 현대자동차 3만 조합원은 제도언론의 왜곡보도와 공격 속에서도 굴하지 않고 만여 명이 넘는 참여 속에 '이헌구'를 연호하며 '민주노조 사수가'를 소리높여 불렀다.

14개 정문과 노조사무실로 통하는 각 진입로에는 차량과 트레일러 빔, 대형 타이어로 쌓아놓은 바리케이드가 쳐져 있었다. 조합원들은 휴업조치에 관계없이 16일부터 출근하여 공권력과의 싸움을 준비해 나갔다. 특히 정방대와 사수대는 쇠파이프로 중무장하고 주변의 2천여 미터의 도로에 보도블럭을 깨어 투석전에 대비한 항전태세를 과시했다.

전노협, 현총련, ILO 전국공대위 등 전국 노동운동진영은 제도언론에 의해 왜곡된 현대자동차 사태의 진상을 언론에 알리는 한편 연대투쟁의 결의를 높여나갔다.

이렇듯 현대자동차노조가 파업투쟁의 기치를 높이 든 데 고무된 마창지역 노동자들은 더욱 전투적 힘을 발휘하게 되었다.

효성중공업노조는 1월 9일 노조사무실 침탈 이후 조합원 1,400여 명이 전면 작업을 중단하고 힘찬 파업투쟁을 벌이고 있었다. 그리고 대림자동차와 기아기공은 쟁의발생 결의를 코앞에 두고 투쟁의지를 다지고 있었다. 전면전의 기류가 흐르는 가운데 긴장된 나날이 계속되었다.

효성중공업 회사측은 파업 8일째인 1월 16일 일방적 무기한 휴업조치를 내리고 1월 17일 새벽 1시경 서울에서 홍여표 전 위원장이 강제 연행되었다.[19)

1월 18일 아침 7시경이었다.

효성중공업 정문 앞에 경찰병력 200여 명이 배치된 가운데 회사는 조합원들의 출근을 봉쇄하였다. 그리고 확성기를 통해 사전구속영장이 발부된 위원장, 부위원장, 조직부장에게 자수를 권유하였다. 철야농성 중이던 조합간부와 조합원 200여 명은 농성장에 신나를 뿌리면서 결사항전의 결의를 다졌고, 출근 조합원들에게 투쟁 동참을 호소하였다. 이에 600여 명의 조합원이 경찰병력의 저지를 뚫고 정문과 후문을 통해 회사 안으로 들어갔다.

마창노련 연대투쟁의 쾌거
1992년 1월 18일 아침, 파업농성을 벌이고 있는 효성중공업노조에 경찰이 투입될 조짐이 보이자 세일중공업(현 통일중공업)노조, 대림자동차노조 등 1,700여 명의 노동자들이 연대투쟁에 나서 회사 정문에 포진하고 있던 경찰병력을 쫓아버림으로써 마창노련 역사에서 또 하나의 빛나는 연대투쟁의 성과를 올렸다.

---

19) 경남도경은 서울로 형사를 급파하여 효성중공업 영등포지부 회의장에서 홍여표 전 위원장을 연행하였다. 경찰은 연행과정에서 두 손과 두 발을 포승과 족쇄로 묶어 비행기로 호송하는 어이없는 작태를 저지르기도 하였다.

한편 비상연락을 받은 세일중공업, 대림자동차, 기아기공, 한국중공업, 세신실업 등의 노조에서는 즉각 조합원 비상총회, 확대간부회의를 열고 대응책을 논의하였다.

대림자동차노조는 태업으로 정상조업이 이루어지지 않는 상태였고, 세일중공업노조는 민주노조 집행부의 출범으로 침체되었던 현장조합원의 투쟁의지가 살아나고 있었다. 또한 기아기공노조 역시 회사측에 의해 단체교섭 요구가 거절당해 1월 17일 대의원대회에서 쟁의돌입을 결의한 상태여서 투쟁의 기운이 시시각각 높아지고 있었다.

효성중공업의 공권력 투입 소식에 마창노련 조합원들은 즉각 연대투쟁의 결의를 높이며 달려나왔다. 세일중공업 700여 조합원과 대림자동차 600여 조합원은 출근하자마자 집결, 오전 10시 30분경부터 "공권력 철수와 노조탄압 분쇄"를 외치며 질서정연하게 대오를 맞춰 가두를 행진하면서 효성중공업 앞에 도착하였다.

노동자 1천5백여 명이 한꺼번에 밀어닥치자 경찰병력은 놀라 즉각 철수했으며, 회사 안에서 대치 중이던 구사대들은 본관 안으로 줄행랑 쳐버렸다.

1992년 1월 18일은 1989년 이후 오랜 만에 마창노련의 연대투쟁이 빛나는 승리를 쟁취한 날이었다. 이 날 효성중공업 조합원들의 사기는 하늘을 찌를 듯 높았으며 '노동자는 하나'임을 만천하에 알렸다.

이러한 통쾌한 쾌거가 알려지자 마창노련 조합원들은 '역시 마창노련!'이라는 탄성을 외쳤다. 마창노련 조합원들의 과감하고도 신속한 연대투쟁으로 효성중공업을 침탈하려던 공권력을 응징한 이 쾌거로 말미암아 1992년 투쟁의 서광이 밝았다.

세일중공업, 대림자동차, 기아기공 노동자들은 정문을 사이에 두고 효성중공업 노동자들과 함께 '노조탄압 규탄대회'를 가졌고, 퇴근 후에는 세신실업, 한국중공업, 대한광학, 화천기계, 기아기공 등 100여 명의 노동자들이 속속 집결, 효성중공업 정문 앞에서 규탄대회를 열고 투쟁기금을 전달하는 뜨거운 동지애를 발휘하였다.

졌지만 이긴 싸움

한편 파업 중인 현대자동차 조합원들은 살을 에는 듯한 혹독한 추위, 뚜렷한 방향을 제시해 주지 못하는 지도력의 한계, 고립무원의 투쟁이 주는 무력감, 잦은 비상출동에 지쳐 점차 파업대오에서 이탈해 갔다.

결국 1월 21일 현대자동차노조에 '퇴각!' 지침이 떨어졌다. 현대자동차노조의 퇴각이 전국 민주노조에 미친 영향은 지대하였다. 특히 마창노련의 연대투쟁은 현대자동차의 투쟁과 맞물려 시작되고 마무리되었기 때문에 그 파급력은 더욱 직접적이고 클 수밖에 없었다.

그동안 효성중공업노조는 1월 9일부터 20일까지 열흘이 넘도록 전면파업에 돌입했으면서도 투쟁 참가율은 80% 이하로 떨어져본 적이 없었다. 심지어 영등포지부에서도 창원의 투쟁에 대한 연대표시로 조합원들이 자발적으로 태업을 벌일 정도였다. 그만큼 효성중공업의 근로조건은 임금면에서나 기타 면에서 다른 사업장에 비해 열악했다.

그동안 조합원들은 싸우고 싶은 욕구는 쌓여 있었으나 치열한 투쟁의 경험이 없는데다가 투쟁의 지도력이 없음으로 해서 제대로 싸울 수가 없었다. 그러나 1992년 투쟁에서는 판이하게 달랐다. 조합원들은 "돈이고 뭐고 아무것도 필요없다. 어쨌든 콧대를 한번 꺾어 보자"는 분위기가 팽배했고 실제로 조합원들 스스로 도시락을 싸들고 파업에 참가할 정도로 투쟁열기가 대단하였다. 이렇듯 처음부터 효성중공업노조는 조합원들의 자발적인 투쟁의지에 떠밀려 싸움이 폭발적으로 확대되었다. 그러나 1월 9일 노조침탈 이후 간부들의 분위기는 고소고발 등으로 흔들리고 잔뜩 위축되었다.[20] 그리고 시일이 지날수록 간부 사이의 괴리가 커지면서 투쟁 동력이 점차 떨어지기 시작했다.

　그리하여 현대자동차노조의 퇴각소식이 알려진 1월 21일 밤, 회사측의 태도가 강경하게 돌변하자,[21] 1월 22일 노조는 농성해제를 공고하였고 회사는 1월 24일부터 정상조업에 들어갔다. 그러나 회사측의 끈질긴 협박과 회유로 결국 임원 및 간부 30~40명이 사직함으로써 효성중공업노조는 어이없게도 거의 백기를 들다시피하고 끝이 나고 말았다.[22]

　한편 기아기공에서는 쟁의발생 결의를 앞둔 1월 20일 부서별 간담회가 열리면서 투쟁의 순간이 다가왔다. 지도부는 현대자동차의 파업이 며칠만 더 버텨준다면 회사측을 밀어붙일 수 있다고 판단하고 결사항전의 결단으로 기아연구소 점거농성을 계획하였다. 노조는 강력한 투쟁 속에서 지도부를 정리해내는 것으로, 다시 말해 공권력을 투

---

20) 밖에서 조합원총회 프로그램이 진행되면, 간부 중 몇 명만 밖에 나와 있고 나머지 간부들은 조합사무실 안에 앉아 있었으며, 그나마 밖에 나온 간부들도 마이크를 안 잡으려고 피하기 바빴다. 또한 철야농성 때도 간부들은 사무실에 있고 조합원들만 추운 밖에서 떨고 있었다.

21) 효성중공업 투쟁으로 제3자개입 혐의로 수배된 여영국은 당시 상황을 다음과 같이 전했다. "효성중공업 싸움이 끝나기 하루 전날, 집행부가 다소 투항적이긴 했지만 굴복적일 정도는 아닌 상태에서 교섭을 계속하는 가운데 점차 회사도 초조해 하고 있어서 협상에서 뭔가 풀릴 것 같은 분위기가 형성되고 있었다. 그런데 밤 11시가 넘어 '현대자동차 자진해산'이라는 자막이 계속 TV화면에 나왔다. 그 정보가 교섭자리에 있는 회사측 사람들에게 들어가자 회사측은 정회를 신청하고 대책회의를 했다. 그 후부터 갑자기 태도가 강경하게 돌변하였다. 오죽하면 효성중공업 조합원들 속에서도 '하루만 더 버텨주어도, 하루만 …… 우리는 이렇게까지는 안 갔을 텐데 ……'하는 이야기가 나왔겠는가."

22) 김성일 위원장을 비롯한 6명은 22일 경찰에 자진출두하였고 이 중 3명의 간부는 구속되었다. 회사측은 32명의 고소고발 조합원 중 강제사직서 제출자에 한해 고소를 취하하고, 징계대상자 45명은 처리를 유보하였으나 이는 강제사직서를 받아 내기 위한 술책이었다. 결국 회사의 고소 협박에 못 이겨 위원장, 쟁의부장, 조직부장 등 임원 30~40명이 끝내 사직서를 제출하였다.

입시키게 만들어 그 속에서 지도부가 정리되는 것으로 싸움의 기조를
정한 것이다. 이런 결단의 배경에는 간부에게는 투쟁으로 조직한다는
올바른 지도력을, 조합원에게는 노조의 필요성을 인식시킨다는 목표
가 들어 있었다. 따라서 집행부는 그동안 확실하지 못한 입장으로 부
담만 주었던 간부들에게는 "싸움을 해라, 안하려면 사임하라"는 정리
방식을 택하게 하였고, 조합원들에게는 "노조가 필요하다면 무노동무
임금을 각오하고 따라 달라"며 잔업거부 동참을 호소하였다.

마침내 1월 21일 쟁발신고를 결의한 노조는 1월 22일부터 부분파업
에 돌입하였다. 조합원들은 출근과 동시에 조업을 거부한 채 사실상
파업을 시도하여 1공장은 조업률이 50% 이하로 떨어졌는가하면 2, 3,
4 공장은 조업이 완전 중단되었다.

그런데 1월 21일 쟁발결의와 1월 22일의 부분파업 사이에 현대자동
차노조의 퇴각결정이 내려졌다. 21일 만 해도 전전긍긍하던 회사측은
앞에서는 22일 '불법조업중단이 계속될 경우 직장폐쇄도 불사하겠다'
고 경고하면서, 뒤에서는 이게 마지막이라며 새로운 요구안을 제시하
였다.

노조는 1월 23일 조합원 임시총회에서 잠정합의안에 대한 찬반투
표를 실시한 결과 찬성 80.2%로 단체교섭을 마무리하였다.[23]

대림자동차노조의 파업투쟁과 대탄압

한편 대림자동차노조는 1월 21일 현대자동차노조가 퇴각한 이후 1

---

23) 장계성 부위원장은 숨막히게 긴박했던 당시 상황을 이렇게 전해 주었다. "기
   아기공은 현대자동차의 덕을 많이 보았지만, 그럼에도 지역에서 볼 때 아쉬
   움이 크다. 단 며칠만 더 버텨 주었더라면 대림자동차나 효성중공업노조 등
   지역 내 분위기들이 바뀔 수 있었을 것이다. 그렇다고 현대자동차노조가 처
   절하게 깨지는 것도 아니지 않는가."

월 27일부터 2월 1일까지 교섭촉구기간을 선포하고 시한부 정상조업을 실시하였다. 그러나 회사측은 탄압에 더욱 열을 올리고 노조의 일상활동뿐 아니라 노조출입마저 봉쇄하고 무노동무임금을 적용하였다.

이에 분노한 조합원들은 2월 10일 쟁발신고를 결의하였고 회사측도 즉각 2월 14일 이승필 위원장을 또다시 구속하였다.24) 조합원들은 중식시간 규탄대회, 전 조합원 잔업거부, 준법투쟁(마스크 쓰고 작업하기, 악질 관리자에게 편지쓰기, 명찰 안 달기, 현장에 풍선 달기 등)을 실시하고, 체력단련 등 태업을 실시하였다.

그러나 2월 18일 구속된 이승필 위원장을 면회하러 간 권대운 위원장 직무대행이 불법연행되어 하루 만인 2월 19일 구속된 사태가 발생했다.

파업결단을 위한 임시총회를 앞두고 바야흐로 대림자동차노조는 투쟁의 기로에 서게 되었다.

"80여 일간의 항전을 이대로 끝낼 것인가 파업으로 투쟁을 계속할 것인가"

회사측은 갖가지 방해공작과 협박을 가했으나 공장 밖으로 내몰린 해고자들은 정문에서 처절한 출근투쟁을 전개, 이마가 찢어지는 등의 부상을 입으면서도 하루도 거르지 않고 회사측의 노조말살 책동을 폭로하고 현장조합원들의 용기를 북돋으면서 민주노조사수투쟁에 온몸을 불살랐다.

일부 조합원들은 "현대자동차 투쟁이 무너졌으니 우리도 끝내야 하지 않느냐, 애초에 힘든 싸움이었고 현대자동차노조처럼 막강한 큰 조직도 깨지는 형편인데 700여 조합원밖에 안 되는 대림자동차노조가 어떻게 해나갈 수 있느냐"며 파업에 유보입장을 표명하기도 하였다.

---

24) 이승필 위원장은 당시 구속이 "1월 18일에 있었던 효성중공업 연대투쟁이 빌미가 되었다"고 말했다.

그러나 대다수 조합원들은 파업을 해야 한다는 입장이었다.

마침내 2월 28일 파업결의를 위한 임시총회가 열렸다. 회사측은 총회 장소를 원천봉쇄하고 참석 조합원을 막았으나 노조는 총회 장소를 민주광장에서 잔디밭으로, 식당 옥상으로, 다시 노조사무실로 옮기는 천신만고 끝에 마침내 임시총회를 열고 파업을 결의(82.6%)하였다.25) 민주노조 씨말리기 탄압에도 굴하지 않고 조합원들은 민주노조사수를 위해 당당히 투쟁의 길을 택한 것이다.

노조가 파업을 결의하자 회사측은 즉각 단전, 단수, 전화끊기뿐 아니라 아예 노조사무실 출입을 원천봉쇄하고, 특단의 조치로 무더기 징계와 해고를 단행하기 시작하였다.

그리하여 1992년 1월부터 3월까지 해고 18명, 정직 23명, 부당전보 발령 11명 등 총 52명에 이르는 조합원, 대의원, 간부 등을 징계하였는데, 이것은 전체 조합원의 10%를 훨씬 넘는 숫자로서 가히 상상을 초월하는 탄압이었다.

이렇듯 80여 일이 넘는 기나긴 투쟁 끝에 지도부와 노조간부 전원 등 60여 명이 공장 밖으로 내몰리게 되고, 노조사무실까지 회사측에 의해 봉쇄됨으로써 대림자동차노조는 존립 자체마저 위협받는 심각한 위기상황에 직면하게 되었다. 또한 현장에서는 회사측의 감시와 통제가 강화되었다.

이런 사태를 바라보면서 일부 민주노조운동진영에서는 "1992년 임투는 잘 안 될 것이다"라는 기우와 함께 마창노련에 대해 "전투적 노조운동은 안 된다"는 비판이 쏟아지기도 하였다. 이러한 배경에는 싸움의 결과만을 놓고 실패냐 성공이냐로 단순화한 평가가 자리잡고 있었다. 기아기공노조가 연대투쟁의 덕을 많이 본 데 반해, 효성중공업

---

25) 이승필 위원장은 2월 28일 변호사 접견을 통해 사임의사를 밝혔고, 긴급 조합원 임시총회는 사임서를 처리함으로써 6대 집행부는 막을 내리게 되었다.

노조와 현대자동차노조는 지도부의 전면 사직과 징계로 마무리되고, 더욱이 대림자동차노조는 대탄압으로 노조가 심각한 위기상황에 처하였다는 점 때문이었다.

그러나 싸움의 승패는 결과가 아니라 조합원들과 지도부가 어떻게 투쟁에 대한 의지와 신뢰를 더욱 강화할 것인가에 달려 있는 것이었다. 유례를 찾아보기 어려울 만큼 악랄한 탄압 속에서도 효성중공업과 기아기공, 대림자동차 노동자들은 굴하기는커녕 지도부와 조합원이 일치단결하여 끈질기게 투쟁을 전개하여 '투쟁정신' 하나만은 확실하게 각인시켜 주었고, "전투적 노조운동의 정신은 영원히 남는다"는 마창노련의 투쟁정신을 다시금 확인해줌으로써 일부의 기우와 비판을 말끔히 씻어 주었다.

이로써 겉으로 보는 결과가 아니라 투쟁의 내면에 흐르는 투쟁정신의 측면에서 볼 때, 1·18 마창노련 연대투쟁은 분명 졌지만 이긴 싸움이었다.[26]

3. 마창노련 총선투쟁

3·24 총선이 다가오고 있었다.

전노협 창립을 전후로 자본과 정권은 정확한 계산에 의한 탄압을

---

26) 「노동자의 항복선언인가, 대투쟁의 예고편인가? ― 최근 울산, 마창 투쟁의 진단과 92년 노동자투쟁의 전망」(대담 : 김승호, 문성현), 『노동운동』 1992년 2·3월 합본호, 70~92쪽; 「현자투쟁은 새로운 도약을 위한 시작일 뿐이다 ― 현대자동차 92파업투쟁 지도부와의 인터뷰」, 『노동운동』 1992년 4월호, 76~91쪽; 경남사회자료연구실, 「간담회 : 지역노동운동의 현황과 전망」(참석자 : 임영일 경남대 교수, 강인순 경남대 교수, 장계성 기아기공 부위원장, 홍지욱 대림자동차 해고자, 여영국 창원노동문제상담소 실무자, 1992. 3. 4), 1992. 4.

지속적으로 가하는 데 반해 민주노조진영은 기업별 노조체계의 한계 속에서 고립분산적인 대응만 계속하면서 적극적인 연대투쟁의 돌파구를 마련하지 못하고 있었다.

이에 마창노련은 정확하고 전체적인 정세 인식 속에서 대림자동차 민주노조를 사수하기 위한 특단의 방안을 고심 끝에 내놓게 되었는데, 그것이 바로 마창노련 노동자후보를 통한 총선투쟁이었다.

사실 1991년에 타코마노조가 마창노련을 탈퇴한 뼈아픈 경험을 되풀이하지 않기 위해 마창노련은 이번에는 총선이라는 합법정치 공간을 통해 대중투쟁을 활성화시키고, 이 투쟁동력을 토대로 대림자동차노조도 재건하고 1992년 임투승리로 이어가는 계기로 삼고자 하였다.

말하자면 1991년에는 타코마노조 투쟁과 광역의회 선거를 결합하지 못한 반면 1992년에는 대림자동차노조 투쟁과 총선투쟁을 결합하여 대림자동차노조와 마창노련 둘 다 사수해내고자 한 것이다.

대림자동차노조는 위기국면을 정치적 격변기를 통해 전환하여 타개하자는 다수 의견에 따라 총선투쟁에 나서기로 하였다.

마창노련 권대운 후보 출마

3월 2일 대림자동차 해고자 17명은 절박한 심정으로 경창상가 내 민주당 경남도지부 사무실을 점거하고 농성에 돌입하였다. 그리고 같은 날 대림자동차노조는 마창노련 운영위원회에 제안서를 발송하였다. 제안서는 노조의 절박한 상황을 타개하고 노조탄압을 저지하고 분쇄하기 위해 총선 국면을 적극 활용할 필요성을 강조하면서, 구속 중인 대림자동차노조 수석부위원장 권대운 후보를 마창노련 노동자후보로 추대해 줄 것을 제안하였다.

마창노련은 즉각 운영위를 소집하고 토론에 들어갔다. 그러나 그즈음 1992년 2월 14일 민중당의 노동자후보(삼미특수강 해고자 이학

용)가 창원 을지구에서 출마하기로 공천까지 마친 상태였기 때문에,
같은 선거구에서 노동자후보가 중복 출마하는 문제가 발생하게 되었
다.27) 이로 인해 3월 2일 마창노련 운영위원회는 찬반 양론의 격론에
휘말리게 되었다.

'92 총선에 노동자 후보 추대
1992년 3월 6일 마산 한우예식장에서 열린 노동자 후보 권대운 동지추대 대회.

　　결국 '총선방침에 대한 독자후보 방침'만을 세운 채 '대립제안서'
대로 할 것을 표결에 붙였으나 정족수 미달로 결정하지 못하였다. 다
음날인 3월 3일 열린 비상운영위원회에서도 역시 찬반 격론 끝에 표
결로 들어가 1명이 퇴장한 가운데 통과되어 마창노련 독자후보를 확
정하게 되었다.28)

---

27) 1992년 총선 당시 창원과 안산 등지에서는 민중당후보와 무소속 노동자후보
　　로 나뉘어져 출마하게 되었다. 뿐만 아니라 80년대 민주화운동에 함께 어깨
　　를 걸었던 민주인사 혹은 통칭 재야세력이 평민당이나 민주당 등으로 나뉘어
　　출마하는 바람에 그 혼란이 더욱 극심하였다.

다음날인 3월 4일 마창노련은 '대림자동차노조탄압규탄' 기자회견장에서 마창노련 독자후보 출마 방침을 공식적으로 발표하였다.

한편 그동안 표류하던 마창연합의 총선방침은 끝내 1992년 3월 7일 마창연합 임대가 성원부족으로 무산되었다.29) 이로 인해 권대운 후보는 전국연합 독자후보로 추대되지 못한 채 마창노련은 자체적으로 총선투쟁에 임하게 되었다.30)

대림자동차 민주노조사수투쟁과 총선투쟁

어둡고 긴 터널의 끝은 아직 보이지 않은 채 대림자동차 민주노조사수투쟁의 길 위에는 총선투쟁이라는 새로운 전망이 펼쳐졌다.

그러나 대림자동차 회사측은 조합원들의 총선투쟁 동조를 막기 위해 현장 안에서 조합원 개개인에 대한 감시와 통제를 강화하고, 외출·조퇴는 물론 잔업·특근·철야 강제에다 조금이라도 건수가 생기면 징계, 협박, 반성문 작성 등 공포 분위기를 조성하였다.31)

---

28) 결정사항 : '마창노련 독자후보를 낸다. 단 민중당과는 협력관계를 유지하고, 후보단일화를 포함한 선거연합을 적극적으로 협의한다.'

29) 마창연합 중앙집행위원회는 1992년 1월 20일 김용택 전교조 마산지회장과 문성현 지도위원을 전국연합후보로 추대하기로 하였으나 전교조 마산지회에서 김용택 후보전술이 부결(2/12)되고 문성현 지도위원의 사면복권이 걸림돌로 되면서 마창연합 독자후보 전술은 표류하였다. 결국 1992년 2월 28일 마창연합 정기대의원대회는 '독자후보 전술'과 '민주후보 지지지원 전술'로 나뉘어졌고, 각 가맹단체는 각각의 입장에 따르기로 하였다. 이에 마창총협과 민청 등은 민주당 지지로, 마창노련과 경노협은 독자후보 출마 준비로 일단락되었다.

30) 권대운 마창노련 노동자후보 약력 •1964년 창원군 진전면 출생(당시 28세) •가족으로 부인과 1남 •87년 대림자동차 입사, 노조 대의원(91년), 비상대책위 사무국장, 수석부위원장(92년) •1992년 2월 19일 구속, 마산교도소 수감 중.

31) 회사측은 그동안 실시해 온 피해자 구제 보상기금을 거출할 경우 징계하겠다

게다가 조합원을 대상으로 '제자리 찾기 교육'이라는 이념교육을 실시하였다. 그리고 3월 6일 '권대운 마창노련 후보 추대대회'가 열린 시간에는 강제 잔업과 철야를 실시하였다. 그러나 조합원들은 이러한 회사측의 방해와 감시를 뚫고 참석하는가 하면 후보자 등록에 필요한 추천인 700명의 서명 역시 조합원과 지역 노동자들의 성원으로 단 이틀 만에 완료하고, 1천만 원의 공탁금도 즉각 해결하였다.

이리하여 3월 10일 무소속후보로 등록한 권대운 노동자후보는 선거대책본부(이하 '선대본')를 구성하고 본격적인 선거활동에 들어갔다.

한편 대림자동차 해고자들은 3월 9일 민주당 농성투쟁을 해산하고 총선투쟁에 돌입,[32] 노조 재건에 밝은 희망을 갖고 민주노조사수투쟁에 대한 새로운 다짐을 되새겼다. "대림자동차 민주노조는 결코 쓰러질 수 없다. 우리의 투쟁은 지금부터 다시 시작이다. 연대투쟁의 함성으로 투쟁의 깃발을 힘차게 올려야 한다. 오늘도 공장 정문에서 눈언저리가 찢겨가며 싸우고 있는 동지들, 그리고 날로 강화되는 감시와 통제 속에서 분노를 삭여가며 일해야 하는 현장조합원 동지들에게 희망을 안겨 주자."

유세 및 선거 활동

창원 을지구에는 총 7명의 입후보자가 난립하였는데[33] 그 중 민자

고 위협하였고, 조합비 일괄 공제를 중단하고, 조합비 인출 요구조차 거부하고는 4월부터 임금을 현금카드로 간접지급하였다.

32) 정영안 삼미금속노조 전 사무국장이 1992년 3월 9일 위암으로 숨졌다. 고인은 87년 노동자대투쟁 이후 노조 사무국장으로 활동하면서 1988년 파업투쟁을 승리로 이끌기도 하였고 징계 해고에도 불구하고 누구보다 앞장 서 힘차게 투쟁하였다. 그러나 1991년 1월 공장폐쇄로 해고된 뒤 11월부터 심각한 위염으로 입원하였으나 1992년 1월 위암 말기로 판정을 받고 부산 고신의료원에서 치료 중 끝내 숨을 거두었다.

당(황낙주)이 당선 가능성이 가장 높았고, 국민당(서선호)은 민자당이
나 민주당을 지지하지 않는 야당표와 돈에 매수된 표를 모은다면 민
자당(황낙주) 다음으로 당선 가능성이 높았다.34)

마창노련은 준비 정도가 낮은데다가 마창노련 지지표가 민중당 심
지어는 국민당으로까지 나뉘는 등 전체적으로 야권표가 분열됨에 따
라 민중당과의 후보단일화를 위해 끝까지 노력하기로 하였다.

선전선동에서는 민주노조탄압에 대한 민자당 심판과 응징투쟁의
성격을 분명히 하면서 민주노조사수와 노동자계급의 올바른 정치세
력화의 방향을 제시해 나갔다.

3월 14일 1차 합동연설회(신촌 양곡국교), 3월 15일 2차 합동연설회
(가음정동 성주국교) 등에서는 조직동원율도 저조하였고 대림투쟁기
금도 잘 모금되지 않았다.

이러한 사태의 원인은 맨 처음 후보 출마에 반대한 사업장이 모금
과 선거운동에 전혀 참여하지 않은데다가 나머지 사업장 역시 1992
임투를 앞두고 소극적이었기 때문이었다.

그러나 이후 민중당후보가 출마를 하지 못하게 됨에 따라 권대운
후보 선대본은 민중당, 일꾼노동문제연구소, 지역 노동운동단체 등과
결합하여 지역순회조직을 가동하고 선전전을 감행하였다.

그 결과 조직적인 동원이 이루어져 3월 20일 창원대학교 민주광장
에서 열린 '꽃다지' 노래 공연에는 경찰의 철통같은 원천봉쇄를 뚫고
500여 명의 노동자가 참가하였다. 참석자들은 모처럼 투쟁열기를 힘
껏 뿜어 주어 선거투쟁에서 일정 정도 승리적 분위기를 만들어 내는

---

33) 민자당(황낙주), 국민당(서선호), 민주당(성종대), 신정당(강청웅), 민중당(이
학용), 무소속(제선수), 무소속(권대운) 등.
34) 현대정공 조합원 80%가 국민당원이고, 세일중공업 관리자를 포함한 현대 계
열 하청업체 상당수가 국민당에 가입하였다.

데 일조하였다.

3월 21일 마지막 3차 합동유세(반송국교) 이후 선거 막바지가 다가오자 마창노련 및 선대본은 투표참여 독려 등 마지막 선전전과 유세투쟁에 온 힘을 쏟았다.[35]

대림자동차 해고자들의 감동적인 출근투쟁

한편 민주당 농성투쟁 해산 이후 대림자동차 해고자들은 총선투쟁을 전개하는 한편으로, 아침마다 하루도 거르지 않고 출근투쟁을 전개하였다.

회사측은 관리직과 경비를 총동원해서 막는 것도 모자라 현대시스템 소속 청원경찰 10여 명을 배치, 무자비한 폭력으로 해고 동지들의 출근을 막았다.

3월 17일 수십 명의 관리자와 경비들에게 붙들린 김익태 안전대책부장이 주먹으로 머리를 강타당하여 그 자리에서 실신하자 이들은 실신한 그를 구두발로 짓밟기까지 하였다. 또한 같은 시간, 서동철 총무부장도 몰매를 당해 입술이 터지고 이빨이 흔들릴 정도로 폭행을 당했으며, 해고자 홍지욱은 카메라를 빼앗기고 필름을 탈취당했다.

분노한 조합원들은 3월 19일 노조탄압에 앞장서는 사장의 취임을 저지하고 퇴근해 버렸다. 그러자 사장은 관리직사원 전원을 식당에 모아 놓고 "이번 일을 확실히 하지 못하면 모두 회사를 떠날 각오하라. 모든 문제는 내가 다 책임지겠다"는 등의 발언을 서슴지 않았다. 또한 폭력관리자 및 경비들은 도리어 자신들이 피해자라면서 허위 진단서를 첨부하여 해고자를 경찰에 고소하였다. 그리고 자신들의 폭력행위를 감추기 위해 조합원들이 출근할 시간에는 잠잠하였다가 조합

---

35) 대림자동차투쟁 속보를 반송지역에서 배포하던 중 3명이 창원경찰서로 연행되었다 풀려나기도 하였다.

원들이 모두 현장에 들어간 뒤에 집중적으로 해고자들을 폭행하였다.

3월 24일 선거 결과

1992년 3월 24일, 마침내 투표일이 되었다.

개표 결과 권대운 후보 득표수는 총 3,595표로 집계되었다.

4월 1일 선대본은 창원가톨릭사회교육관에서 선거대책본부 해산식을 갖고 총선투쟁 경과를 보고하고 선거투쟁의 성과와 한계를 논의하였다.[36]

이 자리에서는 마창노련 내의 이견을 충분하게 수렴하여 통일적으로 모아내지 못하고, 대중적 공유가 부족한 결과 총선 전 과정에서 통일적 힘으로 대중사업을 펼치지 못한 한계가 지적되었다.[37]

4. 총액임금제분쇄 투쟁

총액임금제의 본질과 허상

92 임투는 1·18 마창노련 연대투쟁과 3·24 총선투쟁으로 인해 준비가 늦어진데다가 공투본이 구성되지 못하는 등 초반기부터 난항이 예고되었다. 여기에 덧붙여 정부가 총액임금제를 들고나오면서 1992년 임투는 총액임금제 저지 및 분쇄투쟁으로 급속하게 가열되었다.[38]

---

36) 3월 29일에는 문성현(본부장), 허연도(본부장) 여영국(조직국) 이혜자(정책실) 박성철(사무장) 박철수(선전국) 등 6명과, 참관 2명 등 총 8명이 참가하여 선거대책본부 활동을 평가했다(권대운 노동자후보 선거대책본부, 「권대운 노동자후보 선거대책본부 평가」, 1992; 대림자동차노조, 『총선투쟁 평가서』, 1992.)

37) 선거대책본부 재정보고에 의하면 1992년 4월 6일 현재 남은 부채액이 총 15,458,740원으로 집계되었다.

그동안 정권과 자본은 전노협 창립 이후 '한 자리수 임금인상' 등 직접적 임금통제를 위한 온갖 탄압을 꾸준히 강화해 왔다. 그럼에도 1990년과 1991년 임금인상률은 각각 13.8%와 10.2%(노동부 통계)로 나타나 정권과 자본이 애초에 의도한 임금통제 정책은 여지없이 무너지게 되었다. 더구나 기본급은 한 자리수 이내의 인상으로 묶어 둔 반면, 각종 수당과 특별상여금이 인상되거나 신설되어 통상임금 인상률보다 총 급여액 기준 명목임금 상승률이 높아지게 되었다. 특히 각종 수당의 종류가 무려 100여 개(노동부 집계)에 달하는 등 급여총액 중 기본급이 차지하는 비율이 60%에도 미치지 못하는 왜곡된 임금체계를 초래하게 되었다.

그러자 정권과 자본은 왜곡된 임금체계와 복잡한 임금체계를 단순화하고 기업규모별, 업종별 임금격차를 해소한다는 명분으로 1992년 1월 총액임금제를 제기하고 1992년 임금인상률을 '총액 기준 5%'로 설정하였다.

그러나 이는 겉보기의 명분일 뿐 그 저의는 노동자들의 임금을 억제하는 데 있었다. 말하자면 단기적으로는 임금인상을 억제하고, 장기적으로는 근속년수에 따른 연공서열을 중시하는 현행 임금체계를 앞으로는 '직무, 능력에 따른 성과급 체계'(연봉제의 전 단계)로 개편하여 저임금 체제를 구축하고자 하는 것이었다. 결국 총액임금제는 전체적으로 노동운동 탄압과 노조 붕괴를 가져올 것이 분명하였다.

국무회의는 2월 20일 총액임금제 적용대상 사업장을 우선 공공부

---

38) 총액임금제란 임금을 기본급, 수당, 상여급 등을 합산한 총액개념으로 파악하고, 임금교섭에서 각종 급여의 합산총액을 기준으로 인상률을 결정하고 이를 12개월로 나누어 지급하는 방식을 말한다. 우리 나라의 임금은 복잡한 요소로 구성되는데, '총액임금'이란 이 중에서 명목이 무엇이든 '지급금액이 사전에 확정되어 있는 모든 임금 구성요소의 총액'을 의미한다. 따라서 연장근로수당이나 성과분배적 상여금은 총액임금에서 제외된다.

문으로 확정 발표하였다. 그러자 3월 9일 공공부문 70여 개 노조가 즉각 공동기자회견을 열고 공무원 인금인상 내역을 폭로하면서 총액임금제를 사회적으로 쟁점화하였다. 여기에 정부가 3월 16일 '산업평화대책위원회'에서 총액 5% 대상업체를 1,434개로(마창지역 57개)로 늘려 선정 발표하자, 전노협은 3월 16일부터 3월 26일까지 대상노조 전 조합원을 대상으로 '총액임금제 철폐를 위한 서명운동'을 전개하였다. 그리고 3월 27일 총 315개 서명노조 명단을 공개하면서 대상노조 전체가 공동기자회견을 통해 공동투쟁 방침과 계획을 천명했다.[39]

이렇듯 전노협 및 민주노조진영뿐 아니라 한국노총과 각계 노동운동진영이 함께 들고일어나 총액임금제 분쇄 공동투쟁에 나서게 되었다.

1단계 총액임금제 분쇄투쟁 승리

전노협, ILO 전국공대위 등은 4월 10일 경희대 크라운관에서 205개 노조, 478명이 참석하여 '총액임금제 저지를 위한 노조대표자회의'를 갖고(마창지역 7개 노조, 13명 참석) 총액임금제 분쇄를 위한 전국 노조 대책위원회(이하 '총액대책위')를 구성하고 소집 책임자로 전노협 단병호 위원장 및 언론노련, 현총련, 관광노련 의장 등 4명을 선출하였다.

마창노련도 청송회와 마창지역 업종회의, 그리고 한국노총 금속노련 경남지역본부와 총액임금제 완전 철회와 생계비에 기초한 실질임금 쟁취를 위한 한시적 공동대응기구를 구성하기로 하고, 4월 27일 가톨릭사회교육회관에서 50개 노조가 참여한 가운데 '총액임금제저지를 위한 마산·창원노동조합대표자회의'를 구성하고, 3조직의 의장 3

---

39) 참가단체는 전노협, 언론노련, 건설노련, 전문노련, 사무노련, 병원노련, 지방공사의료원 노조협의회, 대학노련, 서울시투자기관 노조협의회, 호텔노조 등.

인을 공동대표로 선출하였다.

총액대책위는 깃달기, 현수막걸기, 서명운동, 공청회, 기자회견 등으로 총액임금제의 본질을 폭로하는 대대적인 교육선전활동을 전개하였다. 그리고 이를 토대로 4월 21일 전노협, 업종회의, 정부투자기관 노조들은 '총액임금제', '임금인상 5% 억제 책동'을 분쇄하기 위해 과천 노동부를 항의방문하고 궂은 비를 2시간 넘게 맞으면서 가두행진을 벌였다.

이렇듯 전국 노동자들의 들끓는 분노와 항의로 정부의 총액임금제 도입의 정당성이 부정되자 할 수 없이 정부는 4월 22일 총액임금제 적용대상 사업장을 '월 75만 원 기준 780개'로 축소조정하여 발표(명단은 미공개)하기에 이르렀다. 또한 정부의 강권적 개입(4월 15일을 시한으로 5% 이내 타결)에도 불구하고 정부출연기관 등 공공부문에서 대부분 '이면타결'을 통해 평균 14% 인상을 쟁취하게 되었다.

이로써 정부의 전면적인 총액기준 5% 이내 임금억제 관철기도는 사실상 좌절된 셈이었다. 그리고 총액임금제 분쇄투쟁 1단계는 노동운동진영의 승리로 장식되었다.

대한광학노조의 고용보장투쟁과 해산

대한광학(조합원 250여 명)은 1991년 6월 4일 파업에 돌입하여 20일간 파업투쟁을 전개한 끝에 6월 24일 임투를 마무리하였다. 그러나 7월 4일 위원장 등 3명이 구속되고,[40] 1991년 7월 아남정밀의 부도 이후 상습적으로 임금과 상여금이 체불되면서 대한광학 노동자들은 생계의 위협을 받게 되었다.

이에 1992년 2월 27일부터 창원공장 60여 노동자들은 고용불안과

---

40) 7월 4일 창원경찰서 출두 간부 12명 중 이태경 위원장과 유근운 조직부장 구속, 7월 11일 노조사무실 급습으로 신진섭 교육부장 구속.

체불임금을 해결하기 위해 상경투쟁에 들어가게 되었다. 대한광학 노동자들은 구로공단 서울공장 앞에서 출퇴근시 정문앞 집회, 1공단 구보, 유인물 배포, 현상수배 전단부착을 통한 나정환의 구속투쟁 그리고 관리인의 집무실 항의방문 투쟁을 전개하였다. 3월 16일에는 석방된 이태경 위원장을 비롯한 조합원 40여 명이 상경투쟁에 합류하기도 하였다.

그런데 3월 28일 새로 선임된 법정 관리인이 체불임금은 지급하지 않으면서 자진퇴사자를 모집하고 집단감원을 실시하자 노조는 강력 항의한 끝에 3월 31일 노사협의회에서 4월 말 이전 체불임금 지급 약속과 구속자 원직복직, 1991년 12월분 상여금 등을 쟁취하였다.

노조는 고용보장을 위해 회사와 교섭을 벌이는 한편 구로지역에서 장기투쟁 중인 백산전자(230일), 중원전자(80일) 노동자들과 연대투쟁의 깃발을 내걸고 고용안정 쟁취를 위한 결의대회와 가두행진, 그리고 5월 1일에는 대한광학 서울공장에서 3개 지역(인천, 성남, 구로) 노동절기념대회를 여는 등 강고한 투쟁을 줄기차게 전개하였다.

그러나 회사의 청산절차에 따라 끝내 대한광학노조는 해산되는 비운을 맞게 되었다.[41]

1992년 임투 교섭기와 준법투쟁

마창지역의 1992년 임투는 예년에 비해 한 달 이상 늦어졌다. 정부가 '총액임금 5% 억제'를 강권적으로 강제함에 따라 각 기업이 자율교섭에 나서지 못하고 정부의 눈치를 보며 의도적으로 교섭지연 작전

---

[41] 대한광학노조가 서울공장 점거농성투쟁을 전개하는 동안 회사측은 집단해고를 단행하였고, 그 결과 9월 15일 현재 30여 명만이 남게 되었다. 결국 10월 10일 후속모임을 구성하고, 11월 18일 상경투쟁(325일간)을 마감함으로써 대한광학노조의 투쟁은 사실상 마무리되었다.

을 펼쳤기 때문이다.

　실제 마창지역의 임금교섭은 한 달 이상 늦은, 4월 20일에서 5월 31 일 사이에 집중적으로 시작되었고[42] 이후 투쟁일정의 시기집중 방침도 지켜지지 않아 분산적으로 진행되었다. 게다가 각 노조들은 위험부담이 있는 사업을 최대한 피해가려는 경향까지 나타냈다.

　그러나 총액임금제 저지투쟁에 대해서는 광범위하게 필요성을 인식함으로써 전국투쟁의 축을 세워내는 데는 큰 힘을 발휘하였다.

　그동안 정부는 공공부문에 이어 민간기업과 대기업에 총액임금제 5% 이내 타결과 성과급제 도입을 강제하기 시작하였다. 그리고 자본측 역시 주춤거리던 초기와 달리 정부의 총액임금제 도입강제에 적극 협력하는 한편 정부의 '본때 보여주기'에 희생물이 되기 않기 위해 교섭을 지연하게 되었다.

　이로 인해 마창지역 쟁의발생 집중시기는 마창노련 운영위가 세차례나 일정을 연기하여 6월 10일로 최종 조정할 정도로 지연되어,[43] 실제 5월 하순에서 6월 20일 사이(57%)에 집중되었다.[44]

　따라서 5월 말까지도 총액임금제 대상 사업장은 노사의 공방이 팽팽한 대치전으로 전개되는 반면, 총액임금제 대상에서 제외된 사업장

---

42) 조사대상 33개 사업장의 1차 교섭시기는 4월 12개(35.3%), 5월 16개(47%), 6월 2개, 7월 이후 3개로 나타났는데 그 중 4월 20일에서 5월 31일 사이가 23개(69.7%) 사업장으로 가장 많았다. 세일중공업이 가장 빠른 3월에 시작하였고, 현대정공이 가장 늦은 9월에 각각 교섭이 시작되었다.

43) 쟁발시기는 4월 13일 10차 운영위에서 5월 초순경으로 잡혔다가 5월 11일 13차 운영위에서 5월 25로 연기되고, 6월 1일 15차 운영위에서 6월 10일로 재조정되었다.

44) 쟁의발생신고 날짜가 확인된 사업장은 총 21개로, 월별로는 5월 6개, 6월 8개, 7월 4개, 8월 이후 3개(8월 삼화기계, 10월 현대정공, 12월 기아기공) 등으로 나타났다. 세일중공업이 5월에 가장 빨랐고, 기아기공은 12월 1일로 가장 늦었다.

은 타결 기조로 흘러가게 되었다.

5·2 세계노동절 기념대회

1992년 5월 2일 오후 2시, 창원 체육공원에서 열린 세계노동절 기념대회는 예년과 달랐다.

마창노련 및 마창업종회의 등 민주노조진영 노동자만이 아니라 한국노총 소속 금속노련 노동자까지 어깨를 걸고 전 마창지역 노동자가 함께 합법적인 집회를 개최한 것이다.[45] 애초에는 마창노련만의 독자 집회계획에 따라 예년보다 1주일이나 빨리 준비작업에 들어갔으나 뒤늦게 마창지역 업종회의와 금속노련이 함께 공동주최함에 따라 논의

1992년 5월 1일 창원 체육공원에서 열린 '총액임금제 분쇄와 92 임단투 승리를 위한 세계노동절 기념대회'.

---

45) 대회 주최는 '총액임금제 저지 마창 노조대표자회의', 주관은 마창노련, 마창 업종회의, 금속노련, 후원은 마창연합 등.

과정이 길어지고 뒤늦게 '합법집회'로 바뀌는 바람에 구체적 계획과 전술이 마련되지 못한 채 시간에 쫓기게 되었다.

35개 노조에서 조합원 2천 명이 참석한 이 날 행사는 1부 본대회, 2 부 문화공연, 대시민 선전전으로 진행되었다.[46]

대회 현수막과 무대설치가 대회 분위기를 한껏 살려 주긴 했으나 처음맞는 합법공간에서 참석자가 모두 함께 할 수 있는 활동계획이 없어 질서가 없고 다소 산만한 분위기에서 진행되었다. 특히 연설내 용은 힘있게 투쟁결의를 다지는 연설이 되지 못하고 지루하고 형식적 인 내용으로 흘렀다.

그러나 2부 문화공연에서는 1부의 지루함을 만회하는 데 부족함이 없을 정도로 노래 선동극이 감동을 불러일으켜 참여자들의 열기를 북 돋아 주었다. 노동절대회의 내용을 문화공연이 살려주었다는 평가와 함께 문화공연을 자주 유치하자는 얘기가 나올 정도로 문화공연은 큰 호응을 얻었다.

대회에는 대림자동차노조 조합원 100여 명이 적극적으로 참여하여 투쟁 현황보고를 통해 회사측의 무법천지 탄압실상을 폭로하고 민주노 조 재건을 위해 총력투쟁할 것을 재다짐하는 결의의 장을 마련하였다.

1992년 노동절대회는 1차적으로는 노동자의 단결과 연대의 폭을 확대했다는 의의와 이후 총액임금제 분쇄투쟁에 힘을 쏟을 수 있는 계기를 마련했다는 성과를 거두게 되었다. 그러나 내용면에서 투쟁성 을 담보하지 못함으로써 마창노련은 앞으로 연대를 주도하면서 투쟁 을 기획, 금속과 업종을 견인할 수 있는 방안을 마련해야 한다는 과제

---

46) 애초 조직동원의 목표치는 5천여 명(운영위에서 조합원의 20% 조직동원 결 의)이었으나, 실제는 절반에도 미치지 못하였는데 이는 7개 노조가 휴무(휴 무 사업장에 대한 지침이 없었다)인데다가 대공장노조 참여율이 저조했기 때 문이다. 그러나 세신실업, 삼우산기, 대원강업, 한국중공업 등의 노조들은 지 침에 따라, 행진을 통해 조직적으로 대회에 참여하였다.

를 안게 되었다.

2단계 총액임금제 분쇄 총력투쟁 승리

노동절 투쟁 이후 전노협 및 총액 대책위는 5월 4일 2단계 총액임금제 분쇄투쟁 지침을 발표하고 5월 20일부터 총력투쟁에 들어갔다.[47)

마창노련은 마창연합과 공동으로 5월 19일 경남대에서 '민자당재집권 저지와 민주정부 수립을 위한 제1차 국민대회'를 개최하고 선전물 4천부를 가두에서 배포하였다.

이후 5월 20일 10개 노조에서 중식시간 결의대회 개최, 퇴근 후 각 지구별 단합대회를 통해 투쟁 결의를 모아 5월 23~24일 대구 경북대학교에서 열린 '영남노동자대회'에 참가하였다.

8개 지역 영남권 노동자 3,500여 명(마창 500여 명)이 참가한 대회는 전야제와 본대회로 나뉘어 진행되었는데, 특히 집회 이후 교문투쟁에서 대다수 노동자 사수대(마창지역 40여 명의 사수대)는 힘있게 돌파투쟁을 감행하였다. 비록 교문을 뚫지는 못했으나 시내에서의 힘있는 투쟁과 집단적 시민선전전으로 총액임금제 분쇄투쟁의 뜨거운 의지를 불태웠다.[48)

이렇듯 점차 총액임금제 분쇄투쟁의 분위기가 살아나면서 서울 지하철노조의 파업 찬반투표가 진행 중인 6월 10일 전후를 고비로 총력투쟁은 절정에 달하였다.

---

47) 전노협과 업종, 그룹별 대표는 투쟁의 시기집중을 조정하고, 5월 20일 전국적 준법투쟁, 이면 타결 거부, 총액임금제 완전철회 촉구, 자율교섭 보장, 성실한 교섭 촉구 등을 요구하였다.
48) 5월 29일 마창노련은 '총액임금제의 본질과 우리의 대응' 강연회를 개최하였다.

1992년 5월 24일 경북대에서 열린 '총액임금제 분쇄와 92 임투 승리를 위한 영남지역 노동자 대회'.

그리하여 세일중공업노조가 6월 11일 전면파업에 돌입하면서 마창 지역뿐 아니라 전국의 노조들이 속속 쟁발결의에 들어가 냉각기간 만료를 앞두고 파업결의, 준법투쟁 전개, 부분 파업 등 어느 때보다 전국이 총파업의 기운에 휩싸이게 되었다.

그러나 6월 17일 서울지하철 노조가 총액 5% 인상에 직권조인하고, 이어서 6월 19일 세일중공업에 공권력이 투입되면서 총력투쟁은 현실화되지 못하였고, 이로 인해 임투는 단위사업장 투쟁으로 개별화되고 7월 5일로 예정된 권역별 지역집회조차 무산되었다.

그러나 타결 결과를 놓고 볼 때 6월 19일 현재 전국 384개 타결 사업장 중 타결내역이 확인된 195개의 상당수가 총액 5% 이상으로 타결한 것으로 나타났으며, 정부로부터 불이익을 당할까봐 공개를 꺼리는 관계로 외형상 총액 5%로 타결했다고 보고한 업체들도 실제는 변칙적 방법 또는 이면 계약을 통해 인상률이 10~15%에 이를 것으로 추정되었다.

따라서 2단계 총액임금제 분쇄 총력투쟁 역시 노동자의 승리로 돌아가게 되었다.

5. 파업투쟁

세일중공업노조 파업투쟁[49]

세일중공업노조의 1992년 임금인상 및 단협갱신 투쟁은 3월 18일 출정식과 3월 28일 1차 교섭을 시작으로 본궤도에 올랐다.

가장 쟁점이 된 단협개정안은 '징계위원회' 조항 중 '해고조항'이었다. 노조측은 "가부동수시 하등급의 징계로 확정한다"로 되어 있는 현재안을 "징계위원 2/3 이상 찬성으로 의결하고 조합과 합의없는 해고는 불가하다"로 강화하여 개정하도록 요구하였다. 또한 임금인상 요구안은 기본급과 각종 수당을 합한 통상임금 기준 134,397원 인상으로 확정하였다.

노조는 투쟁위원회를 구성하고 전 조합원을 상황실의 3개 분과 소속원이 되게 함으로써 전 조합원이 주체로 나서 일산분란하게 움직일 수 있는 체계로 조직화하였다.

그러나 회사측은 불성실 교섭으로 계속 교섭을 결렬하고, 임금을 체불하거나 물량을 빼돌려 잔업을 중단하면서 고용불안까지 야기하였다. 회사측은 "통일교 문선명 총재의 방북으로 회사가 여신규제를

---

49) 경노협 김남수, 「투쟁현장에서」, 『노동운동』, 1992. 7, 113~116쪽; 『지역과 업종을 넘어 ─ 전노협백서 제4권』, 1992, 278~279쪽, 세일중공업노조의 '투쟁경과', '임, 단협 협상일정', '임.단협 협상현황' 이외에 마산지방노동사무소의 각종 보고 문건을 참고하였다.

받고 있기 때문에 돈이 없다"는 핑계를 내세우면서 1992년 임단투의 사전 열기를 꺾기 위해 임금 및 상여금을 체불하였던 것이다.

노조는 간부전원 본관 항의농성, 전 조합원 항의집회, 노조간부 전원 철야농성 등으로 맞섰다. 회사측은 즉각 무노동무임금을 적용하여 20시간분의 임금(4월 15~17일 작업거부 시간의 임금)을 삭감 지급하고 4월 28일 8차 교섭에서 처음으로 임금인상안(호봉 포함 5%, 호봉 제외 2.6%, 호봉 2.4%)을 제시하였다.

분노에 찬 노조는 "더 이상 참을 수 없다"면서 회사측이 새로운 수정안을 제시할 때까지 9차 교섭을 무기한 연기하고, 5월 7일 89.1%의 찬성으로 쟁의발생을 결의하였다. 이후 노조는 쥐잡기, 산재 방지를 위한 환경미화작업, 생산성 촉진을 위한 새노래 배우기, 민중가요 배우기, 족구대회 개최 등 다양한 방법으로 준법투쟁을 전개하였다.

결국 5월 14일 9차 교섭에서 회사측이 총액제 5%를 고수하면서 성과급제를 제의하자 이후 교섭은 계속 결렬되었고 노조는 5월 27일 파업을 결의(91.2%)하였다. 그러나 전노협의 2단계 총액임금제 분쇄투쟁 지침이 6월로 파업투쟁 시기를 집중한다고 결정함에 따라 세일중공업노조는 전국 투쟁일정에 맞춰 전면파업을 연기하는 대신 5월 28일부터 강도높은 부분파업과 시한부 전면파업을 실시하였다.

조합원들은 95% 이상의 출근율을 기록하면서 투쟁위원회의 지침에 따라 집회나 파업프로그램에 참여하여 투쟁결의를 높여 주었다.[50]

6월 10일 언론은 일제히 '안준환 위원장 외 7명의 사전구속영장 발부[51]와 '사내 위험물 수거 명목으로 압수수색영장 발부' 사실을 보도

---

50) 프로그램은 아주 다양하였는데, 전면 작업중단하고 생산성 향상을 위한 체력단련 시간에 족구 등 체육행사(5/29), 조합원 집회투쟁(5/30, 6/1) 후 귀가, 족구대회와 선거구별 토론회(6/1), 에너지 충전 명목으로 전 조합원 낮잠자기(6/3), 일부 부서 4,500명 조합원 작업거부(6/3, 6/4, 6/5), 부서별 대표자회의 및 협의체별 간담회(6/8) 등이다.

하였다. 노조는 공권력 투입에 대비한 결사항전의 전투태세를 갖추고 1, 2공장 정문 및 후문(3개문)을 철제상자 등으로 바리케이드를 설치하여 완전봉쇄하였다. 그리고 주요 서류를 회사 밖으로 옮긴 뒤, 식당 옥상에 합판으로 가건물을 설치하여 임시숙소를 마련한 뒤 노조의 주거점을 식당 옥상으로 이전 조치하였다.

마침내 6월 11일 오전 9시 조합원 2,500여 명이 참석한 전체집회에서 전면파업이 선포되었다.

세일중공업, 바리케이드 넘어 10일간의 파업투쟁

세일중공업노조는 파업에 돌입하자마자 즉시 사무직 사원들을 철수시키고 출입자를 통제하였다. 회사측도 즉각 "방위산업체의 점거농성은 불법이다"며 유인물을 배포하고 무노동무임금, 법적 제재조치, 손해배상청구 등으로 노조측을 압박하며 파업중단을 종용했다. 그리고 저녁이 되자 경찰병력이 회사주변에 배치되더니 출입구 완전봉쇄, 외부인 출입통제, 물품반입통제, 외부로부터의 일체의 지원을 막았다.

그러나 6월 12일 통근차가 운행되지 않아 출근시간이 1시간이나 늦어졌음에도 전날 밤 규찰 조합원 300여 명이 퇴근을 한 뒤를 이어 1,700여 명이 출근해 조합원들의 참여율은 대단히 높았다.

마창노련은 지역차원의 결의대회를 창원대학교에서 갖기로 하였다. 그리하여 '총액임금제 분쇄와 92 임투 완전승리를 위한 마창 노동자 결의대회'에는 800여 명의 마창 노동자가 참석한 가운데 세일중공업 투쟁을 지원하는 결의를 힘차게 다졌다.

이 대회는 마창 노동자들의 견결한 연대정신과 투쟁정신이 없고서는 성사될 수 없었다.

---

51) 6월 9일, 1공장 대운동장에서 열릴 예정이었던 신임 대표이사 취임식이 조합의 제지로 무산되자 회사측은 안준환 노조위원장 등 14명을 고소했다.

현대정공과 한국중공업 등 150여 마창노련 전 노조간부들은 원천봉쇄가 예상된 대회를 사수하기 위해 집단조퇴하고 일찍부터 창원대학교에 미리 들어와 집결해 있으면서 사전 결의대회와 교내행진을 통해 투쟁결의를 다졌다. 또한 마창노련 조합원들도 잔업을 거부하고 저녁 7시경 원천봉쇄을 뚫고 800여 명이 본 대회장에 속속 집결하였다. 이렇게 모처럼 원천봉쇄를 뚫고 대회를 성사시킴으로써 투쟁열기는 점차 고조되었다.

회사측은 6월 13일(파업 3일) 조업중단을 공고하고 공권력 투입을 요청하였다. 이에 노조는 비상식량(백미 10가마와 라면 150상자)을 준비하고, 각 출입문에 윤활유 각 5드럼과 지게차 2대를 추가 배치하고, 각 문 경비조에 오토바이 3대, 무전기 11대를 지급하고 상호연락망을 정비하였다.52)

그러나 경찰이 출근하는 조합원들을 막고 정문으로 통하는 길목마다 차량 검문검색을 강행하면서 철통같이 봉쇄하자 점차 조합원 참여율은 떨어지게 되었다.

이런 가운데서도 6월 15일 월요일 아침 조합원 250여 명은 한꺼번에 '우'하고 몰려가 경찰의 검문검색과 출입통제를 뚫고 농성장에 합류하여 농성자들의 사기를 한껏 높여 주었다.

창원시 상공회의소, 새마을운동 창원시지회, 바르게살기운동 창원시협의회, 창원시 여성단체협의회 등 각종 유관단체에서는 파업 반대 유인물이 시내 전역에 뿌려졌고 공중에서는 경찰헬기가 매일같이 저공비행으로 위력시위를 하였다.

점차 포위가 강화되었고, 정문마다 작업복으로 갈아입은 사복경찰들이 회사에서 나오는 조합원들을 강제로 연행하고 회사에 들어가지

---

52) 고무줄 새총 약 300개(탄알로 베어링 알 준비), 화염병 약 600여 개, 신나 등을 준비.

않겠다는 각서를 쓰게 한 후 풀어 주는 사태가 벌어졌다. 91%라는 압도적 결의로 파업에 돌입하였음에도 철야투쟁에 참가한 인원은 점차 150~200여 명으로 줄어들었다.

노조는 이제나 저제나 서울 지하철노조가 파업에 돌입하여 전국 연대투쟁의 분위기를 뜨겁게 달구어 줄 것을 은근히 기대해 왔다. 그러나 6월 17일 서울지하철노조가 총액 5% 인상에 직권조인한 사실이 알려지자 노조는 실망을 넘어 심대한 타격을 받게 되었다.

전국 총액임금제 투쟁전선은 급속하게 무너졌고, 전선의 선두에 홀로 남겨졌다는 부담감이 어깨를 무겁게 짓눌렀다. 농성대열은 점점 더 줄어들었고, 투쟁력은 급속히 약화되었다. 마지막 철야농성 인원은 겨우 60~70여 명만이 남았다.

세일중공업노조, 굴뚝 농성과 공권력 투입

노조는 결사항전의 강고한 결단을 내리고 30미터 높이의 보일러 굴뚝(굴뚝 넓이 4미터, 높이 23미터)에 올라가 농성을 시작했다.

회사 안으로 들어가지 못한 조합원들은 다각도로 회사 진입을 시도하였으나 경찰의 경계강화와 강제해산으로 매번 무산되었다. 지역신문에는 세일중공업 납품업체 명의의 호소문이 실렸고, 창원시장 명의의 담화문도 발표되었다.

마침내 6월 19일 새벽 전경차 27대가 포진하고, 페퍼포그와 크레인까지 동원된 가운데 헬기는 상공에서 계속 비행하며 공권력 투입을 시시각각 알리고 있었다.

그리고 새벽 5시 드디어 1공장과 2공장의 각 정문과 후문으로 경찰이 투입되기 시작했다. 경찰은 화염병에 의해 불탄 철제 바리케이드를 치우고 점거 중인 옥상건물 아래 쪽까지 진입했으며 30분이 지나자 점거 중인 옥상건물을 제외한 전 공장을 장악하였다.

세일중공업 굴뚝 농성투쟁
1992년 6월 11일 세일중공업노조(현 통일
중공업노조)가 전면파업에 들어간 가운데
3명의 동지가 6월 17일부터 30미터 높이
의 보일러 굴뚝에 올라가 농성을 벌였다.

　이제 회사 안에는 옥상건물과 굴뚝에 안준환 위원장을 비롯한 12명
만이 남아 경찰병력과 대치하였고 김영조, 황선엽, 백종선, 임종호, 임
수관 등 5명이 남아 있던 굴뚝 밑에서는 가족들이 핸드마이크로 내려
올 것을 설득하고 있었다.[53]

　한편 오전 11시경 진영규 전 노조위원장은 비상대책위원회[54] 및
조합원 100여 명과 함께 창원대학교에 집결한 후 2공장 후문으로 가
기 위해 일단 체육공원에 집결하였다. 그러나 300여 명이 집회를 여
는 순간 사과탄 20여 개가 터지면서 대열은 창원병원 앞에서 투석전

---

53) 노조는 공권력 투입을 앞두고 사전구속영장 발부자를 제외한 전 조합원들을
　　모두 귀가시켰다.
54) 비상대책위원회는 총무부장 김성규, 대의원 김정철, 대의원 정길재, 전 집행
　　간부 이용수, 성영길 등 5명으로 현 집행부와 협의하여 구성하였다.

과 가두선전전으로 변했고, 2공장 정문 앞에서는 일부 조합원이 출입을 막는 전경들과 심한 몸싸움을 벌였다.

바리케이드를 사이에 두고 회사측과의 1차 협상과 2차 협상(자전거 주차장)이 이어졌으나 회사는 여전히 총액 5%만을 주장하면서 단협의 최대 쟁점사항인 "징계위 노사동수일 때 위원장(회사대표) 결정권" 등 개악만을 주장하여 결렬되었다.

퇴근시간이 되자 공권력 투입 소식을 들은 마창지역 노동자들은 속속 세일중공업으로 들어가는 길목인 체육공원에 집결하여 공장 진입 투쟁을 전개하면서 격렬한 투석전을 벌였다. 9시경 가두투쟁이 종료되자 경찰병력도 철수하였다.

밤은 깊어가고 거센 비바람과 함께 폭풍이 세차게 몰아쳤다. 길고 긴 폭풍의 밤은 그렇게 흘러갔다.

그리고 다음날 6월 20일 회사측과 실무교섭 하기로 한 날이었으나 교섭 대신 1,200여 명의 백골단과 전경들이 쳐들어와 굴뚝과 옥상에서 농성 중인 지도부와 대치하였다.

마침내 오후 3시 30분경 굴뚝에서 농성하던 황선엽 부위원장, 임종호, 임수관 등 3명은 전날 밤의 거친 폭풍우와 계속된 투쟁으로 지친 상태에서 굴뚝을 내려와 연행되었다. 그리고 완강하게 저항하며 대치하던 농성 지도부 역시 대대적인 진압작전에 역부족으로 밀려 안준환 위원장을 비롯한 노조간부 9명 등을 포함하여 농성장에 남아 있던 12명 전원이 연행되고 말았다.[55]

이렇듯 세일중공업이 노사간 교섭 타결이 아닌 공권력의 폭력적인

---

55) 옥상 연행자 9명(안준환, 장인후, 홍상범, 심해수, 김종완, 손만수, 김덕민, 김만호, 김영규)과 굴뚝 연행자 3명(황선엽, 임종호, 임수관) 등 연행자는 총 12명이고, 1992년 12월 말 현재 구속자는 이호성, 안준환, 황선엽, 홍상범, 임종호, 심해수 등이다.

침탈로 파업투쟁이 중단됨으로써 이후 세일중공업에는 또다시 구속과 해고 대량징계 등 탄압에 대항하는 투쟁이 재연되었다.

마창지역 파업투쟁

세일중공업노조는 1992년 전국 총액임금제 분쇄투쟁의 선두에서 총대를 맨 사업장이었다.[56)

그럼에도 마창지역의 품앗이 연대투쟁은 지원방문조차 제대로 되지 않을 정도로 취약한 실정이어서 겨우 투쟁기금과 일일호프(6/13~14) 등 모금활동에 그쳤을 뿐이었다.

또한 '쟁의발생신고 사업장은 파업일정을 앞당기고, 쟁의행위에 들어간 사업장은 즉각적으로 파업에 돌입하여 연대투쟁을 조직한다'는 마창노련 운영위의 결의는 어느 한 곳도 지켜지지 않았다.

그리고 6월 19일과 20일 세일중공업노조에 공권력이 투입되고 12명이 연행되었음에도 창원대로에서 약 2~3시간 가두투쟁을 전개한 것 이외에는 이렇다할 강력한 공동투쟁을 전개하지 못했다.

세일중공업 조합원들은 해마다 되풀이되는 투쟁에도 불구하고 "싸워서 얻은 것보다 잃은 것이 더 많다"는 패배의식으로 인해 투쟁을 회피하려 했던 것도 사실이었다. 그렇다고 해서 "투쟁은 더 이상 안 된다, 이젠 얻을 건 얻고 타협할 건 타협하자"는 식의 노사타협의 목소리를 정당하다고 인정하지도 않았다.

노조는 이러한 조합원의 정서를 정확히 읽어내고 이를 올바른 투쟁으로 끌어올리기 위해 지도 집행부가 솔선수범하여 결사항전으로 대응하였다.

---

56) 마창민주노동자협의회 선전부장 서현진, 「품앗이 연대조차 힘들었던 세일투쟁」,『노동전선』, 전국노동단체연합, 1992. 9, 34~36쪽; 「단위사업장 및 주요 노동자투쟁」,『전노협백서 제4권』제2장·제7절, 284쪽.

따라서 누가 뭐래도 세일중공업노조의 투쟁은 전국 임투전선을 형성하고 총액임금제 분쇄투쟁의 중요한 축을 이어나갔다는 점에서 전국의 선봉투쟁으로 손색이 없는 투쟁이었다.

또한 세일중공업노조는 최대한 투쟁동력을 살려내면서 비타협적인 파업투쟁을 전개함으로써 마창 임투 분위기를 공세적으로 형성하였을 뿐 아니라 지역의 여타노조에게 유리하게 임투를 마무리할 수 있도록 기여하였다.

그 결과 세일중공업노조가 전면파업에 돌입한 6월 11일을 전후로 마창지역에서 파업결의 사업장이 속속 늘어나게 되었다.57) 그 중 산본노조가 6월 13일, 루카스노조가 6월 16일 각각 파업에 돌입하는 등 6월 초, 중반에 들어서 마창지역 임투는 불을 뿜기 시작하였다.

1992년 임단투에서 쟁의행위 결의사업장 14개 중 실제 전면파업에 돌입한 사업장은 10개인데, 그 중 세일중공업, 산본, 삼우산기, 루카스, 웨스트, 세신실업 등의 노조는 6월(60%)에, 화천기계노조는 7월에 각각 파업에 돌입하였다.58)

이렇게 6~7월(70%)에 파업이 집중된 것은 세일중공업 투쟁과 관련하여 전국 임투본이 2단계 총액임금제 분쇄투쟁의 총력투쟁 시기를 6월로 수정하여 시기를 맞추었기 때문이었다.

---

57) 파업결의 사업장은 범한금속(6/10), 세신실업(6/10), 삼우산기(6/13), (주)센트랄(6/15), 웨스트(6/18) 등이다.
58) 10개 전면파업 사업장은 세일중공업, 산본, 삼우산기, 루카스, 웨스트, 세신실업, 화천기계, 삼미특수강, 한국중공업, 현대정공 등이다. 그러나 삼미특수강, 한국중공업은 9월에, 현대정공은 11월에 각각 파업에 돌입하였다. 파업결의 율은 현대정공노조가 96.5%로 가장 높았으나 특기할 점은 93.3%로 높은 찬성률을 보인 대원강업노조가 파업에 돌입하지 않은 데 반해 가장 낮은 결의율(72%)을 보인 루카스노조가 전면파업에 돌입하여 40여 일간 강고한 투쟁을 전개한 것이다.

1992년 6월 13일 산본 노동자들이 수출지역 역내에서 가두시위를 벌이고 있다.

반면에 삼양전기(5/26 부분파업과 파상파업)가 6월 12일 타결되고 이어서 오성사(6/13), 산본(6/15), 범한금속(6/18) 등이 서둘러 마무리되었다. 이는 자본측이 마창지역의 선도적 노조인 세일중공업 파업투쟁의 여파를 줄이기 위해 신속한 타결을 서두른데다가 노동자들 역시 세일중공업노조의 투쟁 분위기를 최대한 공세적으로 활용하여 유리한 승리로 마무리하고자 한 결과라고 볼 수 있다.

또한 6월 19일 세일중공업에 공권력이 투입된 이후 (주)센트랄의 타결(6/24) 등 임투가 급속하게 타결된 곳도 있었으나 마창지역 임투는 6월 하순에도 사그라들지 않았다.59) 이는 총액임금제 대상업체들이 여전히 정부측 눈치를 보면서 불성실한 교섭과 지연작전으로 노동자들의 분노를 자아냈기 때문이었다.

---

59) (주)센트랄은 6월 15일 파업결의 후 잔업거부 등 준법투쟁의 수위를 높여 6월 24일 타결되었다.

그리하여 삼우산기노조(6/19)와 세신실업노조(6/22)가 각각 파업에 돌입하고, 화천기계노조가 파업을 결의(6/26)하는 등 세일중공업 투쟁의 불씨는 사그라들지 않고 여전히 영향력을 발휘하고 있었다. 특히 삼우산기는 같은 통일교 계열사인 세일중공업과 마찬가지로 '징계권 사수'로 인해 노조가 파업에 돌입하였기 때문에 더욱 그 귀추가 주목되었다.

삼우산기와 세일중공업 '징계권 사수'의 기로에서

삼우산기(조합원 330여 명)는 1991년 말부터 임금 및 상여금을 체불하여 항의농성과 집회 등 일상투쟁이 빈발하였다. 또한 1992년 들어서는 작업물량이 줄어 작업중단 사태까지 발생, 고용의 심각성은 날로 더해갔다.

이런 가운데 4월 11일 임단협 교섭이 시작되었으나 회사측은 적자경영의 책임을 노조에 떠넘기고 감원 및 공장 분할을 통해 해결하려 하였고 사장은 권한이 없다는 이유만을 내세워 교섭은 풀리지 않고 있었다(주요 쟁점은 임금 총액 5% 고수, 고용불안 문제 교섭기피, 징계권 회사측 환원 귀속 등).

여기에 회사측은 4월 22일과 5월 4일 1, 2차 희망퇴사자를 모집하고 부서별 명령휴가를 실시하였다. 분노한 조합원들은 출근투쟁으로 대응하면서 3교대 농성을 진행하였다.

힘든 상황에도 불구하고 조합원들은 아침, 저녁을 시래기국(우거지국)에 밥을 말아먹고 점심과 야식은 라면과 국수로 때우면서 장기농성투쟁을 벌여나갔다. 마창지역 해고자 가족모임에서 김치를 담궈 보내 주거나 세일중공업 노동자들의 격려방문 등 지역 노동자들의 지원방문이 이어지고 성의껏 모은 라면 등 지원품이 답지할 때마다 조합원들은 용기를 되찾고 승리를 다짐하였다.

그러나 5월 30일 쟁의행위 결의(94%)에도 불구하고 교섭은 계속 결렬되었고 세일중공업노조가 6월 11일 전면파업에 들어간 가운데 6월 13일 삼우산기노조도 파업을 결의(83.7%)하고 계속 사태의 추이를 관망하였다.

그러나 6월 19일 세일중공업노조의 공권력 침탈 직후부터 회사측의 태도는 완강하게 돌변하여 총액임금 대상사업장도 아닌데 총액기준 5%만을 고수하고 징계권의 회사측 귀속만을 되풀이 주장하였다.

결국 노조는 교섭석상에서 6월 19일 12시부로 파업을 선언하기에 이르렀다. 파업에 돌입한 삼우산기 조합원들은 출근율 90% 이상을 기록하면서 투쟁의지를 강화하고 모범적인 파업투쟁을 일사분란하게 전개하였다. 회사측은 "해볼 테면 해봐라"는 자극성 폭언을 일삼으며 세일중공업 타결 상황을 고려하라고 윽박지르고는 결국 6월 23일 직장폐쇄를 단행하고 조합원들의 파업투쟁 동참을 조직적으로 저하시키기 위해 상여금마저 지급하지 않았다.

그러나 같은 시간 세일중공업은 공권력 진압 이후 6월 24일부터 정상조업의 조건으로 회사측이 '1공장 가공부 기계반출, 신원보증서 재작성 요구, 진영규 회계감사 등 5명의 추가 고소고발' 등 끊임없이 탄압의 공세를 펼쳤다.

석방자들과 비대위는 6월 29일부터 민주당 경남도지부 사무실 점거농성에 들어가, 신원보증서 재작성을 거부하며 매일 창원대 집회, 1공장 정문 집회 및 출근투쟁을 전개하였다.[60]

---

60) 노조는 7월 2일 민주당경남도지부당사에서 임대를 갖고 교섭위원으로 수석부위원장 김영조, 부위원장 반금규, 사무장 김종완, 조통부장 신영철, 산안부장 오홍렬을 선출하였다. 참고로 지노, 「감독 32261 -」에 의하면 "6월 19일 오후 2시 안준환 위원장은 전화 및 녹음을 통하여 오홍열 산안부장을 노조위원장 권한대행으로 지명승계하기로 통보하였으며, 따라서 6월 20일 오전 10시경 창원 체육공원 또는 창원대학에서 임대를 소집하여 권한대행 지명을 추인

그 결과 노사협상이 시작되어, 노조측 교섭대표위원(위원장 직무대
행 김영조 부위원장)과 회사는 7월 5일 오전 10시부터 밤 8시까지 장
장 8시간에 걸친 교섭 끝에 잠정합의안을 마련하고 7월 9일부터 정상
조업에 들어가게 되었다. 그러나 노조측이 "징계위원회 가부동수시
위원장(회사 대표)이 결정권을 갖는다"는 회사측 개악안에 잠정합의
함으로써 징계권 문제가 큰 불씨로 떠오르게 되었다.

(1) 현행단협안 : 가부동수시 하등급의 징계로 확정한다.
(2) 노조요구안 : 가부동수시 하등급의 징계로 확정한다. 단 해고의 경우 2/3
　　　　　　　　이상 찬성으로 의결한다.
(3) 회사개악안 : 가부동수시 위원장이 결정권을 갖는다.
(4) 잠정합의안 : 가부동수시 위원장이 결정권을 갖는다.

이런 가운데 삼우산기 회사측도 교섭을 회피하고 있었다. 각 공장
마다 고용불안이 차이가 나다보니 조합원들의 출근율에도 차이가 심
해졌고, 이로 인해 조합원 사이에 갈등마저 일어났다.61) 노조는 조합
원간의 인식의 편차를 줄이기 위한 교육과 토론 등을 실시하고, 각종
프로그램을 통해 지친 조합원들을 위로하였다.

마창노련은 삼우산기를 비롯한 파업투쟁 중인 노조들간의 선전전,
족구대회 등을 열어 조합원들을 위로하고 용기를 북돋았다.

이런 가운데 세일중공업노조는 잠정합의안을 찬반투표로 처리하기
위해 7월 14일과 18일 두 차례에 걸쳐 조합원총회를 열었으나, 50여
명밖에 참석하지 않아 무산되고 말았다. 결국 노조측 교섭 대표와 회

할 것이라 함. 부위원장 김영조는 규약상 권한대행 승계자인 자신이 배제된
것에 대하여 반발하며 안준환을 비난하고 있음"이란 기록이 보인다.
61) 연덕공장과 제관공장 조합원들은 100% 출근한 데 반해 단조와 하우징 공장
조합원들은 40%만이 출근하였다.

사측이 합의한 잠정안은 끝내 조합원의 거부로 부결된 거나 마찬가지였다.

징계권이 노조에 있느냐, 회사에 있느냐에 따라 민주노조의 사활이 걸렸다 해도 과언이 아니었기에 조합원들은, 임금은 (다음해에 또 올리면 되니까) 양보할 수 있지만 징계권만은 지켜야 한다고 판단했다. 따라서 조합원들은 징계권을 회사에 넘겨주는 잠정합의안을 받아들일 수 없었던 것이다.

더구나 조업재개 이후부터 세일중공업에도 기계반출, 보직변경, 부분 휴가가 실시되면서 고용불안이 조성되고 있었다. 이런 고용위기 상황에서 집행부가 투쟁을 정당화할 수 있는 유일한 노동자의 무기인 징계권을 회사측에 넘겨준 데 대해 조합원들은 불신을 넘어 배신감을 느끼고 있다.

마창노련의 연대 지원투쟁

이즈음 마창지역에서는 삼우산기를 비롯하여 루카스(마창노련 탈퇴를 요구하며 회사측이 직장폐쇄, 노조간부 고소고발 등으로 탄압), 세신실업, (주)센트랄 등의 노조에서 장기파업이 진행되고, 화천기계 노조가 회사측 물량반출 기도에 대항하여 태업을 벌이고 있었다.

마창노련은 '요일 별 지원방문, 지지 대자보, 현수막 부착, 투쟁기금 모금' 등을 실시하였다. 그리고 6월 28일에는 파업 3사(루카스, 삼우산기, 세신실업)를 위한 친선 체육대회를 창원 올림픽공원에서 열고 열띤 경기를 펼쳤다. 또한 마창노련과 파업 3사가 함께 집단적으로 7월 2~4일 3일간에 걸쳐 대시민 선전전을 전개하였는데, 이 과정에서 경찰과의 몸싸움으로 유인물과 피켓팅을 압류당하기도 하고, 연행되었다가 훈방되기도 하였다. 또한 7월 3일, 6일, 7일 등 연이어 마창지역 파업 4사, 파업 3사 친선 족구대회를 각 노조를 순회하며 개최하여 투쟁으로 지친 조합원들의 심신을 땀으로 흠씬 씻어내기도 하였다.

그러나 40일 동안 흔들림 없이 파업투쟁을 전개하였던 루카스노조는 7월 10일 공권력 투입과 위원장 구속 등 회사측의 집요한 탄압에도 불구하고 현장복귀를 거부하며 투쟁을 지속하였으나, 마창노련·전노협 탈퇴 협박을 끝내 견디지 못하고 7월 25일 마무리를 지었다. 이로써 그동안 마창노련 가입 노조로 앞장서 활동해 온 루카스노조는 마창노련을 탈퇴함으로써 안타까움을 더해 주었다.

한편 7월 21일 전면파업에 돌입한 화천기계노조(위원장 장영동)는 7월 24일 본관 부사장실에서 '노조탄압 계획서'를 발견하였다. 이 문서는 노동부와 경찰, 회사가 합작하여 오랫동안 노조파괴를 위해 치밀하게 준비해 온 문서였다.[62] 뿐만 아니라 7월 27일에도 또다시 노조파괴 계획서가 발견되었다.

마창노련은 철저한 진상규명을 위해 마창지역 단체들과 함께 7월 30일 '화천기계노조 파괴 책동분쇄를 위한 마창지역 공동대책위원회'(이하 '화천기계 공대위')를 구성하고, 대시민 선전과 기자회견 등을 통해 진상폭로 활동을 전개한 뒤 8월 8일 화천기계 노사가 타결됨에 따라 해산하였다.

이렇듯 마창노련은 예년에 비해 더욱 어려워진 전국 임투상황 속에서도, 마창지역에서 총액임금제분쇄투쟁 전선을 형성, 유지시키고 위기상황마다 지역 공대위를 구성하여 연대투쟁을 조직하고 지원하였

---

62) 80매 분량의 이 계획서에는, 조합간부와 핵심조합원에 대한 상세한 성향분석과 노조활동 전반에 대한 일일보고서, 그리고 그에 따른 법적 대응방안, 노조간부와 몸싸움을 유도하고 이를 비디오로 촬영하여 고소·고발의 증거를 확보한다는 등의 계획이 구체적으로 나와 있었고 또한 「노조대응 지침서」에는 일정별 계획(즉 7월 27일 파업 주동자 고소·고발, 7월 30일 공권력 투입, 7월 31일 친 회사파 교섭위원 구성하여 타결 등)에 따른 일련의 시나리오가 세밀하게 작성되어 있었다.

다.

그런데 1992년 마창지역 임단투는 하반기까지도 끝나지 않고 이어져 일 년 내내 투쟁이 계속되었다.

7월 중순에도 한국중공업, 대원강업, 삼미금속, 동서식품, 한국화낙, 효성기계, 부산산기, 타코마, 삼미특수강 등에서 교섭이 진행 중인가 하면, 대림자동차(6/19 노조재건 후 임단투준비)와 기아기공은 8월에 임단투에 들어섰고 현대정공은 7월 10일 집행부 선거를 마치고 임단투 준비에 들어가고 있었다.

이렇듯 삼우산기의 파업투쟁이 힘겹게 진행되는 가운데 7, 8월에도 마창지역 임단투는 여전히 앞서거니 뒤서거니하며 진행되고 있었다.

한편 이런 와중에 7월 21일 마산교도소에서 양심수에 대한 무차별 폭행이 자행되었다.[63]

교도소측이 다음날인 7월 22일부터 시작될 예정인 전국 양심수들의 단식투쟁을 사전에 저지하려는 의도에서 폭행을 자행한 것이다. 40여 명의 구속 양심수들은 다음날 7월 22일 전국 양심수와 함께 '사상전향제 철폐, 국가보안법 철폐, 양심수 석방'을 요구하는 단식농성에 힘차게 돌입하였다.[64]

이에 마창노련은 구속자 가족 및 마창연합과 공동으로 '마산교도소 고문폭력 근절을 위한 대책위'를 구성하고 7월 23일 이후 매일 교도소 앞에서 '집단면회 신청, 소장면담 요청, 피해자 외래진료 실시, 진상규

---

63) 발단은 7월 21일 밤 1, 2사에서 3명(정춘범, 조춘래, 김승길)을 9사로 강제 전방시키려는 과정에서 교도소측이 무차별 폭행을 자행하자 이에 동료 양심수들이 항의하였고, 교도소측은 이들에게도 무차별 폭행을 가하여 세일중공업의 임종호, 백종선, 홍상범, 조호영, 손만수, 기아기공의 김윤규, 조병도, 조춘래, 서도수, 대림자동차의 최재우 등 38명의 부상자가 발생하였다.

64) 교도소측은 가족 이외 면회금지, 이승필, 조병도, 임종호, 김윤규, 김정호 등은 징벌방에 가두고 가족면회까지 금지시켰다.

명, 공개사과, 책임자 처벌' 등을 요구하면서 집회와 시위, 각종 진상
폭로 선전전 등을 벌였다.

신속한 대책위 구성과 연대투쟁의 결과 7월 27일 가족 및 대책위는
보안과장을 면담하고 '공개사과'와 구속자들의 단식해제 소식을 들은
뒤 투쟁을 마무리하였다.

삼우산기 공권력 침탈

세일중공업 조합원들의 잠정합의 반대에 고무받은 삼우산기 조합
원들은 다시 힘을 얻었다.

그러나 교섭석상에서 회사측은 '고용불안은 해소할 수 있으나 인사
경영권만은 반드시 찾겠다'면서 고용문제를 앞세우거나 고소고발을
무기로 계속 '징계위 노사동수 요구 관철'을 압박하였다. 심지어 회사
측은 '노사동수 철회 관철'을 고수하면서 "부도가 나도 좋다"는 협박
까지 서슴지 않았다.

회사측의 완강한 협박과 조합원의 고용불안 심리가 겹쳐지면서 조
합원 다수가 떨어져 나갔고, 의견이 갈라지기 시작 "어차피 줄 거 노
사동수 주자"는 주장이 다수를 차지하게 되었다. 거기다가 7월 27일
회사측은 기다렸다는 듯 위원장 등 4명을 고소고발 조치하였다.

7월 30일 마침내 집행부는 조합원 다수의 뜻에 따라 파업철회를 발
표하고 회사측에 '징계권 등 단협 개악안 철회, 3명에 대한 고소고발
즉각 철회' 등 4가지를 요구하였다.

그러나 회사측은 오히려 손해배상(조합간부 대상 28억7천만 원)을
청구하는 것으로 응답해 왔다. 그런가하면 노조측이 수정안을 내자
이를 거부하고 더욱 양보를 받아내기 위해 구속영장을 신청하는 등
기만책동을 그치지 않았다.

"생존권 사수, 고용안정 쟁취!"
교섭은 뒷전인 채 노조지도부 고소고발과 직장폐쇄를 일삼는 회사측에 맞서 결사항쟁을 벌이고 있는 삼우산기 노동자들. 사진은 1992년 7월 삼우산기 정문 앞.

결국 교섭 줄다리기 과정에서 노조측이 징계권을 회사에 귀속시키되 다만 "노조활동 관련 징계시 조합측과 협의한다"를 "합의한다"로 할 것을 요구하자 회사측은 이를 거부하고 "협의"만을 주장하여, 결국 잠정합의안은 타결 막바지에서 회사측에 의해 전면 백지화되었다.

이미 노조가 징계권을 회사측에 귀속시킨 이상 협의냐 합의냐를 갖고 꼬투리잡아 잠정합의안을 백지화시킨 것은 분명 회사측에서 파국을 유도하려는 의도된 행위임이 분명하였으며 장기화에 따른 책임전가를 노조에 떠맡기려는 술책이었다. 더구나 2선 집행부에 대한 추가 고소고발 운운은 회사측의 기만과 교섭을 결렬시키기 위한 사전에 치밀하게 의도된 교섭결렬 책동이었다. 노조측이 동지를 팔아 "합의"를 "협의"로 받아들일 수 없다는 것은 누가 봐도 뻔한 사실이었기 때문이다.

이렇듯 회사측이 노사자율 협상의 의지가 전혀 없다는 것은 며칠 뒤 사실로 판명되었다.

8월 21일 파업 64일, 새벽 5시 30분, 30여 명의 백골단과 경찰병력 2개 중대가 철야농성장을 덮친 것이다. 1992년 들어 세일중공업, 루카스에 이어 세 번째 침탈이었다. 이들은 15명을 연행하고 그 중 정재은 위원장과 이성민 부위원장 등 2명을 구속하였다.65)

그동안 생계문제로 파업농성장을 지키기 못했던 조합원 100여 명은 집행부 구속에 분노하여 8월 22일 자발적으로 출근하여 2선 지도부를 구성(이석군 위원장 직무대행)하고 "지도부가 구속되더라도 징계권을 사수하겠다"는 각오를 보였다. 그러나 권한대행 집행부는 생계보장을 위해 8월 24일부로 쟁의행위 해제조치를 단행하였다.

생존권 확보와 민주노조사수를 위해 64일 동안 가열찬 파업투쟁을 벌인 노조가 스스로 파업을 해제한 것은 투쟁의 역사에서 처음있는 일로서 그만큼 삼우산기 노동자들의 생계문제는 가정파탄에 이를 만큼 극한적 어려움에 처해 있었던 것이다.

그러나 8월 31일 노조가 '직장폐쇄철회와 정상조업'을 위해 쟁의행위 철회 신고서를 정식으로 접수한 바로 같은 날 오후, 회사측은 자재, 물량, 금형(단조, 프레스) 등을 반출하였다. 분노한 조합원들은 9월 1일 노동부를 항의방문하고 근로감독관, 지방사무소장 등을 면담하여 노동부가 회사측에 직장폐쇄철회 공문을 발송할 것을 약속받았다.

이렇듯 노조의 정상조업을 위한 다각적인 노력과 여론의 압력에 밀

---

65) 연행자는 위원장(정재은), 부위원장(이성민), 쟁의(장필), 교선(조성찬), 총무(이석군), 정방대장(홍성희), 대의원(유병규, 이준섭), 생대(박대성), 법규부장(한명우), 조합원 3인, 금성사 해고자(창원노동상담소 하태욱, 김성기) 등이고, 이 중 사전구속영장이 발부된 정재은 위원장과 이성민 부위원장은 연행 즉시 구속되고, 조성찬 교선부장과 장필 쟁의부장은 불구속으로 조사를 받았다.

린 회사측은 9월 7일, 노조의 쟁의행위 해제조치 15일 만에 직장폐쇄
를 철회하였다.

그러나 이 날은 삼미특수강이 전면파업 투쟁에 돌입하기 바로 전날
이었고, 시기적으로 볼 때 회사측의 직장폐쇄 철회는 삼우산기 조합
원이 마창지역 투쟁 분위기에 휩쓸리지 않게 하려는 한 방편이었을
뿐, 실제로 정상조업을 재개할 의도가 아니었음이 이후 여실히 밝혀
지게 되었다.

불패의 전사, 대림자동차노조

한편 '불패의 전사, 대림자동차노조'라는 말이 무색하지 않을 만큼
대림자동차노동자들의 투쟁은 장렬하였다.

총선투쟁에서 보여준 마창지역 동지들의 연대정신에 힘을 얻은 대
림자동차노조는 '민주노조를 포기할 수 없다'는 투쟁의지를 굳건하게
지켜 나갔다.

대림자동차 정문 앞에는 매일같이 출근시간, 중식시간, 퇴근시간
등 세 차례에 걸쳐 해고자들과 관리직, 경비, 청원경찰 사이의 몸싸움
이 일상적으로 벌어졌다. 회사측에 의해 무차별, 일방적 폭행으로 부
상당하고 쫓겨 나오면서도 해고자들은 들려 나오면 또다시 들어가고,
폭행당해 병원에 입원해 있다가도 붕대를 감은 채 다시 정문 앞에 나
타나 절대 꺾이지 않는 노동자의 깡다구와 집요한 투쟁의지를 유감없
이 보여주었다.

그동안 회사측은 현장조합원들에게 강제 이념교육을 실시, 감시와
통제를 강화하였고, 5월 4일 정직기간이 만료되어 복직될 예정인 대
의원과 핵심조합원 23명을 서울, 인천, 대구, 대전 등으로 전보발령까
지 하였다. 그러나 이들은 전보발령을 거부하고 해고자들과 함께 출
근투쟁을 감행하였다.66)

　이렇듯 끈질긴 투쟁은 5월 6일 현장조합원과 전보발령 거부자 13명으로 구성된 노동조합 정상화 추진위원회(이하 '노정추', 위원장 : 김성식)로 결실을 맺게 되었다. '노정추'는 5월 16일부터 노조정상화와 '총회 소집권자 지명'(소집권자 : 김평기)을 위한 조합원 서명운동을 전개하기 시작하였다. 회사측은 서명작업을 방해하기 위해 감금, 협박, 폭행으로 탄압했고, 이에 맞서 노정추는 퇴근시간이나 야간을 이용하여 물밑 서명투쟁, 조합원 1대 1의 치밀한 서명작업을 끈질기게 강행해 나갔다.

　또한 지역별 상황실을 운영하여, 통근버스나 거주지를 중심으로 서명을 받아 내고 서울, 대구, 광주 등지의 정비업소 조합원들에게까지 서명을 받아 내는 등 4일간에 걸쳐 밤낮 없이 치밀한 서명투쟁을 전개한 결과 마침내 총 조합원 672명 중 400명으로부터 서명을 받아 내, 5월 19일 창원시청에 접수시켰다.

　회사측은 관리직을 총동원하여 서명 조합원들에게 강압에 못이겨 서명했다는 자술서를 강요했으나 조합원들은 "자술서를 받으려면 내 손가락을 잘라서 받아 가라"며 당당하게 맞서 나갔다. 그러자 회사측은 비조합원과 비서명 조합원의 자술서를 날조하거나 조합원 도장을 도용하는 수법으로 200여 명의 자술서를 작성하여 5월 23일 창원시청에 접수하였다.

　조합원과 노정추 회원은 수차례 창원시청을 집단방문하여 거세게 항의하고 진상조사를 요청하였고, 그 결과 시청 직원이 직접 회사를 찾아와 면담조사 하려하자 회사측은 이를 묵살하고 기피했다. 마침내 5월 29일 창원시장이 결재를 함으로써 총회 소집권자(김평기 조합원) 지명을 무사히 받아내게 되었다.

---

66) 5월 18일 현재 한 해 동안 구속, 해고, 정직 등으로 현장을 떠났거나 다른 곳으로 옮긴 조합원 수만도 총 78명에 달했다.

　　6월 1일 오전 10시 마침내 노조사무실 열쇠를 회사측으로부터 인수받은 조합원들은 벅찬 감격으로 눈시울을 적시지 않을 수 없었다. 2월 회사측의 강제에 의해 노조의 문이 굳게 닫힌 후 실로 석 달, 90여일 만에 맛보는 승리였다.

　　중식시간에 열린 '총회 소집권자 지명 보고대회'는 관리직과의 몸싸움이 전혀 없는 가운데 열려 다시 한번 조합원들의 얼굴에는 벅찬 승리로 인한 감회가 서렸다.

　　마침내 6월 19일 조합원 임시총회에서 단독후보로 출마한[67] 김일용 위원장(김평기 수석부위원장, 남대휘 차석부위원장) 집행부가 선

결코 꺾일 수 없는 민주노조의 깃발
1992년 6월 1일 대림자동차노조 정상화 추진위원회는 피나는 투쟁으로 마침내 90여일 만에 노조 사무실을 되찾고 노동조합 재건의 기틀을 마련했다.

---

67) 6월 8일 후보등록 마감 결과 단독후보 출마로 결정되었는데 이는 회사측이 어용후보를 내세우려했으나 아무도 출마할 뜻을 비치지 않아 회사의 마지막 방해공작마저 수포로 돌아갔기 때문이다.

출(94.5% 지지)됨으로써 근 석 달 만에 노조는 정상화를 되찾고 빛나는 승리를 쟁취했다.

이는 1991년 12월부터 6월 19일까지 반 년 이상을 쉼없이 투쟁의 한길로 달려온 대림자동차 노동자들의 모범적인 투쟁정신과 연대정신이 일구어 낸 승리였다. 투쟁 속에 살아 숨쉬는 노동자들의 정신이 있는 한, 언제나 승리는 항상 노동자들 편에 서 있다는 것을 대림자동차노조 투쟁은 다시 한번 확인시켜 주었다.

6. 1992년 하반기 고용불안의 그림자

삼미특수강 노동자의 파업투쟁 배경[68]

삼미특수강(위원장 : 김진호, 조합원 3,200여 명)의 1992년 임단투는 6월 11일부터 시작되었다.

회사측은 무성의한 교섭과 불참 등으로 일관하더니 느닷없이 6월 19일(4차) 1/3 인원감원과 조직기구 축소계획을 유포하고, 7월 1일(8차)부터는 고용불안을 조건으로 아예 임금과 단협의 동결을 주장하고 나섰다. 회사측의 잘못된 경영과 부정으로 말미암은 빚과 이자를 그동안 뼈빠지게 일해 온 노동자들이 갚아나가는 것도 억울할 판에 이번에는 노동자의 목을 자르고 임금까지 묶어 버리겠다는 회사측에 불만과 분노를 터뜨리지 않을 수 없었다.[69]

---

68) 삼미특수강비대위, 「1992 임단협 상황일지」, 『민주광장』, 삼미특수강 민주노조실천위원회, 1992; 삼미특수강노조 2기 3대 집행부, 「집행부를 마감하면서」, 1993.3. 참조. 이외에 삼미특수강마창공대위가 1992년 9월 19일에 한 기자회견 보도자료를 참고하였다. 삼미특수강노조 2기 3대 집행부는 김진호 위원장, 홍은표 수석부위원장, 남기송 사무국장 등이다.
69) 1992년 9월 19일 삼미특수강 마창공대위가 발행한 유인물 참고. 삼미특수강

그런데 노조 집행부와 일부 교섭위원들은 회사측에 동요되어 조합원들의 의견을 들으려고 하지 않았고, 이에 가뜩이나 집행부에 대한 불신이 커져 있던 조합원들은 더욱 집행부를 믿지 못하게 되었다.[70]

그런 차에 7월 8일(12차 교섭) 일부 교섭위원들이 개인 생각(임금단협 동결 대신 성과금 25만 원)을 회사측에 요구하였고, 이에 7월 23일 회사측은 단협과 임금동결 대신 성과금만 논의하자고 제안하였다. 게다가 7월 22일 대의원대회에서 결의된 쟁의발생신고를 집행부는 정식으로 신고도 하지 않고 있었다. 심지어 위원장은 "파업은 절대 못한다", "조합원총회 개최하지 않겠다", "회사가 어렵기 때문에 집행부도 어쩔 수 없다" 등 투쟁회피적 모습으로 일관하였고, 인원감축에 대해서는 자신의 임기만료일인 "12월까지만 인원감축하지 말아 달라고 회사에 요구"했으니 걱정 없다는 식이었다.

이렇듯 회사측과 집행부의 반노동자적인 작태에 조합원들의 분노

은 연간 100만 톤의 특수강을 생산하며 매출액이 5천억에 달하는 세계최대의 특수강업체였다. 삼미그룹이 문어발식 기업확장과 초고속 성장을 이룬 배경에는 3천여 명의 노동자들이 3교대 근무조건 속에서, 섭씨 1,000도 이상의 고열과 소음과 분진 속에서 작업하면서도 (유해작업장 근무시간은 6시간) 저임금 때문에 평균 16시간의 연장근무까지 하면서, 그리고 해마다 1명 이상의 대형사고를 당하는 악조건 속에서 뼈빠지게 일해왔기에 가능한 일이었다. 그러나 회사는 호황일 때도 노동자의 임금을 묶어 놓고 이윤을 챙겨 그 돈으로 4년만에 10여 개의 기업을 인수, 설립하는 문어발식 기업확장에 급급하였고 이로 인해 많은 부채를 짊어져 노동자들이 뼈빠지게 일해 생산한 자산은 부채와 이자를 메우는 데 쓰여짐으로써 경영을 악화시켰다. 그것도 모자라 삼미그룹 회장 김현철은 친동생을 시켜 55억 원이라는 거액을 해외로 밀반출시키려다 적발되어 정부로부터 금융제재를 받게 되었고, 이로 인해 1991년에 갚아야 할 이자만도 600억 원에 달했고, 1992년에는 700억 원에 이르렀다.

70) '91 임투 때 조합원들은 비상대책위원회 주도로 3일간 파업에 돌입했으나 위원장의 직권조인으로 타결되어, 조합원들 사이에는 집행부에 대한 불신과 패배주의가 커져 있었다.

와 불신은 점차 극에 달하였다.

때마침 민주노조실천위원회(이하 '민실위')가 8월 19일 인원감축 및 임금단협 동결 반대를 위한 대책위원회(이하 '대책위')를 구성하고 실천활동에 나서자 집행부에 불신을 갖고 있던 조합원들은 이를 조직적 구심으로 삼아 뭉치게 되었다.[71]

한편 김진호 위원장이 임금과 단협을 동결하는 대신 생산장려금 25만 원 지급으로 타결지으려 한다는 소식이 들려오자, 8월 24일 임대는 위원장을 불신임하게 되었고 이로써 8월 25일 홍은표 수석부위원장이 위원장 직무대행을 맡게 되었다.[72]

삼미특수강에 기계가 멈추기까지

삼미특수강 노조가 전면파업으로 치닫기까지의 상황은 한편의 드라마를 연상시킨다. 그야말로 9월 1일부터 8일까지의 하루하루가 숨막히는 긴박한 상황의 연속이었다.

9월 1일 같은 삼미계열사인 삼미금속 300여 조합원들이 전면파업에 돌입하자, 삼미특수강 조합원들 사이에서는 '우리도 한번 본때를 보이자'는 각성이 일어나게 되었다.

때마침 9월 1일 대책위의 한 대의원이 퇴근 조합원을 상대로 공청

---

71) 민실위는 1991년 직권조인과 같은 상황이 재발되는 것을 막기 위해, 그리고 임금동결과 인원감원을 앉아서 당할 수 없다는 확고한 신념을 바탕으로 실천 투쟁을 전개할 뜻있는 상임집행부, 대의원, 조합원과 함께 민실위를 범조합원 대책위원회로 확대 구성하였다.
72) 삼미특수강 1992년 임단협 상황일지는 김진호 위원장 사퇴배경을 "회사측의 임금 및 단협의 동결에 대해서 집행부 차원의 대응이 전혀 없었기 때문에, 그리고 위원장이 임금 및 단협안을 동결시키려고 했기 때문에, 조합원들이 단결된 힘으로 '조합원총회' 개최 등을 요구하며 위원장을 사퇴시켰다"라고 적고 있다.

회(9/7)를 홍보하던 중 관리자 및 경비들에게 심하게 구타당해 실신한 사건이 발생하였고, 이 소식을 들은 조합원들은 분개하면서 흥분에 휩싸이게 되었다.73)

여기에 또다시 기름을 붓는 사건이 발생하였다. 그동안 회사측 사주에 따라 '임단협 동결안과 홍은표 위원장 직무대행의 교섭전권 위임'에 서명한 대의원 22명이 9월 5일 임대에서 회사측 동결안을 힘으로 밀어붙여 표결처리하려 한 것이다. 이에 격분한 일부 대의원들과 조합원들이 거세게 항의한 결과 표결처리는 실패로 돌아갔으나 그 대신 서명 대의원들이 홍은표 위원장직무대행에게 "교섭전권을 위임한다"는 안을 박수로 가결시키게 되었다. 이를 방청하던 조합원들은 분개하여 거세게 항의하였고 조합 회의실은 삽시간에 아수라장으로 변하였다.

언제 어디서 터질지 모르는 긴장과 위기감으로 회사 전체는 술렁거리기 시작했다. 회사 안에는 서명 대의원 22명으로부터 교섭전권을 위임받은 홍은표 직무대행이 "오늘 아니면 내일 중에 회사측과 단협과 임금동결, 그리고 특별상여금 25만 원에 합의하고 직권조인할 것이다"라는 소문이 자자하게 유포되고 있었다.

이런 가운데 9월 7일 1근 퇴근조(오후) 조합원을 대상으로 공청회가 열리기로 예정된 날이었다. 그런데 공청회 장소(민주광장)에 대책위 간부보다 관리직 사원 300여 명이 먼저 와서 집결해 있었다. 이에 공청회를 강행하려는 대책위 간부와 관리직 사원 사이에 심한 몸싸움이 벌어져 공장장과 대책위 간부들이 다치게 되었다. 9월 7일 밤이 되

---

73) 경비들은 처음에 "어디 있는지 모른다", "근무시간이 되면 보내 주겠다"는 말로 회피하였으나, 점심시간에 분노한 조합원 80여 명이 몰려와 결국 실신한 채 경비실에 방치되어 있는 대의원을 발견하고 고려병원에 입원시키게 되었다.

자 야간에 출근한 3근조 조합원들은 낮에 발생한 폭력사태와 직권조인 소식을 듣고, 야간 근무를 하면서도 일이 손에 잡히지 않았다.

9월 8일 아침이 되자 퇴근하는 3근조 조합원들을 대상으로 '대책위'의 공청회가 개최되었다. 야간근무의 피로에도 아랑곳하지 않고 약 400여 명의 조합원들은 민주광장에 집결하여 "단협, 임금동결 결사반대!", "인원감원 결사반대!" 등의 구호를 외치면서 집회를 시작하였다. 집회는 열띤 토론으로 변했고, 토론 끝에 현장의 모든 기계를 세우자는 결의가 모아졌다.

야간조 조합원 400여 명은 압출→가공→제강→압연→냉연 공장 순서로 공장을 순회하면서 모든 공장의 기계를 잡아버렸고, 집회 소식에 마음을 설레이던 1근 근무조 조합원들이 기계를 멈추고 여기에 가세하였다.

전 공장의 기계가 멈춘 가운데 오후에 출근한 2근조 조합원 700여 명까지 가세, 2,500여 명으로 불어난 조합원들은 민주광장에 집결하였다. 자연스럽게 "조합원총회투쟁"이 전개되었다.

그리고 예기치 않았던 총회투쟁은 곧바로 파업투쟁으로 발전하였다.

삼미특수강노조 1992년 파업투쟁

조합원들은 쟁의대책위원회(이하 '쟁대위')를 구성하고 "교섭경과 보고, 앞으로의 대책 강구" 등의 문제들을 논의하였다.

그러나 쟁대위의 법적승인과 교섭창구 개설 등의 문제뿐 아니라 식사문제, 정방대 구성문제, 규율문제 등 해결해야 할 문제들이 산적해 있었다. 그러나 홍은표 직무대행 및 상집간부들은 그 사이에 조합원들이 몰려올 것에 겁을 먹고 줄행랑을 쳐버려 노조는 텅빈 상태였다.

오후 6시 1,500여 명이 철야농성투쟁에 돌입하였다. 그러나 회사측이 저녁식사 지급을 거부하자 조합원 100여 명이 식사를 마련할 수밖에 없었다.

다음날(9/9) 아침, 비가 오는 가운데 민주광장에서는 약 2,500여 명의 조합원이 집결한 가운데 조합원총회투쟁이 전개되었다. 이 날은 월급날이었으나, 회사측이 파업으로 월급을 지급하지 않겠다고 하자, 조합원 1,500여 명이 신관 건물 앞으로 몰려가 강력항의한 결과, 오후 3시경 월급이 지급되었다.

9월 9일부터 9월 13일까지 4일간의 추석휴가를 마치고 9월 14일 월요일 아침 조합원들은 회사측의 휴무방침을 무시한 채 '쟁대위'의 결정에 따라 정상출근하였다. 그러자 회사측은 조합원들의 출입을 막고 나섰다. 조합원 1천여 명은 정문 앞 주차장에 집결하였다가 한꺼번에 몰려가 정문을 돌파하고 통쾌하게 사내로 진입하였다. 정문을 접수하자마자 조합원들은 서둘러 정문에 바리케이드를 치고 정방대 200여 명으로 하여금 철통같이 사수하였다.

마침내 조합원총회는 쟁대위를 노조의 대표(한성철 위원장)로 정식 추인하였다. 이는 9월 13일 홍은표 직무대행이 직접 자필로 쓴 정식 '사퇴서'와 한성철 쟁대위 위원장에게 노조의 모든 권한을 일체 위임한다는 '위임장'을 받은 데 따른 것이었다.

그러나 홍은표 직무대행측은 통장과 직인 등 회계인수를 해 주기로 한 약속을 두 번이나 어기고 사복형사 40여 명을 대기시킴으로써 파업기금이 마련되지 못하였다. 이에 조합원들은 자발적으로 즉각 500여 만 원의 파업투쟁자금을 모금하고, 교대로 쌀과 부식을 가지고 출근하여 식사를 마련하였다.

그러자 다음날(9/15) 회사측은 전화, 전기, 수도, 가스를 차단하였다. 그리고 경찰병력(15개 중대, 1,500여 명)이 회사 정문 주변과 회사 진입로 봉암다리에까지 검문소를 설치하고 모든 통행차량과 출입자를 검문검색하여 철통같이 원천봉쇄하였다.

파업현장에 합류하려던 조합원과 식사를 전달하려던 가족, 격려지원 차 방문하려던 지역 노동자들은 원천봉쇄에 거세게 항의하였고, 관리자들이 가족들에게 폭언과 폭행을 가하는 것을 본 농성조합원들은 회사에 대한 적개심과 분노가 폭발하여 투쟁의 불길은 더욱 거세게 번져나갔다.

회사측과 경찰은 공권력 투입 명분을 위해 9월 15일 쟁대위 한성철 위원장 등 간부 10명을 고소고발하고 그 중 6명에게 사전구속영장을 발부하였다. 그리고 9월 16일 새벽 최지원 정방대장을 구속하고 경찰병력을 증원하였다. 이에 맞서 조합원들은 산소통, 아세틸렌, 신나, 경유, 볼트, 너트 등을 가져와 요소요소에 배치하고 정방대와 초소 인원을 강화하였다.

한편 9월 16일 봉암다리에서는 출근을 저지당한 조합원과 가족들이 경찰과 몸싸움을 벌였다. 경찰이 최루탄을 난사하였으나 일부는 경찰의 저지선을 과감히 뚫고 음식이 든 가방과 배낭을 짊어지고 힘차게 진입에 성공하였다. 그러나 미처 경찰의 저지선을 뚫지 못한 일부가 봉암다리에서 대치전을 벌이는 동안 일부 가족과 조합원들은 산을 넘기로 하였다.

쌀가마니와 라면상자를 등에 짊어진 행렬은 땀을 흘리며 험난한 산길을 넘었다. 이들이 회사로 진입자 농성조합원들은 환호성을 지르며 이들을 뜨겁게 맞았다. 뜨거운 동지애에 감격한 모든 조합원과 가족들의 눈에서는 눈물이 흘러내렸다.

농성장의 사기는 하늘을 찌를 듯 높았다.

미처 경찰의 저지선을 돌파하지 못한 조합원들과 가족 300여 명은 도로에서 연좌농성에 들어갔다. 봉암다리 교통은 마비되었고 이 과정에서 8명이 연행, 즉심에 넘겨졌다.

삼특에 타오른 노조 민주화의 열기
회사의 음모와 우유부단한 노조 집행부에 맞서 전 공장의 기계를 멈추고 일어선 삼미특수강 노동
자들. 1992년 9월 16일 밤 삼미특수강.

이렇듯 조합원과 가족들이 한 덩어리가 되어 끈질긴 투쟁의지를 불
태우자 파업투쟁의 열기는 수그러들기는커녕 더욱 고조되었다. 그리
하여 조합원들은 연일 80%를 넘는 출근율을 보였고 지역은 물론 전
국에서 지지와 지원이 쇄도하였다. 결국 회사측과 경찰의 포위작전,
아사작전은 실패로 돌아갈 수밖에 없었다.

9월 17일 가족 50여 명과 조합원 80여 명은 황낙주 민자당의원 사
무실을 점거하고 식량반입과 가족 출입 보장 등을 요구하며 농성을
전개하였다. 그리하여 9월 18일 가족대표, 황낙주 의원, 회사대표와의
면담이 이루어졌고 면담 결과 가족들의 출입이 허용되었다.

이로써 농성장을 찾는 가족과 지역 노동자들의 지원방문이 줄을 잇
게 되었다. 며칠 동안 얼굴도 보지 못한 가족들은 남편의 손목을 잡으
며 눈물을 흘렸고, 조합원들은 더욱 승리를 위한 투쟁을 다짐하였다.

가족들은 조합원 요구 100% 수락과 공권력 철수 등 근본적인 요구사항이 해결되기 전에는 그대로 물러설 수 없다는 판단하에 민자당사 복도에서 밤샘농성을 벌였다.

'삼특 공대위'와 한국중공업노조의 파업투쟁 등 마창지역 연대투쟁

한편 9월 17일 한국중공업노조가 파업전진대회를 열고 부분파업에 돌입하자, 삼미특수강 조합원들의 사기는 하늘을 찌를 듯 높아졌고, 이번에야말로 노동자를 깔보고 짓밟던 자본과 권력에게 노동자의 위력을 보여주리라는 기대에 한껏 부풀게 되었다.

한국중공업(4천 명)과 삼미특수강(3천 명) 두 사업장은 위치상 가까운 거리인데다가 또한 시기적으로도 대통령선거를 앞두고 있어서, 투쟁에 대한 자신감과 기대감이 높을 수밖에 없었다.

자본과 정권은 당황했다. 한국중공업 회사측은 노조의 대표성마저 부정하던 이전의 태도를 바꾸어 협상에 성의를 보이기까지 하였다.

마창노련 산하 노조들도 노조별 보고대회와 투쟁지원금 모금, 그리고 대대적인 선전전을 감행하고, 뜨거운 지지와 지원방문 등 연대의 손길을 보냈다.

특히 마창노련은 삼미특수강 해고자복직투쟁위원회와 마창연합 등 마창지역 18개 민주단체와 연대하여 9월 18일 삼미특수강 임금동결과 인원감원저지를 위한 마창지역 공동대책위원회(이하 '삼특공대위')를 구성하고 지원투쟁에 나섰다.

삼특공대위와 가족 그리고 조합원 200여 명은 공권력 침탈을 막기 위해 봉암다리 근처에서 모닥불을 피워 놓고 추위에 떨면서 처절한 밤샘농성을 계속하였다. 아기를 가슴에 꼭 끌어안은 채 아버지, 남편, 아들을 지키기 위해, 찬바람에 떨면서도 연신 회사 쪽을 바라보며 밤새워 공권력 침투를 막아 지켜 낸 가족들의 눈물겨운 투쟁 소식을 들은 농성조합원들의 눈은 뻘겋게 충혈되었고, 가슴은 뭉클하였다. 자본과 정권에 대한 치떨리는 분노를 "기필코 승리한다"는 신념으로 확고하게 다지면서 농성조합원들은 주먹 쥔 팔을 흔들었다.

9월 20일 일요일이었다. 아이들의 손을 잡은 가족 500여 명이 음식을 가득 들고 투쟁현장을 방문하였다. "가족이 참여하면 반드시 이긴다!"는 확신과 신념 속에서 삼미특수강 노동자들의 생존권투쟁은 날이 갈수록 힘을 얻으며 더욱 불타올랐다.[74]

삼미특수강노조 14일간의 파업투쟁

9월 21일 회사측은 오후부터 또다시 파업현장 출입을 차단하였다. 병력이 이동하면서 공권력 투입이 임박하고 있었다. 삼미특수강 파업이 한국중공업 등 지역에 영향을 미치면서 대다수 시민들의 공감과 지지를 얻어 가자 이를 조기에 차단하기 위해서였다.

그동안 마창지역 모든 노동자들의 눈은 한국중공업이 언제 힘찬 연대투쟁의 함성을 터뜨릴 것인가를 주시하고 있었다. 특히 삼미특수강 노동자들과 그 가족들은 한국중공업노조가 마창노련 가입 노조라는 점 때문에 잔뜩 기대를 하고 있었다.

그러나 9월 22일 한국중공업노조측 교섭대표가 조합원의 요구에 훨씬 밑도는 회사측안에 잠정합의 하였다는 소식이 들려왔다. 그리고 기다렸다는 듯 공권력은 삼미특수강 파업현장으로 투입되었다.

오후 5시부터 전투경찰을 태운 버스가 속속 진입하였고 그 때마다 봉암다리를 지키던 70~90여 명의 가족들은 즉각 파업현장으로 소식

---

74) 저녁에는 마창지역 노래패 '소리새벽'과 마창지역 풍물패 '노풍연'의 파업지원 공연이 전개되었고, 봉암동 은혜교회에서는 삼특공대위 주최 집회가 열려 가음정 사원아파트에서 정성껏 모금한 45만 원이 전달되었고 한국중공업 조합원은 라면 1박스를 전달하였다.

을 알렸고, 조합원들은 철조망과 바리케이드 앞에서 화염병을 던지며 맞섰다.

전경버스는 계속 증파되었고, 정문 앞에 운집해 있던 가족들은 격분하여 도로에 연좌하였다. 완강한 저항에 밀린 경찰버스의 진입은 저지되었다. 경찰이 200여 명의 가족들을 도로 밖으로 밀쳐내자 곳곳에서 가족들의 울부짖음이 터져 나왔다.

또다시 전경버스 20여 대가 증파되었다. 조합원들은 화염병을 던지며 격렬하게 저항하였다. 정문 주위는 화염병과 최루탄 연기로 가득 차 앞이 보이지 않았다. 가족들은 재집결을 시도하였으나 경찰의 저지로 산발적 항의만 계속되었다. 경찰 헬기 2대가 선무방송을 시작했고, 관리자들 50~60여 명이 집결한 가운데, 경찰은 최루탄을 쏘면서 포크레인과 대형 기중기 7대를 앞세워 정문 앞 바리케이드를 제거하려 하였으나 화염병을 던지며 완강하게 저항하는 파업 조합원들에 밀려 경찰은 또다시 진입에 실패하였다. 이번에는 백골단이 정문 측면으로 이동하였으나 이들 역시 조합원들의 강력한 저항에 부딪혀 현장 안으로 들어오지 못하였다.

밤이 되자 또다시 공권력이 투입 소식이 전해졌으나 파업 현장에는 조합원의 숫자가 점점 늘고 있었다.

그동안 농성장은 2개조로 대열을 나누어 교대로 철야를 하였다. 따라서 한번 밖으로 나간 조합원 중에는 다시 들어오지 않는 경우가 많았다. 그러던 차에 공권력 투입 소식을 듣자 그동안 농성장에 합류하지 못했던 일부 조합원들이 자발적으로 들어와 사과하고 적극적으로 동참함으로써 농성조합원은 1,800여 명으로 늘어났다.

파업현장의 사기는 더욱 충천하였다.

조합원들은 차후에 있을 차량진입을 막기 위해 정문에서 신관까지 돌과 폐유, 쇠조각을 깔아 두었다. 이러한 조합원들의 투철한 투쟁의

지로 인해 경찰은 9월 23일 새벽과 밤 9시 두 차례에 걸쳐 포크레인을 앞세우고 최루탄을 난사하며 정문으로 진입을 시도하였으나 번번이 실패하였다.

농성조합원 중에는 50대 노동자가 많았다. 따라서 타격은 주로 젊은 조합원들이 맡고 있었는데 이들 다수는 수비만 할 게 아니라 먼저 치고 나가 공격하자고 주장하였고, 이에 지도부는 현장사수를 설득하느라 진땀을 흘릴 지경이었다. 지도부는 공권력 투입으로 강제해산할 경우 고공항전은 아무런 의미가 없다고 판단하고 '정면돌파 및 사수'와 '재탈환시도'를 주장하였다. 공권력 투입시 2차 지도부 중심으로 충분히 재건할 가능성이 있다는 점에서 승리를 확신하였던 것이다.

9월 24일 경남대에서 열릴 예정이었던 '삼특 공대위' 주최 '결의대회'는 비 때문에 취소되었다.

비록 지금 너희들의 포로가 되어 무릎 꿇지만 ……
199년 9월 25일 새벽 5시, 파업 14일째를 맞고 있던 삼미특수강에 경찰병력이 투입되어 70여 명의 노동자를 연행, 16명을 구속하고 3명을 수배했다.

그러나 이 날 한국중공업 조합원들은 잠정합의안을 50.6%로 부결하였고, 이에 따라 9월 25일부터 전면파업에 돌입하게 되었다. 삼미특수강과 한국중공업의 노동자들이 함께 연대투쟁의 깃발을 높이게 된 것이다. 그러나 정권과 자본이 이를 가만히 보고만 있을 리가 없었다. 삼미특수강 파업현장에 공권력이 투입될 것은 이제 불을 보듯 뻔했다.

마침내 9월 25일 새벽 5시 점령군처럼 엄청난 병력이 농성장으로 물밀 듯 밀려 들어왔다. 농성조합원 70여 명이 연행되고, 14일간의 장렬한 파업투쟁은 마무리되었다. 그리고 한국중공업 역시 중앙노동위원회의 중재안이 조합원총회에서 가결됨으로써 파업 하루 만에 마무리되었다.

삼미특수강 민주노조사수 승리

삼미특수강 노동자들의 투쟁은 여기서 끝나지 않았다.

10월 5일부터 정상조업에 들어갔으나 9월 13일 사임했던 홍은표 직무대행은 회사와의 밀실협상을 통해 '위로금 20만 원 지급, 무노동무임금 적용, 파업 관련 피해자 최소화' 등에 합의를 해 버렸다.

그러나 회사측은 18명을 구속시키고도 모자라, 밀실합의도 무시한 채 무려 137명의 조합원을 징계위원회(10/20, 10/21)에서 징계하고, 개인면담을 통해 가족 및 보증인 69명에 대한 '손해배상청구' 협박 등으로 강제사직을 강요하였다.

징계자들은 매일 회사 앞에서 선전작업을 전개하였고, 구속·수배 가족들도 면회투쟁과 선전투쟁 등 눈물어린 투쟁을 줄기차게 계속하면서, 전 조합원과 함께 부당징계 철회를 위한 서명운동과 조합원총회개최를 요구하고 나섰다.

노조 집행부의 권위는 실추되었고, 조합원들은 지도부를 빼앗긴 채 무기력함에 사로잡혔으나 여기서 끝나선 안 된다는 절박감으로 위원장 선거를 통해 다시 한번 일어나기로 하였다. 회사측은 노골적으로 선거에 개입하여 쟁대위측 오도세 후보를 출마하자마자 해고시켰고, 결국 11월 24일 위원장 선거는 과반수를 넘지 못하여 재선거에 들어갔다. 그러자 회사측은 이번에는 오도세 후보가 당선되더라도 대표권을 인정할 수 없다고 협박했고, 선관위마저 해체시키고는 희망퇴사자를 모집하는 등 생존권까지 위협하고 나섰다.

그러나 회사측의 이러한 고용탄압은 오히려 조합원들로 하여금 이번 위원장 선거에서 반드시 승리해야만이 앞으로 몰아칠 감원 바람에서 살아남을 수 있다는 각오를 다지게 하였다. 위축된 분위기 속에서도 해고자들과 가족들은 회사 정문과 후문에서 맹렬한 선거전을 펼쳤고, 조합원들은 이에 절대적 지지와 공감을 나타냈다.

마침내 1993년 2월 8일 조합원들은 쟁대위의 김동철 후보를 선출함으로써 민주노조사수의 열망을 승리로 장식하였다. 비록 안타깝게도 18명이라는 많은 구속자들을 차디찬 감방에 남기긴 했으나 삼미특수강 노동자들의 투쟁은 결코 패배하지 않았던 것이다.[75]

삼우산기의 폐업과 고용불안의 그림자

한편 삼우산기 조합원들은 직장폐쇄 철회 이후에도 여전히 회사측이 불성실 교섭, 징계권 귀속 강요, 그리고 물량, 자재, 금형 등을 집중적으로 반출함으로써 힘겨운 상황에 처해 있었다.

추석연휴(9/10~19) 동안에도 전 노조간부는 출근하여 회사측과 실무교섭을 벌이고 산적한 현안 문제가 하나도 보장되지 못함에도 불구하고 9월 18일 회사측의 요구안을(징계권 귀속, 이면합의서 작성) 수

---

75) 1993년 2월 현재 구속자 18명(불구속 입건 2명)으로는 문흥찬, 송철원, 박용식, 오성훈, 김현준, 이진표, 조규수, 김창수, 이석봉, 조일권, 장재홍, 이희모, 강점훈, 전재식, 강태기, 류영옥, 김유만 등이다.

용하기로 결단을 내렸다.

그러나 9월 19일 회사측은 또다시 하루 전의 노사최종안을 번복하였다. 이렇게 회사측이 일방적으로 교섭을 번복, 결렬시킨 것은 처음부터 교섭에 뜻이 없다는 저의를 분명하게 드러 낸 셈이었다. 회사측은 삼미특수강과 한국중공업 노동자들의 투쟁열기에 잠시 주춤하고 기회를 엿보다가 한국중공업이 전면파업 하루 만에 타결되고, 삼미특수강이 공권력에 침탈된 바로 그 날, 9월 25일 폐업을 공고하였다.

한마디로 폐업은 이미 정해진 수순이었다. 회사측은 10월 29일 기자회견을 통해 폐업을 공식화하고 노조와 한마디 협의도 없이 일방적으로 청산작업에 들어갔다.

노조는 11월 2일 위장폐업 철회를 위한 비상대책위원회(이하 '비대위')를 구성하고 단 한 사람이 남을 때까지 일당 백의 투지로 끝까지 싸워나갈 것을 결의하였으나 회사측의 일방적 강제청산을 막아내는 데는 역부족이었다.

이로써 삼우산기노조는 근 6개월에 걸친 약 200여 일 동안 생계압박과 고용불안에 대항하여 강고한 투쟁을 전개한 끝에 민주노조의 깃발을 내리게 되었다.

그러나 삼우산기의 폐업은 이후 마창지역의 고용위기를 알리는 신호탄이 되었다. 12월부터 세일중공업에 대대적인 인원감원이 본격화되고, 효성기계, 한일단조, 삼미금속, 기아기공 등에서 물량감소로 인한 휴업과 희망퇴사자 모집이 줄줄이 이어졌다. 그리고 현대정공에서는 공장 이전 문제가 발생하는 등 마창지역에 고용불안의 어두운 그림자가 드리우기 시작하였다.

이러한 고용위기에 맞서 마창 노동자들은 힘겹지만 또다시 투쟁전열을 가다듬지 않을 수 없었다. 고용보장투쟁에서 가장 중요한 것은 역시 노동자의 단결과 투쟁뿐임을 삼우산기 노동자들은 모범적 투쟁사례로 남겨 주었기 때문이다.

7. 1992년 노동법개정투쟁 및 11·8 전국노동자대회

1992년 전국노동자대회 조직위원회

정권과 자본은 1992년 상반기 총액임금제와 단협 개악으로 민주노조를 압살하려 하더니 하반기 들어서는 구조적인 고용불안으로 노동자의 생존권을 위협하는 한편으로 노동법을 개악하려 하였다. 특히 세계 자본주의의 흐름에 따라야 한다면서 '신경영전략'을 들고나와 노동자들로 하여금 '신노동정책'(고용조건 악화와 노동통제 강화)을 받아들이도록 강제하였다.

이는 노동자들로 하여금 1987년 이전의 상태로 돌아가라는 것이나 마찬가지였다. 그러나 현장에서는 패배의식이 확산되고, 연대기피와 투쟁회피가 심화되고 있었다.

사실 고용문제는 단위노조가 대응할 수 없는 구조적이고 전면적인 생존권 문제였다. 따라서 이를 위해서는 단위노조별 조직의 한계를 깨고 산별 노조건설과 민주노조 총단결을 이룰 수 있는 3조 5항(복수노조금지)의 폐지 등 노동법개정투쟁이 중요한 문제로 떠올랐다.

특히 12월 대통령선거를 앞두고 맞이하는 1992년 노동법개정투쟁은 고용불안의 위기 속에서 생존권을 사수하기 위한 전투적 민주노조운동을 더한층 발전시켜 내느냐 아니면 총자본의 의도대로 체제 내적인 노사협조적 노동운동으로 개량화되느냐의 갈림길에 서 있었다.

문제는 전투적 민주노조운동을 무력화시키려는 총자본의 기만적인 노동법개정 의도를 박살내고 민주노조진영의 요구를 관철시켜 내기 위해서는 어느 때보다 민주노조진영의 굳건한 단결력과 투쟁력이 요구되었다.

이에 전노협 및 전국 ILO 공대위 대표자회의는 10월 20일 영등포 성문밖교회에서 전국 10여 개 지역과 12개 업종 및 노동운동단체에서 50여 명의 대표자들이 참석하여 전국노동자대회 조직위원회를 구성하고, 1992년에는 합법공간에서 평화적인 대규모 행사로 치르기로 하였다.

특히 전노협은 '아래로부터 조직화'하는 방침을 확정하고 전노협 중앙지도부와의 지역순회 간담회를 열었는데 마창지역 간담회는 9월 28일부터 10월 9일까지 이어졌다.

무엇보다 1992년 노동법개정 사업의 상징은 붉은색 삼각수건에 조합원들의 이름을 싸인펜으로 써 넣고, 이 수건들을 길게 이어 만든 깃발 서명작업(10/1~10)이었다. 여기에는 총 24개 노조가 동참하였다.

또한 대통령 후보에게 보내는 공개질의서 서명작업(마창 41개 노조)과 영남노동자 등반대회'(10/11 양산 신불산 갈대밭), 해직교사 원상회복을 위한 걷기대회(10/17) 등의 행사를 통해 노동법개정 투쟁의 결의를 드높였다.

특히 1992년에는 '노동법개정투쟁 승리를 위한 마창 노동자 가을문화제'의 일환으로 노래판굿 '꽃다지'를 10월 24일 경남대 한마관 대강당에서 2회에 걸쳐 공연하였다.[76) 공연은 1천7백여 명이 관람하여 성황을 이루었다. 공연에 앞서 열린 '선봉대 발대식'에서는 서명깃발이 선을 보여 붉은 깃발이 파도처럼 출렁이는 가운데 참석자들은 노동법개정투쟁의 승리를 다짐하였다.

또한 11월 4일에는 가톨릭여성회관 대강당에서 마창노련 쟁의국이

---

76) 노래판굿 '꽃다지' 공연은 1989년 전노협 건설에 대한 노동자들의 열망을 담아 표현한 대규모 문화공연으로 시작되어 해마다 가을에 민중진영의 투쟁열기를 모아내는 한마당으로 자리잡아 왔다.

주최한 '노동법개정투쟁 승리를 위한 마창노련 선동대회'가 전국노동
자대회 출정식을 겸하여 열렸다.

1992년 10월 11일 양산 신불산에서 열린 92 영남노동자 등반대회.

서울대의 11·8 전국노동자대회 전야제

1992년 전국노동자대회(정식 명칭 : ILO 기본조약 비준, 노동법개정
과 민주대개혁을 위한 전국노동자대회)는 명실공히 전국의 노동자가
지역과 업종을 넘어 민주노조 총단결을 이루었다.

11월 7일 저녁부터 두터운 옷으로 단단히 무장한 전국의 노동자들
이 서울대로 속속 집결했다. 다행히 날씨가 포근하여 노동자대회 때
마다 매서운 초겨울의 날씨와 전투를 벌여야 했던 노동자들의 긴장된
마음을 풀어주었다.

10월 7일 토요일 오후 2시에 마산 공설운동장 정문에 집결한 마창
노동자들은 4대의 차에 분승하여 서울로 향했다. 나머지 노동자들은

고속버스나 열차, 혹은 승용차나 승합차, 회사버스 등으로 출발하였다. 마창지역에서는 전야제에 1,100여 명, 본대회에 1,200여 명이 참가하였다.

서울대 노천극장에는 전국에서 모여든 5천여 명의 노동자들이 투쟁하면서 쌓였던 시름을 벗어던지고 저마다 준비한 장기를 뽐내며 한바탕 어우러졌다. 성과급제와 소사장제의 도입 등 온갖 탄압과 이간질을 뚫고 달려와 어깨를 건 노동자들의 열기로 관악산 줄기에서 불어오는 싸늘한 밤 공기마저 시원스럽게 느껴졌다.

학교측의 비협조로 전야제의 주 프로그램인 전국노동자 문화한마당은 애초 예정된 장소였던 문화회관에서 노천강당으로 옮겨 오후 7시부터 다음날 새벽 1시까지 1부와 2부로 나뉘어 진행되었다. 각 지역, 업종의 조합원과 문화패로 구성된 대표팀들은 열렬한 환호를 받으며 준비한 노래와 율동을 선 보였다. 싸니전기 노동자들은 소사장제의 심각함을 알렸고, 인천 탁아연합의 어린이들은 딸, 아들이 아니라 엄마, 아빠의 확실한 동지가 되어 많은 박수갈채를 받았다.

그리고 재치있는 진행으로 장내의 노동자를 폭소케 만든 노동자뉴스 전망대가 진행될 즈음에는 커피장사도, 김밥장사도 잠시 장사를 잊은 채 무대 위로 빨려들어 갔다. 노동자대회를 전후한 지역·업종 노동자들의 소식을 담아 낸 뉴스 전망대에서는 MBC 투쟁과 현대정공 동지들의 파업현장, 구로지역 가을문화제와 교보문고 동지들의 노동자대회 준비 모습 속에서 전국노동자대회의 지역, 업종별 사전 준비과정을 생생하게 전달해 주었다. 계속해서 엮어진 대통령 행진곡 코너에서는 대선과 노동자대회를 앞둔 정권과 자본의 모습을 코믹하게 엮어 오랜 만에 노동자들의 속을 후련하게 해 주었다.

한편 전야제가 진행되는 동안에 전야제 행사장의 모습을 현장에서 직접 중계하기도 해 예년에 비해 대회를 치루는 기술적인 면이 발전했음을 보여주었다. 전야제가 끝날 무렵 먼 밤길을 달려온 마창, 울산의 동지들이 합세하여 8천여 명으로 불어난 참석자들은 노천강당을 꽉 메운 채 해방 뱃노래 가락에 맞춰 대동놀이로 마무리하였다.

노동운동단체 결의대회

새벽 6시에 일어나 구보와 체조로 몸을 푼 뒤 전국의 노동자들은 깃발을 앞세우고 대우조선노조를 시작으로 여의도로 향했다.

깃발을 들지 않고 지하철역까지 그리고 대방역에서 여의도까지 조용히 행진하기로 결정했다는 지도부의 방침은 완전히 무시(?)되었다. '노동악법 철폐'가 선명하게 새겨진 붉은 색 머리띠를 두른 노동자들의 긴 행진대열이 여의도로 이어졌다.

작년 10월 전국 7만여 노동자가 함께 외쳤던 '노동악법 철폐', '민주노조 총단결'의 함성이 생생하게 살아 있는 여의도 한강 고수부지에 이번에는 '민주대개혁'과 '산별노조, 민주노총 건설'의 깃발이 우뚝 솟았다.

식전행사로서 사안별, 부문별로 민주대개혁의 요구를 밝히는 연설과 풍자극이 진행되었다.

식전행사가 끝나고 본대회가 열리기 전 300여 명의 선진노동자들이 모인 가운데 '92 전국노동자대회 노동운동단체 결의대회'가 열렸다.

전날 밤 전야제가 열린 서울대에서는 전국노운협, 전국노련, 가톨릭 노동사목 전국협의회 등 전국 각지에서 올라온 16개 지역 60여 명의 노동운동단체 대표들이 그동안의 분열, 분산되었던 활동을 반성하고 아울러 이후 대선투쟁을 계기로 노동운동단체들이 앞장설 것을 결의하면서 다음날 결의대회를 개최하기로 한 것이다. 30여 분 만에 대회는 끝났지만 대통령선거 공간에서 공동의 정치투쟁을 힘차게 벌이고 92 노동자대회의 결의를 앞장서 실천하겠다는 의지를 모아 낸 중요한 대회였다.

여의도에서 열린 전국노동자대회

본대회는 1시 30분부터 시작되었다. 노동자 문화선동대의 길놀이와 대형 걸개가 무대 위에 내려지면서 본대회의 개막을 알렸다. 대회가 시작될 무렵부터 빗줄기가 내리기 시작하였으나 5만여 대오는 끝날 때까지 흐트러짐 없이 대회에 임하였다.

전노협, 업종회의 깃발과 현장노동자들의 노동법개정 의지와 민주대개혁의 요구를 담은 수십 개의 서명깃발이 입장하자 장내는 환호성이 터져 나왔고 무지개 빛 각양각색의 깃발이 파도처럼 넘실거렸다.

4시 30분경 대회가 끝나자 참석자들은 지도부의 해산 방침에 따라 각 지역별로 마무리 집회를 갖고 영등포역과 대방역으로 행진해 갔다.

92 전국노동자대회
'ILO 기본조약 비준, 노동법개정과 민주대개혁을 위한 전국노동자대회'가 1992년 11월 8일 여의도에서 열렸다. 마창지역에서는 1,200여 명의 노동자들이 참가했다.

이렇게 하여 1992년 전국노동자대회는 막을 내렸다.

그러나 1992년 전국노동자대회는 전국의 노동자들로부터 전노협의 전투성 약화 또는 훼손이란 점에서 날카로운 지적을 많이 받았다.

그동안 민주노조에 대한 정권과 자본의 집중적인 탄압으로 현장에는 패배의식이 만연하였고, 고용위기가 닥쳤음에도 불구하고 노동자들은 투쟁과 연대를 회피하는 분위기가 만연하였다. 전국노동자대회는 바로 이러한 약화되고 침체된 노동자들의 투쟁과 연대의지를 하나로 결집시켜 힘을 과시할 수 있는 중요한 계기였음에도 불구하고 지도부는 서울대에서부터 여의도까지의 가두행진을 포기함으로써 이에 대한 불만과 항의가 쏟아졌다.77)

물론 보다 많은 대중들의 참여를 위해 평화적인 합법대회로 한 것은 좋으나 지도부가 이를 너무 의식한 나머지 대중들의 요구를 올바로 담아내지 못하고 조직적으로 결집된 힘마저 흐뜨려 버린 결과를 가져옴으로써 '타협적이다'라는 비난이 쏟아지게 된 것이다.

노동자들은 일반적으로 전국노동자대회를 투쟁의 장으로 여겨왔기 때문에 투쟁을 결의하는 프로그램조차 전혀 없었던 점에 실망을 금치 못하였다. 따라서 마창지역 노동자들은 "올라가는 데 10시간 걸렸는데도 할 일은 하나도 없었다. 일요일 아침에 올라가도 되지 않느냐"고 항의하는가 하면 다음부터는 전국노동자대회에 참석하지 않겠다는

---

77) 가두행진을 포기한 데 대한 사무처의 해명 요청에 따라 마창노련 허연도 의장은 다음과 같이 해명했다. "전노협이 집회 허가를 요청하자 사법부는 허가했으나 경찰은 항고를 하였다. 따라서 만약 참석 노동자들이 행진을 하면 경찰은 분명히 대열을 침탈하여 폭력을 유도할 것이고, 경찰이 불허한 이유(전노협은 폭력세력이다)로 몰아갈 것이라는 판단에서 지도부(전노대 집행위원장: 서노협 의장)는 행진을 반대했다. 각 지노협 의장이 가두행진을 하자고 주장했음에도 불구하고, 전노협 지도부와 업종 쪽에서 거부했다. 그런데 서노협 의장은 가두행진을 하지 말자고 해 놓고, 서노협만 가두행진을 하였다. 이 부분은 이번 중앙위에서 철저히 따지겠다."

말까지 서슴지 않았다.

무엇보다 박창수, 권미경 열사 등 노동열사들과 함께 하는 결연한 분위기가 되지 못하고 더구나 전태일 열사의 정신마저 나타나지 않은 점은 큰 문제점으로 지적되었다.

그러나 이러한 한계와 문제에도 불구하고 1992년 전국노동자대회는 광범위한 민주노조들을 총결집하여 '대회 조직위원회'를 구성하고, '민주노조 총단결과 산별노조 건설'의 방향을 결의하였으며, '민주대개혁'을 전면에 내걸었다는 점에서 새로운 방향을 제시한 의미있는 대회였다.

8. 노동자의 정치세력화와 노동운동의 방향을 둘러싼 갈등과 혼란

제4차 정대 무산과 연기

마창노련은 1992년 1월 허연도 의장 등 4대 집행부를 새롭게 출범시키고, 힘찬 도약을 시작하였으나 총선 및 6월 12일 허연도 의장의 수배 이후 운영위원회가 성원조차 되지 않아 간담회로 처리되는 등 마창노련의 중요한 사업의 결의와 실천은 힘차게 이루어지지 못하였다.[78]

또한 6월 안준환 부위원장(세일중공업노조 위원장)의 구속과 7월에 석방된 이종엽 부의장(중천노조 위원장)의 병가, 그리고 1992년 한 해 동안 효성중공업, 대림자동차, 세일중공업, 삼우산기, 루카스, 삼미특수강 등 6개 사업장에 공권력이 투입되고 그로 인해 4명의 노조위원장 및 다수의 핵심간부가 구속, 해고되었다. 이로 인해 1992년 10월

---

78) 허연도 의장은 '총액임금제 완전분쇄를 위한 창원대 집회'와 '세일중공업노조 파업투쟁'을 주도한 협의로 '집시법' 및 '제3자개입' 혐의로 수배되었다.

현재 마창노련 21개 가입 노조 중 위원장이 구속된 노조가 3개(세일 중공업, 루카스, 삼우산기), 고용불안 등 내부조건으로 참여도가 저조한 노조가 4개, 위원장이 교체된 노조가 5개 등 총 12개 노조가 마창노련 사업에 적극 결합할 수 있는 조건이 되지 못하였다. 집행력마저 아예 공석(총무국장, 조통국장, 여성국장, 쟁의국장, 문체국장)으로 공전하는가하면, 국장(교육국, 복지후생국, 연대사업국)들의 구속으로 인해 실무간사의 집행력으로 메꾸어 나가는 실정이었다.

게다가 1992년은 총선과 대선을 앞두고 민중당, 한국노동당 건설추진위원회 등 노동자들의 정치적 진출을 목적으로 한 정치단체들이 속속 구성되었는데 이 과정에서 정치적 갈등이 심화되었다.

물론 1987년 대투쟁 이후 줄곧 노동운동의 발전 도상에서 보이지 않게 노동운동의 방향이나 정치적 입장을 둘러싼 대립이 예고되었던 것은 사실이다. 그러나 이것이 1992년 1월 17일 3차 정대에서 한국노동당건설추진위원회 서명을 둘러싸고 표면화되었다가, 총선 과정에서 창원 4지구에 마창노련과 민중당의 노동자후보가 중복 출마하는 문제로 인해 점차 심각한 대립과 반목으로 치닫게 되었다.

그리고 이는 노동운동단체나 각 정파와 밀접한 관계를 갖고 발전할 수밖에 없는 노조나 마창노련·전노협과 같은 대중조직에도 심대한 영향을 미치게 되었다. 그 중에서도 누가 대중조직의 지도력을 장악하느냐의 문제는 중요한 사업내용과 방식을 결정 짓는 관건이었다. 이로 인해 지도력을 선출하고 중요한 사업방침과 내용을 결의하는 정기대의원대회는 각각의 정치적 입장과 이해가 첨예하게 대립하고 반목하는 대치점이 될 수밖에 없었다.

위와 같은 정황으로 말미암아 원래 8월에 열기로 예정되었던 마창노련 4차 정대는 9월로 미루어졌다가 다시 11월 6일로 연기되었다. 그러나 시기적으로 11월 8일 전국노동자대회를 코앞에 두었다는 점에서 취소 쪽으로 의견이 기울었으나 허연도 의장이 10월 26일 10차 운영위원회에서 '정대를 빨리 개최할 것'을 강력히 주장하고 나섬에 따라,[79] 11월 6일에 열되 정대를 임대로 대치하기로 결정되었다. 그러나 10월 28일 의장과 사무차장간에 빚어진 격돌사태로 다음날 비상소집된 운영위원회는 임대마저 취소하기에 이르렀다.[80]

결국 마창노련은 정대를 열지 못한 채 4대 지도부와 집행부가 유임되었고, 대중조직으로서의 규율과 체계 면에서 많은 문제점을 드러내게 되었다.

마창노련 연대활동

1991년을 경과하면서 지역에서 노조에 대한 지원과 정치적 지도를 담당할 노동운동단체들이 새로이 만들어졌으며, 지금까지 활동해 온 기존단체들의 활동도 더욱 활성화되었다.

특히 1991년에 새롭게 문을 연 '마창노동교육연구소', '창원노동문제상담소', '일꾼노동상담소' 그리고 기존의 경노협, 가톨릭상담소 등

---

79) 허연도 마창노련 의장은 1992년 10월 26일, "마창노련 정대에 즈음하여"(2쪽 분량)를 작성하여 운영위원회에 제출하였다.

80) 이러한 사태에 이르기까지에는 크고 작은 갈등과 충돌이 있었다. 그러나 여기서는 지면상 일일이 그 과정을 세세하게 기록하지 않기로 한다. 대신 더 세밀한 내용에 관해서는 1992년 마창노련 운영위원회 회의록이나 운영위원회에 제출된 문건들을 참고하기 바란다. ① 사무차장 박성철의 「해명서」, 1992년 10월 14일자, 총 3쪽 ② 마창노련 허연도 의장의 박성철 사무차장의 '결근계'와 관련한 '사무차장에 관한 건', 1992년 10월 19일 ③ 마창노련 허연도 의장 작성 「마창노련 정대에 즈음하여」, 1992년 10월 26일, 총 2쪽 ④ 사무차장 작성 「의견서」, 1992년 11월 1일, 총 2쪽 ⑤ 마창노련 조직국 간사 허재우 「박성철 사무차장 권고사직(10/29 비상운영위) 결정과 10/5~29 과정에서 나타난 문제에 대한 의견서」, 1992년 11월 2일, 총 2쪽 ⑥ 경노협에서 마창노련에 발송한 공문, 「경노협의 마창노련에 대한 반조직행위에 대한 진상조사 요청건」(1992년 11월 2일자).

의 단체들은 강연회 개최, 교육활동 그리고 자료집 발간 등 다양한 방법으로 노동자 의식의 발전을 위해 노력하였고 현장의 각종 활동에 대한 상담과 지원으로 노동운동의 대중적 조직적 기반을 강화하는 데 일정 정도 기여하였다. 또한 마창여성노동자회가 1992년 1월 정식 출범하여 자본철수로 인해 침체된 수출지역 노조운동의 활성화에 일익을 담당할 것으로 기대되었다.

이러한 노동운동단체가 지역노동운동에 끼친 적극적인 의의에도 불구하고 다른 한편으로는 우려되는 측면들도 많이 있었다. 그것은 앞에서도 언급했듯이 각 단체 사이의 '입장차이'를 일면적으로 강조하게 되어, 상호이해와 결합을 위한 모색과정이 부족하였고, 이러한 조건은 노동운동진영의 통일과 단결을 높이는 데 걸림돌이 되기도 하였다.

특히 1992년 총선과 대선을 앞두고 결성된 민중당, 한국노동당 건설 추진위원회 등은 노동자의 정치적 관심을 제고시켰다는 성과에도 불구하고 다양한 정치적 입장 차이로 인해 혼란과 어려움을 가중시키는 역작용이 발생하기도 하였다.

이러한 문제점은 마창연합과의 연대활동에서도 드러났다.

마창연합은 지역 민족민주운동의 유일한 구심점이었음에도 불구하고 조직력의 한계(특히 마창연합 가입단체 중 대중적 집행력을 담보하고 있는 조직은 소수이고 나머지는 집행력이 담보되기 힘든 수준임)와 정치사상적인 대립으로 인해 결정된 사업에 대한 집행에 있어서 통일적으로 힘이 실리지 못하는 경우가 많았다. 더구나 마창연합 내에서 차지하는 비중 만큼 마창노련이 신중한 결정과 그에 따른 책임성을 다하지 못했다는 지적이 많이 쏟아지기도 했다.

반면에 영남지역 노조·단체 연석회의와의 연대사업 및 활동내용에서는 영남지역 노동운동의 연대틀로서 지노협과 대공장, 전노협 미조직 지역노조를 묶어 세워 공동사안에 대한 공동대응을 모색했다는 데 일차적인 의의를 찾을 수 있다. 특히 전노협 중앙위원회의 방침을 영남지역 노조가 통일적으로 수행해내기 위한 주요사업에 주력, 전노협의 사업을 힘있게 받아 내고 전노협을 강화하는 방향으로 사업을 전개해 왔다는 점에서 일정한 성과를 남겼다.

14대 대통령선거와 노동자의 선택

14대 대통령선거시기를 맞아 전노협은 대선투쟁 방침의 필요성과 원칙(1992년 7월 20일 제25차 중앙위)을 분명히 하고 후보전술에 대해서는 7월 28일 26차 중앙위에서 "전국연합의 결과에 따르기"로 결정하였다.[81]

전국연합(제1기 2차 대의원대회)은 10월 10일 서울 경희대학교 대강당에서 후보전술 방안과 관련해서 두 가지 안이 팽팽하게 맞서 결국 격론 끝에 무기명 비밀투표에 들어가게 되었다. 그 결과 자체후보(독자후보)를 내지 않고 '범민주진영의 정치연합'으로 선거방침을 결정하였다. 전노협과 마창노련은 결의대로 전국연합의 결과를 준수하기로 하였다.

이에 따라 전노협은 민주대개혁과 민주정부 수립을 위한 국민회의(이하 '국민회의')에서 제안한 '국민회의 노동자선대본'의 구성과 관련하여 11월 18일 열린 제29차 중앙위원회 회의에서 노동자선대본을 구성하기로 결정하였다.[82]

---

81) 기타 결정사항은 "전노협과 다르더라도 전국연합의 결과를 따른다. 투표방법은 무기명 비밀투표로 한다" 등이다. 기타 상세한 사항은 전노협백서발간위원회, 『지역과 업종을 넘어 — 전노협백서 제4권』, 1997, 537~562쪽 참고.
82) '국민회의'는 대선시기 광범위한 반 민자당 전선을 구축하기 위해 전국연합에 참여할 수 없는 제 세력을 한시적 조직의 틀로 묶어 세우기 위해 결성된 전국연합 차원의 조직이다.

이에 마창노련도 12월 4일 마산 YMCA에서 '마창 노동자 선대본' 발족식을 갖고 공식활동에 들어갔다. 선거일이 2주일도 남지 않은 시점에서 할 수 있는 활동이라곤 선전활동밖에 없었다.

따라서 주로 선거에 대한 적극적 관심을 가질 수 있는 내용의 선전물이나 관권, 금권 선거에 맞서 올바른 주권을 행사할 것, 그리고 적극적인 투표 참여를 유도하는 내용에 치중하는 대시민 선전전(집단구두선동, 어깨띠, 피케팅)을 확대 실시하였다. 또한 투개표 과정에서의 부정 방지를 목적으로 투개표 참관인 및 선거관리위원으로 활동하기도 하였다. 특히 마창선대본은 투표 참관인을 많이 모집하여 공정선거감시단 활동에 주력하였다.

선거결과 대통령에는 김영삼이 당선되었다.

애초에 노동진영은 민주당의 당선이 불가능하다고 판단, 다수가 독자후보 전술안을 내기로 했다가 전국연합의 결정에 따르기로 했으나 김대중 후보 즉 보수야당의 한계로 인해 지지하기에는 부담이 컸고 그렇다고 해서 백기완 선거대책본부와 결합할 수도 없었다. 결국 '노동자의 입장을 선전선동하고 쟁점화시켜 최소한 노동자대중이 선거에 관심을 갖고 참여하게 한다'는 활동목표로 수동적으로 임하게 됨으로써 힘있게, 대중적으로 실천되지 못하였다.

이는 무엇보다 노동자 선대본이 출발부터 명확한 대중적 근거를 갖지 못한 채 졸속으로 만들어져 단위노조간부들조차 잘 모를 정도로 대중적 근거가 희박한 것이 가장 큰 원인이었다.

기본적으로 1992년 대통령선거에서 노동자의 입장은 후보전술에 매몰되거나 집착하는 것이 아니라 당면한 생존권문제 즉 고용보장이나 노동법개정, 총액임금제저지 등 노동자의 분명한 요구를 내걸고 조직적, 투쟁적으로 움직였어야 했다. 그러나 전국연합의 결정사항은 누구를 찍어야 하는가였고, 대부분의 노동자들 역시 누구를 찍어야 노동자의 문제가 유리하게 해결되는가를 중심으로 선거를 바라보게 되었다.

그런데 민자당에서 민주당과 전국연합과의 정치협상을 용공으로 몰아부치자 김대중 후보는 전국연합이 자기를 지지했을 뿐이지 정치협상을 한 적이 없다고 했고, 전국연합은 이 점에 대해 아무런 대응도 못했다. 이러한 보수야당의 한계는 김대중 후보가 국민적 정서가 보수화로 치닫고 있다는 근거에 기초해서 마련한 뉴 DJ 플랜에서도 나타났는데, 김대중 후보는 기득권층의 보수화 경향만을 보고 사회전반적으로 흐르는 민중들의 불만, 분노에 가득 찬 계급대립의 현실을 외면함으로써 2년간 노사휴전, 정책대안 등 투쟁을 회피하는 것으로 나타나게 되었다.

결국 김대중 후보는 노동자들의 지지를 얻는 데 실패했고, 애초에 전국연합이 설정한 민주당과의 정치연합은 정책연합으로 떨어져 민주당에 대한 일방적 지지로 비춰지게 되었다. 더구나 민주당은 기본적으로 호남의 고정표라는 지역적 지지기반을 중심으로 한 선거전략에다가 영남에서는 국민당이 민자당의 지지기반을 허물어낼 수 있다는 어부지리 전략을 세웠고 전국연합도 민주당이 승리하기 위해서는 국민당이 표를 많이 얻어야 한다는 차원에서 국민당에 문제제기조차 하지 않았다.

이는 득표에 도움이 됐을지 모르지만 동시에 승리에도 한계로 작용해 민주당은 패배하였다. 그리고 전국연합 및 민족민주진영은 대선을 통해 이후 투쟁의 근거를 마련해야 한다는 임무를 전혀 수행하지 못하게 되었다.

김영삼 대통령이 당선된 뒤 언론은 30년 만의 문민정부 탄생이란 말로 승리자에 대한 온갖 찬사를 아끼지 않았다. 그러나 김영삼 대통령은 당선되자마자 '고통을 함께 하자'면서 노동자들의 고통 전담을 요구하고 나섰다. 이를 놓고 여기저기서 대선 평가를 둘러싼 비판이 쇄도하였다. 특히 비판적 지지가 결과적으로 일방적인 민주당 지지로 나아갔던 전국연합 결정의 계급적 한계와 정치적 대표체로 과도하게 잡았던 조직위상에 대한 비판이 거세게 제기되었다.

그리고 민족민주운동진영은 소위 재야로 불리우는 구 민주화세력의 영향력이 약화되면서, 일부는 민주당과의 결합으로 민족민주운동에서 퇴장하는 새로운 구도로 재편되었다.

마창노련 창립 5주년 기념 제4회 '들불대동제'

실로 3년 만에 감격적인 조합원 축제마당인 제4회 들불대동제가 열렸다.

마창노련은 올해만은 기필코 들불대동제를 사수해내겠다는 확고한 결의로 들불대동제 준비소위원회(의장 : 이종엽 마창노련 부의장)를 구성하고 치밀한 계획과 준비활동에 들어간 결과 12월 12일과 14일 양일간 들불대동제를 성황리에 치루게 되었다.

12월 12일(토) 들불대동제 첫날에는 마창 노동자 장기자랑 경연대회가 경남대학교 한마관 대강당에서 500여 명이 참가한 가운데 열렸다.

경연대회에는 총 12개 팀이 참가하여 열띤 문화공연을 펼쳤고, 심사위원의 엄정한 심사를 거쳐 시상식을 거행하였다.[83]

시상식 후 마창지역 놀이패 '베꾸마당'의 대동놀이에 맞춰 참가자 전원이 함께 춤을 추면서 들불대동제는 막을 내렸다.

둘째 날인 12월 14일(월)에는 오후 6시 30분 가톨릭여성회관 대강

---

83) 영예의 들불상에는 웨스트노조, 인기상에는 (주)센트랄노조, 단결상에는 동명중공업노조, 투쟁상에는 세신실업노조, 특별상에는 삼미특수강 가족모임 '한마음'이 각각 수상하였다.

당에서 약 200여 명의 마창노련 노동자가 참석한 가운데 창립 기념식이 거행되었다.

이종엽 마창노련 부의장은 "해마다 창립 기념식에서 의장님이 기념사를 한 경우가 1988년 한 번밖에 없다"며 차가운 감방 안에서 투쟁하고 있는 허연도 의장과 이흥석 전 의장을 생각하자고 말문을 연 뒤 허연도 의장의 기념사를 대독하였다. 전노협 단병호 위원장도 대신 읽은 격려사를 통해 마창노련이 걸어온 지난 5년간의 투쟁사를 치하하였다.

특히 이 날 기념식이 끝난 뒤 2부 순서에서는 마창노련 창립 5주년을 기념하는 슬라이드 '저 공단하늘에 노동해방의 태양이'가 상영되었다. 이는 그동안 마창노련이 보관해 오던 사진을 슬라이드로 만들어 편집하여 상영한 것으로 마창지역 노동문화단체 총연합(박영주 의장)과 마창노련이 공동으로 제작 준비하였다.

슬라이드는 "한순간도 쉬지 않고 투쟁의 한길로 내달려 온 위대한 노동자계급의 선봉부대, 마창노련은 착취와 억압이 없는 노동해방 그 날까지 끝까지 투쟁해 나갈 것이다! 이제 노동자를 옭아 묶고 있는 기업별 노조의 족쇄를 끊어 내는 투쟁, 산별노조 건설, 강력한 중앙조직 건설 투쟁으로 1993년은 시작될 것이다"고 마지막을 끝맺었다. 이로써 단결과 화합의 장으로 마련된 들불대동제는 막을 내렸다.

제6장

민주노조 총단결 1993

1. 고용한파를 헤치고

영차영차하며 보도블럭을 들어올리는 노가다판에는 세일중공업, 삼우산기, 대한광학 등의 작업복이 넘실거렸다. 1992년 말부터 1993년 초까지 창원공단 약 6개 업체에서만 1,500여 명이 회사를 떠나 거리의 노가다판으로 흘러 들어갔다.

대림자동차와 효성기계에도 부분휴가가 실시되는가 하면, 한국중공업은 회사 내 일부 공장에서 하도급처리 및 소사장제 도입이 추진되면서 잔업통제가 심화되었고, 삼양전기와 한일단조에서는 일용공 투입이 시도되는 등 마창지역 전 사업장에서 고용위기와 함께 현장통제와 노동강도가 점차 강화되어 갔다.

이리하여 1992년 초 8만 명에 달했던 창원공단 노동자는 1993년 초에 7만3천 명으로 줄어 1988년 이후 최하 수준으로 떨어지게 되었다. 전국에서는 1991년 이후 30만 노동자가 길거리로 쫓겨났고 1만여 개 회사가 부도와 도산 등으로 휴·폐업에 들어가는 등 고용불안 문제는 마창지역뿐 아니라 전국적으로 발생하였다. 또한 섬유, 신발 등 부가가치가 낮은 특정업종이 아닌 전 산업에, 중소기업만이 아닌 일정 규모 이상의 대공장에까지 대규모 감원의 태풍이 불어닥쳤다. 뿐만 아니라 휴·폐업은 물론이고, 사내외 하청, 임시직(일용공)·시간제 고용의 확대, 공장분할이나 이전, 라인축소, 외국자본 철수, 자연감원, 외국인 고용 등이 점차 일반화되었다. 현장에서는 잔업이 없어진 지 꽤 오래되었고, 물량이 없다는 핑게로 이 부서에서 저 부서로 마구 이동시키는 일이 비일비재하였다. 다기능화된 노동자들은 예전보다 더 적은 인원으로 더 많은 생산량을 달성해야만 했다. 그러고도 언제 짤릴지 몰라 전전긍긍하면서 "감원대상 명단에 오르지 않기 위해선 조용히 시키는 대로 일하거나, 못해먹겠다 싶으면 자기 발로 나가 붕어빵 장사를 하든지, 둘 중 하나를 선택"해야 하는 상황이었다.

앞뒤를 돌아봐도 "우리 사업장이 아니기를 …… 내가 아니기를 ……" 기대하는 심정만으로 버티기에는 현실은 절박한 상황으로 바뀌어 있었고 고용문제는 일상적인 문제로 다가와 있었다.

'산업구조조정'과 '경영합리화'는 노동자의 '고통전담'

그동안 정권과 자본은 틈만 나면 TV와 신문 등 제도언론들을 부추겨 "한국은 샴페인을 너무 일찍 터뜨렸다"느니, "용이 되려다 지렁이가 되었다"느니 하는 비난과 비아냥으로 경제위기를 기정사실화하고는 국민들에게 "허리띠를 졸라매자, 아직은 일할 때입니다"라고 선전하면서 노동자들에게 일 더하기 운동을 강요하였다.

일부 노동자들은 일찌감치 집단감원을 인정하고 최대한 경제적 보상이나 따내고 다른 곳으로 일자리를 옮기자는 분위기로 돌아서기도 했다.

그러나 권미경 열사의 죽음의 항거에서 드러났듯이 대다수 노동자들은 '경제위기 노동자 책임론'에 즉각 반발하고 '경제위기 정권과 자본 책임론'으로 잘못된 경제정책과 경제운영을 강도높게 질타하고 나섰다. 노동자들은 "임금투쟁은 다시 할 수 있지만, 고용투쟁은 한번 패하면 다시는 되돌이킬 수 없다"는 현실인식으로 삼우산기, 대한광학, 삼미특수강 등의 노조처럼 투쟁열기를 드높이면서 고용보장 투쟁에 적극적으로 나섰다.

그러자 정권과 자본은 급기야 '신경영전략'을 대대적으로 선전하면서 "임금인상 → 국제경쟁력 약화 → 수출부진 → 경기침체 → 경제위기 → 산업구조조정"이라는 논리를 통해 "기술투자를 안해서 경쟁력에 뒤떨어진 것은 사실이다. 그러나 이제부터라도 경영을 합리화하여 생산성을 향상시키지 않으면 회사도 죽고 노동자도 죽는다. 지금은 노사가 따로 없다! 노사가 협조하지 않으면 경쟁사회에서 살아남지 못한다!"고 협박하였다. 그리고는 "지금 발생하고 있는 고용문제는 경제위기를 극복하기 위한 산업구조조정 과정에서 불가피하게 일어나는 가슴 아픈 현실이며, 노사가 고통을 분담하면서 잘 이겨낸다면 경쟁력을 회복해서 '한국호'라는 한 배를 탄 공동운명체는 세계 속에서 제2의 도약을 실현할 수 있을 것"이라며 고용문제의 불가피성을 내세워 회유하였다. 그리고 다른 한편으로는 고용위기를 빌미로 노동자의 단결력과 투쟁의지를 꺾고, 민주노조를 무력화 내지 말살하려는 온갖 기도를 합리화시켰다.

세일중공업 1천 명 감원

이런 차에 세일중공업에 1천 명 감원태풍이 불어닥쳤다. 마창지역 전체가 긴장과 위기에 휩싸였고 촉각을 곤두세우고 관심을 집중하였다.

그동안 세일중공업노조의 1992년 임단투는 직무대행 집행부(김영조 부위원장)가 "징계권의 회사측 귀속" 등에 잠정합의 하였으나 조합원총회가 두 차례나 무산됨으로써 결국 마무리되지 못하였다. 이에 노조측은 9월 17일 1992년 임금협정서 및 단협 무효소송을 제기하였고, 회사측은 가처분신청을 제기한 상태로 노사가 첨예하게 대립 중인 상태였다.

그동안 조합원들은 해마다 되풀이되는 투쟁으로 지친데다가 집행부가 징계권을 회사측에 넘겨주자 "싸워서 얻은게 뭐냐?"는 투쟁에 대한 패배의식마저 싹텄다. 여기에다 부분휴업이 시작되어 고용불안 위기가 닥치자,[1] 조합원들은 누구를 믿어야 할지, 생존권을 지키기 위해 어떻게 해야 할지 더욱 막막한 심정이 되지 않을 수 없었다.

그러나 한 해가 다 저물어 갈 무렵인 12월 23일 회사측은 노조와 사전 협의도 없이 1차(12/23~28)와 2차(12/28~30)에 걸쳐 희망퇴사자를 모집하였다.

회사측은 경영합리화를 앞세웠으나 이는 구실일 뿐 재무제표에 나타난 숫자상으로 보나, 중국 청도에 자동차부품 현지법인을 설립한 것으로 보나,[2] 천문학적 누적적자는 자금을 빼돌리고 노조를 탄압하기 위한 새빨간 거짓말에 불과하였다.

노조측은 12월 24일 '강제감원저지 및 고용안정쟁취 투쟁위원회'(의장 : 임수관 차석부위원장)를 구성하고 전 간부 철야농성, 선전물 배포, 회사측의 부당노동행위(인원감축시 사퇴 종용과 10인 이상 이동시 노조와 합의하는 단협조항 위반 등)에 대한 법적 조치 등으로 대응했다.

그러나 회사측은 갖은 협박과 회유로 결국 희망퇴사자 711명을 모집하고 통상임금 4개월치와 함께 사실상 해고나 다름 없는 퇴사를 단행하였다. 그것도 모자라 12월 31일에는 1공장 155명, 2공장 150명 등 인원정리를 발표하고 계속 극도의 고용불안 심리를 가중시켰다. 이에 1월 4일 1공장 정리대상자 70여 명은 유급휴가 방침에도 불구하고 출

---

1) 7월 9일 정상조업 직후부터 시작된 부분휴업은 7월 665명, 8월 621명, 9월 303명, 10월 635명, 11월 741명, 12월 249명 등 12월까지 계속되었다.
2) 1993년 2월 26일자 『경남신문』은 "문언석 사장이 중국 청도 자동차부품 현지법인 '청도통일산업 유한공사' 개소식에 참석하여 현지생산과 판매수주활동을 벌였다"고 보도하였다.

근하여 현장순회, 본관 항의농성, 간부 철야농성 결합 등으로 맞섰고, 회사측이 1월 11일 자진퇴사하지 않은 81명을 정리해고(면직)하자 이에 불복하여 출근하면서 농성투쟁을 계속하였다.

결국 이렇게 하여 세일중공업노조는 공작기계 조합원 1천여 명이 줄어드는 엄청난 손실을 감수해야만 했다.

세일중공업노조 대표권 쟁취 투쟁

그러나 1월 들어 회사측은 관리자들을 동원하여 탈퇴서 양식까지 만들어 노조 탈퇴공작을 전개하였다.[3] 그리고 안준환 위원장 등 전임 집행부가 속속 석방되면서 분위기가 상승하고,[4] 2월 17일 기아기공노조가 마창노련·전노협을 탈퇴하자 회사측은 세 차례나 협박 유인물을 배포하는가 하면 어용 대의원들을 부추겨 조합원총회를 통해 마창노련·전노협 탈퇴를 강행하려 하였다. 노조는 3월 18일 대의원 토론회를 통해 조기총선 문제를 토론하고 황선엽 부위원장을 위원장 직무대행으로 선출하였다.

회사측은 1992년 잠정합의한 단협을 인정하지 않는 노조와는 교섭을 할 수 없다면서 노조가 '1992년 단협 무효확인소송'을 취하하면 대표권 인정 등 모든 현안문제가 풀릴 것이라고 회유하였다. 그리고는 '징계권'을 빌미로 조합비와 상근자들의 임금 5개월분을 법원에 공탁하고 노조가 1992년 임단협을 무효라고 주장하기 때문에 임금을 줄 수 없다는 억지를 부렸다.

---

3) 노조규약상 노조 탈퇴는 운영위원회 심사를 거쳐 위원장 승인을 얻어야 했으므로 노조는 1월 17일 회사로부터 건네 받은 무더기 노조탈퇴서를 인정하지 않기로 하였다. 그리고 사퇴를 미끼로 노조탈퇴를 협박한 관리부장 김학기를 노동부에 고발하고 수차례 노동부를 항의방문하여 수사를 촉구하였다.
4) 1993년 1월 29일 안준환 위원장, 홍상범 쟁의부장, 심해수 선봉대장 등 출소, 3월 6일 황선엽 부위원장 출소

4월 20일 사장과의 면담이 별다른 성과 없이 끝나자 노조 집행부는 더 이상 대화로는 문제가 풀리지 않는다고 판단하였다. 그리하여 4월 21일부터 본관 앞마당에서 황선엽 직무대행, 성영길 총무부장 2명 무기한 단식농성 돌입, 4월 21일 해고자 단식농성 결합, 반금규 부위원장 등 4명 서울 본관 앞에서 천막농성 전개 등 노조 집행부는 대표권 인정과 해고자복직을 요구하며 다각적인 투쟁을 전개하였다. 그 결과 4월 30일 대표권 인정 등 회사와의 합의가 이루어지게 되었다.

기아기공노조의 마창노련·전노협 탈퇴

한편 기아기공노조(위원장 김한수)는 1993년 임단투가 시작도 되기 전에 회사측의 고용불안을 미끼로 한 노골적인 탄압에 직면하게 되었다.

회사측은 공작기계 부서의 부분휴업(1992년 9~11월)에 이어 일방적으로 1차 희망퇴사자 모집(1992년 12/28~1993년 1/5)을 발표하였다.[5] 노조는 즉각 12월 30일 '고용불안해소 대책위원회'를 구성하고 고용문제 대응에 나섰다. 1차 모집결과가 저조하자 회사측은 또다시 1993년 1월 2차 희망퇴사자 모집(1/21~27)을 발표하고 116명의 자연감원을 유도하였다.

그리고는 사장이 직접 나와 "기아그룹 34개 계열사 중 창원 기아기공만이 유일하게 마창노련·전노협에 가입되어 그룹 회장의 미움을 사 물량을 확보할 수 없다"는 엉뚱한 소리를 늘어놓고는 "노조가 변신해야 물량확보될 수 있다"면서 마창노련·전노협 탈퇴를 공공연히 주장하기 시작하였다. 사장은 직접 현장부서별로 경영방침 설명회 및

---

5) 기아기공(조합원 1,617명)은 1991년부터 자연인원감소, 잔업축소, 3개 라인 외주화 등으로 고용불안이 시작되다가 1992년 말부터 본격화되었는데, 회사측은 공작기계의 판매부진과 재고량 누적, 물량감소 등으로 유휴인력이 발생했다며 공작기계 부서 총 179명에게 1인 1달씩 휴업을 실시하였다.

각종 간담회를 열고, "고용불안은 물량확보로 해결될 수 있고, 물량확보는 마창노련·전노협 탈퇴로 해결될 수 있다"는 논리로 조합원들을 교묘하게 분열, 회유, 협박하였다. 이에 회사측의 사주를 받은 일부 대의원들과 직, 반장들은 '반별 결의대회'와 '회사살리기 서명운동'을 통해 생산성 향상과 노조집회 불참 등의 결의를 모아 내고, 현장에서는 생산물량 미달된 작업자를 교육반에 강제 배치하여 이데올로기 교육을 실시하였다. 급기야 조합원 임시총회가 2월 17일로 예정된 가운데,6) 회사측은 관리직과 서명 대의원을 동원하는 것도 모자라 심지어 사장까지 직접 앞장서 조합원들에게 "전노협 탈퇴할래, 목 잘릴래?" 식의 협박과 회유로 총공세 작전에 나섰다.

이에 반해 노조측은 회사측의 적극적 총공세와는 대조적으로 유인물 한 장 내는 데에도 회사측 눈치보기에 급급하면서 미온적으로 대응하다가, 총회 결정이 난 후에야 부랴부랴 전면적 대응으로 선회하고 현장활동에 들어갔다. 그러나 이미 회사측의 협박과 회유로 인해 현장 분위기가 뜨지 않은데다가 노조간부들이 조금만 자리를 뜨면 회사측이 경고장 발부 등 위협을 가하며 간부활동을 위축시킴으로써 조합원 대상 선전작업 이외에 특별한 대응과 적극적 활동이 이루어지지 못했다.

마창노련은 조합원총회를 앞두고 2월 3일 기아기공 노조 집행간부들과의 특별좌담회를 통해 "전노협 탈퇴공작은 곧 민주노조 무력화책동"이라면서 본질적 대응을 촉구하고 "1987년 이후 민주노조쟁취의 처절한 역사의 길에서 마창노련·전노협을 건설하고 지켜 온 기아기공 조합원들이 자본의 협박을 당당히 거부하고 끝내 마창노련·전노

---

6) 1월 20일 회사측의 사주를 받은 12명의 대의원(전체 31명)들이 규약개정(마창노련·전노협 탈퇴건)을 내걸고 조합원 임시총회 소집을 요구하였고, 1월 27일 대의원대회는 이를 받아들여 총회가 열리게 되었다.

협을 사수해 줄 것"을 호소하였다.[7] 그러나 조합원의 반응은 회사측에 유리하게 분위기가 돌아갔고 상집간부들 역시 패배주의에 빠지면서 노조는 '조건부 탈퇴'로 방향을 바꾸었다.[8]

2월 17일 마창노련 및 마창지역 29개 노조위원장들은 유인물을 통해 "한 쪽 팔을 잃으면 또 다른 팔을 요구하고 결국에는 목숨까지 요구하는 것이 자본가들의 생리"임을 경고하였다. 실제로 마창노련 탈퇴 이후 중천에서는 작업하던 노동자가 실수로 불량을 내면 전 라인을 스톱시키고 불량 노동자를 일어나게 하여 전 사원이 보는 앞에서 "불량박살"을 세 번 외치게 할 뿐 아니라 자기비판을 하게 하였다. 마창노련은 기아기공 조합원들에게 이렇듯 시티즌, 중천, 타코마 등의 노조에서 마창노련·전노협을 탈퇴한 이후 임금노예로 전락한 뼈아픈 실례를 폭로하였다.[9]

전노협도 사안의 중대함에 따라 2월 14일 김종배 전노협 조직부장을 파견한 데 이어 2월 16일에는 단병호 전노협 위원장이 직접 창원지역을 방문하고 유인물을 배포하는 등 대처에 나섰다.

---

7) 1993년 2월 8일자『마창노련신문』제54호. 1, 2, 3면에 실린 기아기공 관련 기사; 1993년 2월 10일 마창노련 발행 유인물, 「자본의 악랄한 분열책동에 맞서 흔들림 없는 단결투쟁으로 민주노조를 사수합시다!」(2쪽) 등.

8) 상집간부 3명(교선부장, 연대부장, 법규차장) 탈퇴 반대, 나머지 모두 조건부 탈퇴에 찬성함에 따라 노조는 2월 16일 위원장 명의로 '조건부 탈퇴' 유인물을 배포하였다. 그러자 그 날 저녁뉴스에 김한수 위원장 명의로 '전노협 탈퇴' 성명서 발표 소식이 흘러나왔다. 아직 총회가 열리지도 않았고, 공식적으로 확정되지 않았음에도 뉴스화한 것은 전노협 탈퇴를 사전에 기정사실화하려는 회사측의 공작임이 분명하였다.

9) 1993년 2월 17일 마창노련 발행 「노동자의 피와 땀으로 건설한 마창노련·전노협, 기아기공 조합원의 손으로 지켜 내자!」; 1993년 2월 17일 「최태석 타코마 위원장과 황호남 현대정공 위원장이 기아기공 조합원들에게 드리는 글」; 1993년 2월 17일 29개 마창지역 민주노조위원장 발행, 「노동자의 생존권은 바로 민주노조만이 지켜 낼 수 있다!」.

2월 17일 아침이었다.

기아기공 정문 앞에서는 마창노련 15개 노조 40여 명의 단위노조 위원장을 비롯한 각 노조간부들이 출근하는 기아기공 조합원들에게 유인물을 배포하였다. 이 과정에서 저지하는 회사측과 격렬한 몸싸움을 벌였고, 기아기공 해고자들은 통근버스에서 유인물을 배포하면서 마창노련·전노협 사수를 강력히 호소하였다.

그러나 끝내 조합원총회에서 마창노련·전노협 탈퇴안이 가결(79.9%)되었다.

마창지역 및 전국의 노동자들은 비통한 마음을 금할 수 없었다. 자본과 정권은 "전노협은 이제 조합원들의 손에 심판받았다"느니 "전노협 탈퇴는 노사화합의 모범"이라는 등의 이념공세를 퍼부어 대기 시작했다. 마창노련은 제2, 제3의 전노협 탈퇴공작을 사전에 막아내기 위해 현장조합원을 중심으로 연대투쟁과 연대조직의 중요성을 인식하고 조직 재정비와 일상사업을 강화하자고 역설하였다.

마창노련 탈퇴 이후 기아기공에서는 조합원들을 상대로 관리자에게 작업시간 내 업무 외 잡담, 자판기 앞에 가는 행위, 화장실 가기 등 10가지가 넘는 신고사항을 적어 신고서를 제출하게 하는 등 비인간적 노동통제를 강화하였다. 이런 뼈아픈 상실을 통해 조합원들은 연대정신의 중요성을 뼈아프게 자각하였고, 이후 민주노조 재건의 길을 닦아 나갔다.

현대정공노조의 부서이전 반대와 잔업축소 철회 투쟁

현대정공은 1992년 임단협 교섭과정에서 변속기공장 이전 문제가 구체적으로 공식화되자,10) 변속기 조합원과 간부들은 '변속기 쟁의대

---

10) 변속기 공장은 1987년부터 전차밋션을 생산(국방부 납품)하기 위해 신설되었는데, 1992년 12월 말 현재 100여 명의 인원(조합원 76명)으로 그 동안 1인

책위원회'를 중심으로 공장 이전 철회를 요구하며 투쟁하였다. 그러나 이 문제는 임단협이 타결되면서 별도합의서(개인의 동의)를 체결하는 정도에서 절충되었다.11) 그러자 변속기 조합원과 집행부는 공청회 등을 통해 변속기공장 이전의 원칙적 철회를 목표로 투쟁할 것을 결의하고, 1992년 11월 26일 '고용불안저지 및 공장이전 철회를 위한 대책위원회'를 구성했다.

그러나 이번에는 회사측에서 1993년 1월에서 3월까지 조합원 396명의 타부서 전환배치, 희망퇴직자 모집을 통한 100여 명 정리해고 단행, 2시간 잔업축소 등을 발표하였다. 이에 전 노조가 들고일어나면서 고용투쟁이 본격화되었다. 노조는 "고용불안 문제는 조합원 개별적인 대응으로는 절대 해결할 수 없으며 전체 조합원이 노조를 중심으로 한 집단적인 대응과 노조의 합의와 동의 없이는 회사측의 입장을 절대로 수용하지 않는다"는 원칙을 확고하게 세웠다. 그리고 '감원 절대불가' 방침 속에서 2월 12일 전체 조합원총회는 고용불안저지 및 잔업통제 철회를 위한 대책위원회(이하 '대책위')를 구성하고, 전면 잔업거부 등 다양한 전술을 구사하며 투쟁의 강도를 높여 나갔다.12)

이렇듯 노조의 일치단결된 투쟁에 밀린 회사측은 결국 2월 26일 노

매출액이 타부서에 비해 약 3배(총 매출액 연 300억)에 달할 만큼 높은 생산성을 가지고 있었다. 부사장은 1992년 임단협 교섭과정에서 "현대정공 변속기공장은 이미 1994년 6월까지의 생산량을 달성해 놓았으므로 1993년 3월 이내로 울산정공의 변속기공장(상용밋션생산)으로 이전한다"는 입장을 발표하였다.

11) 현대정공 창원공장은 11월 5일 울산 현대정공 총파업 선언에 따라 11월 9일부터 13일까지 파업투쟁을 전개하였으나 마무리 단계에서 조합원 1차 투표에서 부결, 2차 투표에서 겨우 50.2%의 낮은 찬성률로 타결되었다.

12) 전 간부 본관 항의농성을 시작으로 조합원 100% 전면 잔업거부가 계속 이어지는 가운데, 2월 18일 현총련 의장(김동섭 울산 현대정공 위원장)은 전 조합원 집회에서 현총련의 연대투쟁 방침을 밝히자 19일부터 특근거부에 들어갔다.

사협의회에서 희망퇴사자 모집과 강제 인원정리를 포기하기에 이르렀다.

그러나 아직도 변속기 64명 인사발령에 대한 전환배치 부분은 이견이 좁혀지지 않았고, 협상이 없는 상태에서 회사측은 전환배치로 치고 들어오고, 노조측 일부에서는 선제공격하자는 의견까지 나오고 있었다. 노조는 조합원들의 의견수렴을 토대로 3월 4일 "인사명령 보류, 전출자 보직 확인, 무노동무임금 미적용(파견근무시 본인의 동의)" 등 최종 요구안을 작성하고 3월 5일 노사협의회에 임하였다.

그 결과 마침내 회사로부터 "감원 및 강제전출과 희망퇴직자 모집은 절대 없을 것이며 타부서 전환배치를 통해 인원을 조정해 나가겠다"는 노조측의 최종요구안 수용이라는 확약을 받아 내게 되었다.

이로써 변속기 부서 이전과 관련한 투쟁은 마무리되었다.

그러나 회사가 여전히 잔업시간 축소에 대한 입장을 고수함에 따라, 노조측은 앞으로의 고용보장 투쟁의 주도권을 좌우할 수 있는 중요한 의미가 담겨 있는 만큼 잔업시간 축소는 기필코 철회시켜야 한다는 투쟁의 원칙을 세우고, 계속 잔업과 특근을 거부하는 등 다양한 투쟁을 배치하면서 투쟁강도를 높여갔다.[13] 3월 16일 노조측이 본사 상경투쟁 계획(3/17일 1차와 그 후 2차 등)을 결의하자, 회사측에서 협상을 요청해 왔다. 결국 노조측은, 3월 17일 "연장근무시간을 종전대로 환원하되 변경 때는 조합과 합의한다"는 등 3개 조항의 확약서를 회사측으로부터 받아내기에 이르렀다.

이렇게 하여 변속기 생산부의 공장이전과 관련한 고용문제는 70여

---

13) 3월 6일 '고용대책위' 발대식, 3월 8일 분반토론 및 조합원 가족들에게 가정통신문 발송, 3월 9일 '잔업축소 철회와 생계비 보장 촉구를 위한 결의대회 및 규탄대회', 3월 11일 '전 조합원 단합대회', 몸벽보 착용하고 현장순회 투쟁, 대시민 선전전과 스티카 작업 등.

조합원들의 전원합의로 한 사람의 낙오자 없이 창원공장 내 집단적인 전환배치 실시로 완료되었다. 그리고 회사측의 굴복으로 희망퇴직자 모집과 근무질서확립 및 원가절감 캠페인, 그리고 잔업시간 축소는 완전 철회됨으로써 현대정공 노조는 약 3개월에 걸친 투쟁을 승리로 장식하였다.

이로써 현대정공 노조는 1992년 임단협에서 진통을 겪었던 지도력을 복원하고 투쟁의 자신감을 회복함으로써 1993년 임단투의 밝은 전망을 열어 보이게 되었다.

고용문제 공동대책위원회

노동자의 생존권을 위협하는 고용문제는 절대로 자본과 정권에게 맡겨서는 안 되며 노동자가 주체적으로 나서야만 해결할 수 있는 문제였다. 그러나 그동안 마창노련을 포함하여 전노협 및 노동운동단체들은 외자기업 철수나 집단감원 및 폐업 등 심각한 고용문제에 대해 별다른 대응방안이나 정책을 마련하지 못한 것이 사실이었다.

이에 전노협 및 전국 노동자들은 '전국 고용특별위원회'를 구성하고, 장기적 관점과 사전 대응방안과 정책을 마련한다는 점에서 제도개선을 촉구하는 사업을 전체 민중과의 연대투쟁을 통해 전개하였다. 물론 반민중적 독재정권에게 고용대책 마련을 요구한다는 것 자체가 무의미한 점도 있으나 이러한 요구투쟁을 통해 노동자의 의식과 단결력을 한 차원 높은 수준으로 끌어올릴 수 있다는 점에 중요성을 두기로 하였다. 그리하여 우선 '감원폐업 방지를 위한 특별법', '고용안정촉진법', '실업보험제도' 등을 마련하기 위한 제도개선 투쟁을 전개하였다.

그런데 전국과 달리 마산·창원지역의 고용불안은 전국 산업구조와 일맥상통하면서도 또 다른 특수성을 갖고 있었다. 그동안 마산수출자유지역(대부분 외자기업이며 노동집약적 전자업종)은 외자기업 특별법이 1992년에 완료된다는 점 때문에 1989~1990년 사이에 급속하게 자본철수가 진행되어 대폭적인 정리해고가 발생하였다. 그에 비해 창원공단은 독점대기업 중심인데다가 자본의 성격 또한 상대적으로 부가가치가 높은 산업이기 때문에 극단적인 폐업이나 도산보다는 부분적으로 자동화를 수행하는 경영합리화의 형태를 띔으로써 고용불안 형태 역시 상대적으로 덜 폭력적이고 시기 역시 다소 늦게 시작되었다.

여기에 자본과 노동의 힘 관계라는 특수성을 고려할 때 마창지역은 다른 지역에 비해 민주노조와 노동운동의 힘이 상대적으로 강력하기 때문에 자본의 의도가 전적으로 관철되지 못하고 노조라는 벽에 부딪침으로써 고용문제가 노조 무력화 혹은 노조탄압의 강화를 동반할 수밖에 없었다.

이에 마창노련은 고용불안은 자본의 성격에 의해서보다는 민주노조의 힘과 지역노동운동의 힘에 의해 결정되는 것임을 강조하고 연대투쟁, 공동투쟁을 조직화하기 위한 논의를 시작하였다.

1992년 8월 21일 삼우산기노조가 공권력이 침탈당한 직후인 9월 2일, 마창노련은 마창지역 업종회의, 한국노총 산하 금속노련, 그리고 마창지역 각 노동단체 및 관련 연구기관에 제안서를 발송하고 준비논의에 들어갔다. 이는 전국단위의 '고용특위', '고용대책위'가 활발한 활동에 들어간 것에 비해 시기적으로 다소 늦은 감이 있었으나 그 대신 마창지역에서는 9월 18일 '삼미특수강 고용대책위'를 구성하고 파업지원 활동을 활발하게 전개하였다. 그리하여 이를 토대로 11월 14일 '마창지역 고용문제 대책회의'(상임대표 : 허연도 마창노련 의장)가 구성(12개 단체 참여)되었다.

마창지역 고용문제 대책회의는 1992년 말부터 1993년 초까지 고용

관련 투쟁사업장에 대한 공동투쟁 및 지원사업, 그리고 제도적 정책적 요구투쟁 및 사업, 그리고 노동법개정과 고용안정을 위한 대중적 교육선전사업(정책토론회, 강연회, 공청회, 자료집 발간 등) 등을 활발하게 전개하였다. 특히 고용문제를 노동자만이 아니라 전 국민적 차원의 경제개혁을 목표로 한 운동으로 발전시켜야 한다는 인식하에 마창노련 전 조합원 서명운동(1992년 12/21~28), 거리 선전전(1993년 2/18), 범국민 서명운동(1차 2/27, 2차 3/13) 등의 활동으로 많은 시민들의 서명을 이끌어 내는 큰 성과(1차 1,835명, 2차 3,000명)를 거두었다.

또한 마창노련 사상 처음으로 마창지역 전체의 산업전반에 대한 조사사업이 실시되었는데, 이는 창원공단 및 전국에 불어닥친 고용위기에 대항하여 마창노련이 조직의 사활을 걸고 강력하게 대응하겠다는 강한 의욕과 의지를 보인 사업이었다.[14]

그리하여 1993년 3월 5일 가톨릭여성회관에서 공식적으로 발족한 마창지역 고용문제 대책회의는 기자회견을 통해 노동자와 그 가족들의 어려운 현실에 깊은 관심을 가져주기를 부탁하고, "실업수당과 직업알선 등이 보장되는 고용보험제 실시"와 "감원 및 부서이동 등이 노조의 동의 속에서 이루어지는 단체협약 보장"을 요구하면서 "경제의 민주적 개혁과 고용보장제도 확보"를 강력히 촉구하였다.

---

14) 마창노련은 5차년도 사업계획 중 고용문제를 조직강화 사업의 하나로 설정하고 조사 및 정책연구 사업을 전개하였다. 조사대상은 수출지역 7개 단위노조와 창원공단 15개 단위노조로서, 경영실태, 임금, 근로조건, 생활조건, 의식, 노조활동, 고용불안 등의 실태를 포괄적으로 조사하고 이를 토대로 지역 내 유관 연구기관 및 단체들의 협조하에 체계적인 결과보고서인 『지역 고용실태 보고서』, 『마창지역 산업구조와 고용실태 조사사업 결과보고서』 등을 발표하였다.

마창노련 고용 대책반

또한 마창노련은 각 단위노조의 '고용대책위원회', '고용특별위원회'
와 결합하여 고용문제에 대한 공동대응 방안을 마련하기 위해 고용대
책반을 구성하였다.15) 이는 1차적으로 고용위기에 처한 민주노조 주
체들이 고용보장 투쟁에서 적극적으로 앞장서야 한다는 뜻에서 마련
되었다.

더구나 1993년 임투를 앞두고 고용위기를 빌미로 노조탈퇴 압력과
마창노련·전노협 탈퇴공작이 마창지역 전 노조에 광범위하게 자행
되고 이에 편승하여 조직적 기반이 약한 노조에서는 노사협조주의가
기승을 부리게 되었다. 이에 마창노련 고용대책반은 그동안 주춤했던
'마창지역 고용문제 대책회의'를 다시 소집하고, 조합원에 대한 교육
과 선전을 강화하였다. 고용문제는 자본가들이 돈을 벌기 위해 노동
자를 고용하는 이 사회구조가 존속하는 한 필연적이고 항상적으로 발
생할 수밖에 없기 때문에 완전고용 쟁취를 위해서는 현장에서 자행되
는 자본가들의 고용정책에 반대하는 일상적 투쟁에 기초하여 정부와
총자본에 대한 총투쟁을 전개해 나가야만 했다. 그러나 실제로 이러
한 고용관련 공동투쟁, 연대투쟁은 적극적으로 활성화되지 못했다.16)

---

15) 고용대책반은 11월 30일 15차 운영위에서 결의하였다. 마창노련 쟁의국과 복
   지국은 각 단위노조와 결합하여 고용대책반을 구성하고 박정훈 복지국장을
   반장으로 선정하고, 조사, 교육선전, 투쟁조직 등 3개 부서를 두었다. 특히 투
   쟁조직부는 단위노조의 '고용대책위원회' 즉 세일중공업 '고용불안 대책위원
   회'(1992년 11월 21일 구성, 의장 : 임수관 차석부위원장), 현대정공 '고용대책
   위원회'(1992년 11월 27일 구성, 의장 : 최종호 수석부위원장), 삼우산기 '위장
   폐업철회 비상대책위원회' 등과 결합하여 활동하였다.
16) 마창노련 고용대책반의 활동은 1993년 1월 5일 현대정공 위원장을 비롯한 5
   개 노조위원장과 함께 세일중공업노조를 지원 방문하고, 투쟁기금을 전달(회
   사측이 안준환 위원장 외 34명에게 35억 손해배상을 청구한 탓에 조합비가
   모두 법원에 가압류 된 상태)한 것과 현대정공 고용대책위원회와 결합하여

이는 마창노련 내부의 혼란과 갈등, 고용불안으로 야기된 노동운동의 위축, 노동운동 조직발전 전망과 관련한 논쟁, 그리고 고용문제 대응방안 및 정책의 부재 등으로 인한 결과였다.

2. 해고자 원직복직투쟁 및 노경총 임금합의 반대투쟁

마창공투본 구성 못해

전노협은 산별 중앙조직 건설의 토대인 단위노조의 조직력 강화를 목표로 1992년 말부터 각 지역 순회간담회를 실시하였는데 그 중 마창지역 간담회는 1월 12일과 13일에 각각 열렸다. 특히 세일중공업노조와의 간담회 때는 회사측이 정문에서부터 출입을 저지해 심한 몸싸움을 벌인 끝에 들어가기도 했다. 간담회를 토대로 3월 15일 마창노련 운영위원회는 허연도 의장의 구속으로 공백상태에 빠진 지도력을 보강하고 취약한 집행력을 보강하기 위해, 이홍석 마창노련 전 의장을 상근 지도위원으로 보강하고 이승필 대림자동차노조 전 위원장을 사무처장 대행으로 승인하였다.

또한 단위노조 대표자 수련회(4/1~2, 20여 명 참석)에서 1993년 임단투의 전반적인 계획을 심도있게 논의하고 4월 29일 정대를 개최하기로 하였다. 그러나 4월 26일 마창노련 36차 운영위원회가 대회연기를 결정함으로써 마창노련 4차 정대는 또다시 표류하게 되었다.17)

이로 인해 1993년에는 전국이나 마창지역이나 공투본이 꾸려지지

대책마련에 나선 정도에 그쳤다.

17) 운영위원회 결과보고서는 연기 사유를 정확히 언급하지 않고 있으나 회의록에 의하면 '임원진 내부에 갈등과 이견이 존재하고 있으며, 1993년 임투와 노동절대회 등 시급한 현안문제, 그리고 황호남 현대정공 위원장이 마창노련 의장으로 내부 추대를 받았으나 보류했다'는 등의 내용만이 나와 있다.

못한 채 각 단위노조별로 임단투 준비에 들어가게 되었다. 마창노련
은 1993년 임단투의 목표를 첫째 고용불안 해소, 둘째 최저생계비 완
전쟁취, 셋째 조직력 투쟁력의 강화발전 등 세 가지로 설정하였다. 그
리고 1993년 임금요구액은 마창노련 차원에서 확정하지 않고, 기본급
인상, 완전한 고용보장, 호봉단일화 실시 등을 공동요구로 결정하였다.

한편 임단투가 시작되기 전 3월 8일 수출지역 여성노동자들은 여성
의 날 85주년을 맞아 오랜 만에 마창 노동자들과 함께 어우러지는 '제
5회 여성노동자 한마당' 행사를 즐겼다. 3·8 여성의 날은 해방 후 독
재정권에 의해 금지되었다가 1985년에 부활하였다. 이 날은 주최측의
홍보부족에도 불구하고 각계 각층의 여성노동자 및 가족, 그리고 많
은 남성노동자까지 참가하여 성황을 이루었다. 특히 예전에 비해 행
사를 중심으로 한 각 단체의 연대의식이 한껏 높아져 3·8 세계여성
의 날을 역사적으로 기념하는 의미가 있었을 뿐 아니라 지역에서도
여성노동자운동이 뿌리내리는 계기가 마련되었다.

해고자 원직복직 출근투쟁[18)

전국 구속·수배·해고 노동자 원상회복 투쟁위원회(이하 '전해투')
는 해고자들의 노력과 전노협의 지원으로 1992년 10월 8일 결성되었다.

김영삼 정권은 출범 직후 군사정권의 잔재청산과 대화합이란 명목
하에 3월 6일 건국 이래 최대라는 사면조치를 감행하였으나 1993년 1
월 31일 현재 125명의 구속 노동자 중 단 15명만이 석방되었다. 그러

---

18) 「전국 구속·수배·해고 노동자 원상회복 투쟁위원회의 결사투쟁」, 『총단결!
    총투쟁! ― 전노협백서 제5권』, 286~333쪽; 『죽어도 죽지 않는다! 전·해·투
    그 영원한 불꽃』, 1993. 9(총 51쪽); 『전·해·투 우리는 빼앗긴 일터를 되찾
    아야 한다』, 1993. 10. 20(총 67쪽); 『전국순회투쟁 보고서』, 1993. 12. 18(총
    16쪽); 전해투, 『다시 또다시』, 1994, 1(총 203쪽); 마창해협, 『해고 없는 세상
    에서 살고 싶다!!』, 1993. 7. 25(총 23쪽).

던 차에 3월 10일 근로자의 날을 맞아 이인제 노동부장관은 1993년 현재 총 3,619명(1990년 이후 해직교사 포함 전국 해고노동자 5,300 명)에 대한 "조건 없는 복직 추진"을 발표하였다.

이에 해고자가 발생한 세일중공업, 대림자동차, 세신실업, 기아기 공, 삼미특수강, 효성기계 등의 노조에서는 1993년 임단투에서 해고자 복직투쟁을 함께 전개하기로 함으로써 1993년 임단투에서 해고자 복 직문제가 태풍의 눈으로 부상하였다.[19] 해고자들은 노조와는 별도로 출근투쟁을 감행하기 시작하였고, 이에 해당 회사측은 해고자복직과 임금인상과 분리하는 작전, 조합원과 해고자와의 철저한 단절작전, 정 문 폭행과 철저한 감시 등으로 탄압을 가하였다.[20]

가장 먼저 출근투쟁에 돌입한 것은 지역에서 해고자수가 가장 많은 대림자동차노조였다. 해고자 34명은 3월 15일 '부당해고자원직복직쟁 취 및 민주노조사수 투쟁위원회'를 구성하고, 3월 16일 기습적으로 출 퇴근투쟁에 돌입하여 유인물을 배포하고 창원지방 노동사무소로 복 직 촉구방문을 전개하였다. 이에 회사측은 현장에 '100여 명 해고'라 는 유언비어를 유포하면서 해고자와의 단절을 획책하였다.[21]

대림자동차 해고자들의 소식이 알려지자 세일중공업 해고자 22명 도 3월 24일부터 회사 정문과 후문에서 출근투쟁을 전개하고 '해고자 복직을 위한 조합원 서명운동'과 노동부 촉구방문을 전개하였고, 기아

---

19) 1993년 9월 현재 마창지역 해고자는 총 52개 단사, 275명이며, 단위노조별로 는 대림자동차 32명, 세일중공업 23명, 삼미특수강 22명, 타코마 20명, 대한광 학 19명, 금성사 15명, 기아기공 13명, 중천 10명, 동경전자 7명 순으로 나타 났다.

20) 기아기공 회사측은 해고자 생계비 거출마저 방해하여, 해고자 생계비거출 저 지서명에 310명 정도가 서명하였다.

21) 회사측은 3월 18일 해고무효확인소송 1심에서 승소판결을 받은 해고자 서동 철을 창원이 아닌 강릉으로 복직시켰고, 또한 고등법원에서 승소한 조현준은 복직 4일 만에 재해고 절차를 밟는 등 억지를 부렸다.

기공 해고자 14명도 4월 3일부터 출근투쟁을 전개하고『한겨레신문』
을 정문에서 가두판매하였다.

또한 삼미종합특수강은 10여 명의 해고자가 3교대 출근에 맞춰 하
루 3회 출근투쟁을 전개하였고, 세신실업 해고자들도 출근투쟁과 함
께『한겨레신문』가두판매에 돌입하였다.

이에 3월 22일 마창노련 운영위원회는 각 단위노조별로 전개되고
있는 해고자복직 투쟁을 하나로 집중시켜 내기 위한 조직화 작업에
들어갔다. 그리하여 4월 6일 마산·창원 구속·수배·해고 노동자 원
상회복 투쟁 준비위원회(이하 '마창해복투' 준비위, 의장 : 김명길 전
세신실업노조위원장)를 구성하였다.

이렇듯 3월부터 시작된 해고자들의 출근투쟁과 노동부 항의방문투
쟁이 확산되면서 마창지역 임단투는 일정하게 활성화되어 갔다.

노경총 임금합의 반대투쟁

자본과 정권의 탄압형식은 조건에 따라 달라지지만 민주노조를 와
해시켜 노동자들에 대한 억압과 착취를 강화하겠다는 본질적 목적은
변하지 않았다. 더구나 경제침체를 이용한 노동자들에 대한 대량감원
의 위협으로 전노협의 구심체인 마창노련을 밑으로부터 와해시키기
위한 탄압과 공작은 계속되었다. 그리하여 1993년 임투를 목전에 두
고 정권과 자본은 급격한 임금인상이 경제위기를 불러왔다면서 경제
위기 노동자책임론, 고통분담론, 해고조건 완화 등으로 임투의 예봉을
꺾으려 하였다.

그 대표적인 예가 경제침체를 극복하고 규모간, 직종간의 임금격차
를 줄이기 위해 정부가 총액임금제 3% 이내(1992년 총액 5% 이내)
인상과, 공무원 임금 12%(호봉 포함 13.4%) 인상을 발표한 것이다.
정권이 바뀌어도 노동자를 억압하는 정책은 조금도 변하지 않았고,

문민정치와 개혁을 외치면서도 김영삼은 경제침체 극복을 이유로 노동자의 임금인상 억제를 주장하였다. 이것은 자본과 기득권세력의 힘을 얻어 당선한 김영삼 정권이 외치는 개혁의 허구성과 자본가를 비호하는 정권의 속성이 여실히 드러낸 것이었다.

여기에다 4월 1일 한국노총과 경총이 임금인상률을 4.7~8.9%로 상호합의 한다고 발표하자 노동자들의 분노가 치솟았고, 4월 7일부터 민주당사에서 무기한 단식농성투쟁에 돌입한 전국해고자들의 투쟁으로 인해 1993년 임투는 교섭 초반부터 불이 붙기 시작하였다.

언론들은 일제히 '노사자율협상'이라고 떠들어댔지만, 실상은 '노사자율'이 아니라 자본과 정권의 임금억제 논리에 한국노총이 들러리로 나섰을 뿐이었다. 그것은 금리인하를 통해 총 3조6천억원의 사용자부담을 덜어주면서 노동자들에게는 임금자제만을 요구하고 있는 현실에 비추어 새빨간 거짓임이 분명하였다.[22]

마창노련은 전국 노동자들과 함께 노경총 합의안에 강력 항의하면서 성명서(4/5)와 대시민 유인물을 대대적으로 배포(4/7, 4/8)하고, ① 한국노총은 공개사과하고 합의안을 즉각 철회할 것, ② 경총과 정부는 '자율을 위장한 임금억제 정책'을 즉각 포기할 것, ③ 정부는 노동자에게 일방적인 고통을 강요하는 제도적, 법적, 이념적 공세를 중단할 것, ④ 구속노동자 전원석방, 수배해제, 해고노동자 전원 원직복직 즉각 실시 등을 요구하고 나섰다.

---

22) 이 합의안은 전노협 등 민주노조진영의 임금인상률(18% 안팎)에 훨씬 못치는 것은 물론, 한국노총산하 금속노련(15.38%), 섬유노련(16.4%), 화학노련(12~17%), 연합노련(12.7%), 광산노련(13.9%)의 요구에도 못미처 전체 노동자들의 요구를 전혀 반영하지 못한 것이었다. 또한 이들은 단위노조로부터 교섭위임을 받은 적도 없고 받으려는 어떠한 노력도 한 적이 없을 뿐 아니라, 협상진행과정에서 노동계 전체의 조직력과 여론을 동원하려는 어떠한 조치도 취하지 않은 채, 소수 상층간부들의 밀실흥정으로 이루어진 것이었다.

전해투와 마창지역 해고자들의 목숨 건 단식농성투쟁

3월 10일 이인제 노동부장관의 해고자 복직발표 이후 출근투쟁과 항의방문 투쟁을 전국적으로 전개하고 있던 전해투는 정부의 구체적 후속조치를 촉구하면서 3월 31일 해고자 명단(3,256명)을 공개하고 조합원 서명(전국 18,838명)을 첨부하여 김영삼 대통령에게 청원했으나 별다른 조치가 없었다. 김영삼 정권의 개혁조치가 전시효과만을 노린 일회성 선언임이 드러나자 노동자의 입장에서 개혁적 요구를 제기할 필요가 생겼다.

이에 1993년 4월 7일 마창해복투 준비위 소속 11명을 비롯한 전국 해고자 100여 명은 서울 기독교회관 7층 인권위 사무실에서 무기한 단식농성 및 철야농성에 돌입하여,23) 서울역과 고속버스터미널(4/9), 동숭동 대학로(4/10) 등지에서 대대적인 대시민 선전작업을 전개하였다.

이렇듯 전해투의 목숨을 건 4·7 단식투쟁은 김영삼정권 출범 후 찾아보기 힘든 강력한 투쟁이었으며 문민정부에 대한 국민들의 환상을 깨고 그 본질을 알리는 계기가 되었다.24)

마창노련은 이들 해고자들의 단식농성 지원을 위해 마창지역 상황본부(상황본부장 : 임수관 전 세일중공업 부위원장, 상황실 상근자 : 서도수 기아기공 해고자)를 설치하고 단식농성 기간 동안 일일 상황실

---

23) 36개 사업장에서 73명(단식자 38명과 철야농성자 포함)의 해고자들이 참가하였다. 마창지역 단식 농성자는 이재승(기아기공), 김영일과 정춘범(대림자동차), 김명길(세신실업), 권영국(풍산금속) 등 5명이고, 철야농성자는 전병환(기아기공), 장정일과 김한주(대림자동차), 심혜수, 손만수, 홍상범(세일중공업) 등 6명이다.

24) 전해투의 1993년 한 해 투쟁과정을 개관하면, 1차 중앙집중투쟁(4/7~23), 지역 분산투쟁(4/24~5/30), 2차 중앙집중투쟁(5/31~7/3), 가을 투쟁 준비기(7/4~9/10), 가을 결사투쟁기간(9/11~10/18), 전국순회투쟁기간(10/19~12/4) 등이다.

을 운영하는 등 지원을 아끼지 않았다.

때마침, 창원지방노동사무소가 각 기업체에 보낸 복직권고문에서 "복직을 시키더라도 임금지급, 근속년수 인정은 하지 않아도 된다, 해고자 복직문제는 단체교섭이나 쟁의의 대상이 아니다"라고 통보함으로써 임단협 과정에서 해고자문제를 둘러싼 새로운 노사분쟁의 불씨를 제공하였다.25) 이에 마창해복투 준비위는 4월 13일, 14일 양일간 1, 2차 창원지방노동사무소 방문투쟁을 실시하고, 22개 사업장 조합원 서명(3,626명)과 해고자들의 복직요구서(136명)를 제출하였다.

그리고 4월 14일 노동부 항의방문 직후 민주당 창원을 지구당 성종대 사무실로 옮겨 즉각 무기한 단식농성에 돌입하였다.26) 이렇듯 전해투의 목숨 건 투쟁에 이어서 마창지역을 비롯한 전국에서도 구속·수배·해고 노동자의 원상회복을 요구하는 투쟁이 확산되었다.

그러자 전국과 각 지역에서 사회 각계 각층의 지도인사들로 '지원대책위원회'가 구성되어 사회여론 형성 및 대정부 교섭 등 활발한 지원활동을 펼치게 되었다.27) 이에 발맞춰 마창지역 15개 사업장 해고자들도 각 사업장별로 출근투쟁, 선전물 배포, 피켓팅, 몸벽보, 노래부르기, 구호외치기, 정문 앞 단식농성, 중식집회 등 다양한 투쟁을 전개하였다. 특히 금성사 해고자 이균하는 46살의 나이에 단식을 하면서도 거의 매일 금성사 앞에서 담요를 뒤집어쓰고 출근투쟁을 감행하였다.

---

25) 『경남매일』 1993년 4월 13일자 보도.

26) 50여 명의 철야농성자를 비롯, 단식자는 임수관(세일), 조현준(대림자동차), 장초(기공), 강중철(타코마), 이균하(금성사 1), 강용길(세신), 한경숙(동파), 박준학(중앙) 등 8명이고, 이후 삼미특수강 방석부, 기아기공 김윤규 2명이 합류하였다.

27) 1993년 4월 10일 한국교회 100주년 기념관에서 30여 명의 각계인사(전국연합 상임대표, 민주당 국회노동상임위원장 다수 포함)로 '전국 지원대책위원회'가 구성되었고, 마창지역에서는 4월 20일 마창연합 주최로 마창지역 '지원대책위원회'가 공식 구성되었다.

"해고자들을 정든 일터로!"
마창지역 해고자들과 지역 노동자들이 1993년 4월 22일 창원 중앙체육공원에서 '마산·창원 구속, 수배, 해고 노동자 원상회복을 위한 촉구대회'를 열고 있다. 해고자들은 17일간의 단식농성을 벌였다.

이렇듯 해고자들의 단식 결사투쟁이 1993년 상반기 투쟁전선을 촉발시켜 내는 계기가 되자, 4월 23일 이인제 노동부장관은 단식 해고자들과 면담 석상에서 "경제 5단체장의 공동선언을 통해 해고노동자의 복직을 적극 주선하겠다"고 발표하였다. 이에 따라 정부의 전향적 자세를 확인한 전해투는 4월 24일 기독교회관 9층 농성장에서 단식해산을 발표하였다.

18일간의 단식투쟁은 구속·수배·해고 노동자의 문제를 전 국민적, 사회적으로 인식 확산시킴과 동시에 김영삼 정권의 기만적인 노동정책과 개혁의지의 본질과 한계를 폭로하고, 전국적으로 1993년 임투전선에 활력을 불어넣었다. 그러나 4월 23일 노동부장관의 약속만을 믿고 농성대오를 해체함에 따라 막 치솟아 오르던 지역투쟁의 열기를 상승시켜 내지 못한 결과 투쟁열기는 급속히 사그라들게 되었다.[28]

그러나 전해투의 투쟁이 중단된 뒤에도 마창해복투의 단식투쟁은
계속되었다. 이는 전해투 투쟁성과를 세계노동절 행사로 총집결하여
구속·수배·해고 노동자 원상회복 쟁취뿐 아니라 이후 1993 임단투
의 공동투쟁열기를 끌어내기 위해서였다.[29]

3. 1993년 임단협 교섭과 상반기 투쟁

세계 노동절기념 마창 노동자대회와 영남노동자대회

본격적인 임단투에 접어들었으나 정권과 자본의 더 한층 강화된 임
금억제 정책과 고용불안 문제를 이용한 민주노조 무력화 공세에 마창
지역은 힘있는 공동투쟁 전선이 형성되지 않고 있었다. 여기에 해고
자들의 목숨 건 단식농성이 계속되었지만 현 정권의 기만적인 개혁정
책은 해고, 구속·수배자 들의 고통을 해결할 아무런 방침도 내놓지
않았다.

이에 마창 노동자들은 세계노동절 기념대회를 기점으로 임단투를
비롯한 해고자 복직투쟁, 고용안정 쟁취투쟁, 노동법개정투쟁 등 당면
투쟁의 결의를 모아 나가기 위해 5·1절 연대투쟁 전선에 나서게 되
었다. 이번 5·1절 투쟁이 의례적인 기념행사에 그치지 않고 실질적
으로 연대투쟁의 결의를 다지는 계기가 되도록 하기 위해 마창노련은
업종회의 소속대표들과 함께 대회위원회를 구성하였다.[30]

---

28) 농성대오 대부분이 현대자동차 해고자를 중심이다 보니 현대자동차 17명이
   복직된 뒤에는 전국 해고자들의 의견을 반영하는 데 한계가 드러났다.
29) 5·1절 투쟁이 끝난 5월 4일 마창해복투는 17일간의 단식철야농성투쟁을 해
   산하였다. 그것은 중앙의 단식투쟁이 중단된 이후 급격히 투쟁동력이 사그라
   듦에 따른 판단이었다.
30) 대회위원장은 마창노련 허연도 의장과 마창업종회의 의장이 공동으로 맡고,

세계노동절 기념과 이영일 열사 추모 마창노동자대회
1993년 4월 30일 마산역 광장에 2,500여 명의 노동자들이 93 임단투 승리와 고용안정 쟁취,
민주 대개혁을 위한 투쟁결의를 다지고 있다.

　이리하여 4월 30일 오후 5시 마산역 광장에서는 2천5백여 명의 노동자·시민·학생이 모인 가운데 '세계노동절 기념 및 이영일 열사 추모 마창 노동자대회'가 성황리에 열렸다.

　대회에 앞서 각 단위노조는 중식시간을 통해 일제히 노동절 기념식을 갖고 전 조합원의 조직적 참가를 결의한 뒤 대회장으로 집결하였다. 식전행사와 길놀이로 시작된 본대회는 이영일 열사 추모제와 결합되어 진행하였다. 특히 마무리에서 마창해복투는 투쟁경과보고를 통해 17일간의 단식농성 해제를 공식선언하였다. 마창노련과 마창업종회의는 투쟁결의문을 채택하고, '임금억제 정책 분쇄와 노동자 생존권 사수, 노동악법을 비롯한 각종 반민주악법 철폐, 해고·수배·구속자 원상회복, 비리공직자들의 구속 및 재산몰수' 등을 위해 전체 국민들과 함께 싸워나갈 것을 힘차게 결의했다.

　마창노련 문화체육국 간사와 마창업종회의 경남은행 수석부위원장을 집행위원으로 하여 대회 업무를 진행하였다.

이어서 시가행진에 들어간 참석자들은 마산역 광장을 출발하여 한일 로터리와 고속터미널을 거쳐 성안백화점까지 행진하고 집회를 마무리하였다. 이 날 대회는 오랜 만에 열리는 대중집회로 그동안의 침체분위기가 일정 극복되는 계기가 되었다.

다음날 마창 노동자들은 영남지역노동조합대표자회의(9개 지역, 157개 노조, 기타 단체로 구성됨)가 주최한 영남노동자대회에 참석하기 위해 부산으로 향하였다.

5월 1일(토) 부산대학교에서 열린 전야제에 이어 5월 2일(일) 아침 노동자들은 각 지역별로 출정식을 가진 후 부산대학교를 출발하여 대회장소인 부산역에 도착하였다. 그리하여 오전 11시부터 박창수 열사 추모행사가 시작되었다.

부산역 광장에는 비가 내리는 가운데서도 8개 지역에서 5천여 명(마창지역 450여 명 참석)의 노동자, 시민, 학생이 참가한 가운데 숙연하게 진행되었다. 1990년 5월 6일 안기부의 집요한 전노협 탈퇴공작에 맞서 싸우다 산화해간 지 2년이 지났으나 한진중공업노조 고 박창수 위원장의 죽음은 진상규명조차 못한 채 2주기를 맞게 되었다. 영남 노동자들은 안기부 노사조정관 홍상태와 노조사무장 장세군 등 사건관련자 소환과 사건의 전면 재조사, 전노협 탈퇴공작의 책임자와 시신 및 강제탈취 책임자 등 사건 관련자 색출 및 처벌, 국정조사권을 발동하여 진상규명할 것 등을 요구하였다.

참석자들은 오후 3시 본대회를 마친 뒤 거리행진에 들어갔다. 그리고 오후 5시경 서면 로터리에서 간단한 마무리 집회를 갖고 해산하였다.

한편 세일중공업노조는 5월 3일 조합원과 각 단위노조 간부 500여 명이 참가한 가운데 창원병원 영안실 앞에서 고 이영일 열사 진혼제를 통해 한풀이 춤과 참가자들의 분향 및 헌화로 열사의 넋을 달랜 뒤, 열사가 투신한 회사 1공장 식당 앞에서 3주기 추모식을 거행하였다.

노동해방 그날에 살아서 다시 만나리
1993년 5월 3일 세일중공업노조에서 열
린 고 이영일 열사 3주기 추모식.

1993년 마창지역 임단투 교섭과 쟁의발생 결의

마창지역 대부분의 노조는 4월과 5월에 임단협 교섭에 들어갔다.[31]
그러나 자본측은 교섭초기부터 개악안을 들고나왔다.

두산기계 회사측은 1993년 단협 갱신 협상에서 '회사는 천재지변,
기타 재해 또는 업무상 부득이한 때에는 휴가 중이라도 조합원에게
비상출근을 명할 수 있다', '회사에 출근한 조합원은 소속장의 허가 없
이 근무지를 이탈할 수 없다' 등등 노조 자체를 회사의 생산성 향상을
위한 기구로 전락시키는 개악안을 제출하였다. 그런가하면 한일단조

---

31) 1993년 8월 23일 현재, 조사대상 37개 노조 중 가장 일찍 교섭에 돌입한 사업
    장은 범한금속(3/30)이고, 가장 늦은 곳은 한일단조(7/28)이다. 시기별로는 3
    월 1개, 4월 12개, 5월 11개, 6월 6개, 7월 7개 등 4개월에 걸쳐 산만하게 진행
    되었다.

회사측은 기존의 단협안을 개악하고 전임자에 대한 임금을 받으려면 마창노련과의 관계를 끊던가, 각종 유인물과 선전물도 한국노총 것만 보라는 억지 주장을 부렸다.

그러나 그동안 해고자복직투쟁에도 불구하고 주춤거리던 노동자들의 발걸음에는 5·1절 대회를 계기로 점차 투쟁의 기운이 되살아나기 시작했다. 또한 전국적으로도 임투전선이 형성되지 않다가 5월 말 현 총련 소속 노조의 공동 쟁의발생으로 전반적인 투쟁의 기운이 높아지기 시작하였다. 그리하여 6월 5일 울산 현대정공의 강제 직권조인을 계기로 투쟁이 본격화되어 웨스트, 세신실업, 범한금속 등의 쟁의결의로 이어지면서, 마창지역 임단투 분위기도 조금씩 활성화되었다.[32]

그러나 또 다른 한편에서는 타결 분위기가 나타나기도 하였다. 산본이 타결에 들어간데 이어, 한국중공업과 대원강업에서는 타사에 비해 흑자의 폭이 크고 수년간 조직의 침탈 없이 비교적 조직이 안정되어 있어 상대적으로 임투의 조건이 유리했음에도 별다른 투쟁이 없이 타결되었다.[33] 또한 일부 노조에서는 요구안 작성과정에서부터 '쟁취 가능한 요구를 하여 100% 쟁취하자'는 기조로 요구안이 작성되었는

---

32) 조사대상 37개 중 쟁의발생신고는 20개 노조로, 이 중 4월 1개(산본), 5월 2개(시티즌정밀, 현대정공), 6월 6개(웨스트, 동명, 세신, 범한, 제일, 태광), 7월 7개(대한화기, 부영, 삼양, (주)센트랄, 시정, 효중, 타코마), 8월 2개(대림자동차, 한단), 9월 1개(세일), 10월 1개(부산산기) 등으로, 6월과 7월에 13개 노조가 집중적으로 쟁의발생을 결의하였다. 쟁발결의율 역시 100%가 7개(산본, 대림자동차, 대한, 부산산기, 세신, 효중, 현대정공), 90~99%가 5개(웨스트, 세일, (주)센트랄, 타코마, 태광), 80~89%가 3개(삼양, 시정, 제일), 70~79%가 2개(동명, 부영), 60~69%가 2개(범한, 한단) 등, 90% 이상 결의율이 12개에 달했다. 그 중 대림자동차와 부산산기는 조합원총회에서 100% 찬성률을 나타냈다.
33) 쟁의발생신고 20개 노조 중 산본, 시티즌정밀, 동명중공업, 부산산기, 제일정밀, 태광, 한일단조, 효성중공업 등은 쟁의발생신고 후 냉각기를 전후하여 2~15일 사이에 타결되었다.

데, 이는 투쟁의 기조를 포기한 것이나 다를 바 없었다. 이처럼 초기의 임투는 단위노조 차원에서의 투쟁성조차 결여된 채 쟁점 없이 타결되었다.

전해투의 2차 단식농성투쟁과 경제 5단체 항의방문 투쟁

전해투는 4월 23일 경제 5단체장의 공동선언을 통해서 복직을 현실화시켜 내겠다던 노동부장관의 발표를 믿고 단식투쟁을 중단하였으나 정부측이나 자본측 모두 전혀 달라진 것이 없었다.

한마디로 노동부장관의 복직약속은 기만이었다.

복직판결을 받았음에도 회사측은 해고자의 복직을 거부할 뿐 아니라 복직을 위한 교섭마저 거부하는가 하면 노동부를 찾아가 항의방문해도 "권유사항일 뿐"이라며 어떠한 실질적인 조치도 취하지 않았다. 게다가 수배 해제를 약속했음에도 자진출두한 수배자를 구속하는 등 김영삼 정권의 '해고자복직 방침'이 기만임이 여실히 드러나게 되었다.

타코마 해고자들이 4월 26일부터 원직복직을 요구하면서 천막농성을 전개하고 그 중 이성림이 39일간의 아사 단식투쟁을 벌였음에도 타코마측과 한진그룹측은 서로 책임을 전가하면서 폭행하고 대화나 면담조차 거부 묵살하였다. 그 밖에 기아기공 해고자들도 철야 천막농성투쟁을 전개했지만 회사측은 복직은커녕 정식 교섭조차 응해 주지 않았다. 또한 대림자동차 해고자들은 출근투쟁을 하며 항상 관리자들의 폭력 등 직접적 탄압에 시달렸고 폭행당한 해고자를 회사측에서 오히려 고소고발하는 어이없는 일까지 발생하였다.

이렇듯 자본측은 한결같이 정부에게 책임을 미뤘고, 정부는 자본측에게 책임을 미루었다. 정부는 사용자들이 거부하면 할 수 없으니 "사용자들과 화해하라"고 답변하는가 하면, "해고자들이 열심히 나서서 노력해라, 법적 대응해라"며 당사자가 해결하라는 식으로 대답하였다.

혹은 문제해결을 위한 구체적 대안을 내놓지 못한 채 "몰랐다, 자료 주면 조사하겠다, 기다려라"하는 식으로 발뺌하기에 급급하였다.[34]

분노한 해고자들은 기만적인 정부의 약속실현을 촉구하는 새로운 투쟁을 모색하게 되었다.

기아그룹 해고자들이 5월 22일부터 서울 기독교회관에서 '기아 해복투'를 결성하고 결사 단식투쟁에 돌입하자, 전해투도 '경제 5단체장의 해고노동자 복직 공동선언'을 끌어낸다는 목표를 가지고 2차 중앙집중투쟁(5/31~7/3)에 들어갔고, 마창지역 해고자들도 다시 한번 이 투쟁에 힘차게 결합한 것이다.

그리하여 전국 해고자들은 5월 31일 과천 정부종합청사 앞에서 '전국해고노동자 결의대회'를 개최한 뒤 곧바로 마포 민주당 중앙당사로 옮겨 무기한 철야농성투쟁에 돌입 결사항전의 투쟁을 선포하였다.[35] 이후 전해투는 전경련을 비롯한 경제 5단체(전경련, 경총, 무역협회, 상공회의소, 중소기업협동중앙회)와 상공부, 그리고 주요 대기업 본사(기아그룹, 한진그룹, 대우그룹, 포철 서울사무소 등)를 차례로 항의방문하고 시위농성투쟁과 대시민 선전전을 감행하였다.

기아해복투는 5월 22일 이후 기독교회관에서 농성을 전개하는 한편, 오전과 오후 매일같이 기아그룹 본사와 경제 5단체를 기동적으로 항의방문하여 복직선언을 촉구하였다.[36] 또한 타코마에서는 6월 3일

---

34) 1993년 5월 25일 창원지방노동사무소에서 마창노련 및 마창지역 해고자들과 노동부장관과의 면담내용(마창노련, 「노동부장관 면담결과보고」, 1993, 총 6쪽).

35) 참가자는 11개 지역 3개 그룹 80여 명의 해고자이며, 그 중(5월 31일 이후) 마창지역은 해고자 35명(기아기공 9명, 타코마 8명, 대림자동차 10명, 풍산(주) 2명, 세일중공업 5명, 삼성시계 1명 등)이 참가하였다.

36) 6월 8일 기아그룹 회장 비서실 점거농성에 돌입하였던 해고자들은 9일 경찰에 의해 전원 강제연행되어 10일 그 중 4명이 구속되었다. 구속자는 기아기공 해고자 서도수, 전병환, 기아자동차 김충겸, 김종권으로서, 5월 27일 기아

39일 단식투쟁 끝에 이성립 타코마 노조 전 조직부장이 탈진한 끝에 쓰러져 마산복음병원에 입원하자 회사측이 복직은 차치하고 면담마저 거부한 채 "단식은 거짓이다. 어떻게 사람이 먹지 않고 40여 일을 견딘단 말이냐"고 비아냥거리며 흑색선전까지 유포하였다. 이에 타코마 및 한진그룹 해고자들은 6월 6일 김포공항 대합실에서 몸벽보, 머리띠, 마스크를 착용한 채 한진그룹 사측의 만행을 고발, 규탄하는 유인물을 배포하면서 침묵시위를 벌였고, 계속해서 그룹측과 회사측이 서로 책임을 떠넘기자 그룹과 단사 양쪽을 타격하는 투쟁을 전개하였다.[37]

전국노동조합대표자회의 결성과 경제개혁 요구 투쟁

국민 대다수가 아직도 '문민정부의 개혁'에 일정한 기대를 갖고 있는 가운데 1993년 임단투는 총자본의 공세적 임금억제논리에 의해 힘들게 진행되고 있었고 해고자문제는 기만적으로 흘러가고 있었다.

이런 가운데 6월 1일 전국노동조합대표자회의(이하 '전노대')가 여의도 여성백인회관에서 발족하였다.

전노대는 '공동사업추진체'라는 느슨한 형태이긴 하였으나, 'ILO 공대위'를 넘어 민주노조 총단결의 조직적 지평을 확대한 역사적인 민주노조 총집결체였다. 전노대의 발족으로 전국 민주노조 총단결의 기운은 본격화되었다. 이에 전노협 및 업종회의 등 전국 노동자들은 '고통분담론'의 허구성과 임금억제 정책의 부당함을 폭로하고 노동자 임

그룹 본사 항의 방문투쟁 때 관리자가 사진을 찍자 해고자들이 필림 반환을 요구함에 관리자가 도망치다가 맨홀에 빠져 전치 6주 진단을 받게 되었는데 이를 빌미로 기아사측은 4명을 고소하였다.

37) 11월 27일 한진중공업 부산울산공장, 타코마, 대한항공 등 해고자들은 한진그룹 해고노동자 원상회복투쟁위원회(이하 '한진해복투')를 결성하였다.

단투전선을 엄호한다는 목표 아래 임금인상투쟁과 경제개혁투쟁을 적극 결합시켜 대중적으로 전개하였다.

그동안 김영삼 정권은 문민정부를 내세우며 군사정권하에서는 볼 수 없었던 여러 가지 개혁조치들을 발표했으나, 금융실명제를 비롯한 각종 부정부패 사건에 대한 미온적 처리, 진상규명이나 책임자 처벌을 도외시한 광주문제 해결방식 등 서서히 정권의 한계를 드러내기 시작했다. 게다가 '개혁'이란 허울좋은 구호 아래 노동자를 비롯한 민중들에게는 '고통분담'이 아닌 '고통전담'을 요구하는 반면에 재벌을 비롯한 자본가들에게는 각종 특혜와 지원을 베푸는 등 과거 재벌위주의 경제정책을 그대로 밀고나갔다.[38] 이에 전노대는 경제정의 실현과 경제의 민주적 대개혁 단행을 통해 빈익빈 부익부 현상이 심화되고 있는 현 경제체제의 모순구조를 근본적으로 개혁하고 땀 흘려 일하는 사람이 인간답게 살 수 있는 평등세상을 건설하기 위해 경제개혁투쟁을 전개하기로 하였다.[39]

마창노련은 마창연합과 결합하여 금융실명제 실시 가두서명운동(5/20~31)을 전개하는 한편 업종회의 등 마창지역 제 민주단체와 5월 26일 첫 실무접촉 이후 6월 10일 대표자회의를 가진 후, 6월 12일 마산역 광장에서 열린 '6·10 항쟁정신계승 및 경제개혁 촉구를 위한 마창 시민대회'에서 '경제개혁 마창대책회의'(정식명칭 '금융실명제, 토지공개념관련 법안 마련 및 즉각실시, 독점재벌 재산공개 및 부정

---

38) 1/21 금리인하 조치 단행, 3/22 신경제100일 계획 발표, 3/24 경제행정규제완화 방침 발표 등.

39) 총자본을 비롯한 권력에 대한 요구로는 '금융실명제, 토지공개념관련 법안마련과 즉각실시, 예금 및 유가증권의 실명화, 종합과세실시, 세제전반의 민주적 개혁, 독점재벌의 재산공개, 비리공직자 등 부정축재한 재산의 사회환원 요구 등(구체적 환원방식으로는 고용안정 기금이나 국민복지기금, 서민주택 건설지원 등 제시)'이다.

축재 사회환원을 위한 마창지역 대책회의') 발족식을 거행하였다.

　토요일 오후 비가 쏟아지는 가운데 400여 명의 참석자들은 본행사에서 마창임투 현황과 해복투의 현황보고를 들은 후 가두행진(마산역 → 고속버스터미널 → 성안백화점 → 오동동사거리 → 문화장식 → 코아양과 → 창동사거리 → 불종거리 → 어시장 → 3·15기념탑)에 들어갔다.

4. 1993년 파업투쟁

현대정공 직권조인 사태 및 웨스트노조탄압심화[40]

　6월 4일 울산 현대정공노조 김동섭 위원장(현총련 의장)의 강제 직권조인으로 현총련의 연대파업투쟁이 터져 나오게 되었다.

　5월 말까지 별다른 투쟁 없이 진행되던 마창지역의 1993년 임단투는 점차 본격화되었고 웨스트노조는 그 투쟁의 한복판에 서게 되었다.

　창원 현대정공노조(위원장 황호남)는 1992년 말부터 1993년 임투 이전에 전개된 '변속기공장 이전 반대투쟁'과 '잔업축소 철회투쟁'에서 한 달여 동안 지도부의 잔업거부 방침에 조합원이 100% 적극 동참하여 승리를 쟁취한 바 있다. 따라서 이 투쟁을 통해 지도부에 대한 신뢰와 투쟁에 대한 자신감을 일정 정도 축적하게 된 노조는 1993년 임단투를 어느 때보다 탄탄하게 준비할 수 있게 되었다.

　그리하여 4월 27일부터 교섭이 시작되었으나 회사측의 1차(5/25), 2차(6/3) 제시안이 노조측 요구에 턱없이 못 미치자 교섭은 결렬되고 노조는 5월 31일 쟁의발생신고를 결의(대의원대회 100%)하고 즉각

---

40) 마창노련문학상 으뜸상 현대정공노조 김종현의 『93년 그 해 여름』.

쟁의대책위원회를 구성하였다.

그러나 6월 5일 토요일 울산 현대정공 김동섭 위원장이 강제 납치 구금되어 직권조인(사측 제시액 27,600원에 직권조인)했다는 청천벽력과도 같은 소식이 들려왔다.

전 조합원은 경악하였다. 노조는 즉각 진상을 알리고 직권조인 무효화를 선언하였다. 이제 투쟁은 '직권조인 철회와 노조파괴 책동 중단'으로 바뀌었고, 현총련 차원 및 전국의 연대투쟁으로 발전되었다.[41]

창원 현대정공은 6월 7일 월요일 아침 출근 즉시 쟁의대책위원회 발대식 및 규탄대회, 6월 9일부터 상집위원 전원 철야농성에 돌입, 6월 10일 규탄집회 및 기자회견 이후 정문투쟁 등을 실시하였고 전 조합원들은 6월 11일부터 머리띠 착용, 안전작업, 분반토론, 본관 화장실 이용하기, 고품질향상운동 등 준법투쟁을 전개하였다.

한편 웨스트 노조(김경영 위원장, 조합원 수 109명)는 4월 30일부터 1993년 임단투의 포문을 열었으나, 1차교섭부터 전임자와 교섭위원의 상근문제, 임금적용, 임단협 타결방법(일괄타결이냐 선임금 후단협이냐) 등을 놓고 팽팽히 맞서 교섭초반부터 파란을 예고하였다.

교섭이 지리멸렬한 공방으로 바뀌자 조합원들은 강도높은 준법투쟁을 실시하였는데, 그 때그 때 상황에 맞는 탄력적인 전술로 다양하게 진행된 준법투쟁은 모범사례를 남겨 주었다.

그러나 회사가 물량반출을 시도하자 폐업의 불안감이 엄습한 조합원들은 거세게 항의하며 관리직과 몸싸움을 벌였고 회사측은 이를 빌

---

41) 현총련은 6월 7일 기자회견에서 울산현대정공 공권력 투입시 전 계열사 총력 투쟁을 선포하였고, 이에 퇴근길의 현대자동차와 현대중공업 등 조합원 약 7천여 명이 울산현대정공 지원투쟁을 전개하였다. 또한 울산 현대정공노조(이용진 수석부위원장)는 6월 8일과 9일 양일간 비상총회를 개최하고 '비상대책위 인준'과 '위원장 불신임'을 결의하고 6월 10일 95.97%라는 압도적 찬성으로 쟁의행위를 결의, 총파업 투쟁을 선포하였다.

미로 5월 31일 임원 4명(위원장, 부위원장, 사무국장, 회계감사)을 징계위원회에 통보하고, 6월 2일 고소고발까지 단행하였다. 분노한 조합원들은 6월 3일 95.8%의 압도적 찬성으로 쟁의발생신고를 결의하고 회사측의 탄압실상을 지역 및 전국에 알려나갔다.[42]

지도부 뭐하노?

현총련의 연대파업은 전국적으로는 대우조선과 한진중공업의 잠정합의와 직권조인으로 확산되던 분위기를 일정하게 차단하여 주었다. 그리고 마창지역에서는 세신실업, 한일단조, 화천기계 등에서 자본과 노동이 팽팽한 대립선을 긋는 가운데 웨스트(6/15), 현대정공(6/16)의 파업결의에 이어 범한금속, 제일정밀, 시티즌정밀, 부영공업, 효성중공업, (주)센트랄 등의 노조에서 쟁의발생 결의로 속속 이어졌다.[43]

1993년 임투는 "거의 힘없이 흘러갈 것"이라는 연초의 전망이나 혹은 "분위기가 안 뜬다"는 간부들의 고백과는 달리, 단위노조 차원의 완강한 저항이 강도높은 준법투쟁과 부분파업으로 점차 뜨겁게 달아오르고 있었던 것이다.

이렇듯 조합원들의 투쟁열기가 뜨겁게 달아오름에도 불구하고 이를 연대투쟁 전선으로 결집해내는 마창노련의 지도력은 실천되지 못하였다. 기껏해야 전 간부 결의대회(6/11, 수출지역 후문앞 300여 명 참석), 전 간부 공동교육 및 공동토론회(6/15), 전 간부 체육대회(6/20, 창원 체육공원) 등이 고작이었다.

---

42) 마창노련문학상 최우수 당선작 웨스트노조 권은정의 「그래 새날이 올 때까지」 등 참고.

43) 쟁의행위를 결의한 노조는 11개 노조인데 그 중 날짜가 확인된 9개 노조의 시기는 각각 6월 4개(웨스트, 현대정공, 범한금속, 세신실업), 7월 3개(시티즌정밀, 대한화기, (주)센트랄), 8월 1개(타코마), 10월 1개(대림자동차) 등으로 6월에 집중되었다.

"노조탄압 박살내고 민주노조 사수하자"

1993년 6월 11일 수출지역 후문 민주광장에서 열린 '93 임단투 승리와 민주노조사수를 위한 마창지역 전 간부 결의대회'에 참석한 웨스트 노동자들. 웨스트노조는 회사측의 전면적인 탄압에 맞서 131일 동안에 걸친 끈질긴 투쟁으로 민주노조를 지켜냈다.

이렇게 된 데에는 여러 가지 요인이 있겠으나 무엇보다 마창노련 내부의 정파적 갈등과 대립이 큰 걸림돌로 작용하였다. 허연도 의장은 5월 14일 항소심에서 벌금형을 받아 석방되었으나 노동운동단체 및 정파와의 갈등과 대립은 극복되지 않아 마창노련의 지도력은 분열되어 공전할 수밖에 없었다.

이러한 흔적은 6월 23일 '의장과 사무국과의 간담회 결과'에도 구체적으로 드러났다. 사건의 발단은 웨스트 노조투쟁과 관련하여 5개 노조가 공동으로 노동부를 항의 방문투쟁하게 되었는데, 이 때 의장이 사무처와는 아무런 사전협의나 연락 없이 몇몇 단위노조 대표자들과 논의 결정해서 행동함으로써 차질과 혼선을 빚게 되었다. 웨스트노조에서 마창노련 사무처에 전화를 걸어 항의방문투쟁에 한 사람도 참석하지 않은 것을 강하게 비판하고 나선 것이다. 사무처는 의장의 지도력과 조직관에 대한 강한 이의를 제기하였고 이에 대해 허연도 의장은 "정책과 바라보는 사안에 따라 입장이 다르고 관점에 차이가 있다"는 점을 인정하고 "그 차이는 마창노련 가입 노조대표자들이 결정할 일이니 빨리 대의원대회를 치르자"고 대답하였다. 이러한 보고문건은 당시 마창노련 지도력의 심각한 문제점의 일단을 드러내주었고, 실제로는 갈등과 대립의 양상이 더욱 심각하였다.

현대정공노조의 부분파업과 웨스트의 강도높은 준법투쟁

6월 12일 현총련이 울산 태화강 고수부지에서 열린 영남지역 노동자 결의대회에서 연대투쟁의 열기를 전국적으로 드높이자 창원 현대정공도 투쟁열기를 한층 불태웠다. 그리하여 6월 16일 전 조합원은 출근투쟁을 전개하여 93.6%로 쟁의행위를 결의하고 6월 17일부터 부분파업에 들어갔다.[44] 회사측, 노동부, 창원경찰서 등에서 불법으로 몰아붙이며 협박하였으나, 조합원의 참여율이 90%를 넘을 만큼 임투 열기는 뜨겁게 달아올라 쟁의행위 강도는 높아만 갔다. 그리고 현대 노동자들은 6월 30일 일산 해수욕장에서 열린 현총련 결의대회에 약 4만여 명이 참석하여 단사의 벽을 넘는 공동투쟁, 연대투쟁을 공세적으로 전개하여 승리를 쟁취할 것을 힘있게 결의하였다.

한편 웨스트노조는 6월 10일 이후 부품공급이 중단되고 일부 라인이 생산중단되거나 기종을 변경하여 생산하는 사태가 발생하였다. 분노에 찬 조합원들은 더 이상 투쟁을 미룰 수 없었다. 6월 15일 88.3% 찬성으로 쟁의행위가 결의되자, 전 조합원은 즉각 각 라인별로 철야

---

44) 창원 현대정공(6/16)의 쟁의행위 결의를 전후로 현대그룹 산하 노조들도 속속 쟁의발생 및 쟁의행위를 결의하였는데, 울산 현대정공(6/10), 금강개발·현대강관(6/17), 현대자동차(6/15), 현대중장비(6/16) 등에서 쟁의행위 결의, 한국프랜지(6/15), 종합목재(6/15), 미포조선(6/16), 현대중공업(6/22) 등에서 쟁의발생신고 결의 등으로 총 12개 사업장이 현총련 공동투쟁의 대열에 합류하였다.

농성에 돌입하고, 강도높은 준법투쟁에 돌입하였다.

교섭은 성과 없이 공방만 계속되는 가운데,[45] 회사측은 한편으로는 지도부를 징계, 고소고발하여 수차례 노동부와 경찰서 출석조사에 임하게 해 놓고, 또 다른 한편으로 부품과 물량을 확보조달하지 못해 생산이 중단되는데도 회사측은 "일 없으면 놀라"면서 일부러 태업을 유도하여 조합원들에게 불안심리를 자극하여 노조를 분열, 약화시키려 하였다. 노조측이 이 문제를 회사측에 강력 항의하는 과정에서 '2800라인 사건'이 터졌다.[46] 이후 더 이상 교섭은 진행되지 못하였고, 결국 이를 빌미로 7월 8일 아침 회사측은 불법 직장폐쇄를 단행하고 말았다. 이로써 웨스트의 투쟁은 직장폐쇄 철회투쟁으로 바뀌었다.

현대정공 전면파업과 공권력 진압

한편 현총련은 7월 7일 하루 11개 사업장에서 전면 총파업을 강행하였다. 그러나 7월 7일 현총련 사무실 압수수색, 현총련 및 전노협 위원장에 대한 사전구속영장(제3자개입건) 발부, 언론의 왜곡보도(경제위기와 집단 이기주의 등) 등으로 인해 현총련은 7월 10~16일 동안 '평화기간'을 설정하고 정상조업하기로 하였다(단 회사측 제시안이

---

45) 그동안 회사측은 임금 1차안 제시 후 거론을 중단한 상태였고, 단협에서는 징계권 회사측 귀속, 쟁의기간 무노동무임금, 하청운용 때 노사합의 조항 삭제, 노조 일상활동 방해 등 개악안만을 주장하였고 이에 노조측은 인원정리(20인 이상→10인 이상으로) 때 생산교섭 등을 요구하여 팽팽히 대립하였다.

46) 2800라인 주임(김태경)은 "라인 이동 안 할 것과 물량확보"를 확답한 후 이를 번복하였다. 이에 조합원들이 공개사과와 물량확보를 요구하자 7월 1일 2800라인 주임은 사과하겠다고 해 놓고서는 전 라인 사람을 모아 놓고 회사측 억지주장만 늘어놓았고, 이에 조합원들이 거세게 항의하면서 공개사과를 요구하자 주임은 도망가려 하였고 관리자들은 그를 빼내려 하였다. 옥신각신하면서 조합원과 관리자들이 서로 밀치고 당기는 몸싸움이 벌어진 틈을 이용하여 주임은 현장을 빠져나갔다. 이것이 '2800라인 사건'의 전말이다.

미흡할 경우 7월 19일부터 파업에 들어간다는 조건).

현총련의 이러한 투쟁전술은 7월 7일 현총련 총파업이라는 소중한 연대투쟁의 성과를 잇지 못한 채 정권과 자본의 계략에 말려들어 대국민 여론에 맞추는 결과로 나타나게 되었고, 반대로 정권과 자본에게는 공동투쟁에 대응할 여건을 형성해 준 결과를 낳았다.[47]

결국 7월 14일(22차) 회사측의 최종안이 수용되지 못해 교섭이 결렬되자, 현대정공(창원과 울산)노조는 7월 19일 파업출정식과 함께 전면파업에 돌입하였다. 그리고 전면파업 2일째인 7월 20일 자정 무렵 "새벽 공권력 투입"을 알리는 뉴스가 보도되었다. 각오는 했으나 이렇게 빠를 줄은 몰랐다. 울산정공보다 먼저 창원공장으로 방향을 바꾼 것은 현대자동차와 현대중공업 등 울산의 연대투쟁이 자칫하면 전국으로 확산될 것이 두려워 대신 창원공장을 먼저 쳐서 기선을 제압하고 울산사태를 잠재우겠다는 속셈이었다.

지도부가 조합원 비상소집을 하느냐 마느냐로 갑론을박하고 있는 동안 사복경찰, 전경차, 페퍼포그차 들은 점차 불어나 회사주변을 에워쌌다. 조합원 비상연락망을 가동시키긴 했으나 지도부는 투쟁 방향과 향후 대책에 대한 뾰족한 안을 마련할 수 없었다. 방어용 무기는 전혀 준비되지 못했고 비상 식량 또한 없었다. 결국 공장은 사수하지 못하더라도 제2의 투쟁 즉 장외투쟁은 불사한다는 중론이 모아지게 되었다.[48]

비상연락을 받고 달려온 조합원 500여 명은 정문에 바리케이드를 설치하였으나 이미 공장주변에는 경찰병력 15개 중대가 이동하고, 정

---

47) 이후 현대자동차에 대한 긴급조정권 발동과 현대정공 공권력 투입에 대한 현총련의 공동대응 전선과 공동계획은 이루어지지 못하였고, 결국 개별화된 상태에서 마무리를 하게 되어 공투의 한계를 드러내게 되었다.
48) 황호남 위원장과 사무국장은 피신하고 대신 부위원장 두 사람이 현장에 남기로 결정했다.

신성한 파업현장을 유린하는 폭력경찰
1993년 7월21일 오전 9시, 전면파업 2일째를 맞이한 현대정공 창원공장에 17개 중대 2,200여
명의 무장 경찰이 투입되고 있다.

문에는 경찰병력이 완전무장한 채 진을 치고 있었다. 조합원들은 결국 발길을 돌려야만 했다.

헬기가 공장 상공을 맴도는 가운데, 마침내 7월 21일 오전 9시 17개 중대 2,200여 명의 경찰 병력이 다연발 최루탄을 발사하며 현장에 진입하기 시작했다. 총파업에 대한 철저한 계획이 갖추어지지 않은데다가, 공권력 투입에 대한 사전계획이 없었던 상황에서 결국 전면파업 돌입 이틀 만에 공권력에 의해 침탈당하고 현장을 물러나야만 했다.

298명의 조합원이 강제연행되는 동안 연행자들은 '동지가'를 부르며 불법연행에 거센 항의를 계속했고, 가족들도 합세하여 아기를 등에 업고 걸리면서 "우리 신랑 석방시키라"며 외쳤고 임신으로 태산 같은 배를 안고 경찰과 몸싸움을 벌이기도 하였다.

현대정공노조 장외투쟁과 7월 29일 임단투 종결

7월 21일 공권력 투입 직후 조합원들은 투쟁체계와 계획이 마련되지 못하여 투쟁은 잘 진행되지 않았다. 그러나 가족들의 경찰서 항의방문 투쟁으로 7월 22일 새벽 4명을 제외한 연행자 298명 전원이 석방되었다. 남은 상집간부들은 장외투쟁이라는 제2의 투쟁 계획을 세우고 구체적 행동에 나섰고, 이를 계기로 조합원들과 가족들은 새로운 투쟁의 깃발 아래 다시 뭉치게 되었다.

7월 22일 아침 현대아파트 놀이터에서 약 1천 명의 조합원이 집회를 갖고 비상대책위원회(조동원 부위원장) 구성하고 구속과 수배로 흐트러진 지도부를 다시 구축하였다. 이후 연일 1천5백~1천7백 명의 조합원과 가족들은 집회에 참가하여 투쟁의 불씨를 지펴 나갔다. 특히 조합원과 가족들은 경찰이 놀이터를 에워싼 가운데도 두려움 없이 집회를 성사시켜 공권력을 무력화시키는가하면, 자발적으로 또는 부부동반으로 시내 전역으로 나아가 대시민 선전홍보전을 맹렬히 전개하여, 현대재벌이 언론을 통해 왜곡 매도한 현대정공 노동자들의 실상과 투쟁의 정당성을 알려나갔다. 그 결과 7월 23일 새벽 남은 연행자 4명 중 2명(홍보부장, 쟁의부장)이 구속되고, 2명(이상호, 김동혁)이 석방되었다.

7월 23일 조합원 및 가족 1,500여 명은 공권력에 의해 빼앗긴 공장과 노조를 사수하기 위해 단결가를 부르며 회사로 진입하였다. 그러나 관리자들과 경찰의 정문봉쇄로 끝내 후퇴할 수밖에 없었다. 노조측은 "선 공권력 철수, 후 조업정상화"로 강력 대응하였고 회사측은 "선조업 후협상"만을 되풀이하여 이견은 좁혀들지 못했다.

그러나 현대자동차 가결(7/23), 울산 현대정공 잠정합의안(7/24) 및 조합원 찬반투표(7/28) 등 현대계열사 노조가 속속 타결기운으로 기울면서 창원 현대정공 노조는 울산 현대정공의 잠정합의 후 교섭방향

을 어떻게 잡아야 될 것인가를 고민하게 되었다. 투쟁을 계속하더라
도 임금의 큰 변화는 어려울 것이라는 판단에서 구속 및 수배자와 공
권력 투입에 대한 조합의 요구를 쟁점화하는 쪽으로 의견을 모으고
투쟁과 임금교섭을 병행해 나갔다.49) 그리고 7월 26일, 1,700여 명의
조합원 및 가족들은 '위원장의 자필 편지'와 교섭결과보고를 듣고 비
대위측의 결론에 따라 회사 내로 들어가기로 결정하였다.

이로써 노조는 7월 21일 공권력 투입 이후 5일 동안 연일 1천5백명
이상이 집회와 가두선전전 등을 전개하던 장외투쟁을 마감하고 7월
26일 회사로 복귀하였다.

그러나 7월 26일 노사 의견접근에 따라 7월 28일 회사측 제시안에 대
한 조합원 찬반투표 결과 부결되었다.50) 이에 교섭위원들이 6가지 추가
요구안을 설정하고 교섭을 재개하여 7월 29일 회사측 안에 대한 2차 찬
반투표에 들어간 결과 53.96%라는 저조한 찬성률로 타결되었다.51)

현대정공의 1993년 임단투는 이렇게 하여 부분파업 25일, 전면파업
12일 등 파업투쟁을 전개하고, 구속자 2명(쟁의부장과 홍보부장)과 수
배자를 남긴 채 마무리되었다.52)

---

49) 노조측이 회사측에 내세운 조건은 '공권력 투입에 대한 사과, 구속자석방, 수
배해제, 구속수배자 원직복직 요구, 1993년 임투로 인한 일체의 민형사상 책
임문제, 구속수배자 임금 100% 지급, 공권력 투입으로 인한 조합 및 조합원
들의 파손된 비품 전액보상, 조합원의 구속자 면회시 공용 외출' 등이다.
50) 창원과는 반대로 울산현대정공은 7월 28일 찬성 2,700명(77.29%), 반대 769명
(22.01%)으로 가결되었다.
51) 반대 47.7%의 의미는 공권력 침탈로 인한 정권과 자본에 대한 분노의 표출이
지만, 다른 한편으로는 투쟁에 대한 확신에 찬 조합원 정서와는 다르게 지도
부가 비민주적 조합운영 및 마무리를 한 데 대한 비판의 뜻이 포함되어 있었
다.
52) 문민정부라고 외쳐 대던 김영삼 정권의 노동자에 대한 탄압은 군사독재 정권
때보다 더했다. 현상금 500만 원과 1계급 특진을 미끼로 수배자 검거에 혈안
이 된 경찰에 의해 끝내 김성동 대의원이 8월 3일 구속되고, 8월 13일 김재갑

마창지역 5개 노조 파업 투쟁

그러나 이렇듯 1993년 상반기 마창지역의 대표적인 투쟁인 현대정공노조와 웨스트노조의 파업투쟁은 마창지역 차원의 연대 규탄투쟁 하나 조직되지 못하여 투쟁의 파고는 지역 전체로 퍼져 나가지 못했다. 이렇듯 지역 공동대응방안 모색이 지지부진한 가운데 7월 10일 지역집회인 '마창 노동자대회'가 무산되고, 현대정공 공권력 투입 때는 마창노련 운영위원회의까지도 무산되는가하면 규탄 철야농성의 대오마저 형성되지 못했다. 단위노조의 완강한 투쟁이 마창지역 전체의 공동투쟁전선으로 모아지지 못한 것이야말로 1993년 상반기투쟁의 가장 큰 손실이었다.

그리하여 쟁의행위를 결의한 9개 노조 중 실제 파업에 돌입한 노조는 5개 노조에 머물렀고[53] 처음에는 부분파업에서 시작하여 점차 투쟁의 수위를 높이면서 전면파업에 돌입하는 추세를 보였다. 투쟁시기는 범한금속(6/29~30 부분파업, 7/1 이후 전면파업), 웨스트(7/8 회사측 직장폐쇄로 노조측 자동파업), 시티즌정밀(7/14 이후 부분파업), 현

홍보차장 집에서 도청장치(성냥갑 크기에 장농서랍 밑에 부착)가 발견되기도 하였다. 노조는 8월 19일 민주당 원내 총무실에서 기자회견을 열고 인권탄압은 물론 법을 무시한 탈법 수사행위를 강력 규탄하고 국회차원의 진상규명을 요구하였다. 이후 구속자에 대한 탄원서, 보석신청, 모금운동, 500여 조합원 재판참석 등, 구속자석방투쟁을 전개한 결과 9월 28일 5명이 집행유예로 석방되어 10월 5일 복직하게 되었다. 또한 수배 중인 황호남 위원장과 최종호 수석부위원장도 11월 4일 조합원 집회에서 '전국노동자대회 보고 및 노동법 개정촉구대회 겸 수배자 향후 거취문제에 따른 입장발표'를 통해 자진출두 입장을 밝히고 노동부로 향했다. 그리고 해를 넘긴 1994년 1월 25일 500여 명의 조합원이 참석한 가운데 열린 선고공판에서 황호남 위원장과 최종호 수석부위원장은 집행유예로 석방되어 업무에 복귀하였다. 그리고 1심에서 집행유예 형을 받은 구속자들도 이후 항소심에서 벌금형으로 축소되었다.

53) 세신실업, (주)센트랄, 타코마 등은 쟁의행위 결의 이후 3~10일 사이에 타결되었다.

대정공(6/17이후 부분파업, 7/19 전면파업), 대한화학기계 등에서 모두 7월에 집중되었다.

그리고 투쟁기간은 웨스트노조의 131일을 제외하고 대부분 10일 내외로, 범한금속이 전면파업 10일 만인 7월 10일 타결되고, 시티즌정밀이 부분파업 7일 만인 7월 20일에 타결되었다. 이렇듯 7월 말 휴가 전에 대부분의 노조가 임단투를 마무리한 가운데 대한화학기계가 늦게서야 7월 30일부터 부분파업에 들어갔다가 8월 17일 전면파업에 돌입 뜨거운 폭염 아래 투쟁을 전개한 뒤 9월 2일 타결되었다.

웨스트노조 직장폐쇄 철회 투쟁

한편 웨스트노조는 직장폐쇄 철회라는 지루한 장기전에 돌입하여 노사교섭을 계속하였으나 결과는 한 발짝도 진전되지 못하였다. 회사측은 ① 현 집행부(위원장, 부위원장) 사퇴와 퇴사, ② 마창노련·전노협 탈퇴, ③ 회사측 안에 합의하고 전 조합원 정상근무와 쟁의행위를 하지 않겠다는 각서제출 등을 요구하면서, 이 세 가지 요구조건을 수락하면 고소고발 철회, 직장폐쇄를 철회하지만 거부하면 폐업신고, 손해배상청구소송, 임금과 퇴직금 가압류 등을 실시하겠다고 협박하였다.

현대정공이 7월 29일 타결된 이후 마창지역 사업장이 모두 하계휴가를 떠나는 등 투쟁현장은 쓸쓸하기 짝이 없었고, 웨스트 조합원들은 8월의 무더위를 견디며 외롭게 투쟁전선을 사수하고 있었다. 게다가 회사측은 8월 19일(28차) 이후 교섭마저 전면 거부하였다. 노조측은 회사측을 '불법 직장폐쇄와 부당노동행위'로 고발했으나 노동부는 회사측 입장만을 대변하였다. 급기야 8월 26일 회사측은 위원장 외 27명의 조합원을 상대로 2억3천만 원 상당의 손해배상청구소송까지 제기하였다.

농성장에서는 더 이상 노랫소리도 웃음소리도 들려오지 않았다. 준법투쟁기간이나 파업투쟁 전 기간 동안 다양하고 독창적인 프로그램으로 투쟁에 지친 조합원 대오를 하나로 묶어 투쟁의욕을 북돋았던 교육과 공동체놀이도 더 이상 진행될 수 없었다.54) 그렇다고 여기서 굴할 수는 없었다. 더위와 생활고보다 더 고통스러운 것은 함께 싸우던 조합원들이 하나둘 등을 돌리며 떠나가는 모습을 보는 일이었다. 회사가 노리는 것도 바로 이탈자가 나오게 함으로써 조합이 분열되어 민주노조를 말살하려는 것이 아니었던가.

웨스트 노조는 다시 한번 투쟁을 준비하였다. 그러나 이 투쟁의 무기는 지금까지와는 전혀 다른 새로운, 바로 집체극 '그래! 새날이 올 때까지' 공연이었다. 이렇듯 웨스트 노조가 집체극 공연으로 투쟁의 전기를 마련하게 됨으로써 마창지역도 오랜 만에 투쟁적 분위기가 살아나고 있었다. 9월 18일 경남대 한마관에서 올린 첫 공연은 성공적이었다.

한 조합원은 당시를 이렇게 기록하였다.

"공연은 그야말로 흥분 그 자체였다. 공연을 마치고 길놀이를 하면서 우리는 한없이 울었다. 관리자들과 싸울 때도 우리는 울지 않았고 직장폐쇄를 당하고 손해배상을 당해도 우리는 울지 않았다. 그러나 이 모든 과정들을 겪어 오면서 흔들림 없이 싸웠던 옆 동지의 어깨를 부여잡고 함께 해방의 그 길에 같이 가자는 노래를 부르며 우리는 울지 않을 수 없었다."

---

54) 웨스트노조의 창조적인 파업프로그램으로는 홀라후프 돌리기(7/9), MBC왜곡보도에 대한 규탄 편지쓰기(7/9), 타사홍보 대자보 적기와 사내 대자보 쓰기(7/10), 상황놀이(7/12), 단체협약 시험치기(7/13), 고리던지기(7/13), 줄넘기(7/14), 일본인 사장에게 편지쓰기(7/15), 동대문놀이(7/15), OX게임(7/16), '내가 위원장이라면 어떻게 할 것인가' 주제토론(7/19), 인간윷놀이(7/20), 풍선터뜨리기, 스피드게임 도전 100곡, 바구니터뜨리기(8/6), 자신에게 편지쓰기(8/6), 얼음 녹이기, 풍선불어 터뜨리기(8/11), 자화상 그리기(8/13), 라인별 불가사리 접기(8/18), 라인별 촌극짜기(8/19) 등이다.

집체극 공연은 노동자투쟁의 정당성과 아울러 김영삼 문민정권의 반노동자적 성격, 그리고 자본과 정권의 민주노조탄압 실상을 가장 효과적으로 선전한 강력한 무기로 극찬을 받았다. 더구나 공연 연습을 위해 조합원들은 뙤약볕이 내리쬐는 공장 옥상에서 서로를 격려하고 다짐과 각오를 수없이 되풀이 해야만 했고, 회사측의 갖은 방해공작(남성조합원 동원하여 연습 방해)을 이기는 가운데서, 끈끈한 동지애와 승리에 대한 자신감, 그리고 정당한 투쟁에 대한 자부심을 한층 굳힐 수 있었다.55)

이렇듯 웨스트 노조의 집체극 공연은 단지 공연만으로 끝난 것이 아니라 공연에 참가하는 모든 조합원들의 단결투쟁 정신을 더욱 강하게 하였다는 점에서 큰 의의를 갖게 된 것이다.

5. 1993년 임단투 마무리 및 결과

웨스트노조의 직장폐쇄 파업투쟁이 계속되는 가운데 7월 이후 1차 교섭에 들어간 한일단조를 비롯하여 대림자동차, 삼미금속, 삼미특수강, 세일중공업, 두산기계, 타코마 등 무려 7개 사업장이 1993년 임단투를 진행하고 있었다. 따라서 1993년 하반기 노동법개정투쟁 전선을 세워야 할 시점에서도 1993년 임단투는 여전히 끝나지 않은 상태에 있었다.56)

---

55) 노조가 농성기간 불참 조합원을 징계하는 문제로 총회를 소집하자 남성조합원들이 총회를 방해하며 난동을 부렸다. 그리고 경남대 공연이 끝난 후 9월 22일 징계가 결정되자 관리직 부인들이 노조에 찾아와 회사의 세 가지 요구 수락을 요구하면서 일부러 시비를 걸며 몸싸움을 유도하였고, 이로 인해 조합원 및 임원들은 전신에 폭행을 당하는 수모를 겪어야만 했다.
56) 마창노련은 1993년 8월 30일 정기대의원대회를 앞두고 1993년 8월 23일 현재

산본(5/13)이 가장 빨리 타결된 데 비해 대림자동차는 늦게 7월 5일 1차교섭에 들어가 회사측의 극심한 탄압으로 인해 해를 넘긴 1994년 1월 5일에서야 타결되었다. 타결시기 또한 6월과 7월이 28개 사업장으로 가장 많았으나, 1993년 8월~1994년 1월 사이에도 10개나 되는 등 1993년 임단협은 거의 일 년 동안 진행되었다.57)

세일중공업은 파업 없이 11월 2일 타결지었으나 쟁점사항이었던 징계권을 회사측에 넘겨준 것과 임금 정율 인상으로 인해 조합원의 불만이 누적되어 심한 후유증에 시달렸다.

교섭기간에서는 루카스이 7일로 가장 짧은 데 반해 웨스트노조는 218일로 가장 길었다.58) 3개월(100일) 이상 교섭이 진행된 7개(18.9%) 사업장 중 범한금속, 대한화기, 웨스트 등 3개는 파업투쟁으로 인해 교섭기간이 장기화되었음에 비해, 삼미특수강, 부산산기, 세일중공업, 대림자동차 등 4개 노조는 파업투쟁을 전개하지 않았음에도 회사측의 대표권시비(세일중공업), 해고자복직 거론 거부(세일중공업, 삼미특수강, 대림자동차), 회사측의 교섭 불성실과 지연(부산산기), 회사측의 교섭위원 구속과 탄압(대림자동차) 등으로 인해 교섭기간이 길어졌다.

김영삼 정권 이후 두드러진 투쟁회피 경향

이렇듯 임단투의 시기가 집중되지 못하고 일 년 내내 단위노조 투쟁으로 분산 고립되어 진행된 이유는 무엇보다 공투본이 구성되지 못

시점에서 1993년 임단투 결과를 집계하고, 평가하여 발표하였다.

57) 임단투 타결시기는 5월 2개, 6월 11개, 7월 14개, 8월 2개, 9월 3개, 10월 2개, 11월 1개, 12월 1개, 1994년 1월 1개 등이다.

58) 조사대상 37개 교섭기간은, 10일 미만 1개, 1개월 미만(10~30일) 5개, 2개월 미만(30~60일) 12개, 3개월 미만(61~99일) 12개, 4개월 미만(100~120일) 6개, 5개월 미만(121~150일) 3개, 6개월 이상 1개, 7개월 이상 1개 등이다.

하고, 대공장노조를 투쟁의 중심 축으로 세우지 못하였기 때문이다. 물론 세일중공업, 대림자동차, 기아기공, 삼미특수강, 타코마 등 대공장의 임단투가 시기상 늦어진 점도 있었지만 상반기 투쟁의 대표였던 현대정공의 투쟁이 울산이 중심이 된 현총련의 투쟁기조 및 일정과 맞물려 진행됨으로써 지역투쟁의 구심으로 서기에는 한계가 있었다. 또한 뒤늦게 투쟁에 들어선 노조들도 조직력이 많이 훼손당한 상태라서 지역투쟁의 구심적 역할을 하기에 역부족이었다.

이렇게 볼 때 가장 유효한 대안은 지역 공투본 체제를 구성하는 것이었는데 논의조차 제대로 되지 못한 채 공투본이 구성되지 못함으로 인해 1993년 임단투 전 과정은 빗나가지 않을 수 없었다. 심지어 동남공단 및 창원공단 입주기업체 노무관리자들까지 1993년 마창지역 노사관계를 "1987년 이후 가장 안정적이었으며 임금인상률도 최저수준(생산직 평균 6.3%)이고, 노사분규 발생 격감과 함께 분규양상도 온건하고 합법적이었다"라고 평가하였다.[59]

마창노련 또한 평가에서 1993년 임단투를 포함한 상반기 투쟁에서 가장 심각한 문제점을 투쟁회피 경향이라고 못박고, 기아기공의 마창노련·전노협 탈퇴에서부터 노사협조적이고 투항적인 노조운동 노선이 노골적으로 대중을 선동하였다고 지적하였다.

사실 김영삼 정권 등장 이후 일부 노동운동세력들은 김영삼 정권의 개혁입지를 강화하기 위해 노동자들이 투쟁을 자제해야 한다거나, 혹은 잘하는 것은 박수를 보내 주어야 한다며 비판적 지지입장을 취하고 있었다. 마창노련은 이러한 입장이야말로 노동자들의 전진을 가로막는 '투항적이고 기회주의적인 운동노선'이라고 지적하고 "현총련 투

---

59) 동남지역 공업단지 관리공단 및 창원공단 입주기업체 노무관리자들의 회의 자료 중에서 「마창지역 1993년 노동쟁의 분석자료 — 창원공단 노사관계 93 평가 및 94 전망」 참고.

쟁이 없었다면 김영삼 정권의 반노동자적이고 기만적인 가면을 누가 벗겼겠는가? 마창노련이 건설되고 발전된 계기가 공동투쟁을 통해서였듯이 투쟁 없이는 조직의 강화도 의식의 발전도 없다”고 공동투쟁과 연대투쟁을 역설하였다. 이러한 투쟁회피적인 경향은 노조내의 민주주의까지도 훼손하고 있었다. 단순히 임단투 마무리를 찬반투표라는 절차나 과정을 거쳤다고 민주주의의 전부는 아닌 것이다. 조합 민주주의의 핵심은 조합원을 투쟁의 주체로 세우는 것이고, 이것이 바로 민주노조냐 아니냐의 관건이었기 때문이다.

제5차 정대와 이흥석 의장 및 새로운 집행부 출범

이렇듯 상반기투쟁에서 연대투쟁 전선을 조직하지 못하고 지도력의 문제를 드러낸 마창노련은 노동법개정투쟁 및 하반기 사업을 앞두고 제5차 정대준비에 들어갔다. 특히 허연도 마창노련 의장이 7월 12일

다시 조직을 추스리며
마창노련은 1993년 8월 30일 가톨릭여성회관에서 ‘제6년차 정기대의원대회’를 열고 지도부를 새로 구성하고 집행력을 보강하는 등 조직을 정비했다.

건강상의 이유로 사임의사를 표명하자, 7월 15일 비상운영위원회는 사임을 처리하고 규약에 따라 이종엽 부의장을 직무대행으로 인준한 뒤 운영위원 전원으로 '정대준비를 위한 비상대책위원회'를 구성하였다.

그리하여 1993년 8월 30일 마산 가톨릭여성회관에서 마창노련 제5차 정기대의원대회가 열렸다. 1992년 1월 제3차 정대 개최 이후(제4차 정대 끝내 무산) 1년 반만에 열리는 대회였다.

마창노련 의장에는 전 마창노련 1대, 2대, 3대 의장으로 재임한 이홍석 의장이 선출되었고, 부의장에는 조철우 세일중공업노조 위원장과 손미자 산본노조 위원장, 그리고 사무처장에는 이승필 대림자동차노조 전 위원장이 각각 선출되었다.

이렇듯 마창노련은 제5차 정대를 통해 취약했던 지도력과 집행력을 복원하고, 조직을 정비하였다.

그동안 마창노련 가입 노조 및 조합원 수는 1993년 4월 20일 현재 17개 노조, 12,675명에서 1993년 8월 17일 현재 17개 노조, 11,624명으로 4개월만에 1천여 명 정도가 줄어들었다. 집단해고, 희망퇴사자, 폐업 등으로 조합원 수가 감소했기 때문이다. 이로써 마창노련은 1987년 설립 당시 40여 개 노조 3만여 조합원에서 1993년 현재 17개 노조로 축소되었다.

마창지역 해고자 협의회

전해투의 투쟁은 경제단체들의 철저한 외면으로 점차 지리멸렬해져 갔다. 그리하여 7월 3일 전해투는 2차 단식농성투쟁을 새롭게 전개해 나갔다.[60] 이 투쟁으로 얻은 작은 성과가 있다면 그동안 정권이 예년처

---

60) 6월 26일 전노대에서 해고자 특위를 설치할 것과 전해투에 대한 지원을 결의하자, 전해투는 이를 바탕으로 7월 3일 서울역 광장에서 '전국 해고자 결의대회'(12개 지역, 2개 업종, 4개 그룹 등에서 700여 명 참석)를 개최한 후 서울

럼 해고자 복직문제 자체를 교섭안으로조차 거론하지 못하게 했던 지침을 철회하고 각 기업별로 융통성을 부여한 것이라 할 수 있다. 이에 따라 1993년 임단투를 마무리하면서 기아자동차, 현대그룹과 대우그룹 등 극히 일부에서 그것도 선별적으로 해고자복직이 이루어지게 되었다.

그러나 '휘황찬란한 문민정부, 개혁정치, 고통분담의 여론공세' 속에서도 유독 마창지역만은 예외였다. 자본측은 출근투쟁을 전개하는 해고자를 제3자로 규정하고 탄압하는가하면, 승소판결 후 복직시키는 척하며 재차 해고를 시도하거나 또한 원직복직이 아닌 계열사나 타지역으로 복직(한국화약 계열사 1년 근무 후 원직복직, 대림자동차 강릉으로 복직)시키는가 하면, 한 술 더 떠서 해고자가 또다시 발생하는가 하면(신동광학), 해고자를 구속시키기도 하였다.[61]

이에 마창지역 해고자들은 1993년 7월 25일 마산 정원호프에서 마창해고자협의회(의장 : 강중철 타코마 해고자) 창립대회를 열고, "해고 없는 세상에서 살고 싶다!는 희망은 적어도 단순한 감성적 희망사항일 수 없다. 반드시 노동자 스스로의 힘으로 쟁취해야 할, 해고자 스스로가 쟁취해야 할 역사적 임무인 것이다"라며 결연하고 단호하게 투쟁의지를 밝혔다.

역에서 탑골공원까지 가두행진하였다. 이 대회 후 전해투는 두 갈래 투쟁의 길(서울의 단식농성투쟁 지속과 각 지역별 가을 대중투쟁 준비)로 나뉘게 되었다.

61) 제3자로 규정하여 고소고발된 경우는 효성중공업의 홍여표 전 위원장이고 서우근은 유인물 배포를 이유로 고소되었다. 대림자동차에서는 해고자 김익태가 옆에 있었다는 이유만으로 '제3자'로 규정하는 웃지 못할 작태를 드러냈다. 그런가하면 중천은 장말분 전 부위원장이 1심에서 승소하였으나 회사출입을 막고 재차 해고시켰고, 대림자동차도 조현준 전 조직부장을 복직 4일 만에 재해고 하였다. 또한 해고자들의 구속으로는 기아기공 1993년 6월 10일 2명 구속, 8월 17일 1명 구속, 대림자동차 7월 9일 3명(최재우, 김익태, 김한주) 구속, 2명(권대운, 정춘범) 불구속 입건 등이다.

6. 1993년 노동법개정투쟁 및 10·31 전국노동자대회

근로자파견법 저지 및 산별노조 건설

전국 해고자들의 결사항전에도 불구하고 기만적인 복직 약속은 지켜지지 않는 가운데, 6월 30일 단병호 전노협 위원장이 마창노련 조합원들 앞에서 "현대노동자들과 연대해서 싸우자"는 강연을 했다는 이유로 7월 2일 제3자개입금지조항 위반으로 긴급 수배되고, 7월 7일 이후 현총련 연대 총파업투쟁 전후로 전노협, 현총련, 대노협 등 전국노동조합대표자회의 주요간부가 제3자개입금지조항을 근거로 수배 구속되었다.

뿐만 아니라 1987년 이후 노동자들은 서서히 집단 감원과 휴폐업에 의해 생존권이 위협당하는 위기상황에 내몰리게 됨에 따라 이제 노동법개정은 노동자들에게 절박하고 직접 피부에 와 닿는 과제로 분명하게 떠올랐다.

여기에 6월 1일 지역과 업종의 틀을 넘은 전국 민주노조 총단결의 결집체인 전노대가 출범(1,145개 노조 40만7천 명 가입)하여 '공동사업 추진체'로 발돋움하게 되자, 노조운동이 당면한 많은 과제를 노동법개정투쟁을 통해 공동으로 수행해 나갈 필요가 강력히 제기되었다.

그동안 노동법개정문제는 우여곡절 끝에 1993년 정기국회 상정으로 미루어 왔으나,62) 김영삼 정권 출범 뒤 적어도 6월까지는 노동자들에게 유리한 조건이 형성되는 분위기로 흘러가는 듯 했다.63) 그러

---

62) 1991년 노태우 정권은 노동법을 개악하려다가 전노협 등 전국 민주노조진영 등 각계 각층이 ILO 전국공대위로 단결하여 강력 반발하자, 할 수 없이 한국노총, 경총, 학계 등으로 노동법개정연구위원회를 구성하여 연구결과에 따라 노동법을 개정하겠다는 입장을 표명하고 '1993년 정기국회 상정'으로 연기한 바 있다.

63) 1993년 3월 ILO가 '복수노조금지조항 삭제, 공무원과 교사의 단결권과 단체

던 중 7월 2일 소위 칼국수 만찬(김영삼 대통령과 재벌총수들의 청와대 만찬) 이후 대검 등 공안기관이 전면에 나서 제3자개입금지조항을 근거로 전노협, 현총련, 대노협 등 전노대의 주요간부를 수배, 구속하고, 파업 사업장에 공권력을 투입하였다. 그리고 이어서 노동부장관은 7월 29일 집단적 노사관계법의 올해 안 개정을 예고했다가 8월 24일에는 각계의 이해대립이 첨예하다는 이유로 근로자파견법만을 제외한 나머지는 '연내 개정 불가, 1994년 상반기 중 개정'으로 연기 발표하였다.

이는 올해는 근로자파견법만을 무리 없이 관철시키고, 내년에는 변형근로제와 시간제노동의 도입, 근로기준법의 개악을 나누어 관철하겠다는 전술적 연기였다. 사실상 1994년 상반기에 집단적 노사관계법을 개정하겠다는 것은 두말할 것도 없이 1994년 임금인상 시기를 틈타 기습적으로 노동법을 개악하려는 의도로 볼 수밖에 없었다.

근로자파견법에 대한 노동자의 반발과 분노는 1992년부터 본격화된 고용위기 상황으로 인해 가히 폭발적이었다. 마창노련·전노협은 우선 9월 정기국회에서 입법화하려는 근로자파견법 제정을 저지하고, 복수노조금지, 제3자개입금지조항 삭제 등 집단적 노사관계법의 연내 개정을 집중적으로 대중적으로 제기하기로 하였다. 그리고 법개정 여부에 관계없이 산업별노조에 기초한 전국중앙조직 건설을 자주적이고 민주적으로 건설한다는 목표로 1993년 노동법개정투쟁을 펼쳐나가기로 하였다.

노동법개정을 위한 마창지역 대책회의

행동권 보장, 제3자개입금지조항 삭제' 등을 정부에 권고하자 5월 노동부장관 스스로 제3자개입금지조항 삭제, 6월 1일 전노대 출범 후 '상급단체 복수노조 허용' 적극 검토 등으로 정부는 화답해 주었다.

마창노련은 8월 30일 제5차 정대 이후 안정된 조직력을 바탕으로 1993년 하반기 노동법개정 연기와 근로자파견법 도입 저지투쟁에 선봉으로 나섰다. 이러한 배경에는 그동안 마창노련의 일상적 사업과 재정분담을 같이 하는 청송회 노조들이 1992년 고용보장투쟁을 시작으로 1993년 임투에서 투쟁의 중심(시티즌정밀, 범한금속, 대한화기 등의 파업투쟁)으로 떠올랐고, 또한 노민추가 결성되어 있는 사업장의 일부와 삼미종합특수강, 타코마, 대한화학기계, 미진금속, 태광, 범한금속 등의 노조들이 일정한 선에서 마창노련과 사업을 같이 할 수 있는 노조로 포진되어 가고 있었기 때문이다. 또한 전노대의 출범으로 인해 이후 실질적인 민주노조 총단결을 기한다는 목표로 마창노련은 업종회의와 실무접촉을 갖고 노동법개정 투쟁 조직화에 들어갔다.

그리하여 9월 22일 경남은행노조사무실에서 노동법개정을 위한 마창지역 대책회의(이하 '노개정마창대책회의')가 구성되었다. 그러나 발족식은 예년처럼 상층부끼리의 형식적 결합이 아닌 광범위한 조합원들 집회에서 대중적으로 거행하기로 하였다. 특히 1993년 노동법개정투쟁에서 체계적이고 치밀한 활동으로는 교육선전 활동이 특기할 만한데, 각 단위노조는 마창노련이 발행한 '노동법개정투쟁 교육선전 지침서'에 의거하여 '노개투교육위원회', '노개투선전위원회'를 구성하여 단계적으로 계획과 일정을 수립하고 실시하였다. 그 밖에 10월 20일 열린 공청회는 모처럼 3년 만에 조합원들에게 노동법개정에 대한 높은 관심을 불러일으켰다.64)

특히 1993년 노개정사업은 어느 해보다 대중적으로 전개되었는데, 배지달기를 비롯하여 문화적 경험의 기회가 거의 없었던 마창지역 노

---

64) '노동법개정 어떻게 할 것인가' 공청회(200여 명 참석, 마산 가톨릭여성회관 대강당)는 원래 노·사·정이 참가할 것을 계획했으나, 노동부와 상공회의소는 참가거부, 법조계는 참가불가 등으로 계획은 무산되었다.

동자들에게 '사진전시회'나 '꽃다지' 공연 등 노동자 대중문화에 대한 관심을 높이는 계기가 되기도 하였다.

특히 한국 한국민족예술인연합의 노래판굿 '꽃다지' 공연은 1993년 10월 7일 마산 실내체육관에서 열렸는데, 마창노련은 전 조합원에게 '꽃다지' 공연을 무료로 관람시킨다는 원칙하에 추석 맞이 선물판매를 통해 공연기금을 마련하였다. 그리고 조합원뿐 아니라 일반시민들에게도 포스터와 전단을 배포하여 공연 관람을 적극 유도하였다. 또한 대회 당일에 사용할 서명 깃발, 현수막, 질서유지대 조직화, 창원에서 대회장까지의 조합원 행진을 비롯하여 공연장의 각종 시설 및 공연자들을 위한 세심한 점검 등 철저한 준비와 조직동원에 주력하였다.

그리하여 1993년 '꽃다지' 공연에는 2천 명의 노동자가 참석하여 오랫동안의 조직적 부진을 벗어나 조합원들의 높은 관심과 참여를 끌어내는 데 성공하였다. 각 노조의 깃발입장과 함께 시작된 노개정 마창대책회의 출범식에는 권영길 전노대 공동대표, 노개정 마창대책회의 공동대표 등 많은 내빈이 함께 참석하여 성황을 이루었다. 그러나 '꽃다지' 공연은 내용적으로 조합원들의 정서에 다가가지 못하였고 특히 집단성, 연대의식, 투쟁성이 부족하다는 지적을 받았다. 이런 한계에도 불구하고 '꽃다지' 공연을 통해 마창지역 노동자가 하나 되어 노동법개정투쟁을 고양시켰다는 점에서 대중문화사업의 중요성을 인식하는 계기가 되었다고 볼 수 있다.

병역특례 해고노동자들의 삭발·단식투쟁(9/11~10/18)

한편 해고자를 복직시키겠다던 정부의 약속은 반 년이 지나가도 실현되지 않고 있었고, 정부가 인사권을 쥐고 있던 정부출연기관 해고자조차 복직시키지 않음으로써 해고자 복직 약속이 기만이고 허구임이 드러나고 있었다. 이러한 정부의 태도를 방관만 하고 있다가는 해고자 복직이 물 건너 가버릴 수밖에 없다는 절박함이 밀려왔다. 게다가 마창지역에서는 다른 지역에 비해 원직복직이 이루어지기는커녕 오히려 해고자들에 대한 탄압이 가중되어 분노가 쌓여 가고 있었다.

이에 전해투는 9월 11일 서울역 광장에서 1천여 명의 노동자, 시민, 학생들이 참석한 가운데 전국 해고노동자 결의대회를 연뒤 대우정밀 병역특례 해고노동자 8명의 삭발의식을 통해 정부의 허구성을 온 국민에게 폭로한 뒤 공덕동 로터리에서 마포당사까지 4차선 도로를 점거한 채 거리행진을 벌인 후, 마포 민주당 중앙당사에서 단식 농성투쟁에 돌입하였다.65)

그러나 삭발 단식자를 제외한 20명 인원으로 할 수 있는 것은 선전전이 고작이었다. 하지만 단식 30일을 넘으면서 투쟁의 절박성이 전달되기 시작하였다. 몸무게가 17킬로그램까지 빠지면서 목에서 피가 넘어오고, 혈압이 40 이하로 떨어지고, 하반신 마비와 면역기능 상실로 간염증세까지 나타나 병원에 실려가면서도 단식자들은 요구가 관철될 때까지 투쟁을 계속하겠다면서 진료를 거부하였다.

이제 더 이상 동지가 죽어 가는 것을 방관할 수만은 없었다. 해고자들은 다시 모이기 시작했다. 10월 9일 제5차 전국 해고노동자 결의대회가 열렸다. 해고자들은 구속을 각오한 결사항전을 선언하고 구속결단식을 거행하였다. 그리고 단식 33일째 되던 10월 13일 20여 명의 해고자들은 서울 지방노동청을 점거하기도 하였다.

그러나 애초에 계획했던 것처럼 노동법개정투쟁의 선도적 역할을 전개하면서 복직투쟁을 할 정도는 되지 못하였으나 전해투의 결사항

---

65) 마창지역에서는 9월 11일 이후 대한광학 장성환, 금성사 이균하, 미진금속 정종경, 코렉스 신승인, 삼미특수강 이기호, 타코마 이성립 등 6명이 결합하였다. 이외는 별도로 삼미특수강 해고자들은 10월 6일 1993년 임투에 결합하기 위해 정문 앞에 천막을 치고 무기한 삭발 결사단식 투쟁에 돌입하였으나 노조의 협상타결로 목표를 이루지 못했다.

전에 10월 16일부터 전노대 간부들이 결합한 것을 계기로 10월 18일 노동부장관과의 협상을 이끌어내게 되었다. 그러나 노동부장관은 자본의 강한 반발에 밀려 손을 대지 못하는 입장만 실토하고 "노력하겠다, 기다려라"는 말만 되풀이하였다. 전노대 대표자들은 "전해투의 투쟁을 노동자 대중투쟁으로 확산시킬 것과 전노대 차원의 해고자문제 해결"을 약속하며 단식해제를 요청하였고 단식자들이 이를 받아들여 10월 18일 단식 38일째, 농성 140여 일 만에 자진 해산하였다.

이 투쟁은 여론의 외면과 정부당국의 의도적 무관심으로 해고자 복직문제가 잊혀져 갈 무렵 결사 삭발 단식투쟁을 수행함으로써 정부의 해고자 복직선언이 기만과 허구에 가득 찬 것임을 폭로하고, 병역특례 해고자들의 심각성을 사회적으로 부각시켜 소강상태에 빠졌던 해고노동자들이 다시 한번 투쟁에 떨쳐 일어나는 계기가 되었다.

10·31 전국노동자대회의 혼선

9월 15일 전노대는 전국노동자대회 일정을 전야제 10월 30일, 본대회 10월 31일로 확정하였다. 이는 전태일 열사 추모기간에 맞추어 거행되었던 예년의 관행에 비추어 볼 때 2주일이나 앞당겨진 일정이었다. 전국노동자대회를 단순한 행사가 아니라 투쟁을 통해 관철시키겠다는 의도에서 국회상임위가 열리는 시기에 대회를 개최하여 국회에 압박을 가하고 대회 직후 강력한 대중투쟁(국회 앞 천막농성 등)을 지속시켜 낸다는 계획에 따른 것이었다.

9월 20일 대회 명칭을 간단히 짓자는 논의 끝에 10월 4일 '93 전국노동자대회'로 결정하였으나, 10월 18일 전노협과 업종 대표자들이 의견조정 과정에서 합의를 도출하다 보니 '전태일 열사 정신계승, 노동법개정과 근로자파견법 및 공공자금관리기금법 제정 저지를 위한 93 전국노동자대회'라는 긴 명칭으로 결정되었다.66)

명칭과 함께 대회장소 결정 역시 대회 기조의 변경으로 말미암아 여러 번 장소가 바뀌게 되었다. 10월 4일 '동대문운동장' 추진, 10월 11일 효창운동장 결정과 유보, 10월 14일 장소논의 중단, 그리고 마침내 10월 25일 "평화적인 집회와 가두행진을 통해 노동법개정 등의 요구를 사회여론화 시키고 투쟁의지를 과시하기로 한다"는 대회 기조 확정에 따라, 행진거리가 2~3시간 정도 소요되는 장소로 선정된 곳이 연세대(전야제)와 여의도(본대회)였다.67) 그러나 연세대의 사용불허로 결국 10월 25일 다시 논의한 결과 전야제는 고려대학교, 본대회는 효창운동장으로 최종 결정되었다.

이렇듯 대회 명칭 및 장소 결정이 대회가 열리는 5일 전인 10월 25일에야 결정됨으로써 대회 참가를 홍보하는 포스터, 선전물 등의 제작과 배포 등이 그만큼 늦어졌고 사전 조직화 사업을 공유할 수 있는 시간적 여유가 부족하여 많은 혼란과 어려움을 초래하였다.68)

이런 어려운 조건에다가, 대회를 추진하는 전국 단위의 조직이 '전국노동자대회 집행위'와 전노대 집행위로 이원화되어 집행과 운영에서 혼란이 야기되었다. 실무집행 역시 각 조직단체별로 배정되었으나 실제로는 전노협 상근자가 전담하다시피 되어 막상 집중해야 할 중요한 투쟁에서 힘을 싣지 못하게 되었다.69)

---

66) 주최 : 전국노동조합대표자회의의, 후원 : 민주주의민족통일전국연합, 민주당.
67) 전국노동자대회의 주요 요구는, 노동악법철폐, 자주적 단결권 쟁취, 재벌해체, 경제개혁 촉구, 해고자복직, 수배자해제, 구속자석방, 국민연금제도 개선, 불법용역과 중간착취 반대, 전노대 강화, 산별노조건설, 민주노총건설 등이다.
68) 전노협은 1993년 대회를 치루면서, 민주적 절차에 따라 의견 차이를 좁히고 민주노조 총단결의 중심으로서의 자기역할을 충실히 수행하지 못함으로써 대외적으로는 민주노조운동의 구심으로서 위상이 훼손되고 내부적으로는 지도 집행력에 갈등과 불신을 초래하였다.
69) 이후 "전노대 사업과 전노협 사업을 그 역할과 임무에서 분명히 구분하자"는 주장이 강력 제기되었다.

이러한 집행과 운영의 혼선은 마창지역도 마찬가지여서, 마창노련과 마창지역 업종회의가 모처럼 노개정 마창대책회의를 구성하여 힘차게 출범하였으나, 실제 사업집행과 운영은 마창노련 실무역량이 전담하는 것으로 되어 예년과 조금도 다를 바가 없었다. 그럼에도 불구하고 1993년 전국노동자대회가 예년과 같은 수준으로 조직된 것은 민주노조 총단결의 대의를 지켜나가려는 현장 간부들의 헌신적인 노력과 조합원의 적극적인 참여의 결과라 할 수 있다.

마창노련의 전국노동자대회 사전 조직화 활동

10월 한 달동안 폭주하는 노개정 사업으로 시간적, 조직적, 재정적 부담을 엄청나게 짊어지고 시간에 쫓기면서도 마창노련은 중앙 단위의 사업방침을 수행하기 위해 최대한의 노력을 아끼지 않았다.

먼저 마창지역 조합원 2천 명 조직동원 목표에 따라 마창노련은 지도부가 각 단위노조를 현장순회하면서 직접 조직사업을 챙겼는데, 임단협이 진행 중인 노조는 투쟁조건에 맞게 조직화하고 대공장 전략노조는 집중적으로 순회방문하여 조직화하는 등 어느 해보다 조직적 계획적으로 실시하였다.

그러나 홍보선전 활동은 10월 25일 이후 진행됨으로써 시간 부족으로 빡빡한 일정 속에서 충분히 진행되지 못했고, 선전기간이 짧아 그만큼 효과도 적었다.

그 결과 마창지역에서는 전야제에 마창노련과 업종 포함 총 600여 명(마창노련 520~530명 참가)이 참가하였고, 본대회에는 1천여 명이 참가하였다. 문선대 및 웨스트 조합원들은 10월 29일에 출발했고 나머지 조합원들은 10월 30일에 출발하였다. 마창지역 문선대는 개막식과 폐막식의 길놀이, 대동놀이를 포함하여 본대회와 가두행진 때의 풍물, 노래, 율동 등의 프로그램에 참가하기로 되었는데, 그 중에는 웨스트 조합원의 참여가 가장 많고 가장 활발하였다.

7월 8일 이후부터 시작된 장기간의 직장폐쇄철회 파업투쟁에도 불구하고 웨스트 조합원 32명은 전야제에서 1시간 가량의 문화공연을 위해 뛰랴, 문선대에도 참가하랴 참으로 어려운 중에도 적극 가담, 모범적으로 활동을 전개하여 많은 조합원들에게 감동을 안겨 주었다.

10·30 고려대학교의 전야제

10월 30일 고려대학교에서 개최된 전야제는 추운 날씨에도 불구하고 6천여 명(전노대에서 집계한 조직대오는 5,679명)이 참여하여 전야제의 열기를 드높였다.

오후 4시 전해투 결의대회, 오후 6시 전국해고자 총회 등이 개최되는 가운데 고려대 노천극장에 마련된 무대에서는 예정보다 늦게 길놀이에 돌입하여 8시 30분에 개막제가 시작되었다.

전노대 공동대표 4인의 인사를 시작으로 각 지역의 문화공연과 문화패의 공연이 이어졌다.

공연과 공연 중간마다 근로자파견법, 공공자금관리기금법, 노동법개정에 대한 연설, 전교조, 한총련 등의 연설이 곁들여졌으나, 진행이 늦어져 폭죽과 불사다리 넘기를 마지막으로 새벽 3시경에야 행사가 마무리되었다.

문화행사는 투쟁으로 지친 조합원들의 심신을 위로하고 노동법개정투쟁의 열기를 불러일으키기 위해 마련되었으나, 대부분의 마창지역 노동자들은 "흥미위주의 눈요기 행사", "노동자들의 의식에 맞지 않는 내용", "내용이 전혀 없는 공연" 등으로 부정적인 반응을 보였다.

그러나 "전해투 동지들의 결의에 찬 모습은 해고자가 없는 단사에 큰 감동을 주었다", 혹은 "마창노련 웨스트 조합원들의 공연은 좋았다"고 평가한 것으로 미루어, 노동자들이 요구하는 행사내용과 전야제를 주관한 행사 담당자들의 인식 사이에 많은 차이가 있음을 짐작할 수 있다. 실제로 마창지역 노동자들은 대회가 "투쟁의 연장이 되어야지 축제분위기가 되면 안 된다"고 평가한 데서도 이 점을 확인할 수 있었다.

특히 전야제에서는 야시장을 방불케 할 정도로 잡상인들이 많아 해고자 재정사업에 지장을 주었을 뿐 아니라, 대회의 의의와 목적을 흐림으로써 질서유지대의 필요성을 절감케 하였다.[70]

고려대학교 → 효창운동장 거리행진

새벽 3시경에야 잠이 든 노동자들은 서너 시간 겨우 눈을 붙였을까말까, 대부분은 아예 철야를 하고 6시경 일어나 구보행진, 아침식사 등 준비를 마치고 8시경 출정식을 가졌다.

첫 대오가 8시 40분 효창운동장으로 출발하기 시작하여, 차도 1, 2개를 이용하여 힘차게 거리행진을 감행하였으나, 수면시간이 부족한데다가 상가철시로 행인도 뜸하여 열기 있는 행진이 되지 못하였고, 일부 참석자가 지도부의 통제에 따르지 않아 질서유지대인지 선봉대인지 모를 정도로 대열은 산만하였고 시간도 많이 지연되었다.

고려대에서 효창운동장까지의 거리행진코스는 고려대 → 신설동 → 동대문 → 종각 → 미도파 → 서울역 → 청파로 → 효창운동장 순으로 진행되었다. 마창지역 노동자들은 거리행진 대열과 선동조 구성 계획에 따라 일사분란하게 행진하면서 경찰과 가벼운 몸싸움을 벌이며 차도 2개를 점거하였고, 호루라기를 불면서 투쟁열기를 되살렸다.

그러나 안암동에서 청파동까지의 거리가 워낙 멀어 거리행진에만

---

70) 실제 질서유지대는 전국에서 200여 명 가량 조직(전노협 135명)되었는데, 이는 업종회의와 학생 참여가 현저하게 적었고, 질서유지반 회의가 원활히 진행되지 못한 점에 기인하였다.

3시간 가량이 걸렸고 12시경에야 도착하여 점심식사 후 본대회에 들어갔다.

10·31 효창운동장 전국노동자대회

오후 1시 30분경 1만5천 명(마창지역 1천 명)이 스탠드를 가득 메운 가운데, 깃발 입장과 개회선언으로 본대회가 시작되었다.[71]

무대설치팀은 전야제 무대를 철거한 뒤 효창운동장으로 이동하여 밤을 새는 등 헌신적으로 무대설치 작업을 마쳤으나 대회장의 분위기는 어딘가 빈약하고, 불완전해 보였다. 무대에는 걸개그림이 걸리지 않은데다가, 대회장이 너무 커서 현수막이 상대적으로 작게 느껴졌고 뿐만 아니라 각각의 정치적 입장을 표명한 현수막은 산만해 보였다.

본대회는 2시간 30분 만인 오후 3시 40분경 끝났다.

추운 날씨인데다가, 본부석과 참가자들 사이가 너무 멀어 일치감이 없고, 연설내용 역시 전태일 열사 정신계승이나 조합원 전체가 함께 공감할 수 있는 내용이 부족한데다가, 중복되고, 길어지자 많은 대오들이 행사 중 자리를 떠나는 등 분위기가 산만하였다.[72]

합법집회 이후 세 번째임에도 해가 갈수록 참가인원은 줄어들고(수도권과 업종 참여 저조), 열기가 식는 등 지방에서 상경한 노동자들에게 실망을 더해 주고 있는 이유는 바로 대회가 행사 위주로 진행됨으로써 조합원들과 함께 하고 조합원들에게 가까이 다가가는 대회가 되지 못하는 데 있음을 지적한 마창지역의 평가는 두고두고 새겨볼 대목이었다.

---

71) 전노대 집계 참가자는 조직대오 14,182명인데, 이는 1992년 18,620명에 비해 4천여 명이 줄어든 것이다.

72) 마창노련 조합원들은 평가에서 "단병호 의장의 연설이 특히 좋았음"에도 불구하고, 뒤에 소개가 된 점에 유감을 나타냈다.

전노대의 농성투쟁 선포와 무산

본대회를 마치자 바로 대오를 편성한 노동자들은 노조 대오부터 여의도로 출발, 2개 차선을 이용하여 행진을 시작하여 용마로→백범로→마포 로터리를 거쳐 여의도에 도착하였다.

전체 대오가 여의도 광장에 집결을 완료한 시간은 오후 5시 30분, 이미 해가 지고 어둠이 깔릴 무렵이었다. 어둠 속에서 대회 참석자들만 모인 가운데 치르는 마무리 집회는 어딘가 초라해 보였다.[73]

지방 노동자들의 출발시간 관계로 집회는 간략하게 진행되었다.

양규헌 전노협 수석부위원장의 연설에 이어 김영대 전노협 사무총장이 나와 국회 앞 농성투쟁을 선포하였다.

그동안 전노협과 전노대는 전국노동자대회 이후 투쟁의 파고를 높이고 노동법개정투쟁에 대한 조합원의 참여를 호소하기 위해 400~500여 명의 대표자들이 참여하는 국회 앞 천막 철야농성을 계획하였다. 이는 1993년 노동법개정투쟁 과정에서 지도부의 의식적인 투쟁의지를 조합원들이 확인하고 지도력에 대한 신뢰를 바탕으로 이후 투쟁을 전개하는 계기로써 설정된 것이었다. 이러한 대표자회의 결정에 따라 마무리 집회에서 김영대 전노협 사무총장은 전노대가 결정한 여의도 고수부지 천막농성(10/31~11/1 밤)과 여의도 광장 연좌농성(11/1~2 낮) 투쟁을 힘차게 선포한 것이다.

그러나 오후 6시경 여의도 광장에서 열린 임시대표자회의는 "시간이 늦어지고, 지쳐 있는 관계로 일단 오늘밤은 여의도 민주당사에서 농성하고 다음날인 11월 1일 여의도 광장에서 농성할 것"을 결정하고, "오후 8시 30분까지 여의도 민주당사에 집결"하기로 결정했다.

---

73) 많은 마창노련 조합원들은 대회 평가에서 장소문제와 관련 "바로 여의도에서 본대회를 치뤘으면 더 좋았겠다"는 아쉬움을 남기고 "다음에는 전야제와 본대회가 가까운 장소로 되기를" 제안하였다.

그러나 오후 9시 여의도 민주당사에 모인 농성대오는 불과 111명에 불과하였다.[74]

이에 대표자들은 예상보다 적은 숫자가 결집한 상태에서 철야농성을 전개할 것인지에 대해 논의한 끝에 결국 취소하기로 결정하였다.[75] 8월부터 네 차례에 걸친 전노대 공식회의를 걸쳐 확인되고 결정된 중요한 투쟁을 더구나 전국노동자대회에서 대중적으로 투쟁계획을 선포한 지 몇 시간도 되지 않아 단순히 농성 숫자가 적음을 이유로 취소함에 따라 전노협과 전노대의 지도력과 집행력은 크게 훼손되었다. 특히 전노협은 농성을 적극적으로 제기하였을 뿐 아니라 누차 공식회의에서 비장한 결의가 있었음에도 사전 조직화가 방기되었고, 전노협만이라도 농성에 돌입한다는 계획조차 실종되었다.

애초 전노협 중앙위원의 무기한 농성계획은 업종과의 기조상의 대립을 야기할 수도 있다는 우려를 감수한 결정이었다. 높은 수준의 결정은 낮은 수준의 결정보다도 더 큰 문제였고, 중앙위원의 농성은 책임있는 결정이었기에 그 책임 또한 막중하였다. 그럼에도 그 집행을 책임지지 못한 결과 전노협의 지도력은 심한 타격을 입게 되었다.

이에 대해 전노협 중앙위원회와 대표자회의는 10월 31일 뼈저린 반성과 평가를 통해 11월 24일 조합원들에게 사과와 반성의 성명서를 발표하였다.[76] 이후 전태일 열사 추모기간(11/1~13)에는 노동법개정

---

74) 전노협 : 71명, 업종 : 25명, 대노협 : 3명, 단체 및 기타 : 10여 명.
75) "현재 남은 대오로 농성을 전개한다는 것은 원래의 취지에 벗어나는 것이며 투쟁효과의 측면에서도 무리한 점이 있다. 더구나 농성장소도 전해투와 협의도 없었고, 현재 민주당사에서 이 대오를 수용하기에는 무리다. 따라서 농성대오를 해산하고 이에 따른 조합원들의 비판을 수용한다. 이후 일정은 노동자대회 이후 대중실천기간의 조합원 투쟁계획이 집행될 수 있도록 한다. 그리고 국회일정 등을 고려하여 전노대 차원의 대국회투쟁 등 투쟁계획을 재논의, 확정하기 위해 빠른 시일 내에 대표자회의를 갖는다."
76) 전국노동조합대표자회의, 『93 전국노동자대회 평가서』, 1993. 12, 43~44쪽.

투쟁의 일부 사업으로 청와대에 엽서 보내기운동(11/25일까지), 강연회(11/9) 등을 실시하였다.77)

7. 전해투의 해고사업장 순회투쟁78)

전국순회투쟁의 배경과 성과

10월 18일 이인제 노동부장관과 전해투의 협상으로 전해투 투쟁은 새로운 국면을 맞게 되었다.

노동부장관은 "노동부는 해고자복직을 위해 나름대로 노력하고 있으나 해당 기업주의 반대가 심하다. 노동부가 주선해 줄테니 전해투가 해고발생 사업장의 기업주를 직접 만나 대화를 해보고 노동부와 다시 복직에 관하여 논의하자"고 제안한 것이다.

이에 전해투는 노동법개정투쟁을 앞둔 시점이란 점에서 논의 끝에 순회투쟁을 계획하게 되었다.

전국순회투쟁은 해고발생 사업장을 돌며 해고자들을 전해투와 긴밀히 결합시키는 것은 물론 해고자복직의 필요성을 대중적으로 부각시키자는 의도에서 나온 것이었다.

이에 전해투는 10월 22일부터 대우그룹 항의방문투쟁을 시작으로 1993년 12월 4일까지 전국의 주요 해고발생 그룹 및 사업장 중에서 총 10개 지역, 총 49개 사업장의 방문투쟁을 전개하였다.

---

77) 문성현 전노협 부위원장의 '전태일 열사 정신계승과 노동자대회 이후의 노개투 기조' 강연회(마산 가톨릭여성회관)에는 180여 명이 참석하여 노동법개정투쟁에 높은 관심을 나타냈다. 특히 전노대 대표자들의 천막농성투쟁계획의 취소과정에 대한 질문과 설명이 있었는데, "취소결정에 대해 이해하기 어렵다"는 지적과 "자기반성의 기회가 되었다"는 평가가 동시에 제출되었다.
78) 전해투, 『다시 또다시』, 1994. 1, 97~105쪽.

그러나 대다수 회사측은 청원경찰, 관리자를 대거 동원하여 전해투와의 대화조차 거부함으로써 수많은 사업장에서 충돌을 빚게 되고 풍산금속, 대림자동차, 효성중공업 등에서는 다수의 병원 입원자까지 발생하게 되었다.

그러나 전해투는 피맺힌 투쟁으로 44개 사업장에서 교섭을 성사시키고, 42개 사업장에서 해고자와 회사측과의 교섭통로를 확보하는 성과를 남겼다.

가장 큰 성과라면 무엇보다 해고발생 사업장의 기업주가 해고자복직문제를 더 이상 외면할 수 없도록 압박을 가한 것과 복직의 의지를 상실하고 있었던 해고자들이 다시 한번 복직투쟁에 떨쳐 일어날 수 있도록 만든 것이라 할 수 있다. 그리고 조합원들에게도 전해투 투쟁의 의의를 선전하고, 강하게 싸우는 모습을 보여줌으로써 해고자 복직의 의의가 조합원들의 이익을 지켜나가는 데 있음을 부각시켰다.

특히 각 지역 여러 노동운동단체들이 이 투쟁에 함께 결합함으로써 공동투쟁의 구심역할을 하였고 이후에도 공동투쟁을 가능하게 하는 분위기를 형성시켰다.

그러나 사전 홍보작업의 부족으로 조합원들과 함께 할 수 있는 투쟁을 거의 배치하지 못하고, 중앙상황실과의 충분한 교감이 없어 투쟁분위기를 제대로 추스리지 못한 경우도 발생하였다. 또한 일정에 쫓겨 충실한 효과를 얻지 못한 채 마무리하는 경우도 있었고, 집행부와 투쟁대오 간의 전술 공유가 충분하지 못하여 투쟁현장에서의 통일성이 발휘되지 못하는 경우도 발생하였다.

마창지역은 340명이라는 해고자 숫자가 말해 주듯이 1989년부터 현재에 이르기까지 대대적이고 집중적인 탄압이 일관되게 가해지고 있는 지역이었다. 특히 해고자의 경우 거의 모든 사업장에서 노조출입이 철저히 봉쇄되어 있으며, 대림자동차와 효성중공업 등에서는 정문에서의 유인물 배포조차 방해받고 있는 상황이었다.

전해투 지역순회투쟁을 앞두고 11월 23일 이흥석 마창노련 의장 일행 5명은 창원지방 노동사무소를 방문하고, 사무소측으로부터 "교섭이 이루어질 수 있도록 최대한 노력하여 풍산 안강공장과 같은 사태가 발생하지 않도록 하겠다, 지역 차원의 해고자복직 대책위 구성은 노동부 중앙에서 결정이 내려오면 시행하겠다"는 답변을 들을 수 있었다.

11월 24일 오전에 마산에 도착한 전해투 대표자들은 간단한 지역상황에 대한 의견을 나누고 교섭대표를 구성하였다. 전해투 대표자들은 마창지역 순회투쟁이 순탄하지 않음을 직감하고 "거대한 자본의 벽을 느끼지 않을 수 없었다. 이제까지와는 다른 양상의 싸움이 벌어질 것 같다는 예감이 뇌리를 스쳤다"고 술회하였다.79)

11월 24일 세신실업 및 효성중공업 순회투쟁

11월 24일 오후 방문한 세신실업에서는 회사측이 예상외로 부드럽게 나와 큰 무리 없이 "교섭창구 개설"약속과 "해고자 출입은 고민하겠다"는 언질을 받을 수 있었다.

그러나 다음 장소인 효성중공업에 도착하자 회사측은 정문을 굳게 걸어 잠그고 관리자들이 버티고 서서 교섭대표를 정문 옆에 있는 매점으로 이끌고 공장장은 출장 갔다고 둘러댔다(출장 갔다던 공장장은 본관 옆에 버젓이 서 있었고 해고자들을 보자 황급히 건물 안으로 숨었다).

정문 밖에서 농성하던 해고자들은 노조사무실로 들어가기 위해 이

---

79) 앞으로 사용될 '전해투'라는 단어의 의미는 '전해투 대표자'를 지칭하거나 혹은 '전해투 대표자 및 순회투쟁에 참가한 마창지역 해고자 전부'를 지칭하는 등 복합적으로 사용됨을 양해하기 바란다.

를 저지하는 관리자들과 몸싸움을 벌였다. 오후 3시경부터 계속된 몸싸움은 어느덧 6시를 넘기고 있었다. 관리자들의 폭행으로 부상자가 다수 발생하여 입원할 정도로 싸움은 격렬하였으나 회사측은 끄떡도 하지 않았다.[80] 회사측은 조합원들이 전해투의 투쟁을 보지 못하도록 퇴근버스를 다른 곳으로 돌려버리는 철저함까지 보여주었다.

전해투는 일단 철수하지 않을 수 없었다. 호락호락 넘어갔다가는 효성 자본가에게는 물론이고 마창지역 전체 자본가들에게 계속 농락만 당할 수 있기 때문이었다. 홍여표 효성중공업노조 전 위원장이 유인물을 배포할 때 유인물마저 탈취하는 저들인데 그냥 갔다가는 괜히 자본가들 간덩이만 키워 주는 꼴이 될지 모를 일이었다. 회사측과 대화가 이루어질 때까지 투쟁을 계속하기로 결의하였다.

다음날 11월 25일 아침 출근시간에 맞춰 전해투는 효성중공업에 도착하였다. 그리고 유인물 작업을 마치자마자 바로 굳게 잠긴 정문을 과감히 뛰어 넘어 노조사무실로 향했다. 그 때 본관 건물에서 200여 명의 관리자들이 우르르 몰려나왔다. 40여 명의 전해투로서는 죽도록 싸웠으나 힘의 열세를 극복할 길이 없었다. 그렇지만 해고자들이 이리저리 뛰며 관리자들을 교란시키는 사이에 전해투가 중앙으로 집중하여 밀어 붙였고 철옹성 같았던 관리자들의 대오가 마침내 무너졌다.

그 순간 전해투는 다시 본관 앞에 집결하였고, 김용희(삼성시계)가 온 몸에 휘발유를 끼얹고 "물러나지 않으면 분신하겠다"고 경고하였으나 회사측은 "죽을려면 나가 죽어라!"라고 야유하였다. 분노가 하늘로 치솟은 해고자들은 본관을 치고 들어가 2층 공장장실 앞에 집결하여 공장장의 기만을 규탄하고, 로비를 점거하였다. 그러자 회사측은 일단 노조로 가서 기다리면 책임지고 공장장과의 면담을 주선하겠다

---

80) 부상자는 김용희(삼성시계), 이기호(삼미특수강), 김철식(대한항공) 등이다.

고 나왔다.

전해투는 일단 노조사무실로 갔으나 아무리 기다려도 연락이 오지 않았다. 점심시간이 되자 모두가 식당으로 향했고, 홍여표 전 위원장은 조합원들에게 반갑게 인사한 뒤 감격적인 어조로 외쳤다. "해고자 복직투쟁은 바로 사측의 협박과 탄압을 물리치고 우리의 권리를 되찾기 위한 첫걸음입니다. 동지들 다시 한번 옛 효중노조의 위세를 되찾읍시다! 해고자를 복직시키고 민주노조를 강화하여 빼앗긴 우리의 권리를 되찾읍시다, 인간답게 살아봅시다!"

전해투는 노조사무실에서 농성을 계속하였다. 저녁이 되어도 회사측으로부터 소식이 없자 전해투는 조를 편성하여 철야농성대책을 수립하고 효중 정문 앞에서 마창 노동자 규탄집회를 계획하였다. 그러자 그동안 감감무소식이었던 회사측은 부랴부랴 교섭을 요청해 왔고 오후 5시부터 공장장과의 면담이 시작되었다. 교섭 결과는 미흡하였으나 효중 투쟁은 몇 가지 약속을 받아내는 선에서 마무리되었다.[81]

11월 26일 대림자동차 투쟁

대림자동차는 회사측이 노조를 상대로 한 고소고발건만 연간 300건이 넘는 회사였다. 뿐만 아니라 해고자들을 폭행한 관리자가 폭행당한 해고자들을 고소하는가 하면 해고자들의 출근투쟁 때마다 관리자들을 동원하여 폭력을 밥 먹듯 행사했다.

11월 26일 아침 비가 부슬부슬 내리고 있었다.

---

81) 교섭 결과, '복직창구 개설'은 공장장과 해고자가 직접 만나 푼다, '치료비보상'은 병원비 확인 후 후생과장과 협의한다, '해고자의 출근투쟁 때 유인물 배포'는 민감한 부분에 대해 사전 협의한다, '조합 출입문제'는 신분 확인 후 출입 가능하도록 하겠다, '고소고발 취하'는 공장장을 믿어 달라 등을 약속받았다.

예상대로 회사측은 정문을 굳게 걸어 잠그고 출근버스를 후문으로 빼돌렸다. 노조위원장 이하 전 간부들이 나와서 전해투의 조합 방문을 열렬히 환영하며 조합으로 안내하려 했지만, 관리자들은 힘으로 전해투를 밀어붙였다. 전해투는 질척거리는 길바닥에 몸이 질질 끌리면서도 노조로의 진입을 계속했다.

빗속에서 사투를 전개한 지 1시간 가량이 지났을 때, 관리자들의 저지를 뚫고 공장 안으로 뛰어들어간 홍지욱(대림자동차 해고자)이 갑자기 폭 고꾸라지며 선혈이 얼굴을 타고 흘렀다. 뒤에서 관리자들이 각목으로 뒤통수를 내리쳤던 것이다.

"죽여라!"

시체처럼 쓰러져 있는 홍지욱의 선혈이 낭자한 얼굴을 본 해고자들 눈에는 아무 것도 보이지 않았고, 분노로 이글거리는 해고자들의 기세에 관리자들은 주춤했고 그 사이에 전해투는 조합 사무실에 도착하였다.[82]

부상자를 병원으로 후송한 뒤 전해투는 공장장실로 몰려가 인간백정 공장장의 사과를 요구하며 본관 로비를 점거하고 농성에 들어갔다. 공장장은 급히 몸을 피한 후였다.

점심시간이 되자 식당으로 간 해고자들은 실로 2년 만에 조합원들을 다시 만난 감격을 억누를 길이 없었다. 목소리마저 떨려 나왔다. "조합원 동지 여러분! 이게 실로 얼마 만입니까? 동지들! 다시 한번 예전의 위력을 되찾아 조합원 동지들의 단결력으로 해고자를 복직시켜 민주노조를 강화합시다!"

---

82) 전해투는 당시상황을 "우리 모두는 그 일이 있은 후 어떻게 해서 조합사무실까지 뚫고 들어갔는지 기억을 제대로 하지 못한다. 단지 기억 나는 것이 있다면 그 순간 모든 해고자들의 심장은 인간백정 같은 관리자 놈들을 죽여 버리겠다는 분노뿐이었다"라고 기록하였다.

3시경 공장장과의 교섭에서 부상자의 치료비를 받은 뒤 효성중공업과 거의 같은 수준의 합의사항을 얻고 힘겨운 대림자동차 투쟁을 마감하였다.[83]

11월 27일 타코마, 효성기계, 삼미특수강 투쟁

11월 27일, 타코마에서도 예외 없이 관리자들이 진을 치고 있었다. 전해투의 교섭 요청에 회사측은 "교섭에 응하겠다, 해고자들의 노조 방문을 허용하겠다, 타코마 이외의 전해투 해고자들은 일단 면회실로 가 있을 것" 등을 제안했고, 사측 입장을 수용하여 교섭한 결과 "해고자 복직을 위한 교섭창구, 해고자들의 노조사무실 출입 허용문제는 12월 15일 이사회 개최 이후 회사측 방침 통보"로 결정되었다.

전해투는 갑자기 낮춰진 투쟁수위로 잠시 혼란을 겪었다. 중앙상황실의 입장을 공유할 시간적 여유가 없었던 것이다.

효성기계에서는 아무도 막지 않았고, 곧바로 교섭에 임할 수 있었다. 회사측은 효성기계에서 3년 전 해고되었다가 얼마전 대법원 승소판결로 복직된 김영동 전 노조위원장에 대한 징계를 이틀 후로 소집해 놓은 상태였다. 교섭대표들은 해고자복직을 위한 대화창구개설에 앞서 해고자를 복직시키고자 하는 판에 대법원 승소판결로 복직된 사람까지 다시 해고시키는 것을 막지 못한다면 전해투는 있으나 마나한 조직이 아니냐는 판단에서 도저히 이 문제를 묵과할 수 없었다. 만약 사측이 이번 징계를 철회하지 않는다면 전해투는 이 일을 전해투의 사활을 걸고 대처할 것이며, 우선은 전해투 대표가 효성기계 노조사무실에서 단식을 하겠다고 경고하였다.

---

83) 합의사항은 "현 집행부 징계문제는 임투 마무리되면 해결한다, 해고자의 노조사무실 출입은 노조와 협의하여 해결한다, 대화창구 개설하여 해고자와 대화하고 노조와 협의하겠다" 등이다.

그리고 이것은 단순한 경고로 그치지 않았다. 일요일임에도 불구하고 다음날 단식을 시작했고, 사측은 일단 징계를 연기하였다.

삼미특수강 회사측의 방비는 철저했다.

천정까지 닿는 대형 바리케이드를 치고, 그 바리케이드를 치우지 못하도록 콘크리트 바닥에 구멍을 뚫고 볼트를 박아 고정까지 시켜 놓았던 것이다. 그리고 바리케이드 뒤에는 다시 철제 셔터를 내리고, 그 뒤에 관리자들까지 대거 동원해 놓고 있었다. 삼특 자본가의 눈에는 전해투가 회사를 함락시키러온 적군의 군대쯤으로 보인 모양이었다.

그러나 그 정도 방비로 물러날 전해투가 아니었다. 전해투는 일단 바리케이드를 고정시키고 있던 볼트를 스패너로 풀어젖혔다. 전날 밤 사전 답사로 볼트에 맞는 적절한 스패너를 준비했던 것이다. 바리케이드가 치워졌다. 이제 철제 셔터쯤은 금방 박살날 순간이었다.

그러자 회사측은 타코마와 비슷한 제안을 해왔다. 회사측의 안을 수용하고 식당에서 식사한 후 교섭에 들어갔다. 그러나 교섭결과는 최악이었다. 해고자와 개별적으로는 만나겠지만, 해고자 대표단과는 만나지 않겠다는 것이다. 특히 출입정지 가처분신청 취하요구 역시 분위기가 조성되지 않았다는 이유로 거절당했고, 해고자의 노조사무실 출입은 본관만 허용하겠다고 나왔다. 우롱당한 기분을 떨쳐 버릴 수 없었으나 다음 순회투쟁에선 기필코 삼미특수강 자본가의 콧대를 꺾어 버리리라 결심하고 발길을 돌렸다.

1993년 선봉 전해투

전해투는 1993년 한 해 동안 쉼 없이 투쟁하면서 결과 1993년 전국 노동운동에 많은 기여를 했다.

그 중 해고자들의 전국조직을 건설하였다는 점, 각기 분산된 노동운동진영이 함께 문제해결을 위해 공동투쟁을 전개했다는 점에서 큰 의의를 남겼다. 특히 김영삼 정권 등장 이후 노동운동진영이 적절한 대응책을 찾지 못하고 있을 때 정권의 약한 고리를 치고 들어가 복직을 지속적으로 촉구하며, 김영삼 정권의 본질을 만천하에 폭로하고 동시에 기만적 개혁으로 투쟁이 주춤할 때 과감히 정권과 자본을 공격하여 노동운동의 전투적 기풍을 확산하는 데 기여하였다는 점에서 가히 1993년 전국투쟁의 선봉이라 불러도 손색이 없을 것이다.

8. 1993년 회색의 겨울

김영삼 정권 등장 이후 노동운동진영 일부에서는 투쟁을 자제하자는 분위기가 있었고 이런 분위기는 1994년 임단투를 앞두고 지역과 전국에서 공투본이 구성되지 못한 것이나 한국노총과 경총의 임금합의에까지 일정하게 영향을 미치고 있었다.

심지어는 전노대 상층 지도부 일부에서조차 무쟁의 각서, 무쟁의 원년 등 정부의 파업억제정책에 포섭되어 동승하려는 분위기가 고개를 들고 있었다.

이런 와중에 발생한 세일중공업의 무쟁의 각서와 노동부장관 표창 파문은 당시의 노동운동 내부상황과 맞물려 많은 진통과 후유증을 낳았고, 지금까지도 보이지 않는 대립으로 남아 있다.

마창노련·전노협의 역사에 회색빛 겨울을 몰고 온 당시의 진상 속으로 들어가 보자

세일중공업노조 조건부 '무쟁의 합의' 사과문 발표

1천 명 감원과 대표권시비, 노조탈퇴 저지, 마창노련·전노협 탈퇴

공작 분쇄 등 회사측의 집요한 탄압을 뚫고 4월 30일 대표권을 쟁취한 세일중공업노조는 뒤늦게 7월 23일 1차 교섭을 시작으로 1993년 임단투에 들어가게 되었다.

회사측의 3공장(주물공장) 조합원 노조탈퇴 압력과 탄압, 그리고 징계권의 회사측 귀속 등 단협개악에 맞서 조합원들은 9월 16일 90%의 찬성으로 쟁의발생을 결의하였다. 그러나 추석 전 대타결에 발목을 잡힌 집행부는 징계권을 회사측에 넘겨주는 수정안(조합원 다수의 의사를 묻는 민주적 절차를 무시하고)을 제시하였고, 회사측은 이 수정안마저 거부하였다. 그리하여 11월 2일 조합원 70%의 찬성으로 타결을 짓게 되었다.

그러나 11월 16일자 세계일보는 "세일중공업노조 집행부가 합의과정에서 일명 비둘기 각서라는 조건부 무쟁의에 합의한 사실과 조철우 노조위원장의 노동부장관 표창 사실"을 기사로 보도하였다. 보도를 접한 조합원을 비롯하여 마창지역과 전국 노동자들은 경악을 금치 못하였다. 특히 전국 민주노조의 선봉이라는 상징성과 책임감으로 인해 세일중공업노조의 무쟁의 합의가 지역과 전국에 미치는 파장은 클 수밖에 없었다.84)

세일중공업의 파문은 일파만파로 확산되기 시작하였다.

이에 노조는 11월 17일 사내 식당 대자보를 통해 전 조합원에게 "합의서를 도출한 데 대해 죄송하게 생각한다"고 사과하고, 무쟁의 합의는 "회사측이 부당노동행위를 하지 않는다"는 조건부였음과 "노동부 장관 표창은 제의받은 바도 없고, 만약 제의를 받는다면 단호히 거절하겠다"는 입장을 밝혔다.

아울러 노조는 『전국노동자신문』을 통해 전국 노동자들에게 사과

---

84) 실제로 대구 남선물산의 경우, 회사측이 세일중공업노조 무쟁의 합의서를 내밀어 결국 1994년 임단투를 포기해야 할 정도였다.

문을 발표하고 '조건부 무쟁의 합의'가 "현 사회적 조건하에서 자본가들은 절대로 노동운동에 대한 탄압을 멈추지 않는다는 역사인식과 사회인식을 제대로 갖지 못했던" 집행부의 잘못임을 깊이 반성하고, 아울러 노동부장관 표창 운운 기사는 터무니없는 왜곡보도라고 밝혔다.[85]

세일중공업 임현수 조합원 산재 사망

이런 가운데 세일중공업 임현수 조합원(48세)이 1993년 11월 19일 폐암으로 운명하였다.[86]

그동안 노조는 폐암이 신나와 암유발 물질이 섞인 페인트 도장작업으로 인해 발생한 직업병임을 주장하고, 회사측, 창원지방노동사무소, 노동부 등 각계에 산재 인정을 요구하였으나 끝내 산재를 인정받지 못한 채 임현수 조합원은 창원병원에서 숨을 거두고 만 것이다.

노조와 유가족들은 직업병 인정, 업무상 재해에 의한 보상 등을 요구하며 장례를 미루었으나, 유족들이 회사측에서 제시한 위로금에 합의함으로써 사망 13일 만인 12월 2일 노동조합 장으로 임현수 조합원의 장례식이 치뤄지게 되었다.

"직업병 인정하라!", "작업환경 개선하라!"는 구호가 적인 만장 10여 개가 나부끼는 가운데 창원병원 영안실 앞에서는 발인제가 치뤄져

---

85) 「조건부라도 무쟁의합의는 잘못」, 『전국노동자신문』 제103호, 1993. 11. 24, 4쪽.

86) 16년간 도장공으로 일해 온 임현수 조합원은 1993년 6월 25일경 부산 동아대병원에서 처음으로 폐암 말기 사실을 알게 되었다. 폐암 3기는 발병과정이 적어도 3년이 경과한다는 의사의 소견에도 불구하고 임현수 조합원은 그동안 회사가 수차례 실시한 특수건강진단에도 나타나지 않았을 뿐 아니라 1993년 4월 28일에도 '양호' 판정을 받음으로써 그동안 회사측이 수차례 실시한 특수건강진단이 형식적 요식절차였음이 명백히 드러나게 되었다.

유족과 노조간부 지역 노동자 등 80여 명의 비통한 오열과 처절한 분노가 터져 나왔다. 신월동 자택을 지나 회사 앞에서 노제를 지내려 하자 회사는 공장 정문을 걸어 잠궜고, 분노한 간부 및 조합원들은 경비 관리자들과 몸싸움을 벌여 끝내 정문을 열어 제꼈다. 16년간 일해 오던 공장을 마지막으로 돈 임현수 조합원의 시신은 마침내 사랑하는 부인과 세 자녀를 남기고 마산 시립공동묘지에 묻혔다.

"누가 우리 노동자들이 더럽고 힘들고 위험한 일을 하기 싫어한다고, 노동자들이 배가 불렀다고 그럽니까? 아직도 이땅의 노동현장에서 수많은 노동자들이 쏟아지는 기침을 참아가며 노동을 하고 있는 한 참말로 더러운 건 이 세상인기라요"

한 조합원은 붉어진 눈자위를 감추며 두 주먹을 불끈 쥐었다.[87]

세일중공업노조 위원장, 노동부장관 특별표창 수상 파문

한편 정부와 민자당이 '근로자파견법'을 강행 처리하려는 움직임이 일자 전노대는 이에 맞서 12월 6일부터 대표자들의 무기한 철야농성에 이어 12월 9일 전국 단위노조 동시다발 중식집회와 12월 10일부터 대표자들의 국회앞 집회와 철야농성 등에 돌입하였다.

이런 와중에 12월 9일 조철우 세일중공업노조 위원장이 노동부장관 표창을 받았은 사실이 알려지자 마창노련·전노협 등 민주노조진

---

87) 약 2년 후인 1995년 8월 2일 부산고등법원은 임현수 조합원의 죽음이 단순히 흡연에 의한 폐암이 아니라 작업환경에 의한 직업병이라는 판결을 내렸다. 이것은 임현수 조합원의 죽음을 결코 개인 질병으로 내버려 둘 수 없고, 제2의 임현수가 생기지 않도록 하기 위해서는 사후라도 직업병 인정이 필요하다는 인식하에, 노조가 2년간에 걸쳐 노조비를 들여 직업병 인정을 위한 행정소송을 진행한 끝에 얻어낸 값진 승리였다.

영은 커다란 충격에 휩싸였다.

노조측이 대자보와 『전국노동자신문』을 통해 공개적, 공식적으로 "노동부장관 표창은 제의받은 바도 없지만, 제의를 받으면 단호히 거절하겠다"고 밝힌 지 불과 보름도 안 되어 뒤집었다는 점에서, 또한 전국의 노동자들이 근로자파견법 저지를 위해 총력투쟁에 나선 시점에서 표창을 받았다는 점에서 이 사건은 민주노조의 도덕성 논란으로까지 비화되었다.

더욱이 세일중공업 조합원들은 12월 9일 전국 동시다발로 진행된 중식집회에서 '근로자파견법 저지'와 '생존권 사수'를 외치며 이인제 노동부장관을 규탄하고 있었다. 그런데 바로 같은 시각에 자신들의 위원장이 이인제 노동부장관으로부터 상을 받고 악수를 나누었다는 사실에 아연실색, 분노와 함께 배신감을 감출 수 없었다.

이에 노조간부 및 대의원들은 조철우 위원장의 사임을 강력 요구하기에 이르렀고, 마창노련 이흥석 의장 및 운영위원들도 조철우 위원장이 마창노련 부의장이란 중대성에 비추어 사임을 강력 요구하고 나섰다.

이에 조철우 위원장 및 일부 집행부는 '사임'을 표명하였으나 황선엽 회계감사 등 일부가 "현 집행부를 대신할 대안이 없다"는 이유로 사임 반대를 주장하였고 이에 따라 사임 대신 12월 23일 조합원총회를 통해 불신임 여부를 묻기로 결정되었다.

그러자 일부 노조간부 및 대의원들은 "사임문제를 조합원총회로 가져가는 것은 민주성을 악용한 책임회피이자 조합원 동지들에게 책임을 돌리며 회피하는 것"이라며 위원장의 사임을 요구하는 서명에 들어갔다. 서명자들은 첫째 조합원과 간부들에게 한 약속을 지키지 못한 책임, 둘째 1993년 임단투과정 고 임현수 조합원의 직업병 인정 투쟁 등 많은 오류에 대한 책임, 셋째 전국 노동형제에 대한 책임 등

세 가지를 근거로 사임을 강력 요구하였다.88)

그러나 12월 23일 세일중공업 조합원총회에서 조철우 위원장 이하 집행부는 유임(66.8% 찬성)으로 결정되었고, 이에 서명자들은 집행부와의 분열을 선포하였다.

이로써 전국 민주노조의 상징인 세일중공업노조에 '노조민주화추진위원회'가 결성됨으로써 큰 파문이 일게 되었다.89)

웨스트노조 파업 131일, 벅찬 승리 쟁취

한편 웨스트노조는 10월 14일(30차 교섭) 회사측이 뜻밖에 그동안 끈질기게 주장하던 '임원사퇴, 마창노련·전노협 탈퇴, 각서제출 등' 세 가지 요구조건을 철회함으로써 밝은 전망을 열어가게 되었다.90)

---

88) 1993년 12월 21일 발행된 "현 집행부는 사임 약속을 지켜야 합니다"와 1993년 12월 22일 발행된 "상무집행위원, 운영위원, 회계감사 등 노조간부직의 사임을 결의하면서" 유인물을 통해 서명자들은 "황선엽 회계감사가 공식회의에서 '타협적인 집행부가 왜 비판받아야 하는가?'라고 말한 사실과 김상철 수석부위원장이 12월 9일 상근자회의에서 '어떠한 비판이 들어와도 감수하겠다. 맛 갔다 해도 좋다. 책임지겠다"고 말한 점에 깊은 우려를 표명하였다.

89) 1993년 12월 23일자 유인물 민주노조의 깃발을 다시 세워야 합니다에서 노민추는 총회 결과에 대해 "총회 소집이 이틀만에 이루어져 조합원들이 집행부의 문제점을 충분히 인식할 수 있는 시간적 여유가 없었고 황선엽 회계감사의 '대안이 없다'는 기만적 선동으로 인해 올바른 판단을 하지 못했기 때문이다"라고 지적하고, 현 집행부가 "자주성, 투쟁성, 민주성, 연대성 모두를 포기하였기 때문에 민주노조를 포기하고 회사와 권력에 굴복한 현 집행부와 더 이상 함께 한다는 것은 세일노조의 역사에 옳지 못한 공범이 되는 것이기 때문에 분열을 선포한다"고 밝혔다. 그리하여 1994년 1월 18일 결성된 '세일중공업노조 민주화 추진위원회'(서명자, 1월 13일 사임한 18명의 노조간부, 그리고 조합원 등이 모여 구성)는 소식지『소리』창간호를 통해 앞으로의 노민추 활동으로 "고 임현수 조합원 직업병 인정을 위한 소송 제기, 해고자 복직투쟁 적극 전개" 등의 실천을 다짐하였다.

90) 웨스트노조는 9월 24일부터 회사측과의 실무교섭을 재개하였으나 회사측은

그동안 웨스트노조는 '그래! 새날이 올 때까지' 집체극을 무기로 10월 30일 전국노동자대회 전야제를 비롯 서울, 부산 등 전국 각지에서 초청공연을 가졌다. 이러한 전국 공연과 아울러 각 대학과 단체, 신문들의 취재 보도로 인해 웨스트노조의 투쟁은 1993년 한 해를 빛낸 투쟁의 선봉으로 전국에 알려지게 되었다. 그리고 이러한 여론화 작업 결과 회사측은 11월 15일 자진해서 직장폐쇄철회 신고를 제출하게 된 것이다.

그리하여 11월 16일 아침, 투쟁 200일, 직장폐쇄 131일 만에 닫혔던 직장 문이 다시 열렸다. 웨스트 조합원들은 서로를 얼싸안고 울었다. 벅찬 감격의 순간이었다.

결국 회사측은 애초에 자신들이 내건 세 가지 조건을 철회함으로써 이미 단협개악안을 주장할 근거를 잃어 버리게 되었다. 따라서 1992년 종전 단협안을 그대로 유지하기로 하는 잠정합의안을 끌어내, 12월 3일 조합원 찬반투표 결과 92.94%의 찬성으로 타결되었다.

이로써 웨스트노조는 4월 30일 교섭을 시작한 지 약 8달인 218일 만에, 직장폐쇄로 인한 전면파업 131일 만에, 마침내 1993년 임단협을 조합원들의 승리로 장식하게 되었다.

마창노련 제5회 들불대동제 및 창립 6주년 기념식

마창노련 창립기념 행사와 들불대동제는 해마다 개최되었음에도 불구하고 예년에 비해 생동감이 넘쳤다. 전체 기획과 준비과정에서 준비위원회를 결성하여 임하는 등 전체적으로 조직적, 체계적으로 잘

여전히 세 가지 요구만 앵무새처럼 되풀이 주장하였다. 그러다가 노조측이 국회 노동위원회의 부산지방노동청 국정감사 자리에 참석하여 회사측의 부당노동행위와 웨스트 사태의 진상조사를 강력 요구하고 노동부장관에게는 웨스트사태 해결을 위한 질의서를 제출하자, 회사측은 태도를 바꾸었다.

이루어졌다. 그러나 원천봉쇄 없이 합법적으로 개최되었음에도 불구하고 참여율은 저조하였다. 이는 조철우 세일중공업노조 위원장의 노동부장관 표창 파문으로 단결의 분위기가 깨졌기 때문이었다.

첫째 날인 12월 13일에는 쏟아지는 비에도 불구하고 많은 조합원과 학생들이 창원대학교 봉림관으로 모여들었다. 오후 7부터 시작된 조합원 장기자랑 '문화한마당'은 조합원들의 열띤 환호 속에서 개최되어 명실공히 축제의 한마당을 이루었다. 참가팀은 노개투, 임단투, 고용불안 등 현안 문제들을 노동자의 정서에 맞게 짜임새있게 구성하여 노래, 율동, 촌극, 선동, 악기연주, 개그, 판소리, 만담 등의 형식에 담아 발표하였다. 그 중 정권과의 한판 투쟁으로 노동자가 승리를 쟁취한 과정을 야구해설 형식으로 발표한 한일단조노조의 장기자랑이

"94년을 기약한다!"
1993년 12월 13일부터 14일까지 이틀 동안 창원대 봉림관에서 열린 마창노련 창립 6주년 기념식 및 제5회 들불 대동제.

인기를 독차지하였다.[91]

장기자랑이 끝난 후 20여 명의 노풍연 단원과 깃발기수 30여 명이 깃발을 들고 무대를 가득 메우며 등장하였다. 깃발 춤은 마창노련 건설과 사수투쟁, 그리고 산별노조 건설을 향해 앞장서 달려가는 마창노련 6년의 역사를 깃발과 풍물 장단에 맞춰 표현하여 열띤 환호를 받았다. 강강술래에 맞추어 춤과 노래가 마지막 대동놀이의 분위기를 돋구는 가운데 의장단 3명이 불글씨에 점화하자 행사는 최고조에 달했다.

한편 봉림관 주변에서는 사진전시회, 시화전, 민속 먹거리 장터(13일과 14일 양일간) 등이 열렸는데, 그 중 산재관련 사진에 대한 조합원들의 관심과 반응이 좋았다.

다음날인 12월 14일 오후 7시부터 창원대 봉림관에서는 약 250여 명의 간부와 조합원이 참여한 가운데 마창노련 창립 6주년 기념식이 열렸다. 애초에 식전행사로 계획했던 웨스트노조의 문화공연은 조합원총회 관계로 이루어지지 못해 아쉬움을 남겼다. 이어 모범조합, 모범조합원, 문화한마당, 마창노련 문학상 등에 대한 시상식이 거행되어 수상 노조와 수상 조합원들을 축하하는 환호성이 간간이 터져 나오기도 하였다.

마지막으로 마창노련 5년의 투쟁을 마감하고, 6년의 투쟁을 준비하는 엄숙한 자리를 빌어 기념식은 "마창 노동자들의 피끓는 분노와 결사투쟁의 의지를 모아 김영삼 정권 타도투쟁을 선포"하는 결의문을 낭독하고 막을 내렸다.

쌀과 기초 농산물 수입개방 저지를 위한 마창지역 대책회의

---

91) 들불대동제상에 웨스트노조, 쟁취상에 삼미특수강노조, 투쟁상에 세신실업노조, 단결상에 효성중공업노조, 인기상에 한일단조노조 등이 각각 수상하였다.

수입개방문제는 쌀과 기초 농산물 부문만이 아니라 앞으로 금융, 서비스, 교육 등의 여러 산업 부문에 관련될 문제로서, 농민·노동자에서 중소자본가에 이르기까지 사활적인 이해가 걸린 현안문제였다.

이에 마창노련은 1994년 임투에 의식적으로 결합하여 투쟁한다는 목표로 쌀과 기초농산물 수입개방 저지와 UR 국회비준 반대투쟁에 나섰다. 그리하여 마창연합, 농민단체, 시민단체 등 마창지역 제 단체들과 기자회견 및 각종집회 등 공동사업을 통해 결의를 모은 뒤, 1993년 12월 23일 가톨릭여성회관에서 쌀과 기초 농산물 수입개방 저지를 위한 마창지역 대책회의(이하 '마창 쌀대위') 결성을 선포하였다. 마창지역에서는 유례가 드물 정도로 폭넓은 단체를 포괄한 마창 쌀대위는 활동을 통해 청년, 학생, 시민단체의 적극성과 자발성을 체계적으로 조직해 사업을 계속 추진하기로 하였다.[92]

그러나 마창연합의 중심적 역할을 담당하고 있는 마창노련은 사전에 우루과이라운드 협상이나 수입개방문제에 대한 의식화, 조직화에 적극적으로 나서서 결합하지 못하였고 수입개방문제와 자립경제문제에 대한 목적의식적이고 조직적인 참여 대신 선전물로 대치하는 데 그쳤다. 게다가 전노협 위원장 선거와 그 후유증으로 인해 몇몇 간부만이 형식적으로 참여하는 데 그쳐, 노동운동이 민중연대사업에서 중심 역할을 해야 한다는 견지에서 볼 때 큰 문제점을 남기게 되었다.

---

92) 마창쌀대위는 1994년 1월 28일 공청회를 비롯한 시민서명운동, 선전전, 국회비준거부와 국회의원 소환운동 등을 벌였다.

민주노총과 산별노조 건설을 향하여

1994

1. 전노협 위원장 선거와 마창노련

전노협 위원장 자유경선 배경

1993년 말 전국 민주노조운동진영은 1993년 6월 발족한 전노대를 중심으로 민주노총과 산별노조 건설을 향한 발걸음을 막 내디딘 상태였다. 따라서 각 조직마다 조직발전과 전망을 둘러싼 견해와 입장의 차이로 말미암아 진통을 겪고 있던 중이었다.

전노협 위원장 선거는 바로 이러한 진통의 와중에 놓임으로써 문제를 증폭시키게 되었다.

12월 3일 전노협 4기 4차 중앙위원회에서 단병호 전노협 위원장은 최종적으로 불출마 의사를 밝혔다. 그리고 불출마의 근거를 두 가지 제시하였다. 하나는 수배자로서 전노대 사업추진을 책임있게 수행하기 어렵다는 점이고, 또 하나는 그간 민주노조 발전전망과 관련해서 전노협과 전노대 사업에서 나타났던 견해상의 차이를 선거를 통해 대중적, 민주적으로 검증 받고 조직의 입장을 통일시켜 강력한 지도력을 구축해야 한다는 점이었다.

이에 전노협은 강력한 지도력 구축과 조직발전이라는 선거목표에 따라 1994년 1월 23일 제5년차 정기대의원대회에서 전노협 결성 이후 처음으로 자유경선에 의해 전노협 위원장 선거를 실시하기로 결정하였다.

12월 27일 입후보 등록 마감 결과 기호 1번 김영대 전노협 사무총장, 기호 2번 이홍석 마창노련 의장, 기호 3번 양규헌 전노협 수석부위원장 등 3명이 후보자로 최종 등록되었다.[1]

이홍석 의장의 후보 출마와 사무처 사임

그런데 문제는 마창노련 이홍석 의장의 출마 표명에서부터 불거지게 되었다.

사실 그동안 마창노련은 1993년 8월 30일 이홍석 의장 등 5대 지도부의 출범 후 오랜 만에 조직적 안정을 되찾았다. 그리하여 1994년 임투 준비소위원회를 구성하고, 모처럼 투쟁회피적 노사협조적 분위기를 불식하고 투쟁에 대한 자신감을 회복하는 등 조합원들까지 "이젠 뭔가 되겠다"는 기대와 희망을 갖게 되었다.

그러던 차에 이홍석 의장이 12월 27일 사무처 회의에서 "12월 23일 수도권의 일부 노조위원장들이 모인 자리에서 추대를 받았다"면서 전노협 위원장 출마 의사를 공식적으로 밝히자, 사무처 전원은 "모처럼 회복한, 마창노련의 지도력과 집행력을 강화해야 할 중요한 시기라는 점"과 "민주노조의 운영 원칙인 민주적 절차와 공개성의 원칙에 위배된 점"을 들어 이홍석 의장의 출마를 반대하고 나섰다.

이렇듯 사무처 전원의 강력한 반대로 인해 5시간(오전 9시 30～오후 2시 20분)의 긴 회의 끝에 이홍석 의장은 "운영위원 2/3 찬성이 있을 때 출마하겠다"고 약속하기에 이르렀다.

그러나 곧장 열린 13차 운영위원회는 출마 동기와 배경, 그리고 이후 마창노련 지도부에 대한 대안 마련 등을 논의한 뒤 찬반 양론으로 나뉘어 격론 끝에 투표에 들어갔다. 그러나 찬성표가 2/3가 되지 못했

---

1) 「제7절 전노협 위원장, 임원 및 선출직 중앙위원 선거」, 『총단결 총투쟁 — 전노협백서 제5권』, 219~260쪽.

음에도 이흥석 의장은 출마 의지를 굽히지 않았고, 결국 운영위원회
는 후보등록 마감 15분을 앞두고 "일단 등록을 하고 난 후 출마여부
는 재논의하는 것"으로 결정하게 되었다.

이러한 운영위원회의 결과에 대해 사무처는 "마창노련 강화라는
당면 사안을 무시하고 비민주적인 절차 속에서 출마를 강행한 이흥석
의장의 후보사퇴를 요구하고 이를 수락하지 않을 때에는 전원 사임하
겠다"는 의사를 의장에게 표명하고, 12월 28일 오후 6시 30분 국 전체
의 비상회의를 소집, 사임이유를 공식적으로 발표하였다.2)

이흥석 의장의 후보출마 인정과 사무처 전원 복귀

파문이 확산되면서 마창노련 내부는 출마를 지지하는 의견과 출마
를 반대하는 의견이 팽팽히 맞서게 되었다. 그리고 이 대립은 각 후보
자들의 선거대책본부가 조직되고 활발한 유세활동에 들어가면서 분
열과 반목으로 치달았다. 뿐만 아니라 같은 노조 내부에서도 누구를
지지하느냐로 간부, 조합원들이 분열되기도 하였다.3)

---

2) 「전노협 제5년차 정기대의원대회 1월 23일 열려」, 『마창노련신문』 제65호,
1994. 1. 13, 1쪽.
3) 세일중공업 노민추는 12월 29일 마창노련 운영위원회에 제출한 제안서 "조철
우와 결탁한 이흥석 의장의 행위에 분노를 표하며 해명을 요구한다!"에서 두
가지를 질의하였다. "첫째 마창노련 의장으로서 마창지역 동지들에게는 한마
디 상의도 없이 왜 마창노련의 분열을 초래하면서까지 전노협 위원장 후보에
출마하려 하는가? 그리고 그로 인하여 마창노련이 분열되면서 위기의 기로에
선 데 대한 책임은 어떻게 질 것인가?, 둘째 어용의 길을 치닫고 있는 조철우
위원장을 강하게 비판하고 위원장이 사임하지 않으면 이흥석 의장 자신이 의
장직을 사임하겠다고까지 하였으면서도, 다음날 조철우 위원장에게 제일 먼저
지지를 요청한 이유는 무엇인가? 그렇다면 강하게 비판하고 사임을 요구했던
사람으로서 지금은 조철우 위원장을 민주노조의 대표권자로 인정하는 것으로
보아도 되는가?"

　이런 가운데 1월 3일 마창노련 14차 운영위원회는 다시 의장의 출마문제를 집중 거론하였으나 의장이 확고한 출마의사를 표명함에 따라 결국 "출마 인정"을 결정하고 동시에 사무처도 "업무 복귀"를 결정하였다. 이에 따라 사무처는 1월 4일부터 정상업무에 복귀했다.

　『마창노련신문』은 사설을 통해 다음과 같이 말했다.

"전노협 의장 선거 출마 문제는 개인의 의사에 따라 맡길 사안이 아니다. 마창노련 의장의 직책으로 상부조직인 전노협 위원장에 출마한다면 먼저 조직적인 결의를 거친 후의 출마가 가장 올바른 모습임을 부인할 사람은 아무도 없을 것이다. …… 결과적으로 지역의 의견과 상황을 전혀 고려하지 않은 타지역에서의 추천과 이흥석 의장의 개인적 결심에 따라 전노협 위원장 선거에 출마함으로써 이제 마창노련은 민주노조의 원칙인 의사결정 과정과 운영에서의 민주성과 공개성, 그리고 내용적으로는 계급성을 어떻게 올바로 세워낼 것인가라는 무거운 과제를 함께 극복해 나가야 한다."[4]

　이에 대해 이흥석 의장은 사무처가 결재를 받지 않고 신문을 발행했다는 점에서 문제를 제기하였고, 세신실업 노조는 신문 배포를 중단하기도 했다.[5]

전노협 중앙위원회와 선거관리위원회의 마창노련 실사[6]

　1월 8일 전노협 5차 중앙위원회는 마창노련 문제가 단순한 선거관

---

4) 「전노협 선거를 어떻게 바라볼 것인가」, 『마창노련신문』 제65호, 1994. 1. 13, 2쪽.
5) 『마창노련신문』은 제65호 발행 후 10개월간 발행이 중단되었다가 1994년 11월 23일(66호)에 가서야 다시 발행되었다.
6) 「마창노련 문제와 관련한 선거관리위원회 실사보고」, 『전국노동자신문』 제110호, 1994. 1. 19; 「제7절 전노협 위원장, 임원 및 선출직 중앙위원 선거」, 『총단결! 총투쟁! ─ 전노협백서 제5권』, 229~230쪽; 「전노협 중앙위원회, 선거관리위원회의 마창노련 실사기록」, 마창노련 자료화일 1994년 ─ 전노협선거, 1.

리 차원뿐 아니라 조직에 관한 문제점이 포함되어 있다는 판단하에 전노협 중앙위원회와 선거관리위원회별로 나뉘어 마창노련을 실사하기로 결정하였다.[7] 이는 전노협 위원장 선거가 원래의 목적인 지도력의 구축과 전노협 및 가입조직의 강화와 단결의 장으로 될 수 있도록 원활하고 공정한 선거를 진행시키기 위한 것이었다.

그리하여 1994년 1월 15일 마창노련 운영위원회와 사무처 성원이 참석한 가운데 실사가 진행되었다.

실사가 시작되자 마창노련 운영위원회는 "누가 중앙위원회에 마창노련 문제를 안건으로 상정하도록 요구했는가와 실사결정 과정"에 대해 질문하였다.[8] 이에 선관위원장은 "누가 안건(실사하자는 안건)을 상정했는지는 중요한 것이 아니다. 보고사항과 관련해서 제안이 되었다. 실사요청은 선관위에서 중앙위원회로 했다. 선관위원장이 실사제안을 했고, 이흥석 의장도 강력하게 요청했다"고 답변하였고, 선관위원은 "마창지역 보고에 대해 사실 확인이 필요해서 동의되었고, 선관위원장이 안건 상정을 요청하고, 이흥석 선대본 동지들이 동의해서 안건토의로 상정되었다. 실사내용에 대해서는 논의되지 않았다. 마창노련 조직상태에 대해 심각성을 인식해서 채택되었다"고 답변하였다.

또한 그 정체성에 관해 구구한 억측과 오해를 불러일으켰던 소위 이흥석 후보를 추대하였다는 수도권 의장단 회의에 대해서 선관위원

---

7) 중앙위원회에서는 각 후보진영에서 1인씩(문성현 전노협 부위원장, 최동식 인노협의장, 황명진 청계피복노조위원장)이 파견되었고, 선거관리위원회에서는 이한재 선관위원장, 김점순 선관위원이 파견되었다.

8) 전노협 중앙위원회에 참석했던 마창노련 부의장과 사무처장은 마창노련 운영위원회에서 전노협의 실사내용과 실사 결정과정을 보고하였는데, 각각 설명이 달랐다. 또한 사무처원들이 중앙위에 문건을 제출하였다는 사실을 알게된 마창노련 운영위원회는 전노협 실사에 강한 반발을 나타내고 실사를 거부하는 의견서를 중앙위에 제출하기까지 하였다. 따라서 마창노련 운영위원회는 이 문제를 가장 먼저 질문하게 되었다.

회는 이렇게 밝혔다. "수도권회의가 이흥석 후보의 추대와 무관하고, 단 이흥석 의장이 마창노련 사무처와 운영위원회 회의 도중 언급한 것이 잘못 이해된 것으로 판명되어 중앙위원회 회의록에서 삭제하기로 결정하였다."

이 날 실사를 진행하면서 전노협 중앙위원회는 선거과정에 따른 마창노련의 현 조직상태를 점검하기 위해 마창노련 운영위원회와 사무처 구성원 각각의 의견을 듣는 것으로 진행하였다. 마창노련 운영위원회와 사무처원은 이흥석 의장 출마에 대한 입장뿐 아니라 마창노련의 사업과 활동에 있어서도 각자의 노선과 정책 등에서 뚜렷한 대립과 견해 차이를 보여주었다. 실사는 "선거가 끝나고 난 후 정확한 평가를 통해 마창노련의 강화와 1994년 임금투쟁을 승리로 이끌 수 있도록 노력한다"는 데 의견을 모으고 끝났다. 그러나 문건에 나타난 내용들로 미루어 보건대 이러한 입장차이는 계속 심화될 소지가 충분한 것으로 드러났음에도 전노협은 이후 해결을 위한 어떤 명확한 기준이나 방법을 제시하지 않았고 또 그런 노력조차 기울이지 않았다. 이 점은 매우 안타까운 일이었다.

양규헌 전노협 위원장 선출

마침내 1월 23일 전노협 의장 선거가 실시되어, 2차 투표를 거친 끝에 양규헌 후보가 총 322표 중 172표를 얻어 전노협 위원장에 선출되었다.[9]

그러나 전노협이 협의체적 성격이란 점에서 최대한의 합의를 도출해내는 방식으로 자율경선이 되지 못한데다가, 더욱이 자율경선에 대

---

9) 1차 투표 결과 김영대 후보 73표(23%), 이흥석 후보 100표(31%), 양규헌 후보 151표(46%)로 과반수 획득 후보가 없게 되자, 곧바로 이흥석 후보와 양규헌 후보에 대한 2차 투표에 들어갔다.

한 정확한 내용과 구체적 방침이 없어 지역적으로 출마원칙을 둘러싸고 견해차이가 발생해도 이를 해결할 최소한의 기준이 마련되지 못해 혼란을 막을 수 없었다. 따라서 자율경선을 통한 조직강화라는 선거의 원래 목적은 상당 부분 훼손되게 되었다.

2. 노경총 임금합의 반대 및 한국노총 탈퇴투쟁

노·사·정 신협력체제구축

한편 김영삼 정권은 1993년 하반기부터 임금인상 억제와 노동통제 강화를 기본 정책 목표로 삼고, 노·사·정 신협력체제 구축을 전면에 내세우면서 1994년 노동자투쟁을 봉쇄하기 위한 '국가경쟁력 강화'와 '사회적 합의'를 명분으로 이데올로기적·제도적 공세를 치밀하게 준비하였다.

여기에 발맞춰 한국노총은 2월 3일 '1994년도 임금정책에 관한 한국노총의 입장'을 발표하면서 임금자제에 동의하고, '노사자율'을 외치던 기존의 태도와 달리 정부의 참여를 촉구하고 나섰다.

이에 전노대는 2월 22일 서울 여성백인회관에서 '노·경총 밀실교섭규탄 및 94 임투 승리를 위한 단위노조대표자 결의대회'를 갖고(300여 명 참석) 이후 한국노총과 경총 앞에서 항의규탄 집회(마창노련 9개 노조 10명 참석)를 결행하였다.

이렇듯 전국의 노동자가 반대의 목소리를 높이는 가운데서도 2월 28일 한국노총·경총은 '1994년도 임금 및 제도개선을 위한 사회적 합의'라는 허울좋은 구실 아래 마주 앉아 임금합의를 위한 상견례를 치루었다. 이처럼 정부와 자본은 '국가경쟁력 강화'를 내세워 한국노총 경총 간의 자율 임금인상 합의를 '사회적 합의'인 양 포장하여 대대적인 언론공세를 통해 노사협조주의 여론을 조성, 단위노조의 임금 인상 요구를 잠재우려 하였다.

그리고 노동부는 이를 위해 '노사 신협조주의 체제구축'이라는 슬로건을 내세우고 '무쟁의 원년', '불법쟁의 엄단', '공동임투, 연대투쟁에 대한 제3자개입 엄단' 등을 선포함으로써 민주노조진영의 공동임투 전선에 대한 분열책동을 강화하였다.

그리고 또 다른 한편에서는 노동법개악을 교묘하게 관철시키려 획책하는가하면,10) 각종 행정규제 완화조치 등을 통해 개별 노동자에 대한 분할 지배 강화와 노동조건 악화, 노조 무력화를 구체적으로 달성하려 하였다.

뿐만 아니라 김영삼 정권의 반 민중성은 군사독재정권을 방불케할 정도여서, 경제기획원 장관의 '가격현실화' 선언에 따라 공공요금을 비롯한 생활필수품, 일반소비재 상품 전체의 가격이 폭등하여 전체 물가는 가히 살인적이었다. 또한 쌀과 기초농산물 수입개방으로 농촌은 피폐해지고 노동자와 농민을 비롯한 기층 민중들의 삶은 더욱 궁핍해졌다.

공투본 구성 1994년에도 물거품

마창노련은 1993년 하반기부터 어느 때보다 조직적, 과학적인 1994년 임단투 준비와 계획에 철저를 기하고 심혈을 기울여 좋은 성과를 거두었다.11) 또한 '공투본'을 구성함에 있어서도 전국 노동운동의 가

---

10) 비정규직 확대, 능력주의 임금, 인사관리 강화(직무직능급, 연봉제 도입), 경영혁신운동 등의 유연화 전략강화, 공공부문 노사관계법 제정을 통한 공공부문 노조의 노동3권 제한, 근로자파견법 제정, 생리휴가와 월차휴가 폐지, 변형근로시간제 도입, 무노동무임금 및 인사경영권 단체교섭 대상에서 배제, 전임자 급여지급 불가 등
11) 마창노련은 1993년 10월 5일 '1994년 임단투 실무준비소위'(조통국, 복지국,

장 핵심적인 과제인 산별노조 건설과, 민주노조 총단결의 취지를 살리기 위해 예년과 달리 마창지역 제조업을 기계금속, 자동차와 조선, 전자전기, 화학 등 업종별로 분류하여 업종별위원회를 구성하는 안을 마련하여 주목되었다. 그러나 이 모든 계획과 준비들은 1994년 1월 전노협 위원장 선거와 그 후유증으로 인해 물거품이 되었다.

마창노련 운영위원회 단위에서부터 '공투본 구성'과 주요방침, 공동요구, 어용노총 반대 연대전선에 대한 조직적 결의 등이 이루어지지 못하는 바람에 결국 공동투쟁본부가 구성되지 못한 채 1994년 임단투는 단위노조 차원의 개별투쟁으로, 자본의 공세에 수세적으로 대응할 수밖에 없었다. 따라서 당면한 투쟁사업을 최우선시 하는 사업풍토가 확립되지 못한 결과 전노협 선거가 조직강화로 귀결되지 못했다는 비판을 면키 어렵게 되었다.

이러한 상황은 전노대 차원에서도 '전국투본'을 구성하지 못한 가운데 1994년 임단투가 시작된 데서도 단적으로 드러났다. 더욱이 민주노조진영은 자본과 정권의 '노사정 사회적 합의' 공세에 대해 통일된 투쟁방향을 잡지 못해 심지어는 전노대의 상층 지도부조차 '노사정 사회적 합의'를 전술적으로 활용하자는 주장을 공식적으로 제출할 정도로 그 혼란이 심각하였다.

따라서 전국 노동운동진영은 각 지역과 조직별로 편차를 드러내게

산안법규국)를 구성한 후 1993년 임단투 평가작업, 시장 물가조사, 각종 의식실태 설문조사, 전국과 지역별 임금실태 조사, 마창지역 기업별 업종별 임금실태 조사, 근로조건 및 복지실태 설문조사, 각종 임금관련 자료수집, 각 단위노조 경영분석, 분석통계작업 등을 시행하고, 이를 토대로 다른 해보다 일찍 1994년 2월 「1994년 마창지역 임금인상 및 단체협약 관련 자료집」을 발행하고, 3월 10일 마창노련 사무실에서 15개 노조 62명이 참가한 가운데 자료집 설명회를 개최하였다. 특히 1994년에는 기업별 업종별로 임금인상 요구액을 달리 책정하여 눈길을 끌었다.

되었고, 1994년 1월 30일 공식 출범한 조선업종노동조합협의회(이하 '조선노협')는 초기부터 공동임투를 포기하고 단위노조 중심으로 임단투를 치루는가하면,12) 현총련, 대노협 등 그룹노조 협의회도 1993년도와 같이 치밀하게 공동임투를 조직하지 못했다. 다만 업종회의의 경우는 병원노련, 의보총련 정도가 공동임투를 조직적으로 준비하였다.

마창노련은 노·경총 임금합의, 국가경쟁력강화, 무쟁의 원년에 대한 반박과 물가폭등에 대한 교육선전사업조차 잘 집행하지 못했다. 그러나 세신실업과 효성중공업노조는 조합원들의 1994년 임단투에 대한 투쟁결의가 높아 승리에 대한 자신감에 차있었다.

특히 세신실업노조는 1994년 만은 어떤 일이 있어도 저임금을 극복하고 요구안 100%를 관철한다는 목표로 임단투 준비에 임하였고, 조합원들의 투쟁의지와 각오 역시 어느 해보다 드높았다.13) 특히 3월에 시행한 조합원 교육은 모범사례로 손꼽힐 정도였다. 교육은 주로 중식시간 30분을 이용하여 실시되었는데, 시간을 절약하고 쉽게 이해할 수 있도록 그림과 도표로 요약했다. 주제 역시 현실적인 문제와 조합원의 대응책 등 조합원들의 관심을 집중시키는 내용으로 채워져 95~96%의 참석률을 보였다.14) 또한 해고자 강용길과 유병일은 1994년

---

12) 조선노협은 1994년 1월 30일 발족하였다. 여기에는 현대중공업(21,522명), 대우조선(8,246명), 한진중공업(1,856명), 한라중공업(1,411명), 현대미포조선(1,891명), 타코마(500명) 등 6개 노조가 가입하였고, 기타 6개 노조 및 노사협의회가 참관하였다.

13) 세신실업은 조립금속(수공구류, 자동차 단조부품)업종의 중소사업장으로 조합원 320명(여 50명 포함)에 평균연령 37세로 열악한 임금과 노동조건에 시달리고 있었다.

14) 『전노협 교육국 자료집』(58~73쪽), "세신실업 조합원 교육에서 사용된 '만화궤도 교육'은 분기별 90분밖에 확보되지 않는 교육시간의 부족을 극복하기 위한 필요성에서 출발하여 다양한 형태의 압축적인 교육방안으로 나왔다는

임단투에 결합하여 조합원과 함께 투쟁한다는 목표하에 3월 21일부터 정문 앞에서 천막농성에 들어갔고,[15] 전 조합원들도 해고자복직 서명운동에 참여할 정도로 조합원과 해고자의 결합력도 높았다. 이렇듯 세실실업 1994년 임단투는 조합원의 열띤 관심과 적극적 참여로 준비되어 어느 때보다 활기찼고, 자신감에 넘쳤다.

효성중공업노조 박충배 위원장 기습 테러사건

효성중공업노조 역시 민주집행부와 조합원이 똘똘 뭉쳐 오랫동안의 비인간적 탄압과 노예적 굴종에서 벗어나 자신감에 찬 투쟁의지를 높이고 있었다.[16]

그동안 회사측은 노조를 아예 무시하고, 일방적 명령과 강압으로 노조를 짓밟아, 사용자의 일방적 우위로 굳어진 노사관계만을 유지해 왔다. 그 단적인 예로 1994년 1월 사장이 바뀌었으나 노조측은 신문을 통해 사장의 이취임식을 알았을 정도였다. 이러한 비정상적 노사관계의 배경에는 효성중공업노조가 1987년 대투쟁 이후 민주집행부

점에서, 그리고 교육에 대한 조합원들의 사전조사서를 통해 교육내용을 잡았다는 점에서 노조 교육활동의 모범이다."

15) 강용길, 유병일은 1992년 8월에 해고되어 1년 7개월간 복직투쟁을 전개해 왔으나 회사측이 1993년 11월 전해투 전국순회투쟁때 한 약속을 이행하기는커녕 3월 11일 공장장과의 면담에서 "해고자문제는 끝난 걸로 알고 있다, 해고자문제는 노조와는 무관하니 면담시에 조합을 통하지 말고 직접 요구하라, 창원공장 내에는 복직을 시켜 줄 권한자가 없다"는 등 노조와 해고자 사이를 이간하면서 복직문제를 기피하자 천막농성투쟁에 들어갔다.

16) 효성중공업은 5년 동안 저임금 구조로 운영한 결과, 조합원들은 잔업 철야로 생활고를 버틸 정도로 임금수준이 열악하였으나, 회사는 항상 적자타령으로 일관하면서 작업강도 강화, 근무질서확립을 위한 점검제 실시, 경고장 발부 등 노예적인 굴종을 강요하면서 비인간적 탄압을 일삼고, 1993년에는 잔업을 통제하면서 외주나 도급으로 빼돌려 고용불안마저 획책하였다.

가 들어섰음에도 회사측의 악랄한 탄압과 구속으로 한 번도 단협을 마무리하지 못한 데에도 그 원인이 있었다. 말하자면 그동안 효성중공업의 단협은 경조사나 수당 몇 가지만 올리고 끝나는 식으로 운영되었고, 그 결과 노조활동은 임금 몇 푼 올리는 임투가 전부인 것으로 알 정도로 단협에 대한 투쟁의지와 경험이 없었다. 최소한의 노조간부 회의 시간조차 인정해 주지 않는 단협하에서는 조합활동에 조금 더 열성적이라는 이유만으로 징계와 해고의 위협을 받아도 어쩔 수 없었고, 민주노조는 발전할 여지를 잃을 수밖에 없었다.

이로 인해 효성중공업노조는 다른 노조에서 이미 오래 전부터 시행하고 있는 부분만 수용한다 하더라도 현재의 단협은 대폭 수정이 불가피할 정도였다. 따라서 1994년 단협투쟁은 조합원의 권리를 둘러싸고 회사와의 한판 투쟁이 불가피하게 되었다.

1993년 10월 23일 박충배 위원장 등 민주노조 집행부가 들어서고, 1993년 11월 25일 전해투 전국순회투쟁 과정에서 회사측과의 몸싸움으로 인한 부상에도 불구하고 홍여표 전 위원장이 노조에 출입하게 되자 조합원들이 민주집행부에 거는 기대와 신뢰는 자못 커졌다.

노조측이 2월 21일 단협 요구안을 발송하자 회사측은 불안과 위협을 느끼게 되었다.

3월 7일 1차교섭을 앞둔 2월 24일, 조합원들과 단협투쟁에 대한 간담회를 마치고 집으로 귀가하던 박충배 위원장이 산호1동 집 앞 골목에서 괴한으로부터 쇠파이프 등으로 폭력테러를 당해 마산 고려병원 응급실에 입원하는 사건이 발생했다. 노조는 이 사건을 단순테러가 아닌 "계획된 음모와 살인적 테러행위"로 규정하고 규탄투쟁에 나섰다. 그러나 끝내 사건의 진상은 밝혀지지 못해 배후에 자본측 음모가 도사렸다는 심증을 더욱 확고하게 해 주었다.

노·경총 임금합의 반대투쟁

이런 가운데 3월 30일 한국노총과 경총은 1994년도 임금인상률 5.0 ~8.7% 합의를 발표하였다.

전노협 및 전노대는 즉각 3월 31일 기자회견을 통해 강력한 공동투쟁 방침을 천명하였고 4월 1일 마창노련도 30여 개 노조대표자들이 기자회견을 통해 공동투쟁 실천을 결의하는 등 전국 노동자들의 불만과 분노가 한꺼번에 폭발하여 투쟁이 촉발되었다.

"노경총 합의? 웃기지 마라!"
마창노련은 1994년 4월 1일 마창노련 사무실에서 '노·경총 임금합의 분쇄, 물가안정 촉구를 위한 마창지역 노조대표자 기자회견'을 열고 총자본의 임금억제 정책과 한국노총의 노동자 배신행위를 규탄했다.

그리하여 4월 9일 전국 동시다발로 '국민대회'(서울 보라매공원)가 열렸고, 마창지역에서는 '노경총 임금합의를 거부하는 마창지역 노동조합' 주최로 창원 체육공원에서 규탄대회가 열려, 농산물 수입개방으로 파산한 농민들과 노·경총 임금억제 합의로 인해 생존권 위협에 처한 노동자들, 그리고 시민과 학생이 연대하여 김영삼 정권의 반민중적 정책을 강도높게 규탄하고 나섰다.17) 또한 마창노련은 물가폭등에 대한 국민여론과 관심을 불러일으킴과 동시에 물가안정을 촉구하기 위해 4월 15일 마산·창원 일대에서 대국민 캠페인을 실시하였다.

이러한 높은 투쟁열기로 인해 노·경총 임금합의 반대 서명운동에 참여한 노조는 전국적으로 1,200여 노조에 달했다. 그리고 서명운동은 곧바로 한국노총 의무금 납부 거부와 한국노총 탈퇴 운동으로 발전하여 전국의 노동자들을 광범위한 반한국노총 전선으로 결집시키면서 곧바로 민주노총 건설이라는 대중적 흐름으로 이어졌다.

전노협 및 전노대는 5·1절 투쟁에서 한국노총 탈퇴운동을 대중적으로 결의하였고, 이에 따라 이제 민주노총 건설은 거스를 수 없는 대세로 자리잡게 되었다.

세계 노동절기념 및 박창수 열사 정신계승 영남노동자대회

세계 노동절 제105주년을 기념하는 5·1절 대회가 전국(서울 동국대) 및 영남지역(부산대와 부산역)에서 각각 열렸다. 마창노련을 포함한 영남권 노동자들은 4월 16일 '영남노동자대회 조직위원회'를 결성하고 대회 준비에 나섰다.18)

그리하여 4월 30일 부산대학교 운동장에서는 오후 8시부터 밤 12시

---

17) 실제 집회는 청송회 단위에서 전개되었고, 마창노련은 선전물 2만 장을 제작 배포하는 데 그쳤을 뿐 힘있게 조직적으로 결의하지 못해 참여율이 저조하였다.

18) 영남 9개 지역, 125개 노조, 28개 노동단체 대표자들이 참가하였다. 마창노련은 사전 조직화 방안으로 4월 29일 창원 가톨릭사회교육회관에서 200여 명이 참가한 가운데 '5·1절 기념 강연회'(강사 : 양규헌 전노협 위원장)를 개최하였다.

까지 전야제가 펼쳐져, 3천여 명의 노동자, 학생, 시민이 행사를 즐겼다. 각 지역과 단체의 공연에 이어, 노래선동극 '들불의 합창' 공연(부산양산지역 단위노조 문화패와 지역 문화일꾼들이 오랫동안 준비한 노래판굿)과 대동놀이를 끝으로 전야제는 막을 내렸다.

부산대학교에서 일박한 마창 노동자들은 부산역으로 출발하였다.

그리하여 5월 1일 오전 11시, 부산역 광장에서는 137개 노조와 6개 업종, 그리고 30여 단체 등 노동자, 학생, 시민 7천여 명이 참여한 가운데 영남노동자대회가 열렸다.

선배 열사들의 뜻을 기리며 ……
1994년 5월 1일 7천여 영남 노동자들이 부산역 광장에 모여 '세계노동절 기념 및 박창수열사 정신계승 영남 노동자대회'를 열었다. 본대회를 마치고 거리행진에 나선 마창 노동자들.

1부 박창수 열사 추모식과 2부 기념식에 이어 참석자들은 부산역 광장을 지나 남포동 제일극장 앞까지 거리행진에 들어갔다. 경찰이 행진을 가로막았지만 맨 앞에 선 대구지역 노동자들이 이를 뚫고 도로로 나아가 행진이 시작되었다. 행진이 진행되는 내내 경찰과의 몸싸움이 계속되어 마창지역 한 노동자는 곤봉에 맞아 이마가 찢어지는 등 크게 다치기도 했다. 그 후 각 지역 대표자들의 인사를 듣는 해산식을 끝으로 대회는 막을 내렸다.

그러나 영남노동자대회는 당시 산별노조와 민주노조 총단결 등 전국 민주노조진영의 핵심과제인 조직발전 전망에 대한 구체적 내용을 담는 데는 미흡한 대회로 평가되었다.

한편 통일중공업노조는 5월 2일부터 4일까지 '이영일 노동열사 4주기 추모 문화대동제'를 개최했으나,19) 마창지역 전 노동자가 함께 추모하는 행사가 아니라 통일중공업노조라는 한 단위노조 차원의 행사로 치루었다는 아쉬움을 남겼다.20)

한국노총의 해고자 집단폭행 사건으로 한국노총 탈퇴 줄을 잇다

한편 해고자들은 1994년을 '해고자 완전복직 원년의 해'로 정하고 1993년에 이어서 1994년에도 임단투 봉화를 높이 치켜들었다. 그리하여 마창지역 해고자들은 3월 15일부터 지역별 노동청 항의방문 투쟁을 시작으로 단위노조별로 출근투쟁, 선전전, 천막농성에 돌입하였다.

이렇게 단위노조별 해고자 투쟁이 확산되자 단위노조별로 분산 진행할 것이 아니라 지역 공동투쟁으로 전환하여 결집시키자는 논의가 일어났다. 이에 따라 4월 1일부터 창원 체육공원에서 공동 천막농성 투쟁을 시작하였다. 그러나 전경과 창원시청 철거반의 두 번에 걸친

---

19) 세일중공업노조는 1994년 4월 1일부터 회사의 명칭변경에 따라 통일중공업 노조로 명칭변경되었다.
20) 5월 2일 백기완 선생 초청강연회, 5월 3일 추모식, 오후 6시 창원 체육공원에서 마창지역노래패 소리새벽, 인천지역노래패 노래선언, 민중가수 윤선애의 노래공연, 그리고 조합원 마라톤, 씨름대회 등 다채로운 행사를 펼쳤다.

강제철거로 인해 공동 천막농성투쟁은 힘있게 진행되지 못하고,[21] 또다시 단위노조별 천막농성투쟁으로 분산 전환되었다.[22]

이렇듯 단위노조별로 천막농성투쟁을 전개하던 마창지역 해고자들은 투쟁의 돌파구를 마련하기 위해 5월 14일 전해투 소속 해고자들과 함께 약 60여 명이 한국노총 점거 농성에 돌입하게 되었다.

그러나 한국노총측은 해고자들이 내건 현수막을 철거하는 등 해고자들의 투쟁을 방해하고 해산을 종용하였다. 그리고는 농성 몇 시간도 안 되어 한국노총 산하 간부 100여 명이 갑자기 쇠파이프와 망치 등으로 벽을 까부수며 농성장에 진입하여 농성 중이던 해고자들을 집단 구타, 폭력을 자행하여 다수의 부상자가 속출하였다.[23] 또한 같은 시간 지원방문 왔다가 돌아가던 노동자, 학생, 시민 등 300여 명도 해산하는 과정에서 전경에 의해 폭력적으로 진압당하였다.

그것도 모자라 한국노총측은 노동자 학생 등 63명을 경찰에 인계하여 그 중 8명이 구속되었다.[24]

이렇듯 5월 14일 한국노총이 어용의 탈을 쓰고 같은 노동자에게 무자비한 집단 폭행까지 행사하고, 경찰에 인계하여 구속까지 시켰다는 소식에 전국 노동자들은 충격을 금할 수 없었다. 전국 노동자들은 한국노총을 규탄하고 항의하는 집회를 연일 개최하면서 한국노총 의무금 납부거부 및 탈퇴를 결의하였다.[25]

---

21) 지역공동 집회는 4월 8일 '해고노동자 전원복직 쟁취를 위한 마창 노동자대회' 개최(전해투 투쟁상황을 담은 슬라이드 상영)에 그쳤다.
22) 기아기공(4/11부터), 세일중공업(4/12부터), 삼미특수강(4/13부터) 등.
23) 부상자(2~7주)는 나현균 전해투 투쟁국장(타코마), 차해도(타코마), 장성환(대한광학), 김동연(삼미특수강) 강용길(세신실업) 등이다.
24) 63명(노동자 32명, 학생 31명) 연행자 중 8명 구속, 마창지역 구속자는 신승인(코렉스), 박원주(금성산전) 등 2명.
25) 해고자들은 6월 1일 전노대 1주년 집회에 결합하여 '해고노동자 결의대회'를 갖고 단위노조별, 그룹별 선전전을 강행하였다.

이렇게 하여 1994년 한 해 동안 한국노총을 탈퇴(규약상 탈퇴)한 마창지역 노조는 7개 노조로서, 한국화낙(4월 총회), 효성중공업(5/31 총회), 한국중공업(7월 대의원대회), 기아정기(7월 총회), 타코마(조선노협 차원에서 결의), 두산유리(12/20 대의원대회), 시티즌정밀 등이다. 여기에 1994년 이전에 탈퇴한 노조 3개 노조를 합치면 한국노총 탈퇴노조는 무려 총 10개 노조에 달한 셈이었다.[26]

아울러 의무금 납부를 거부한 노조는 경남금속, 기아기공, 대림자동차, 대원강업, 부영공업, 삼미금속, 삼양전기, 삼화기계, 세신실업, 코렉스, 웨스트, 한일단조, 효성기계 등 13개 노조에 달했다.

한국노총의 해고자 집단폭행 사건은 한국노총의 어용성과 허구성을 대중적으로 폭로해낼 수 있는 중요한 계기였다. 그러나 마창노련은 보다 계획적이고 조직적인 방침을 세우고 한국노총 탈퇴운동을 주도하지는 못했다.

단협 개악으로 교섭 난항

마창지역 임단투 교섭은 5월(50.9%)에야 시작되었다.[27]

물가폭등으로 인해 조합원들의 임금인상 요구는 거센 데 반해 정부가 무쟁의 원년을 선언하고 강력한 파업 억제정책과 임금 억제정책을 강제함에 따라 개별자본들이 주위의 눈치를 보면서 적극적으로 교섭에 나서지 않은 결과였다.

그 대신 자본측은 1994년 들어 그동안의 경험을 토대로 사전대응에

---

26) 1994년 이전에 탈퇴한 3개 노조는 세일중공업(1990), 현대정공(1993), 화천기계(1993) 등이다.

27) 집계대상 노조 53개(마창노련 15, 청송회 21, 기타 17 등) 중 1차 교섭의 시기별 분포는, 1월 1개, 2월 1개, 3월 6개, 4월 11개, 5월 27개, 6월 6개, 7월 1개 등이다.

서 치밀해졌는데 이는 전 사업장에서 단협 개악안 제시 등을 통해 여실히 드러났다.

게다가 정부와 자본측은 임단투 시작 전부터 교섭체결권과 관련하여 조합원총회(대의원회의)의 의결을 거치도록 한 규정을 변경할 것을 경고 협박하면서 1993년 4월 대법원에서 내린 쌍용중공업의 '노조 대표자 체결권' 인정 판결을 법적 근거로 주장하였다. 그러나 1993년 현대정공 직권조인 반대투쟁에서 나타났듯 사실상 대표자의 교섭체결권은 노동자에 의해 무력화된 상태였다.

그럼에도 불구하고 임금과 단협을 동시에 병행하여 교섭할 경우 자본측은 임금안은 내놓지 않은 채 단협부터 먼저 처리하자고 해 놓고는, 대표자의 체결권 위임(효성중공업), 징계권 회사측 귀속(세일중공업), 전임자 축소(한국화낙), 임금 불지급, 교섭회수 축소, 교섭위원들의 상근과 간부 회의시간 불인정, 교섭기간 만료 이후 단협 불인정 등 교묘한 논리로 단협 개악의도를 드러내면서 노조측을 압박, 교섭을 지연하여 힘을 뺐다.

게다가 회사측의 억지 논리와 단협개악 의도를 폭로하는 유인물 배포나 폭로규탄 집회를 열 경우 핵심조합원과 간부 고소고발, 징계회부(효성중공업, 기아기공, 기아정기, 두산유리, 두산기계, 세신실업, 대림자동차 등) 등으로 위축시켜 교섭에 유리한 입장을 차지하려 하였다.

한국화낙은 회사측이 전임자 1명 축소을 고집하면서 교섭이 결렬되는가 하면, 삼화기계는 조합원들의 절대적 지지 속에서 5월 30일 민주집행부(서정엽 위원장과 정철웅 사무국장 등)가 들어서자 회사측은 교섭을 거부, 5월 31일(3차) 이후 교섭이 중단되었다.[28]

---

28) 삼화기계는 1984년 이후 경영악화로 법정관리 상태에 처해 항상 계속되는 임금체불로 어려움을 겪었으나, 조합원들은 '노동자로서 공장에 목줄을 매고

또한 두산계열사인 두산유리 영남지부(마산 진동 소재)와 두산기계 창원지부는 회사측이 위원장 및 노조간부를 징계, 고소고발하여 교섭이 중단되었다.[29] 두산유리는 4월 11일 1차 교섭 후 교섭위원들의 회식자리에서 벌어진 다툼을 빌미로 회사측이 배영석 노조위원장을 6개월 정직에 처함에 따라 5월 3일(3차) 이후 교섭이 중단되었다. 이에 두산유리 영남지부(마산공장 지부장 오세은)는 연일 규탄집회, 전 조합원 회사 교육 불참 등으로 강력 대응하였고, 이로 인해 6월 15일 이번에는 영남지부장, 교육부장, 조합원 등 4명이 회사측으로부터 징계, 고발당하였다. 또한 두산기계 역시 회사측이 교육장에서의 문제를 트집 삼아 3월 25일 장정철 지부장과 표성배 교선부장 경고처분, 박태영 부지부장 정직 6개월 등으로 징계를 강행하여 교섭이 중단되었다.

이렇듯 자본측은 최소한 단협의 현행유지와 임금인상의 쟁점을 비켜가기 위해 고도로 치밀하게 계산된 탄압을 노조측에 퍼부었다. 이에 노조측은 회사측의 단협 위반 부당노동행위를 고소고발하였고, 이로써 1994년 임단투에서도 노사 양측의 고소고발 사태가 줄을 잇게 되었다.

한편 6월 14일 밤에는 창원 삼성중공업 1공장 노동자협의회 이재용 위원장이 정체불명의 괴한 4~5명에게 집단폭행당하는 폭력사태가 발생하였다. 삼성 그룹측이 날조한 유령노조가 언론에 폭로되고 삼성자동차 진출로 곱지 않는 여론의 화살을 받고 있던 삼성 그룹측은 이 테러사건으로 다시 한번 전 민주노조진영으로부터 규탄의 대상이 되었다.

사는 한 반드시 노조는 있어야 한다'며 민주노조를 염원하였다.
29) 두산유리는 지나친 공장확장으로 인한 금융부담으로 동종업계에서도 임금과 복지시설이 가장 열악한 편에 속해, 이로 인해 조합원들은 1993년 10월 절대적인 지지로 배영석 노조위원장을 선출하였다.

효성중공업 '노조대표자 체결권' 시비로 노조탄압 심화

특히 효성중공업은 교섭도 시작하기 전에 2월 24일 박충배 위원장에 대한 폭력테러를 가하고도 모자라 1차교섭(3/22)에서부터 5차교섭(4/4)까지 힘겨운 줄다리기에서 노조는 겨우 교섭회수, 교섭위원 임시상근, 교섭일 확대간부회의 시간 쟁취 등의 결실을 얻어냈다. 그러나 회사측은 4월 8일(6차) 본 단협 건에 들어가기도 전에, 노조위원장에게 '대표자의 체결권' 확인 도장까지 요구함에 따라 교섭은 교착상태에 빠지고 말았다.

뿐만 아니라 회사측은 4월 18일과 21일 양일간에 걸쳐 박충배 위원장 및 간부들의 현장순회를 저지하고 폭행까지 가하였다. 특히 관리자들은 항의하는 위원장 및 간부들을 작업장 밖으로 질질 끌어내는가 하면, 위원장을 밀어붙이고 바닥에 쓰러뜨리고는 "쑈하지 마라"는 등 입에 담지 못할 욕을 서슴지 않았다. 그럼에도 위원장은 끝까지 관리자들과의 마찰에 말려들기 않기 위해 자제하였고, 분노한 조합간부들을 제지하고 수습 정리하려 하였으나 끝내 참지 못한 간부가 한마디 항의하자 관리자들은 기다렸다는 듯 우르르 몰려들어 간부의 멱살을 잡고 욕설을 퍼부었다. 회사측은 위원장에게 폭력이나 욕설 등으로 시비를 걸어 몸싸움이나 폭력사태를 도발하려 한 것이다. 이는 회사측이 지난 몇 년간 자주 써먹었던 고소고발 탄압 수법이었다. 고소고발로 위원장을 옭아매 노조대표자의 체결권 합의서를 얻어내기 위한 술책에 다름 아닌 것이었다.

이렇듯 회사측이 계속 사문화된 노조대표자의 체결권을 시비로 단협 개악 의도를 드러냄으로써 효성중공업의 1994년 단협 교섭은 6월까지 약 3개월 동안 실질적으로 이루어지지 못하였다.

투쟁 없이 교섭 위주로 흘러

정부의 무쟁의 원년 선언으로 인한 파업억제 정책에 따라 조직력과 투쟁력이 있는 주요 노조나 자동차 등 호황업종에서는 자본측이 교섭 초기부터 예상을 뛰어넘는 높은 임금인상안을 제시하는 등 조기타결을 적극 유도하였다.

그런가하면 쟁의발생신고를 하게 되면 노동부, 경찰, 시청 등 관공서가 총동원되어 노조와 회사측 모두에게 압력을 가하여 협상을 통한 타결을 강제하였다.

이렇게 하여 1994년 임단투는 투쟁이 아닌 교섭 중심의 기조로 흘러갔다. 다시 말해 교섭에서 쟁점이 되는 문제를 중심으로 조합원들의 투쟁분위기를 촉발하고 전술을 배치하지 않은 채, 교섭자리에서 안 풀리는 갑갑한 문제는 교섭위원이나 간부들만이 고민하면서 조합원은 교섭 결과만을 보고받는 정도에 그치는 식으로 진행되었던 것이다.

전체적인 일정 또한 너무 도식적이고 관성화되어, 교섭→보고대회→쟁발→쟁의결의라는 방식으로만 대응하여 자본의 치밀한 대응에 비해 민주노조진영은 경제적 목표에 치중하는 경향을 보여주었다.

이렇게 1994년 임단투가 교섭위주로, 그것도 단위노조별로 매몰되었으나, 조직적이고 의식적인 과제에 대한 실천적 고민이 없는 탓에, 또한 마창노련이 내부 갈등에 휩싸여 대중적 투쟁 동력에 기초한 공동투쟁의 내용을 만들어 내지 못함에 따라 마창지역의 공동투쟁전선은 세워지지 못하고 말았다.[30]

---

30) 마창노련의 공동투쟁은 겨우 4월 11일 마창해협 천막철거 항의 노동부 방문 투쟁, 5월 6일, 6월 17일 효성중공업 부당노동행위 관련 노동부 항의방문, 그 외 세신실업, 삼양전기 투쟁기금모금 및 지원방문을 비롯한 선전전 정도였다.

3. 마창노련 긴 진통 끝에 새로운 집행부 출범

마창노련 6개월간 표류

마창노련은 전노협 위원장 선거가 끝난 뒤 매주 1회 개최하는 운영 위원회가 성원이 안 되어 무산되거나 간담회 형식으로 변칙 운영되는 가하면 각 국 회의 역시 공전을 거듭하였다. 이로 인해 6개월 동안 의 결단위와 집행단위의 이완현상이 나타나 지도력과 신뢰는 무너지고 이는 곧바로 조직의 분열과 약화로 귀결되었다.

지역 공투본은 구성조차 되지 못하였고, 2월 24일 박충배 효성중공 업노조위원장의 퇴근길 기습테러 사건에도 조직적 대응을 하지 못하 였다. 뿐만 아니라 전국에서 들끓고 있던 노경총 임금합의 반대 및 한 국노총탈퇴 투쟁에도 적극적으로 나서지 못하였다.

이렇듯 산적한 1994년 임단투 현안문제를 제쳐두고 최소한의 결의 와 실천도 이루지 못하다 보니 승리를 장담했던 1994년 임단투는 단 위노조별로 전개되고, 조합원들의 희망과 기대는 마창노련에 대한 불 만과 불신으로 바뀌게 되었다. 동남공단, 창원공단 입주기업체 노무관 리자들까지도 "마창노련 집행부 세력간의 내부 갈등 심화"를 기록할 정도로 그 양상은 심각하였다.31)

심화, 확산되는 마창노련의 대립과 분열32)

---

31) 「마창지역 93년 노동쟁의 분석자료」(창원공단 노사관계 93 평가 및 94 전망) 에는 "현 통일중공업 이흥석 의장의 전노협 의장 출마여부 문제로 내부 분열 상태, 세일중공업노조 조철우 위원장 마창노련 부의장직 사퇴 관련 조직 내 갈등 심화"라고 적혀 있다.

32) 이 부분에 대한 마창노련의 공식적 입장을 밝힌 문건은 남아 있지 않다. 그리 고 이 대립의 분위기는 현재도 진행되거나 잠재된 채 남아 있다. 따라서 진 실규명과 사실공개가 어디까지 가능한지를 판단하는 것조차 현실적으로 어

이렇듯 마창노련이 표류하게 된 것은 전노협 선거 평가와 책임 공방을 둘러싼 대립과 분열 때문이었다.

운영위원회는 전노협 위원장 선거평가가 전노협 선관위와 중앙위의 실사(1/15)를 통해 충분히 논의되었다고 판단하고 그냥 넘어가기로 하였다.33) 다만 선거과정에서의 책임문제에 대해서는 이홍석 의장은 유임하는 것으로 결정하고, 조철우 부의장의 사임은 받아들이되 사무처장을 영남지역 담당 부의장으로 임명하였다. 그러나 "사무처장의 선출과 사임에 관한 결정권한은 대의원대회에 있다"는 규약상의 문제제기에 부딪히자 운영위원회는 결정을 번복하고 사무처장을 유임하기로 하였다.

문제는 운영위원회가 사무처 전원의 사임을 수리하고 재선임하기로 결정한데서부터 또다시 불거지게 되었다. 사무처 전원의 사임표명 문제는 이미 1월 3일 운영위원회에서 의장단과 사무처가 대화로 풀어나간다는 원칙하에 업무복귀를 결정한 바 있었다. 따라서 일부 운영위원들과 사무처는 이러한 운영위원회의 결정이 원칙에 어긋나는 "감정적, 정치적 보복"이라며 강하게 반발하고 나섰다. 운영위원회는 난

려운 실정이다. 여기서는 주로 운영위원회 회의록과 첨부 문건을 참고하였다(사무처장이 작성하여 운영위원회에 제출한 문건 「전노협선거에 대한 평가 약속을 이행할 것과 4월 18일 운영위원회의 결정 철회를 요청합니다」, 그리고 1994년 4월 28일 청송회 대표자회의가 마창노련 운영위원회에 보낸 문건 등).

33) 이홍석 의장이 준비하여 회의자료로 배포한 「평가 초안」은 공식적 평가초안이 아니라 이홍석 의장 개인이 신상 문제를 포함하여 출마와 선거과정을 일지에 가까운 형식으로 기록한 것이다. 마창노련 사무처장은 운영위에 제출한 문건을 통해 "전노협 위원장 선거 출마과정에서 발생했던 비민주적 절차와 독단적 사업추진, 전노협 위원장 선거 평가 역시 원칙에 의해 공개적, 대중적, 공식적으로 지적되고, 규명되고, 극복되지 않음으로써, 똑같은 형태로 반복되었다"고 지적하였다.

상토론장으로 변했다.

사무처 사임을 주장하는 운영위원들은 지도력과 권한을 강화하자는 목소리를 드높이면서 "사무처가 의장이나 운영위원회를 무시하고 위계질서를 어지럽힌다. 운영위원회가 원칙을 지켜 규약대로 사표를 수리해야 마땅하다. 재임명이든 새 임명이든 그것은 의장의 권한이다. 사무처는 운영위원회의 결정에 따르는 것이 원칙이다"고 주장하고, 심지어 "마창노련에는 의장이 둘이다", 혹은 "운영위원회가 사무처에 의해 끌려다닌다"는 감정적 발언까지 터뜨렸다.

이에 반해 사무처 사임을 반대하는 운영위원들과 사무처원들은 "운영위원회가 지도력을 잃은 것은 스스로의 지도력 포기 내지는 방기 때문이다. 현대정공 임투 평가나, 세일중공업노조(통일중공업노조) 내부가 집행부와 노민추로 분열된 사태 등에 대한 평가나 지도도 하지 못하거나, 하지 않음으로써 스스로 지도력의 권위를 실추시킨 것이다. 운영위의 지도력이나 권위는 운영위 스스로 지도 역할을 충실히 함으로써 찾아지는 것이다"라고 주장하고, 심지어 "위계질서니 법대로라는 말은 어용노조나 자본측에서 민주노조를 탄압하는 방식이다"라고 반박하였다.

결국 운영위원회는 4월 18일 "의장과 운영위원회에 항의하면서 감정적 언사와 행동을 했다"는 이유로 사무처원 1명을 해임하고, 대신 실무자 4명을 새로 선임하였다. 그러나 이러한 결정은 또다시 '독단적 운영' 시비에 부딪혔고 대립과 반목은 더욱 심화 확산되었다. 물론 이러한 대립과 반목의 밑바닥에는 각 노동운동단체나 정파들간의 입장 차이와 감정적 앙금이 상승작용을 했던 것도 사실이었다.

이런 가운데 5월 26일 한 택시기사에 의해 넘겨진 분실물 서류봉투에서 5월 16일자 마창노련 운영위원회 회의록 복사본과 마창노련 내부상황을 분석평가하여 대책까지 수립한 문건이 발견되었다. 특히 마창노련 운영위원회 회의록이 누군가에 의해 복사되어 유출된 점과 한 노동운동단체에서 청송회 회의결과까지 자의적으로 인용하고 왜곡 판단하여 주장한 점이 확인되자 마창노련과 청송회는 각각 진상조사 단(5/30)과 조사위원회(6/9)를 구성하였다. 조사결과(6/8 마창노련 운영위원회, 6/16 청송회 대표자회의) 회의록 유출과 문건작성이 마창 민노협과 관련있는 것으로 밝혀지게 되었고, 이에 1994년 7월 15일 마창 민노협 최영 대표는 사과의 글을 제출함으로써 문제는 일단락되었다.[34)

마창노련 이승필 의장 및 새로운 집행부 출범

한편 전국 임단투가 고양되는 국면에서도 마창노련은 여전히 조직 운영의 난맥상을 뚫지 못하고 혼란에 빠져 있었다. 이로 인해 안타깝게 이를 지켜보는 지역 및 전국 노동자의 우려는 날로 높아만 갔다.

이런 가운데 5월 16일 이홍석 의장이 제30차 운영위원회에서 임기 2개월을 남기고 사임의사를 밝힘에 따라, 5월 23일 제31차 운영위원회는 조기 정기대의원대회 개최를 결의하게 되었다. 그리하여 조속한 지도력 구축을 목적으로 전체 운영위원들로 하여금 '마창노련 조직정상화를 위한 비상대책위원회'(의장 : 황호남 현대정공노조 위원장)를 구성함으로써 마창노련은 새로운 전기를 맞게 되었다.[35)

---

34) 마창민노협 대표 최영은 1994년 7월 15일, 「청송회 동지들께 드리는 글」을 발표했다. 마창노련은 회의록을 유출한 간사를 6월 20일 운영위원회에서 파면 조치하는 것으로 마무리하였다.

35) 마창노련 비대위는 의장 선출을 위한 '선거관리 규정 준비소위원회'(현대정공, 세신실업, 경남금속)를 구성하고, 6월 13일 34차 운영위원회(2차 비대위)에서 선거관리규정안을 확정하였다. 이에 따라 선거관리위원 6명(손미자 전 산본노조위원장, 안동락 세일중공업수석부위원장, 최주석 한국중공업수석부위원장, 조동원 현대정공부위원장, 강원이 효성중공업부위원장, 송미옥 웨스

6월 25일 의장 후보등록 마감 결과 세신실업 문행우 위원장이 단독 입후보하게 되었다.[36] 그러나 정대 전날인 6월 29일 문행우 위원장이 후보사퇴를 표명함에 따라 선관위는 후보등록을 공고하지 못한 채 6월 30일 정대를 치루게 되었다.[37] 그리하여 1994년 6월 30일 가톨릭여성회관에서 열린 제6차 정·대는 임원선출에 대한 세가지 안건을 상정하고 두 차례에 걸친 투표 결과 3안(오늘 회의는 산회하고 1주일 후 후보자가 있든 없든 정리하자)을 결정하였다.[38]

이에 따라 일 주일 뒤인 7월 7일 가톨릭여성회관에서 속개된 제6차 정대(69명 대의원 중 49명 참석)에서 단독 출마한 이승필 후보는 "마창노련의 투쟁정신을 올바로 계승 발전시켜 나가겠다"는 결의와 함께 선거유세를 펼쳤다.

투표 결과 이승필 후보가 마창노련 의장으로 선출되고, 사무처장에

트사무국장 등)을 선출하고 선관위원장에는 조동원 현대정공 부위원장을 선출하였다.

36) 선관위는 이승필 후보가 후보등록 마감시간 2분을 경과했다는 이유로 받아들이지 않았다. 이에 이승필 후보 추천인들은 6월 26일 이의신청을 요청했으나 선관위는 이를 반려하였고, 6월 28일 또다시 재심청구하는 등 진통을 겪었다.

37) 세신실업노조는 6월 21일 회사측의 직장폐쇄로 인해 6월 22일부터 전면파업에 돌입한 상태였다. 문행우 노조위원장은 6월 29일자 사퇴서에서 "현재 단사가 처해 있는 상황을 볼 때 막중한 임무를 수행하기에는 명백한 한계가 있음을 인식하였고, 또한 입후보 과정에서 내부에서 사전 논의가 전혀 이루어지지 못한 관계로 이후 단사의 투쟁에 악영향을 우려한 다수의 단사 간부들 및 조합원의 염려가 있었다"고 사퇴의 배경을 설명하고 죄송하다는 인사를 덧붙였다.

38) 1안 : 선관위 규정에 근거하여 후보추천을 받아 오늘 선출하자, 2안 : 8월 정기 대의원대회 때 까지 현재의 비대위 체제로 가자, 3안 : 오늘 회의는 산회하고 1주일 후 후보자가 있든 없든 정리하자 등, 1차 투표 결과 세가지 안이 과반수(1안 : 19표, 2안 : 12표, 3안 : 17표 등)를 얻지 못함에 따라, 다득표 상위 두 안인 1안과 3안을 가지고 2차 투표를 실시한 결과, 1안 : 21표, 3안 : 26표로 나타나 3안이 가결되었다.

는 홍여표 전 효성중공업노조 위원장이 선출되었다.

마침내 마창노련은 오랜 분열과 대립에 종지부를 찍고 새롭고 강력한 지도집행력을 회복하게 되었다.

4. 1994년 마창지역 파업투쟁

쟁의발생 결의

전노협은, 조합원들의 높은 투쟁열기가 확인되는데도 공동임투로 집중되지 않고 쟁발결의 등 투쟁시기의 집중이 계속 늦추어지는 상황이 발생하자, 공투전선 형성을 위해 5월 말 전국주요투쟁사업장 회의를 소집하였다. 여기서 전국기관차협의회의 적극적인 파업투쟁 의지가 확인되고 이를 축으로 전국적 공투전선 구축의 가능성을 전망한 참석자들은 6월 10일경 쟁발결의 집중, 6월 25일경 본격투쟁 돌입이라는 시기집중의 윤곽과 결의를 모으게 되었다.[39]

이에 따라 마창지역의 쟁의발생 결의 노조 16개 중 11개 노조가 6월에 집중되었다. 비록 시기가 맞지 않는 이유 등 여러 가지 요인으로

---

39) 전국기관차협의회는 1988년 7월 폭발적인 파업투쟁 이후 어용 철도노조에 대항하여 1989년 5월 15일 결성되었는데 회원은 전체 8,700여 명 중 6,500여 명 (74%)을 차지하였다. 1994년 '해고자 원직복직 및 8시간 노동제쟁취'를 내걸고 투쟁을 시작한 이후, 전기협 노동자들의 투쟁의지는 드높았고, 5월 3일 약 1천 명이 참석한 중앙 투쟁 결의대회에서 비상대책위원회 체제로 개편하고 준법투쟁에 돌입하였다. 그리고 5월 24일 철도사상 첫 옥외집회인 투쟁 전진대회를 서울 서부역 광장에서 약 2천여 명이 참석한 가운데 성공적으로 개최하였는데 여기에는 서울지하철 조합원도 결합하였다. 이후 전기협이 파업투쟁을 준비하자, 철도청은 전기협 탈퇴 협박과 회유를 강화하였고, 이에 대응하여 조합원들은 6월 13일부터 철야농성투쟁에 들어갔다. 전기협은 6월 11일 철도청과 철도노조에 특별 단체교섭을 공식 요청하였다.

지역의 공동투쟁전선은 구축되지 못하였으나, 이 시기에 최대한 쟁의 발생 결의라도 집중해내자는 결의가 모아져 타결노조를 제외한 대부분의 노조가 90% 이상의 쟁의발생을 결의한 것은 마창지역의 높은 연대정신을 반영한 것이라 할 수 있다.[40]

그러나 무엇보다 1994년에는 마창노련의 약화에 반해 상대적으로 청송회 노조들의 투쟁력이 대약진했다는 점이 특기할 만하다.

전기협·전지협 투쟁을 축으로 한 전국 투쟁전선의 고양

중소사업장에서는 노경총 합의가 무시된 채 10% 이상의 수준에서 높게 타결되었다. 이는 6월 들어 임투를 본격화한 대공장노조에게 자신감과 투쟁의지를 높여 주는 계기로 작용하였다.

전노협 및 전노대는 전기협과 전국지하철노조의 공동투쟁을 뒷받침하기 위해 '전지협공대위'를 구성하고 6월 27일 전지협 공동파업에 대한 전국 노동자들의 연대투쟁 결의등 전국적 연대투쟁을 조직해 나갔다.[41]

이렇게 6월 27일 전지협 공동파업을 앞둔 시점에서 정부는 기습적

---

40) 쟁의발생 결의노조는 조사대상 40개 중 16개 노조(40%)로서 시기별 분포는 5월 1개, 6월 11개, 7월 3개, 8월 1개 등이고 이 중 청송회가 7개 노조로 가장 많았다. 또한 쟁의발생 결의율도 90% 이상(100% 6개 포함)이 13개(81.2%)를 차지하여 조합원의 투쟁열기가 높았으며 그 중 청송회의 투쟁열기가 가장 높았다.

41) 전국지하철노동조합협의회는 서울 지하철노조, 부산지하철노조, 그리고 전기협이 참가하여 1994년 3월 16일 창립된 전국 궤도교총 관련 노조협의체였다. 1994년 6월 2일 종묘공원에서 열린 '전지협 공동투쟁 결의대회'를 통해 공동투쟁 실천을 결의한 전지협 3사는 각각 6월 8일 쟁의발생신고서를 접수하고 16일 기자회견을 통해 전지협 3사의 파업 찬반투표 결과(서울 지하철 90.7%, 부산지하철 96.2%, 전기협 90.4% 찬성 등)와 6월 27일 총파업 일정 등을 밝혔다.

으로 6월 23일 새벽 4시 전기협 전국 20개 지부에 공권력을 투입하여 선제공격을 가하고 농성조합원 613명을 전격 연행해 갔다.

그러자 이에 항의하여 전지협 연대파업이 촉발되었다. 서울지하철노조가 23일 준법투쟁 이후 24일부터 연대파업에 들어갔는가 하면 부산지하철노조도 25일부터 파업에 돌입한 것이다.

이에 자본과 정권은 무차별적인 공권력 투입과 보수언론을 총동원한 왜곡보도와 이데올로기 공세로 투쟁을 탄압하는 한편, 기아자동차 등 일부 사업장에 대해서는 대폭적인 양보를 통해 투쟁 차단에 나섰다.

전노협 및 전노대는 총자본에 대항하는 총노동의 전면적인 연대파업, 연대투쟁 방침을 결의하였고, 이에 따라 6월 27일 한진중공업노조가 전면파업에 돌입하여 LNG 선상투쟁을 전개하고, 6월 29일 대우기전노조가 목숨을 건 굴뚝과 옥상 농성투쟁에 돌입하는가하면, 금호타이어노조는 전남대 농성투쟁 등으로 공권력 투입을 저지하거나 무력화시키는 완강하고 끈질긴 대중투쟁을 전개하였다.

이렇듯 1주일간 지속된 연대파업은 광범위한 조합원들의 불만과 분노를 대중투쟁으로 분출시키는 기폭제 역할을 하게 되었고, 따라서 그동안의 탄압과 위축에 따른 패배의식을 극복하고, 파업투쟁에 대한 자신감을 되찾게 되자 많은 사업장에서 조합원들의 열기와 요구로 파업결의와 파업투쟁이 터져 나오게 되었다.

이로 인해 총자본의 공권력 투입에 의한 조기진압 구도는 분쇄되었고, 전지협 연대파업이 전술적 패배로 마무리되고 있는 과정에서도 전국적인 노동자투쟁전선을 유지하면서 후반기 투쟁으로 확산시킬 수 있게 되었다. 한마디로 1994년 전국 임단투는 민주노조운동이 절대적 수세국면에서도 김영삼 정권의 반노동자적, 반개혁적 성격을 폭로하는 투쟁을 통해 고양국면으로 전환되는 중요한 계기를 마련한 것이다.

"노동해방의 기차는 멈추지 않는다!"
김영삼 정권은 경찰병력을 동원해 전국기관차협의회의 파업을 짓밟아 버렸다. 1994년 6월 25일
마산역 광장에 모여 규탄집회를 열고 있는 마창 노동자들.

이에 따라 마창노련과 마창연합은 6월 25일 마산역 광장에서 노동
자 학생 등 300여 명이 참가하여 '전기협 공권력 투입규탄 및 민중생
존권 사수 결의대회'를 열고 시민선전전을 전개하였다. 또한 7월 1일
마창지역 노동, 사회, 종교, 교육계 인사 100여 명은 마산문화방송 사
옥 앞에서 시국선언을 통해 노동현장에 공권력을 투입한 김영삼 정권
을 민간독재 정권이라고 강력 비판하고, '구속노동자 즉각석방, 전노
대·전지협 지도부에 대한 사전영장발부 철회, 신공안정국 조성기도
즉각 중단' 등을 요구하였다.

1994년 입단투 마창 공대위

1994년 7월 7일 마창노련 이승필 의장이 선출됨으로써 오랜 침체를 뚫고 새롭게 출범한 마창노련은 7월 14일 마창지역 노조대표자회의에서, 성실교섭 촉구와 94 임단투 승리를 위한 마창지역 공동대책위원회(이하 '마창공대위')를 구성하였다.

마창공대위는 마창노련, 청송회, 업종회의 등을 총망라하여 30여개 노조가 가입하였고, '투쟁사업장 대표자회의'(의장: 황호남 현대정공노조 위원장)와 '타결사업장 대표자회의'(의장: 손석형 한국중공업 노조위원장)로 나뉘어 투쟁노조의 지원방안을 논의하고 상황에 맞게 연대를 조직화하였다.42)

7월 22일 창원대 봉림관 소강당에서 열린 '성실교섭 촉구와 임단투 승리를 위한 마창지역 노조 결의대회 및 공대위 발대식'에서 이승필 마창노련 의장(마창공대위 상임의장)은 대회사에서 "투쟁사업장은 공동투쟁을 한 단계 끌어올리고 타결사업장은 투쟁사업장에 대한 지지와 지원사업을 적극적으로 벌여 지역 민주노조 연대를 한층 강화하자"고 강조하였다. 삼양전기노조와 효성기계노조의 투쟁 현황보고에 이어 대회가 끝난 뒤 뒷풀이 자리를 겸하여 삼양전기 투쟁지원을 위한 주점이 개설되었다.

비록 늦은 감은 있으나 마창노련이 앞장 서서 마창공대위를 구성하여 파업투쟁에 지친 조합원들에게 조직적 연대지원에 나섬으로써 마창지역에 연대와 투쟁의 정신이 되살아나는 계기가 되었다.

쟁의행위 결의와 전투적 대중투쟁의 기풍 회복

마창지역의 투쟁은 7월 초부터 본격적으로 전개되었다.43) 쟁의행

---

42) 타결노조들은 장기간의 파업투쟁으로 지친 삼양전기와 세신실업을 지원방문하고, 삼양전기 18만 원, 세신실업 40만 원 등 모금지원을 아끼지 않았고, 7월 20일에는 금호타이어에 지원금과 지지대자보를 전달하기도 하였다.

위를 결의한 노조들은 이후 작업거부, 잔업거부, 강도높은 준법투쟁 전술 등으로 투쟁수위를 높이거나 휴식시간 연장(대림자동차), 총회투쟁(현대정공), 집회투쟁(효성중공업) 등을 전개하였다.

그 결과 쟁의행위를 결의한 13개 노조 중 전면파업 이전에 10개 노조가 타결됨으로써 1994년 임단투는 조합원들의 높은 투쟁의지를 통해 승리를 쟁취하게 되었다. 이러한 승리 쟁취를 통해 조합원들은 투쟁에 대한 패배의식을 극복하고 자신감을 되찾게 되었다.

세신실업노조는 오랜 패배의식을 딛고 90%가 넘는 높은 지지율로 쟁의발생신고, 쟁의행위를 결의하였다. 그리고 90%가 넘는 조합원이 출석하여 10여 일간 부분파업을 모범적으로 전개하였다. 그런가하면 통일중공업노조는 1993년 11월 2일 집행부가 합의한 '조건부 무쟁의'를 물리치고 90% 이상의 쟁발신고, 쟁의행위를 결의하고 부분파업에 돌입하였다. 또한 현대정공 노조는 1993년 공권력 투입으로 인한 상처를 딛고 다시 조합원들이 투쟁분위기로 돌아서 부분파업을 전개했고, 효성중공업노조는 회사측의 탄압 일변도의 총공세 앞에서도 조합원들이 흔들림 없는 단결을 보이며 강고한 투쟁을 전개하였다.

특히 효성중공업은 회사측의 대표자 체결권 강요로 인해 수개월 동안 계속 교섭이 교착상태에 빠졌다.44) 이에 노조가 6월 20일 쟁발결

---

43) 쟁의발생 16개 노조 중 3개 노조, 즉 산본(6/21 쟁발결의, 7/1 타결), 동서식품(7/11 쟁발결의, 7/20 타결), 대한화학기계(6/21 쟁발결의, 6/29 타결)가 쟁발결의 후 타결되어 쟁의행위 결의노조는 13개로 나타났다. 시기별 분포는 6월 1개, 7월 10개, 9월 2개 등 7월(77%)에 집중되었다. 또한 결의율은 90% 이상이 7개(54%)노조에 달했다(80~89% 5개, 50~59% 1개 순).

44) 5월 30일 대의원대회는 쟁의발생 결의를 부결하였으나 다음날인 5월 31일 조합원총회에서(회사측이 총회시간을 허락치 않아 퇴근 후에 열렸음에도 1,400여 명의 조합원들이 참석하였다) 90.1%라는 압도적 찬성으로 '어용노총 탈퇴'를 가결하고, 83%가 찬성한 가운데 '피해자 보상규정'을 제정하였다. 이로써 전날 대의원대회에서 부결된 쟁발결의는 조합원 다수의 뜻이 아님이 분명해

의를 위한 조합원 임시총회를 열기로 하자, 회사측은 조합원들에게 결근과 조기퇴근을 강요하고 노동부 근로감독관까지 나서서 기계가 돌아가지 않은 현장을 직접 눈으로 확인하고 돌아가는 등 철저한 방해공작을 펴 결국 임시총회는 무산되었다. 그러나 6월 22일 노조는 공장별로 찬반투표를 실시하여 그 결과 90% 찬성으로 쟁발을 결의하고, 6월 25일 전기협 공권력투입 규탄대회도 실시하였다. 결국 회사측 요구로 7월에 교섭이 재개되었으나 회사측은 여전히 노조측의 임단협 병행요구를 거부하고 일방적으로 교섭에 불참하여 결렬시켰다.

그에 반해 타코마 노조는 초기에는 투쟁이 제대로 배치되지 못했으나, 한진중공업의 LNG 선상투쟁에 고무받으면서, 철야농성에서 보여준 조합원들의 높은 단결투쟁력으로 승리를 쟁취하게 되었다. 1994년 1월 조선노협에 가입하면서 마창노련과 다시 교류하게 된 타코마노조는 93.2%의 높은 지지로 쟁발신고(6/17)를 결의한 직후 6월 23일 전지협 연대 파업투쟁, 6월 27일 부산 한진중공업노조의 LNG 선상 파업투쟁 등으로 전국의 투쟁열기가 서서히 달아오르자, 7월 5일 또다시 94.2%의 높은 지지로 쟁의행위를 결의하였다. 이에 회사측이 교섭 때마다 수정안을 제시하였고, 7월 25일 이후 전 조합원은 지도부의 예상을 뛰어넘어 적극적으로 철야농성에 참여하여 쟁의대책위원회를 고무시켰다. 그러나 하계 휴가가 눈앞에 다가올 무렵 비록 해고자 복직문제가 매끄럽게 정리되지 않았으나 노조는 7월 29일 잠정합의안에 대한 찬반투표를 거쳐 124일의 투쟁을 마무리지었다.

7월 산업재해 추방의 달

한편 1990년부터 시작된 '산재추방의 달' 행사가 1994년 들어 활성

졌다.

화되었다.45) 이는 노동자들의 권익과 작업환경이 김영삼 정권 출범 이후 고통분담과 국제경쟁력 강화라는 허울 좋은 구호 아래 더욱 악화되었기 때문이다.

이에 마창노련(산안법규국)은 마창 노동자 건강을 위한 모임(이하 '노건회'), 일하는 사람들의 건강을 위한 모임(이하 '일건회')과 함께 '공동사업 추진위원회'를 구성하고 산재관련 교육선전 및 각종 행사를 마련하였다.

그리하여 7월 13일 저녁, 창원대학교에서 '제4회 산재추방을 위한 노동자 한마당'이 열려, 무더운 날씨임에도 불구하고 200여 명의 노동자들이 참석하였다.

이승필 마창노련의장의 대회사와 김호상 노건회 회장의 사업 경과보고 등 1부 행사에 이어 2부 문화행사가 시작되었다. 문화행사는 마창 노동자풍물패 연합과 마창노문협(노래패 '소리새벽', '베꾸마당') 등 지역문화단체가 준비한 집체극 '산재, 비상사태'와 노래 및 풍물공연으로 진행되었는데, 참석자들은 산재추방과 노동자 건강권 확보에 관심을 보이며 결의를 다졌다.

마창지역 파업투쟁 상황

한편 전국에서는 전지협 연대파업이 끝난 후에도 한진중공업, 금호타이어, 대우기전 등의 노조는 완강하고 끈질긴 투쟁으로 전국의 투

---

45) 1988년 15살 문송면 군의 수은 중독 사망과, 원진레이온 직업병 등을 계기로 산재문제가 사회의 주요문제 중의 하나로 부각되고 산재문제 인식이 점차 발전하자, 사고 후의 피해보상과 대책에서 벗어나 산재문제 예방과 해결을 위해 노동자가 주체적으로 나서서 산재문제 일상활동을 강화해야 한다는 필요성이 제기되었다. 7월로 정한 이유는 7월(여름)이 통계상 산재가 많이 발생하는 달인데다가 노동부가 '산업안전보건 강조의 달'로 정해 대대적인 무재해 운동이나 학술발표 등을 전개하였기 때문이다.

쟁전선에서 새로운 구심으로 자리잡았다. 이에 힘입어 많은 사업장들이 적극적인 투쟁으로 떨쳐나선 결과 자본의 양보를 끌어내 승리적 분위기 속에서 성과를 거두었다.

그리고 이러한 투쟁전선은 김일성 주석 사망이라는 급작스러운 정세변화에도 크게 영향 받지 않고 7월 내내 지속되었다.

그러나 투쟁이 종반에 들어선 7월 하순, 현대중공업노조 투쟁이 전면화되면서 울산 현총련 소속 노조들의 투쟁이 본격화되었으나 현총련 차원에서 조직적으로 준비되었다기보다는 '현대재벌'에 대한 반대라는 특수한 상황에 의해 투쟁이 촉발된 면이 강하여 투쟁은 엎치락뒤치락하며 진행되었다. 그리고 대내외적으로 뚜렷한 쟁점을 부각시키지 못함으로써 직장폐쇄에 맞선 골리앗 크레인, LNG 고공농성과 사업장 점거농성 등 전투적이고 결사적인 투쟁 양상에도 불구하고 전국은 물론 울산지역에서조차 공동전선을 만들어내지 못하고 마무리되었다.

한편 마창지역은 7월 들어 세신실업, 삼양전기, 현대정공, 효성기계, 타코마, 기아정기, 경남지역의보 등의 노조에서 투쟁이 본격화되었다.[46]

그 중 전면파업을 전개한 노조는 세신실업, 두산유리, 삼양전기, 기아정기 등 총 4개 노조이다.[47]

기아정기는 7월 14일 잠정합의안이 부결되어 7월 18일 전면파업에 돌입하였으나 7월 19일 단협이 통과됨으로써 하루 만에 파업을 철회하고 대신 임금합의는 부결되어 재교섭 끝에 7월 27일 합의가 이루어져 120일간의 교섭을 마무리 지었다.

---

46) 부분파업에 들어간 사업장은 7개로서 통일중공업 11일, 현대정공 18일, 세신실업 11일, 효성중공업 2일, 두산유리 2일 등(이상 마창노련 가입 노조)과 효성기계 11일, 삼양전기 1일 등(청송회) 그리고 기아정기 11일 등이다.

47) 전면파업일수는 세신실업 85일과 두산유리 10일, 삼양전기 14일, 기아정기 1일 등.

그에 비해 두산유리 노조는 배영석 위원장의 정직 6개월 징계로 교섭이 중단되었다가, 7월 7일 한길영 노조위원장을 선출하여 7월 18일부터 교섭을 재개하였다. 그리고 9월 12일 쟁의행위 결의(89.2%), 9월 20~21일 이틀동안 시한부 전면파업(군포, 군산, 광주, 마산 등 4개 지부)을 거쳐 9월 29일부터 전면 무기한 파업에 들어갔으나 10월 8일 노사 잠정합의에 따라 정상조업에 들어갔다. 그러나 10월 13일 잠정합의안에 대한 4개 지부의 찬반투표 결과 부결됨에 따라 재협상에 들어가는 등 난항을 겪었다.

특히 삼양전기노조는 조합원 27명의 규모가 작은 노조지만 지금까지 기만과 억압으로 짓눌려 오면서 빼앗기고 희생당했던 것을 되찾아야 한다는 각오로 투쟁의 길에 나서게 되었다.[48) 그리하여 7월 6일 부분파업, 7월 7일부터 전면파업에 돌입한 조합원들은 100% 출석하여 교육, 비디오 상영, 민중가요 부르기, 회사쪽 경영방식을 비판하는 토론회 등 노조의 파업프로그램에 적극 참여하여, 파업현장은 그야말로 조합원들의 투쟁열기로 가득 찼다.

한 조합원은 "회사는 여덟 차례 교섭에서 기껏 500원을 내놓았다. 적자의 책임은 회사쪽의 잘못된 경영에 있는 것인데 왜 그 책임을 우리 노동자들에게 떠넘기는가"라며 분노했고, 또 한 조합원은 "임금인상도 중요하지만 회사가 노동자를 노예처럼 생각하고 노조를 회사의

---

48) 삼양전기는 일본 산요와 한일전기가 공동투자한 다국적기업이며 산요 상표의 오디오를 생산하는 제조업체로서 1987년, 1988년에 창원공단에서 최고수출상을 받았고, 임금수준 또한 몇 손가락 안에 들 정도로 높은 수준이었다. 그러나 잘못된 경영체제와 경영부진으로 1989년에는 인원감원이 시작되고 경영권이 산요에서 한일전기로 넘어가면서 생산물량 감소 및 인원감원 정책으로 500명이 넘던 인원이 1994년에는 40명밖에 되지 않았고, 회사측은 이익 챙기기에 혈안이 되어 임금수준은 5년 전과 변함이 없는 낮은 저임금을 유지하면서 노동강도 강화 및 열악한 근무환경, 그리고 임금체불 등으로 악습적인 구시대적 경영을 시도하는 부실기업체로 전락하였다.

한 부서쯤으로 생각하는 못된 버르장머리를 조합원들의 투쟁을 통해 싹! 바꿔놓겠다"며 투쟁 각오를 밝혔다.

회사측은 20여 명의 일용직 사원을 고용하여 파업 중에도 작업을 시키는 등 부당노동행위를 서슴지 않았으나 노조는 회사측과의 성실 교섭을 위해 14일간의 전면파업을 철회하고 7월 20일부터 정상조업에 들어가는 등 최선의 노력을 다했다. 그러나 회사측은 733원을 최종안 이라고 고집하더니 마침내 8월 31일 폐업을 통고(9월 30일부)하였다.

삼양전기노조는 회사측의 기습적인 폐업방침에 맞서 9월 1일 조합 원과 비조합원이 함께 대책위원회를 구성하고 폐업분쇄투쟁을 계속 하였고 마창노련은 방문과 투쟁기금 전달 등 지원을 아끼지 않았다.

세신실업노조 1994년 파업투쟁

세신실업 1994년 임단투는 4월 15일 1차 교섭으로부터 시작되었다. 그러나 회사측의 단협개악의도와 노경총 임금합의 수준 고집으로 인 해 교섭내용은 진전되지 않았고, 이에 노조는 5월 16일부터 24일까지 를 '총단결기간'으로 선포하고 점심시간에 선거구별 교육과 일과 후 조합원들과의 간담회를 꾸준히 진행했다.49) 이러한 조합원과 간부들 의 단결된 힘을 바탕으로 노조는 5월 25일, 지금까지와는 달리 대의원 대회가 아닌 조합원총회에서 93.45%의 높은 찬성률로 쟁의발생을 결 의하게 되었다. 노조간부들은 이구동성으로 "아래로부터의 조직화 사

---

49) 조합원 간담회의 경우 예전에는 음식점이나 술집에서 치뤘으나 1994년에는 해고자 천막농성이 전개되고 있는 회사 옆 공원에서 진행하여 조합원 90% 이상이 참석했고 시간과 장소도 쫓기듯 치뤄질 필요가 없어 많은 시간을 토 론에 집중할 수 있었다. 특히 해고자들도 간담회에 참여함으로써 전 조합원 이 복직투쟁의 중요성을 인식하게 되었으며, 전체 조합원교육과 간부 대상 경영분석 설명회(단체의뢰) 등을 통해 회사측의 숨겨진 탄압 음모의 정체를 파악하는 데 직접적인 효과를 거두었다.

업이 가장 커다란 투쟁동력이었다"고 말했다.

교섭은 계속되었으나 회사측은 언제나 그랬듯이 양산공장에서 타결된 6.5%만을 고집하였다. 이에 조합원들은 6월 10일 93.2%라는 압도적 지지로 쟁의행위를 결의하고 다음날인 6월 11일부터 2시간 부분파업에 돌입하였다. 여기에 6월 13일 해고자들이 회사의 출입저지를 뚫고 노조에 들어오면서 투쟁의 파고는 더욱 높아졌다. 노조는 6월 15일부터 6월 22일까지 1~3시간 등으로 투쟁시간을 변화시켜 투쟁의 강약을 조절하고 탄력적이고 유연한 부분파업 전술로 대응하면서 6월 22일을 전면파업일로 이끌어 냈다.

그러자 6월 22일 회사측은 직장폐쇄를 단행하였다. 노조측은 이에 맞서 6월 23일부터 전면파업을 선언하였고 조합원들은 매일 회사출입을 저지하는 회사측과 맞서 몸싸움을 벌이다가 마침내 6월 27일 회사 진입에 성공, 전면파업투쟁에 돌입하였다.50)

그러나 7월 2일 회사측이 문행우 위원장과 진창근 교육부장을 업무방해 혐의로 고발하자, 7월 4일 노조는 '생계비 확보투쟁'을 선언하였다. 이는 조합원들이 생계비를 벌기 위해 막일이라도 해야 한다는 판단에서 조합원들이 매일 출근하지 않고 월요일만 출근하기로 한 노조의 방침이었다. 그러자 해고자들은 이 방침에 이의를 제기하면서 유인물을 배포하였다.51) 이에 노조는 7월 7일 해고자 2명에게 각각 '경

---

50) 6/27 풍선 터뜨리기대회, 6/28 도전 30곡, 6/29 엿먹기대회, 6/30 팔 씨름대회 등으로 조합원들의 파업투쟁이 진행되는 한편에서 문행우 위원장은 마창노련 의장으로 출마했다가, 6월 30일 사퇴하였다.

51) 세신실업 해고자들은 조합원들에게 보내는 유인물 "출근거부투쟁을 철회하고 끈질긴 출근투쟁으로 94투쟁 승리하자!"를 통해 출근거부투쟁은 1992년 삼우산기와 경남금속 등에서 뼈저린 실패를 맛본 전술이라면서 "삶의 터전인 공장을 적들의 손에 넘겨주어 조합원들을 사측의 회유와 협박에 속수무책으로 방치하게 되면 아무리 강고한 조직이라도 개인과 개인으로 전락하면 각개격파당한다"는 피눈물나는 경험을 들어 강력하게 반대하였다.

고' 처분을 내렸고 해고자들은 이러한 징계를 거부하는 등 진통을 겪기도 하였다.52)

5. 1994년 임단투 마무리

공동투쟁전선 무너지다

1994년 임단투는 공투본이 구성되지 못함에 따라 각 단위노조별로 진행된데다가 마창노련이 파행적으로 운영됨으로써 현황집계조차 정확하게 이루어지지 못했다.

타결 시기는 주로 7월(40.4%)과 6월(29.8%)에 집중되었고,53) 교섭기간은 짧은 것은 더욱 짧고, 긴 것은 더욱 길어지는 양극화 현상이 뚜렷하였다.54)

전국적 공통현상이지만 마창지역에서도 자본측은 김영삼 정권의 '무쟁의 원년' 선언과 적극적인 파업억제 정책으로 인해 정권의 눈치를 보면서 예년과는 다르게 임금에 대해서는 교섭초기 요구안에 근접한 안을 제시하면서 조기타결을 유도하여 교섭은 가능한 빨리 타결되었다.

결국 자본의 의도는 공동투쟁전선을 교란시키는 것이었는데, 이를

---

52) 7월 7일자 세신실업 노조 문행우 위원장 명의로 된 "징계위원회 결과 통보", 이에 대해 해고자 강용길 유병일은 유인물 「해고자는 원칙적으로 징계를 거부한다!」를 통해 "공식적으로 징계위원회 회부 통보를 받지도 않았으며 이후 소명의 기회도 받지 못했다"는 이유로 "징계를 거부한다"고 발표하였다.

53) 타결시기는 4월 2개, 5월 4개, 6월 14개(29.8%), 7월 19개(40.4%), 8월 4개, 9월 3개, 10월 1개 등이다.

54) 1994년 임단투 교섭기간은 1개월 미만이 14개, 1~2개월이 14개, 2~3개월 11개, 3~4개월 4개, 4~5개월 6개, 6개월 이상 1개 등으로, 1개월에서 2개월 사이가 28개(56%)로 절반 이상인 데 비해, 3개월 이상도 11개(22%)나 되었다.

위해 자본은 일관된 하나의 방침으로 진행하기보다 노조의 성격과 대응 정도에 따라 차별적으로 대했다. 그 결과 경제적 양보를 통한 전선 이탈(한국중공업) 혹은 조직의 무력화를 목표로 한 강경탄압(효성중공업) 등 다양한 형태가 나타났다. 주요 노조들이 교섭과 자본의 양보로 타결됨에 따라 전투적 투쟁의 구심이 서지 못하고 임투공동전선이 형성되지 못한 것은 이 때문이었다.

비교적 조기에 타결된 노조는 웨스트(6/2), 대원강업(6/18), 삼미금속(6/25), 한국중공업(6/10) 등인데 그 중 한국중공업은 조합원총회에서 54.9%라는 낮은 타결률을 보였고 삼미금속은 6월 2일 임금안을 발송했다가 회사측의 공장매각설을 듣고 이를 철회한 뒤 6월 25일 임시총회에서 61.1%로 부결되자 직권조인으로 조인식을 마쳤다.

그에 반해 전국투쟁전선이 한창 고양되던 국면에서도 통일중공업, 현대정공, 효성기계, 효성중공업, 타코마, 기아기공 등은 부분파업만으로, 기아정기는 1일 전면파업으로 타결되는 등 마창지역 대공장 노조들 대부분이 강고한 파업투쟁을 전개하지 않고 타결되었다. 그에 반해 세신실업, 두산유리, 삼양전기 등은 회사측의 밀어붙이기식 탄압 일변도로 인해 파업투쟁이 강고하게 전개되어 교섭기간이 길어졌고, 특히 효성중공업노조는 3월 22일 1차교섭 이후 회사측의 체결권 시비로 교섭이 교착상태에 빠짐으로써 10월 14일에서야 타결, 7개월이라는 가장 긴 교섭기간을 기록하였다.

또한 해고자들은 1993년에 이어 1994년에도 천막농성투쟁과 한국노총 농성투쟁으로 전국의 한국노총 탈퇴와 의무금 납부 거부 투쟁을 촉발시켜 큰 성과를 거두었다. 그럼에도 실제 마창지역 해고자 원직복직은 다른 지역에 비해 거의 이루어지지 않았다. 기껏해야 통일중공업노조가 5월 24일 1심 승소판결 3인 원직복직, 패소 3인 재입사형태 원직복직, 해고기간중 생계비 일괄지급, 정리해고 9인 별도교섭 등에 합의한 것이 전부일 뿐, 두산유리나 대림자동차 등에서는 승소판결을 받고 복직된 후 재해고당하여 투쟁이 계속되었다.55) 그에 비해 동서식품노조는 인천 본조에서 해고자들의 복직농성투쟁이 강고하게 이어져 창원의 투쟁열기가 높아졌다.

마무리의 진통 과정

임단투과정에서 조합원들은 물가폭등과 노경총 임금합의, 김영삼 정권의 반노동자적, 반 개혁적 정책으로 말미암아 90% 이상의 찬성율로 쟁의발생 및 쟁의행위를 결의하면서 밑으로부터의 투쟁의지를 드러냈다. 반면에 일부 노조의 교섭위원과 집행부는 교섭으로만 진행시키려하면서 투쟁회피적, 노사타협적 교섭으로 일관함으로써 조합원들로부터 불만과 의혹을 사게 되었다.

이로 인해 집행부와 노조 내 민주화를 요구하는 조합원들간에 갈등이 증폭되면서 자본측은 이를 이용하여 민주노조를 지향하는 조합원과 간부들에 대한 징계나 고소고발 등의 탄압을 자행하였다.

실례로 가장 일찍 타결한 삼미특수강 노조는 4월 20일 김동철 노조위원장의 직권조인으로 인해 심각한 후유증과 훼손을 겪었다.56) 더구

---

55) 두산유리는 1990년 해고된 강호경 노조 전 지부장이 4년 법정투쟁 끝에 대법원에서 승소판결을 받고 9월 2일 복직되었으나 회사측은 기습적으로 징계위에 회부하여 재해고하였고, 대림자동차 서동철 전 조사통계부장은 무효판결로 3월 18일 원직이 아닌 부서에 복직되었으나 5월 19일 회사측이 항소에서 승소하자 즉각 현장에서 끌어냈다. 그런가하면 항소심에서 승소했던 조현준 전 조직부장과 신승미 노조직원 두 사람이 대법원에서 승소하자 마지못해 복직시켰다가 조현준 전 조직부장을 재해고했다.
56) 김동철 위원장은 1993년 단협 타결 후 불신임 당했음에도 상집간부들만 사퇴를 종용해 말썽을 일으켰고 1994년 들어 교섭보고대회에서 "교섭 조기 종결" 발언으로 조합원들로부터 퇴진투쟁을 불러일으키기도 하였다. 그는 위원장 선거에서 '직권조인 없는 집행부'라는 공약을 걸고 당선된 장본인이었다. 그

나 합의안은 노경총 합의안의 최저선인 통상급 기준 5.7%(34,526원)에 불과하였다. 이에 해고자들과 대의원, 분노한 조합원들은 즉각 위원장 사퇴와 조합원총회를 통한 합의서 무효화를 강력 요구하였다. 그러자 위원장은 '한 달 뒤 불신임' 각서를 써주고 나서 또다시 번복, 이에 해고자 및 '노조민주화실천위원회'는 6월 10일 임시총회 소집권자 지명요구서(1,600여 조합원 서명)를 창원시청에 제출하기에 이르렀고, 이 과정에서 '민주화실천위원회' 소속 조합원 4명이 해고 정직 등의 징계를 당하기도 하였다.

또한 기아기공노조(임태식 위원장)는 조합원들이 86.6% 지지로 쟁의결의를 보여주었지만, 집행부는 '대화와 타협, 비폭력 선 대화'를 임단협 기조로 삼으며 투쟁을 회피하고, 7월 27일 잠정합의하였다. 그러나 잠정합의안 중 단협에서 징계권, 고용보장문제 등이 계열사에 비해 차이가 많은데다가 특히 쟁점이었던 해고자 복직문제가 "13명 해고자 중 5인만 선별 복직시키되 각각 시기를 달리하여 다른 부서로 복직시키고, 경영정상화 이후 본인과 재협의한다"는 기만적인 합의로 밝혀지게 되었다. 이에 6월부터 정문 앞에서 천막농성을 전개하던 13명의 해고자들과 '기아기공 선진노동자 실천위원회'는 강력하게 반발하였고 이로 인해 7월 27일과 28일 조합원총회의 찬반투표 결과 임금은 72%로 통과된 데 비해 단협은 62.6%의 반대로 부결되었다. 결국 재교섭에 들어간 뒤 8월 24일에서야 단협은 마무리되었다. 그리고 임단협 마무리후 9월 위원장 선거에서 노조 집행부가 바뀌게 되었다.[57]

런 위원장이 직권조인한 것도 문제지만 그 사실을 숨기려다 발각되기까지하여 조합원들로부터 거센 항의에 부딪쳤다.

57) 임단협 마무리과정에서 보여준 집행부에 반발하여 '기아기공 선진노동자 실천위원회'와 해고자 등은 '기아기공 민주노조 재건 대책위원회'를 구성하였다. 그리고 9월 9일 제9대 위원장 선거에서 '민주노조 재건을 위한 선거대책본부'를 출범시키고 범민주 단일후보인 김헌주 위원장, 이순학 수석부위원장

그런가하면 기아정기는 임단협이 끝난 후 회사측이 징계라는 탄압을 강구하기 시작하였다. 임단협 기간 동안 기아정기 민주노조추진위원회가 민주노조의 올바른 방향제시를 조합원에게 선전하기 위해 발행한 『버팀목』이라는 소식지와 유인물을 근거로 회사측은 이남종 노민추 의장 및 노민추 회원을 정직과 견책, 출근정지 등의 징계에 처하였다.[58] 이 과정에서 노조는 징계위원회 참석을 거부하라는 조합원들의 요구를 묵살하고 징계위에 참석함으로써 '민노추'와 집행부간에 갈등이 표출되었다.

이렇듯 자본측은 교묘하게 노조 내부의 갈등과 분열을 유발, 조장하여 노조를 밑으로부터 무력화하고 와해시키려는 고도의 지능적 탄압술책을 구사하였다.

자본측의 신경영전략과 노조측의 안일한 대응

한편 1994년 임단투에서 싸우지 않고, 구속이나 해고 등 피해 없이, 그리고 자본을 자극하지 않는 전술을 통해 마무리한 노조들 중에는 요구액만 따내면 되는 것 아니냐는 이야기가 서슴 없이 나돌았다. 심지어 어떤 노조에서는 처음부터 요구안이 낮게 잡혔는가하면 타결내용에서도 수당인상 등 호봉승급까지 포함하면 10% 내외지만, 기본급만 따지면 노경총 합의선을 넘긴 데가 별로 없을 정도에 그쳤다. 그럼

을 출마시킨 결과 당선되었다. 회사측은 이순학 후보를 '기아기공 선진노동자 실천위원회'를 구성했다하여 '불법단체 구성'과 '불법유인물 배포' 이유로 1주일(8/26~9/2) 정직처분을 내리기도 하였다.

58) 8월 23일, 8월 30일 기아정기 노민추 의장 이남종, 대의원 김경렬, 이재현, 이인재, 김성근 등 5명은 정직 15~25일과 견책 등의 징계를 받았다. 또한 출근정지가 끝난 9월 24일부터 또다시 이남종, 김성근을 징계위에 회부하여 이남종은 10월 21일, 김성근은 11월 16일 각각 출근정지 30일이라는 중징계에 처해지게 되었다.

에도 일부에서는 임금을 얼마나 높였느냐 혹은 임금인상을 교섭과 타협만으로 타결지었느냐를 가지고 임투를 평가하고 선전하는 경우까지 생겨났다. 이로 인해 노동자를 단순한 경제동물로 하락시키거나, 혹은 교섭위원들의 교섭 능력과 자본측의 노동자 배려라는 식의 엉뚱하게 왜곡된 평가를 낳는 경우까지 생겼다. 임단협 시기야말로 1년 중 조합원들의 관심이 집중되고 계급적 관점에서 노조 문제를 가장 관심있게 바라보는 시기였다. 그럼에도 불구하고 마창노련 가입 노조 대부분에서는 "노경총 임금합의 분쇄, 어용노총 해체하고 민주노총 건설하자"는 민주노조진영의 당면 목표 속에서 토대를 강화하고 기업별 의식을 극복하는 의식적 노력의 흔적을 찾아볼 수 없었다.

자본측은 기업문화운동 등 신경영전략으로 노동현장을 장악해 들어왔고, 정권측은 무쟁의·무파업을 미끼로 노조간부 및 지도부를 노사협조적 분위기로 꾸준히 유도하면서 입체적으로 총공세를 펼치고 있었다. 이렇듯 현장이 무너지고 지도부가 약화되는 가운데 민주노조 운동의 원칙으로 자리잡고 있었던 "단결, 투쟁, 쟁취"의 기조는 변색되고 탈색되어갔다.

물론 이는 마창노련의 대립과 분열이 악순환의 고리처럼 연결되어 심화 확산된 결과이기도 했다.

세신실업 노조 1994년 투쟁 마무리

조합원들이 노조 방침에 따라 생계비확보를 위해 출근을 하지 않는 동안 집행부는 노조측 단협안을 양보하고 회사측 단협안을 수락하는 등 사태해결을 위한 온갖 노력을 기울였다. 그럼에도 회사측과의 교섭은 이견을 좁히지 못하였고, 급기야는 노조가 9월 8일 최종수정안(노조측 최초요구안 17%→최종수정안 6.6%)을 제시하자 회사측은 교섭마저 거부하고 일방적으로 9월 9일 '직장폐쇄 철회와 조업복귀

(9/12)'를 공고하였다.

이는 회사측이 조합원을 '조업복귀자'와 '조업복귀 반대자'로, '타결'과 '최종수정안도 너무 작다'로 분열시켜 결국 노조를 무력화시키고 회사측 의도대로 마무리하려는 의도였다.

9월 20일 추석을 앞두고 실질적으로 9월 17일부터 추석휴가가 시작됨에 따라 조합원들은 술렁거렸고, 집행부는 조합원들에게 "투쟁을 마무리하는 것은 우리의 의지와 결의로서 마무리돼야지 회사의 의도대로 끝나서는 안됩니다. 현장에 복귀해 작업하는 것 역시 우리의 결의와 의지로서 복귀해야 하는 것입니다"라고 호소하였다.[59]

9월 12일 월요일 출근한 조합원들은 노조측의 최종안마저 회사측에 의해 거부된 것을 알게 되자 9월 13일 회사측 제시안을 찬반투표로 부결하였다. 그러나 다음날인 9월 14일(23차) 문행우 위원장은 노조규약에 따라 회사측안(기본급 6.5%인상 포함)에 직권조인하였다. 이로써 부분파업과 전면파업을 통틀어 96일 동안 장기투쟁을 전개한 세신실업 1994년 임단협은 마무리되었다.[60]

---

59) 세신실업노조 9월 9일자 발행. 「신새벽 속보」 2쪽.
60) 세신실업 노조 규약 제41조에는 "단협 체결권은 위원장에게 있고 교섭위원이 연명으로 서명한다"고 되어 있다. 문행우 위원장은 1995년 9월 19일 5대 임원진 선거에 재출마하였는데 자신이 직권조인한 노조규약 41조 개정을 공약으로 걸었다. 그는 직권조인 당시 상황을 설명하면서 "추석이 지나면 노조의 결정과 상관없이 출근해서 일하겠다는 조합원이 대부분이었고, 조합간부들의 내부사정 등 더 이상 끌고 간다는 것은 조합원들의 희생만 따를 뿐 결코 이로울 것이 없다는 생각에서, 위원장으로서 모든 책임과 비판을 감수하고라도 깨끗이 도장 찍고 조합원 동지들의 심판을 받는 것이 책임있는 사람의 도리라 생각하였다"고 술회하였다. 그러나 "막노동과 파출부로 하루하루를 이어가면서 오직 노조와 노조간부들을 믿고 한마음이 되어 투쟁해 오신 조합원들로부터 동의를 구하지도 않은 채 조합원들을 위한 결정이라는 자기합리화에서 비롯되는 독선은 그 어떤 이유와 변명으로도 용서되지 못한다"는 것을 뒤늦게 깨닫고, "어떠한 일이 있어도 대표자의 자의적인 판단으로 행동해서

효성중공업 7개월 교섭 끝에 1994년 임단협 쟁취

회사측의 일방적 교섭불참과 계속되는 교섭결렬로 인해 노조측은 8월 30일 쟁발결의를 위한 조합원 임시총회를 열기로 소집공고하였다. 그러자 회사측은 하루 전날(8/29) 오후 5시부터 작업을 중지하고 교육 등으로 방해하였으나 8월 30일 교섭이 또다시 결렬되자 조합원들은 퇴근 후 총회를 개최하여 93.8%의 압도적인 지지로 쟁발을 결의하였다. 이렇듯 조합원들은 퇴근 후 집회를 개최하여 두 차례나 쟁의발생신고를 결의하여 집행부에 대한 신뢰와 투쟁열기를 드높였다.

그러나 9월까지 55차 교섭을 진행했음에도 노사간의 쟁점이 좁혀지지 않았다.

노조는 9월 15일로 예정된 쟁의행위 찬반투표와 본격적 투쟁을 준비하기 시작하였고, 회사측은 또다시 강제조퇴, 외출, 연월차, 출장, 사내교육 등으로 방해하여 9월 15일로 예정된 조합원 임시총회를 무산시켰고 다음날인 9월 16일에도 과장 부장들의 회유로 조합원 출근을 막아 총회를 무산시켰다.

이에 노조는 추석 연휴가 끝난 9월 23일 조합원이 한자리에 모이지 못한 채 각 공장별로 쟁의행위 찬반투표를 실시한 결과, 92. 3%의 높은 찬성으로 쟁의행위를 결의하게 되었다.

전 조합원은 9월 27일부터 10월 1일까지 잔업거부투쟁에 돌입하였고, 점차 투쟁은 본격화되었다.

쟁점이었던 인사경영 부분이 잠정합의되면서 교섭은 막바지에 이르렀다. 조합원들은 10월 12일과 13일 양일간 지도부 방침에 따라 총

는 안 된다는 점에서 모든 과정과 이유는 결코 정당화될 수 없음"을 반성한다고 고백하였다. 그리고 다시 위원장에 출마한 것은 "지나간 잘못과 시행착오들을 올바른 노조 운영의 뼈아픈 경험으로 삼아 조합원의 신뢰에 보답"하기 위한 것이라고 출마의 변을 밝혔다.

회투쟁과 부분파업에 적극 참여하였고, 교섭위원들과 간부들도 철야 농성과 정문 출근투쟁을 계속하였다.

10월 13일 잠정합의가 이루어지자 10월 14일 찬반투표 결과 78.7% 찬성으로 잠정합의안이 가결되었다. 이로써 3월 22일 단협 1차 교섭 시작 7개월만인 10월 14일 마침내 1994년 임단협을 마무리하게 되었다. 비록 처음 세운 목표를 100% 달성하지는 못했으나 중요한 쟁점사항에서 회사측의 양보를 끌어냄으로써 승리를 쟁취한 것이다.

회사측은 임단협 준비과정에서부터 노조의 기초적이고 합법적인 활동시간(간부회의, 조합원 교육, 대의원대회, 조합원총회 등)을 일체 인정하지 않아 퇴근 후 회의나 간담회, 혹은 연차휴가를 이용한 대의원대회 참석, 퇴근후 조합원총회 등의 어려움을 겪을 수밖에 없었다. 그러나 이 과정에서 오히려 조합원들은 민주노조의 소중함을 깨닫고 더욱 단결하여 민주노조사수의 투쟁의지를 굳게 다짐으로써 승리를 쟁취할 수 있었다. 이렇게 하여 효성중공업노조는 민주집행부가 들어선 이후 처음으로 회사측에 의해 침탈당하지 않고 단협을 마무리하고 민주노조의 기틀을 다지게 되었다.

6. 고 임종호 열사의 죽음

고 임종호 열사의 죽음

동지에 대해서는 봄날처럼 따사롭고,
투쟁에 대해서는 여름날처럼 뜨겁고,
개인주의에 대해서는 가을 바람이 낙엽 쓸어 버리듯 하고,
적에 대해서는 엄동설한 처럼 냉혹해야 ……

- 고 임종호 열사의 편지 내용 중에서 -

아, 임종호! "사소한 일에도 목숨 걸자"
던 '진짜 투사'여!
임종호 열사는 1992년 6월 세일중공업 총
액임금제 분쇄 투쟁 과정에서 굴뚝농성을
벌이다 구속되어 94년 9월18일 새벽 숱한
의혹을 남긴 채 진주교도소에서 숨졌다.
장례는 1994년 9월25일 가족을 포함한 70
여 명의 마창지역 노동자들이 참석한 가
운데 진주의료원에서 가족장으로 치뤄졌
다. 사진은 임종호 열사의 생전 모습.

　추석 이틀을 앞둔 1994년 9월 18일 새벽, 진주교도소 1.07평 독방에
수감 중이던 임종호 전 통일중공업 대의원이 옥중에서 사망했다.

　임종호 열사는 1964년 12월 14일 경남 합천군에서 태어나, 1983년
창원 기계공고를 졸업하고, 1982년 10월 동양기계(→통일, →세일중
공업)에 입사하였다. 입사한 뒤 열사는 줄곧 노조활동에 적극 앞장섰
다. 그리고 1987~1988년 정당방위대에서 활동하면서, 1989년 5월 창
원대로 가두투쟁에서 수배되어 구속 1년 6개월 실형 만기로 1991년에
석방되었다. 또한 1992년 6월 총액임금제분쇄 파업투쟁에서 굴뚝농성
투쟁에 가담하여 쟁의조정법과 업무방해죄로 2차 구속되어 실형 10월
을 받았으나, 재판과정에서 법정모독죄추가로 실형 3년이 선고되었다.

　교도소측은 자살이라고 발표했으나, 여러 정황을 살펴보건대 고인
의 자살에는 풀리지 않은 의혹이 너무나도 많았고, 이에 노조측과 가

족은 여러차례 의혹을 제기하였다.[61]

그러자 교도소측은 가족들을 협박하여 사망 뒤 서둘러 교도관 수십여 명과 검사와 부검의를 동행한 가운데 9월 18일 오후 4시경 반 강제로 부검을 실시하였다. 소식을 듣고 통일중공업노조 위원장 및 간부 7명이 서둘러 도착하였으나 부검은 끝난 상태였고, 영안실 주변은 교도관 40여 명이 에워싼 채 철통같이 감시하고 있었다.

또한 9월 19일에는 보안과장을 비롯한 교도관 7~8명이 이번에는 사체인도 확인서를 들고 와 도장을 찍을 것을 회유 협박하면서 강요함으로써 열사의 죽음에 대한 의혹을 더욱 강하게 뒷받침해 주었다.[62]

"사소한 일에도 목숨을 걸어야 한다!"

---

61) 교도소측은 18일 새벽 5시께 교도소 내 제3거실을 시찰하던 도중 임종호 대의원이 방벽에 박힌 콘크리트 못에 끈을 걸고 라면상자와 초코파이 상자를 쌓아 그 위에 올라서서 목을 맨 것을 발견하여 병원으로 급히 후송했으나 도중에 사망했다고 발표했다. 임종호는 8월 24일 장기간의 독방 수형생활로 인한 정신질환 문제로 청주교도소에서 진주교도소로 이감되었고, 이감 후 주사와 투약으로 잠을 잘 자는 등 호전되어 면회를 거부하는 일도 없었고 이야기도 차분히 잘 하였고 빨리 석방되기를 원할 정도였다. 그런 그가 유서도 남기지 않고, 사망 이틀 전 어머니가 면회 갔을 때는 "왜 자주 접견을 오지 않느냐?"고 투정을 부리는가 하면, 빨리 석방되기 위해 변호사 접견을 요구하면서 추석 연휴가 끝난 후 변호사 접견을 약속까지 했다는 정황으로 미루어 가족과 노조측으로서는 자살 발표는 납득할 수 없었다.
62) 9월 21일 정재성변호사, 통일중공업노조 조철우 위원장, 안동락 부위원장, 이호성 대의원과 유가족(아버지, 작은아버지, 사촌매형)은 진주교도소의 임종호 열사 독방을 찾아 현장을 확인하였다. 이호성 대의원은 임종호 열사가 한과 분노로 죽어간 진주교도소 1.07평의 독방을 찾아 현장을 확인하고 "고인을 죽인 것은 자본과 권력의 노동운동 탄압이었다"고 규탄하고 동지를 기리는 추모의 장문을 발표하였다.

1991년 12월 어느 집회장에서 임종호 열사는 석방소감에 대한 질문
에 "사소한 일에도 목숨을 걸어야 한다"고 대답하였다.

"정권과 자본이 노동자를 탄압하는 목적은 죽이는 것이 아니라 살려두되 입맛
에 맞는 노예로 길들이는 데 있으며, 길들이기 수단으로서도 살상용 총칼과 같
은 무기보다는 채찍과 당근이라는 고도로 위장된 술책을 사용한다. 따라서 노
예로 길들여지는 것을 단호히 거부하고 노동자의 올바른 계급성을 힘있게 세
우려면 무엇보다 비타협성이라는 원칙을 지켜야 하고 그러려면 사소한 일에도
목숨을 걸지 않으면 안 된다."

이러한 임종호 열사의 정신이 실천으로 드러난 것이 바로 수갑사건
이었다. 임종호 열사는 1992년 6월 굴뚝농성으로 구속되어 재판을 받
는 도중, 수갑을 풀어 주지 않는 데 대해 항의하였고, 재판부가 잠깐
이면 된다면서 그대로 재판을 진행하자, 마침 손에서 저절로 빠져 나
온 수갑을 그대로 재판정으로 던짐으로써 법정모독죄가 추가되어 3년
형을 선고받게 되었다.63)

임종호 열사는 법을 지켜야 할 재판부가 스스로 불법과 편법을 노
동자에게 강요하면서 고분고분하게 순종하는 노예로 길들이려 하자
이에 노동자의 자존심과 주체성으로 당당하게 맞섰고, 그로 인해 목
숨을 잃었다.

부모와 가족보다 더 사랑했던 동지와 민주노조

열사의 이러한 노동자적 비타협적 투쟁은 정권과 자본에게뿐 아니
라 부모형제보다 더 사랑했던 동지와 민주노조에 대해서도 똑같이 철

---

63) 안준환 위원장, 황선엽 부위원장, 홍상범 쟁의부장, 심해수 선봉대장 등 4명
   은 각각 1993년 1월, 3월에 출소하였다.

두철미하게 적용되어 나타났다.

1988년 해고자복직 문제로 파업이 3개월 이상 장기화하고 있을 때 그는 모두가 귀찮아하는 식당 일을 마다하지 않고 100여 명 동지들의 식사를 묵묵히 챙겨 주며 동지에 대한 사랑을 말없이 몸으로 실천하였다. 그러나 노조가 임금인상 타결로 협상구도를 잡아가자, 투쟁을 제대로 수행하지 않는 데 격분한 임종호 열사는 스스로 손가락을 베었다. 자식의 잘못에 대해 어버이가 당신의 종아리를 때리는 심정으로 임종호 열사는 자신의 손가락을 베는 것으로 동지와 민주노조의 잘못을 지적한 것이다.

임종호 열사는 평소 부모님께 "부모님과 가족은 버릴 수 있어도 동지는 배신할 수 없다"는 말을 되뇌었고, 이렇듯 각별한 사랑 때문에 임종호 열사는 자본과 정권의 탄압에는 누구보다 앞장서 분노를 터뜨렸으나, 사랑하는 동지와 민주노조가 잘못되어 가는 모습을 보았을 때는 깊은 절망에 빠지지 않을 수 없었다.

특히 노조가 1993년 11월 징계권을 회사측에 넘겨주면서 '조건부 무쟁의 합의'에 서명하고, 노조위원장이 노동부장관 특별표창을 수상한 사건으로 집행부와 노민추로 분열되었다는 소식에 열사는 통한에 맺힌 가슴앓이에 괴로워했고, 더구나 마창노련이 전노협 위원장 선거 이후 심각한 조직분열과 위기에 처한 사실에 열사의 가슴은 갈갈이 찢겨졌다.

1994년 1월 통일중공업노조의 한 동지에게 쓴 편지에서 임종호 열사는 통일중공업노조의 내부 진통과 관련하여 열사가 느낀 비통한 심정과, 노동자가 나가야 할 올바른 길이 무엇인가에 대한 열사의 뜻을 고스란히 담고 있다.

"지금까지 1987년 이후 쌓아왔던 투쟁의 성과들을 까먹어 가고 있다는 사실에 비통한 마음이 드는구료. 언젠가부터 우리는 투쟁에 대한 두려움을 가지게 되었고, 조직보존 논리로 그것을 합리화시켜 내곤 한 것 같군요. 그러나 싸워야 할 시기임에도 투쟁을 피해 나가려는 잔꾀로 무사안일함 속에 무책임함을 보이는 것은 스스로의 무기력함이라 할 수밖에 없을 것이라 보오. 이제는 자신감을 되찾아야 하는 시기가 도래하고 있소. 때는 바야흐로 새봄을 기다리는 시점에서 우리들이 해내야 할 일이 무엇인가는 눈앞에 있소. 새봄에 새싹이 피어오르듯이 새롭게 태어나야 할 것이라 생각되는구려. 민주노조로 위장되어 내용상으론 예전의 어용이었던 시절과 차이점을 느낄 수 없었던 잘못된 관행들을 고쳐나가야 할 것이요. 근본적인 모순구조를 바꾸어 내지 않고서는 오류들을 씻어 낼 수가 없겠지요. 그런 점에서 이번에 통일의 노민추는 통일의 민주노조 역사를 올바르게 세워내야 할 역사적인 임무를 진 것이라 보이는구려. 한때 민주노조 건설과 사수투쟁을 위해 생사고락을 같이 했던 동지들의 잘못된 판단으로 무리를 빚은 작금의 가슴앓이는 그 진실의 판명이 가려진 후 역사적 평가 속에서 자아비판과 반성이 철저하게 이루어졌을 때 관용과 동지적 사랑으로써 감싸안으며 역사적 공동운명체의 배를 함께 타고 갈 수 있으리라 봅니다."

가족장과 추모 집회로 열사를 보내면서

마창노련 및 통일중공업노조는 의문사에 대한 진상규명을 준비하는 한편으로 장례식 준비에 들어가 '노동조합장'을 치루고 양산 솥발산 박창수 열사 묘역에 안장하기로 하였다. 그러나 유가족들이 회사 측의 회유 협박으로 9월 23일 '노동자장'을 번복함에 따라 장례는 9월 25일 가족장으로 치뤄지게 되었다.

가족을 포함한 마창지역 노동자 70여 명은 진주 의료원에서 9시 발인제를 갖고 곧바로 10시 진주 화장터로 향했다. 그러나 경찰은 장례식 당일 "노조가 유골을 탈취할 것이기 때문"이라는 어처구니없는 이유로 화장장의 유골을 수습하는 현장에까지 전경을 배치하고, 그것도 모자라 유골이 떠나는 고향길까지 삼엄한 경계와 호위를 하였다. 겨우 세일중공업 조합원 및 마창 노동자들의 항의로 유골은 봉고차에 태워져 합천 고향 땅으로 옮겨질 수 있었다. 결국 열사의 유골은 동지들의 오열과 통곡 속에서 아버지의 손에 의해 고향집 내천에 뿌려졌다.

고인이 그토록 치를 떨었던 공권력의 보호를 받으면서 고향집으로 가는 마지막 길을 떠난 것은 그야말로 고인의 영혼까지 군화발에 짓밟힌 것과 다름이 없었다.

이렇게 하여 마창노련 및 통일중공업은 이영일 열사의 시신을 경찰의 무력진압으로 빼앗겼던 1990년 5월의 통한을 또다시 되풀이하지 않을 수 없었고, 한 줌 가루가 되어 강물 위로 흘러가는 열사의 모습을 안타깝게 바라보면서 허탈한 발길을 돌이켜야만 했다.

한편 9월 26일, 통일중공업노조 앞마당에서는 조합원과 지역 노동자 700여 명이 모인 가운데 추모집회가 열렸다. 조합원들과 마창지역 노동자들은 고인의 유지를 이어받지 못한 부끄러움으로 고개를 들지 못했고 장례식장은 형용할 길 없는 침통함이 가득찼다.

이렇게 하여 고 임종호 열사는 그가 생전에 그토록 사랑했던 조합원들이 지켜보는 가운데 이영일 열사와 같이 통일중공업노조에 묻혔다.

이제 그를 영원히 살아 있게 해야 할 임무는 살아 남은 사람들에게 주어졌다.

7. 산별노조 및 민주노총 건설과 1994년 11·13 전국노동자대회[64]

노동법개정 연기와 민주노총 건설

그동안 김영삼 정권은 한국노총을 유일한 창구로 인정하는 노동정

---

64) 전노협백서발간위원회, 「민주노총 건설을 향한 각 조직의 발전전망」, 『최후의 승리는 우리 것』, 제6권 2장 6절.

책을 구사해 왔다. 그러나 1994년 임단투에서 한국노총에 대한 대중적 불신과 한국노총탈퇴운동이 광범위하게 전개되고 아울러 민주노총 건설에 대한 노동자들의 요구가 급속하게 확산되면서 정부의 노동정책은 한계를 드러내게 되었다.

이에 정부는 제3자개입금지조항을 근거로 전노대 공동대표를 수배하고, 전기협, 전지협 등 공공부문 노동자의 진출 활성화에 대해서는 공익사업 직권중재 등을 근거로 노동자들의 파업투쟁을 불법화한 뒤 주요간부를 구속·수배하고 손해배상을 청구했다.

전지협 등 공공부문 노조는 공익사업 직권중재 조항의 폐지를 당면 현안으로, 민간부문 노조에서는 일방중재 조항, 손해배상청구, 무노동 무임금, 인사경영권, 협약체결권 등 각종 쟁점을 중심으로 사안별 노동법개정투쟁이 요구되었다. 여기에 물가폭등에 따른 생활상의 압박과 김영삼 정권의 개혁 허구성에 대한 불만이 고조되면서 광범위한 노동자들의 주체적 참여와 투쟁력이 결합된 전면적인 노동법개정투쟁이 예고되었다.

이런 가운데 정부는 국정감사 마지막 날인 10월 17일 2년 6개월 동안 준비해 온 노동법개정 초안을 발표하는 자리에서 정부안 마련시기를 1995년 하반기로 연기한다고 발표하였다.65)

전노협 및 전노대는 즉각 김영삼 정부의 후보공약 중 하나인 노동악법 개정을 임기 내에 실현할 구체적 계획과 ILO의 노동법개정 권고에 대한 정부의 대응방안을 밝힐 것을 요구하고 그 과정에서 노동악법 개정 불가를 주장하는 정부논리의 허구성을 폭로하였다.66)

---

65) 노동법개정 연구위원회 기초소위원회는 1992년에 구성되었다. 개정 내용은 '복수노조문제 외에 제3자개입금지조항 및 노조정치활동금지 철폐, 변형근로시간제를 1개월 단위로 적용하는 조건으로 도입, 평균임금의 70% 선인 휴업수당을 60%로 하향조정하는 것 등'이다.
66) ILO는 한국에 대해 노동자의 단결권과 관련된 불합리한 규정의 개정을 강력

그러나 어쨌든 연내 노동악법 개정의 가능성이 희박해짐에 따라
1994년 노동법개정 투쟁의 1차적 목표는 애초와는 달리 '업종별 산업
별 노조건설과 민주노조 총단결의 굳건한 토대 구축'이라는 중심축으
로 모아 가게 되었다.

그러나 민주노총 건설 과정에서 다양한 대중사업과 결합하여 노동
법개정 투쟁의 정당성과 불가피성을 대내외적으로 널리 알리려 하였
으나 실제 교육선전이나 문화공연에서도 의례적으로 강조되는 수준
에 머물렀고, 1인 1소깃발 서명사업을 제외하고는 구체적 대중사업이
없어, 전체적으로 1994년 노동법개정투쟁은 민주노총 건설과 결합되
면서 요구조차 제대로 부각되지 못했다. 이는 1994년 노동법개정투쟁
이 민주노총 건설과 분리되어 독자적인 사업으로 자리잡기 어려운 상
황이었고, 오히려 민주노총 건설로 힘을 집중할 수밖에 없었던 현실
적인 역량 배치의 문제도 있었다.

그동안 전국 민주노조진영은 1993년 6월 1일 '전노대'로 규합하였
으나, '전노대'는 아직 '대표자회의'로서의 사안별 공동사업체의 위상
만 가지고 있을 뿐이었다.[67]

히 촉구하면서 블루라운드와 관련 국제노동기구 취지에 맞는 노동기준 준수
를 여러 차례 권고하였다. 그러나 정부는 아무 명분도 없이 연기론, 불가피론
등으로 일관해 오면서 복수노조금지조항과 제3자개입금지조항 등의 철폐와
함께 '변형근로제 도입' 등 노동법 개악을 비공식적으로 밝히곤 했다.
67) 마창노련은 전노대의 경제개혁투쟁 사업을 평가하면서 '상층중심 사업과 전
노대의 위상강화, 이로 인한 전노협의 약화, 그리고 공동투쟁의 실천력 취약'
등을 지적하였다. "첫째 상층 중심의 사업, 둘째 결성 당시는 상설 공동투쟁
체로서의 위상이었는 데 반해 실제 추진된 사업 내용 속에서 상부조직으로서
의 전노대의 위상강화, 정치적 대응 중심으로 치중되면서 각 조직(전노협, 업
종회의, 대노협, 현총련)의 조직력과 지도집행력을 강화하는 방향으로 성과
가 귀결되기보다는 모든 사업의 성과를 전노대로 모아가려는 현상이 나타났
다. 셋째 이는 전노협 중앙에서부터 전노대에 대한 올바른 관점을 세워 내지
못한 책임이 크다. 전노협의 독자적인 사업을 강화하는 속에서 각 지노협의

따라서 전국 민주노조진영은 전노대의 한계를 극복하여 총자본에 대한 보다 힘있는 총노동의 조직적 대응을 조직화하고, 어용노총을 압도하는 대중적 노동운동의 결집체로서의 지위를 확보하기 위한 '민주노총'을 추진하게 되었다.68)

그런데 '민주노총 건설'은 외형상으로는 민주노조 총단결 조직을 지향하지만 내용상으로는 단일 중심조직 안에 '산별(업종별)노조의 전국조직'으로의 일대 전환을 통해 노조운동의 역사를 새롭게 재편하는 것이었다.

말하자면 산별노조는 단위노조뿐 아니라 발전적으로는 해고자, 노민추, 실업자, 일용직, 파견직 등 모든 산별 노동자들을 포괄하는 그야말로 미래의 명실상부한 산별조직으로 나아가는 기틀을 마련하는 것이었고, 민주노총은 이를 통해 그동안 민주노조운동이 부딪쳤던 기업별 한계를 극복하는 계급적 산별조직을 지향하고자 하였다. 전노대는 이러한 목적에 따라 '민주노총 건설'과 관련한 각 조직 단위의 입장을 정리하는 논의에 들어갔다.

조직적 결속력을 높여 내고 전노대 사업에 힘을 싣기보다는 모든 사업을 전노대 속에서 집행하려는 문제점이 나타났으며, 이러한 결과 1994년 임단투 시기에 전노협의 존재는 조합원들에게 사라지는 결과를 초래했다. 넷째 이러한 사업 결과로 인해 조합원들의 결의와 참여가 담보되지 않고 상층 차원의 회의체인 전노대에서 94년 전지협 투쟁과 관련해서 공동파업 투쟁을 선포하고 결의했지만 실제 관철력은 대단히 취약했으며, 전노대 가입 조직마저도 따르지 않는 현상이 나타났다."

68) 1994년 5월 말 전노대 소속 노조 조직현황은 1,048개 단위노조 42만 명(전체 174만 명의 1/4가량 : 가입 30만 명 - 포괄 53만 명)에 이르고, 자동차, 조선 등 주요 전략산업 노조들이 합류하고 있다. 그에 반해 공식 발표된 한국노총 조직현황은 1993년 12월 말 123만 명이지만 실제 의무금을 납부하는 조합원은 50~60만 명에 불과한 것으로 추산되며, 공공부문을 비롯한 많은 노조들이 복수노조금지조항이 개정되지 않은 상태에서 민주노총 건설과정에 합류할 것인지 여부를 검토 중인 상태였다.

전노협의 민주노총 건설 논의과정 및 민주노총 건설(안)

1994년 임단투를 거치는 과정에서 한국노총 탈퇴운동 전개와 함께 제2노총에 관한 대중적 관심이 높아지게 되었다. 이에 전노협은 1994년 4월 20일 5기 3차 중앙위원회에서 조직발전 특별위원회(이하 '조발특위')를 신속하게 구성하고 민주노총 건설에 따르는 구체적 문제들을 검토하기 시작했다.

전노협 내의 조직발전 논의는 특히 금속산업 단위노조(26만 명)를 어떻게 조직화하느냐에 따라 두 가지 쟁점으로 나타나, 금속산별 재편에 따른 소위 전노협 '1안'과 '2안'으로 나뉘어 논의가 진행되었다.

'1안'은 먼저 하나의 금속연맹을 건설한 후 내부에 조선, 자동차, 일반금속(기계, 금속, 전기, 전자 등) 협의회를 구성하자는 산별조직안이었다. 그리고 '2안'은 먼저 업종별 연맹이나 협의회를 건설한 후 공동사업과 공동투쟁의 성과를 바탕으로 '금속산별 연맹→금속산별 단일노조' 건설을 추진하자는 업종별 조직안이었다.

말하자면 두 안 모두 궁극적으로 금속산별을 지향한다는 점은 동일하지만, 큰 틀로 시작하여 작은 틀로 세분화하느냐, 아니면 작은 틀로 시작해서 큰 틀로 모으냐라는 조직방식에서 차이를 보였다.

물론 이는 겉으로 단순화한 차이였을 뿐, 내부적으로는 노동운동 발전 및 전망을 둘러싼 미묘한 입장차이가 존재함을 부인할 수는 없었다.

아울러 건설 시기 역시 '1안'은 1995년 상반기, '2안'은 1995년 2월로 설정하는 차이를 보였다.

이렇게 두 개의 안을 중심으로 대중적 조직적 논의에 들어갔으나 1994년 임단투가 본격화되고 예정보다 길어지면서, 8월 25일 중앙위 개최를 앞두고 시간적인 촉박함에 쫓겨 심도있는 논의와 광범위한 조합원들의 결의를 거치지 못하였다.

더욱이 마창노련은 전노협 위원장 선거 후유증으로 인해 지역 조합원들의 의견을 충분히 수렴하고 최대한 조직화하는 대중적 조직적 사업배치나 노력이 이루어지지 못함으로써 전체 조합원들은 거의 민주노총 건설 논의에서 제외되어 있었다고 해도 과언이 아니었다.[69]

마침내 8월 25일 전노협 5기 3차 중앙위원회는 사안의 중대함에 비추어 거의 모든 중앙위원이 참석하여 장시간 논의 끝에 표결 없이 만장일치로 전노협의 조직발전 단일안을 확정하였다.

건설시기는 8월 말~9월 초 민주노총 추진위원회 구성, 11월에 준비위원회 구성, 1995년 상반기에 민주노총을 건설하기로 하였다. 그리고 금속산업 조직화 방안으로는 업종단위를 기본축으로 하는 '2안'과 금속산별을 기본축으로 하는 '1안'을 절충적으로 결합하여 결정하였다.

말하자면, "업종연맹을 기본단위로 업종별 조직화를 추진한다", 그리고 "업종별 대표를 중심으로 '금속산별 추진위원회'를 구성한 뒤 민주노총 건설과 동시에 '준비위원회'로 전화"하기로 하였다.

'민주노총 추진위원회'를 구성함에 있어서는 전노대의 각 단위급 4개 조직(전노협, 업종회의, 대우그룹노동조합협의회, 현대그룹노동조합총연합)에서 일정 수의 비례로 조직하고, 단위급 조직 외에 필요조직을 참여시키기로 하였다. 여기서 수비례와 구성원 수는 전노대에서 결정하고 이견이 있을 때는 전노협 대표자회의에서 논의결정하기로 하였다.

또한 민주노총 준비위원회에는 업종(산업)별, 지역별, 그룹별로 가입하여 구성하되 전노대가 포괄하지 못한 노조도 포괄하여 구성하기

---

69) 마창지역에서는 8월 11일에서야 처음으로 '산별노조와 민주노총 건설에 관한 마창지역의 과제'라는 주제로 대중적인 강연회가 열렸는데, 70여 명이라는 적은 참가자에 비해 18개 노조에서 골고루 참석함으로써 '산별노조와 민주노총 건설'이 각 단위노조의 중요한 관심사임을 나타냈다.

로 하였다.

민주노총 추진위원회 발족

이렇듯 전노협이 8월 25일, '대노협'이 8월 19일, 업종회의가 9월 2일에 각각의 입장을 정리한 데 비해 현총련은 임단투 장기화로 입장 정리가 다소 늦어져 일정이 유보 연기되었다.[70]

마침내 9월 30일 전노대 18차 대표자회의에서 '민주노총 추진위원회'가 결성됨으로써 민주노총 건설은 박차를 가하게 되었다.[71]

민주노총 추진위원회는 제조업과 비제조업의 업종별 노조 현황과 그룹별 노조 현황을 파악한 결과를 토대로 조직확대 사업을 업종별 조직(운수, 한국통신, 자동차, 기계금속, 전기전자, 화학 등)과 지역별 조직(수도권, 중부호남권, 영남권)으로 나누어 벌이기로 하였다.

이런 가운데 마창노련·전노협은 조합원과 함께 힘찬 결의를 모으기 위해 권역별 등반대회를 준비하였다. 그리하여 10월 16일 경주 토함산에서는 마창 노동자 150여 명을 비롯하여 1천여 명이 참여한 가운데 영남 노동자 등반대회의 힘찬 함성소리가 메아리쳤다.

이 날 대회는 아침부터 빗방울이 오락가락하는 가운데 산행이 시작되었는데, 오전 10시 불국사 주차장에 집결한 노동자들은 지역별로

---

70) 9월 2~4일 2박3일 동안 계룡산 유스호스텔에서 열린 '전노대 단위노조대표자 수련대회'에는 500여 명이 참가하여 민주노총 건설에 관한 열띤 토론과 심도있는 논의를 벌였고, 17차 대표자회의에서 현총련의 연기유보 요청이 받아들여졌다.

71) 추진위원은 전노협, 업종회의, 현총련, 대노협을 대표한 14인의 운영위원 외에 기총련준비위, 전지협, 전농노련을 대표한 3인이 추가되어 17명으로 이루어졌는데 그 중 전노협 추진위원은 양규헌 위원장, 김영대 수석부위원장, 최동식 부위원장, 문성현 사무총장 등 4명이다. 추진위원회 상근 집행위원회는 전노협 7명, 업종회의 5명, 현총련 5명, 대노협 2명, 기총련 2명 등으로 구성하여 정책, 조직, 교선, 총무 등 4개의 소위원회로 나뉘어 운영하였다.

출정식을 갖고 질서정연하게 석굴암을 지나 토함산 정상까지 산행을 가졌다. 궂은 날씨에도 불구하고 민주노총 건설의 의지를 불태우는 노동자들은 오후 1시 토함산 정상에 집결하여 집회를 열었다.

가을비가 내리는 가운데서도 한 치의 흔들림 없이 성황리에 대회를 마친 1천여 명의 노동자들은 결의문을 통해 현대중공업노조 간부의 연행 구속에 맞서 영남 노동자들의 공동투쟁을 결의하고 더욱 극심해지고 있는 김영삼 정권의 노동운동 탄압을 뚫고 천만 노동자의 조직적 구심인 민주노총을 기필코 건설할 것을 다짐하였다.[72]

한편 마창지역에서도 민주노총 지역본부 건설을 향한 발걸음이 빨라지고 있었다.

노동법 개정과 민주노총 건설을 위한 영남 노동자 등반대회. 1994년 10월 16일 경주 토함산에서 열렸다.

---

72) 현대중공업노조의 파업투쟁은 노조와 회사가 서로 양보함으로써 공권력 개입없이 자율적으로 타결되었으나 10월 6일 아침 현대중공업노조 수석부위원장 등 간부 10명이 연행되고, 연행과정에서 이갑용 위원장이 조합원들의 투쟁으로 구출되어 노조사무실로 대피하는 등 정부가 다시 탄압의 칼날을 빼들자 또다시 투쟁이 전개되었다.

마창노련은 전 노조간부 수련대회(10/8~9, 남해 송정해수욕장, 70여 명 참석), 마창지역 노동운동단체 대표자 간담회(10/14, 13단체 참석) 등을 통해 민주노총 마창지역 추진위원회 구성에 대한 조합원들과 간부, 그리고 노동운동 단체의 의견을 광범위하게 수렴해 나갔다. 그리고 10월 21일 '민주노총 건설을 위한 추진위원회 준비팀'을 구성하고 구체적 논의와 실질적 준비를 거쳐 11월 7일 '민주노총 마창지역 추진위원회' 구성을 최종 확정하였다.73)

"더 크게 뭉치자!"
1994년 11월 9일 가톨릭여성회관에서 열린 '민주노총 건설 마산창원지역 추진위원회 발족식'

그리하여 1994년 11월 9일 마산 가톨릭여성회관에서 '민주노총 건설 마창지역 추진위원회' 발족식(200여 명 참석)이 거행되었다. 이승필 추진위원장(마창노련 의장)은 "서로 나뉘어져 민주노조운동을 전

---

73) '마창 민주노총(추)'에는 마창노련, 청송회, 업종회의 소속 노조 등 마창지역 53개 노조 조합원 2만여 명이 가입하였다.

개하던 지역 민주노조진영이 하나로 모아져 감회가 새롭다"면서 1995
년 임단투에서는 민주노총을 중심으로 한 공동교섭과 같은 새로운 민
주노총 시대가 가시화될 것이 기대된다고 밝혔다.

1994년 전국노동자대회는 조합원들과 함께

1994년 전국노동자대회는 정부의 노동법개정 연기 움직임을 대중
적으로 폭로하고 '노동악법 철폐', '자주적 단결권 쟁취' 투쟁을 더욱
힘있게 추진하기 위해 마련되었다. 그러나 무엇보다 1994년 전국노동
자대회의 의의는 민주노총 준비위원회를 공식적으로 선포함으로써
민주노총 산별노조 건설을 단지 구호로서가 아니라 실제적으로 천만
노동자의 결의를 모아내는 장이 되게 하는 데 있었다.

마창노련은 민주노총 건설과 노동악법 전면 개정을 위한 투쟁을 조
합원들과 함께 전개한다는 원칙 아래, 11월 5일부터 13일까지를 조합
원의 결의와 실천을 집중시킬 수 있는 실천주간으로 설정하고, 선전
홍보, 각종 대회 조직화 사업으로 사전 분위기를 고양시켜 나갔다.[74]

특히 마창지역 각 단위노조는 10명 내외의 조합들로 조를 나누어
빨간색 삼각 수건에 노동법개정과 민주노총 건설과 관련한 조합원들
의 글과 서명을 적은 소깃발을 만들어 주목을 끌었다.

11월 12일 경희대학교 전야제

1994년 11월 12일 저녁 7시부터 궂은 날씨에도 불구하고 1만5천여
명의 노동자, 학생들이 경희대학교 노천극장을 가득 메운 가운데 전
야제가 펼쳐졌다.

---

74) 마창노련은 1994년 11월 4일(금) 오후 6시 30분, 마산 가톨릭여성회관에서
    7-1차 임대를 열고, 6년차 사업보고 및 6년차 회계업무 감사보고, 7년차 사업
    계획 심의의결 및 7년차 예산(안)을 심의 의결하였다.

노동악법철폐 일상투쟁, 의료보험 통합투쟁에 대한 연대호소, 민주노조사수투쟁 등 각 지역과 노조의 요구와 투쟁을 담은 문화공연이 펼쳐지는 가운데 영화 '아름다운 청년 전태일'이 소개되기도 하였다.

특히 대회에는 네팔 노동자들이 참가하여 산재의 심각성과 외국인 노동자의 열악한 현실을 상기시키며 같은 노동자로서의 뜨거운 동지애를 알렸고, 또한 전국농민회총연맹에서는 대책없는 수입개방에 반대하여 노동자, 농민이 연대투쟁할 것을 주장하기도 하였다.

각 지역과 사업장들이 호명될 때마다 박수가 터져 나왔고, 특히 1994년 가장 가열찬 투쟁을 전개했던 전지협과 한국통신 노동자들이 등장할 때는 우뢰와 같은 박수가 쏟아지기도 했다.[75]

마창지역 노동자들은 가장 멀리 떨어져 있는 관계로 12시가 넘어서야 전야제 장소에 도착하여, 8시간이 넘게 차를 타고온 피곤함에도 불구하고 한창 무르익은 전야제에 곧바로 합류하였다. "전야제에서 가장 흥을 돋구었던 것은 '바위처럼'이라는 노래에 맞춰 율동하는 동지들의 율동솜씨였다. 정말 신나는 율동이었다. 노천극장을 가득 메운 1만 5천 명의 모든 동지들이 '앵콜'과 함께 일어서서 따라 배우는 모습을 보면서 축제 분위기에 한껏 젖어 들었다. 율동(일명 '허리춤'이라고 이름 짓고 싶다)을 배워서 우리 작업장 동지들과 함께 흔들어 대면 좋겠다고 생각했다." 마창지역 한 노동자의 대회 참관기에서 단편적이나마 전야제의 분위기를 엿볼 수 있을 것이다.

'건설 민주노총, 자주적 단결권 쟁취'라는 불글씨가 점화되고, 불꽃놀이가 펼쳐지면서 전야제는 절정에 달하였고, 7시간 만인 새벽 2시가 되어서야 끝이 났다.

---

75) 한국통신노조는 1994년 5월 노조민주화투쟁 이후 민주노조의 기틀을 다지고 있었으나 당시까지는 민주노총 준비위에 참가하지 않고 있었다.

11월 13일 민주노총(준) 선포, 전국노동자대회

1994년 11월 13일 오전 10시부터 사전행사로 경희대 노천극장에서 열린 '산재추방 결의대회'는 마창노련·전노협, 산재노협, 원진레이온 비대위, 대우조선, 전국노운협, 민중정치연합, 청년 학생 등 3천 명이 참가하였는데 원진레이온 비대위 위원장의 사회로 진행되었다. 김승호 전국노운협 지도위원은 산재를 예방하기 위해 노동자의 권리를 확대하는 투쟁을 전개하자면서 '작업 중지권' 등을 주장하였다.

대회가 끝난 뒤 참석자들은 대오를 맞춰 대운동장으로 들어섰다.

운동장에는 전노협 소속 14개 지노협을 비롯하여 업종회의, 그룹별 노조 조합원 등 약 3만 명이 빽빽히 들어찼다. 그리고 대회장에는 오색 현수막이 스탠드 지붕 위에서부터 연단으로 펼쳐 이어졌고, 식전 행사가 펼쳐져 풍물패 길놀이와, 정태춘·박은옥, 노래선언, 꽃다지의 축하공연으로 전체가 함께 하는 흥겨운 축제의 시간을 가졌다.

특히 700여 명의 마창 노동자들은 조합원들이 각자 노동법개정과 민주노총과 관련한 글과 서명을 적은 빨간 삼각 수건(소깃발)을 모두 하나로 묶어서 흔드는 등 조직적인 율동으로 전체 참가자 중 가장 돋보였다.

마침내 오후 2시 30분, 허영구 전노대 집행위원장의 사회로 본대회가 시작되었다.

대회사에서 양규헌 전노협 위원장·전노대 공동의장은 "1994년 11월 13일 민주노총 건설을 위한 전국노동자대회에서 전노대가 발전적으로 해소되고 민주노총 준비위원회가 발족했음을 엄숙히 선언한다"고 선포하였고, 선언과 동시에 "단결투쟁으로 건설하는 민주노총"이라고 쓰여진 대형 깃발이 대형 애드벌룬에 의해 상공으로 띄워졌다.

참가자들은 일제히 환호성을 터뜨리면서 '우리는 염원한다. 민주노총을'이란 노래를 힘차게 불렀다.

각 단체 및 조직 대표자의 축사, 연설 등에 이어 결의문을 통해 참석자들은 '1995년 임단투와 사회대개혁투쟁을 통한 민주노총 건설, 복수노조금지조항 등 노동악법개정투쟁, 산별노조 건설' 등에 앞장설 것을 결의하고 본대회는 끝났다.

대회를 마친 뒤 3만여 명의 노동자, 학생들은 현대중공업노조 등 현총련 노동자들을 선두로 청량리 로터리까지 가두행진을 전개하고 해산하였다.

그러나 행진대오의 선두에 앞장 서야 할 지도부가 빠짐으로써 많은 문제점이 지적되었고, 행진대오가 너무 길어서 뒤에 오는 대오는 청량리역 근처에도 오지 못한 채 해산하기도 하였다.

1994년 전국노동자대회의 의의는 무엇보다도 조합원들이 갖고 있는 민주노총 건설의 열망을 민주노총 준비위원회 발족으로 연결시켰다는 데 있다.[76] 그리고 한국통신노조, 전기협, 그외에도 민주노조운동진영에 동참하고 있는 많은 노조의 참여는 전국노동자대회를 통하여 민주노조의 총단결을 가시화시켜 주는 알찬 성과라 할 수 있다. 또한 처음으로 참가한 신규노조 조합원이나 신임 집행부는 민주노총 건설과 전국적 연대라는 감동을 전국노동자대회 참가를 통해 체험할 수 있었다.

그러나 이러한 역사적 의미와 성과에도 불구하고, 시간이 촉박하여 단지 민주노총 준비위원회의 출범을 공식적으로 선포함으로써 다분

---

76) 1994년 10~11월 한국노총이 민주노총(준)에 "조건없는 통합"을 제안하자, 민주노총(준)은 한국노총의 내부 개혁을 촉구하면서 "당면 현안에 대한 공동사업"을 제안했다. 이에 대해 한국노총은 "한국노총에 대한 개혁 촉구는 상대에 대한 예의가 아니며, 통합이 전제되지 않는 공동사업은 받아들일 수 없다"고 답해 왔다. 이로써 그 동안의 한국노총 개혁과 통합 운운이 민주노총 건설을 방해하고 한국노총 소속 조직의 동요를 막기 위한 정치적 선전 공세에 불과했음이 분명히 드러났다.

히 선언적이었다는 아쉬움을 남겼다.[77]

12월 9일 민주노총 마창(준) 출범

1994년 11월 13일 전국노동자대회에서 민주노총 준비위원회 발족이 공식 선포됨으로 해서, '민주노총 마창지역 추진위원회'는 11월 28일과 29일 양일간 열린 추진위 대표자 수련회에서 '추진위원회'를 '준비위원회'로 명칭 변경하고 준비위원장에는 이승필 마창노련 의장을, 집행위원장에는 최재기 경남지역의보노조 교육부장을 각각 선출하였다.[78]

그리고 12월 9일 '1차 대표자회의(26개 노조대표자 참석)'에서 이를 추인하고 확정함으로써 12월 9일 민주노총 마창지역 준비위원회(이하 '민주노총 마창(준)')가 공식 출범하였다.

'민주노총 마창(준)'에는 마창노련과 청송회를 비롯한 마창지역 업종회의 등에서 총 58개 노조(수출지역 8개, 신촌지역 9개, 창원 1지역 13개, 창원 2지역 16개, 업종 12개 등과 참관 3개 전화국 등)이 참가하였다.

12월 9일 마창지역 금속일반 노동조합 추진위원회

전노협은 제조업의 산업별 조직화와 관련하여 "첫째 최소한 금속

---

77) 민주노총 준비위원회 발족은 11월 8일 전노대 19차 대표자회의에서 결정되었다.
78) 민주노총 준비위원회는 11월 30일에 가서야 제1차 대표자회의를 갖고 조직의 정식 명칭을 전국 민주노동조합 총연맹(이하 '전국 민주노총')으로 결정하고, 공동대표와 집행위원장을 선출하는 한편, 지역과 산업(업종), 또는 그룹에서 파견하는 형식으로 상근 집행위원회를 구성하였다. 그리고 12월 20~21일 양일간에 걸쳐 '1995년 임단투와 사회개혁투쟁을 위한 세미나'를 개최한 데 이어서 12월 21일 제2차 대표자회의에서 운영위원 및 회계감사를 선출하여 기본적인 조직구성을 완료하였다.

산업, 섬유산업, 화학산업의 조직화를 목표로 한다, 둘째 미가입 노조들을 광범하게 포괄한다, 셋째 업종별 조직으로의 고착화 가능성을 경계한다"는 세가지 점을 염두에 두고, "먼저 업종별 조직화를 추진한 뒤 그 토대 위에 금속산업 조직 건설을 적극 추진한다"는 전노협의 제조업 내 산업별 조직화 방침을 결정한 바 있다.

이에 따라 우선 전노대에 직간접으로 포괄되어 있는 노조들을 중심으로 업종(산업)별 조직 및 지역본부(가칭) 조직화를 위한 업종(산업)별, 지역별 조직사업이 진행되었다.

그 결과 1994년 1월 '조선노협' 발족, 10월 '자동차추진위' 출범 등 금속산업의 업종별 조직화가 본격적으로 시작되었으나 이를 제외한 나머지 기계금속과 전기전자, 그리고 기타 부문은 추진 주체조차 구성하지 못한 상태였다.[79]

이에 전노협은 기계금속, 전기, 전자 사업장 대표자 회의를 주선하였고, 이를 계기로 대표자들은 세미나와 수련회 등의 모임과 논의과정을 통해 금속일반 노조의 조직화 사업을 적극적으로 전개한 끝에,[80] 마침내 1994년 12월 22일 전국 금속일반 노동조합 추진위원회(이하 '전국 금속일반(추)')를 정식으로 구성하였다.[81]

---

79) '전국 자동차노조 연대조직 건설 추진위원회'는 1994년 10월 22일 출범하였는데 가입 노조로는 완성조립 5개 자동차노조(기아, 대우, 아시아, 쌍용, 현대정공)와 판매서비스 3사(현대서비스, 기아서비스, 대우판매), 그리고 만도기계, 대원강업 등을 비롯한 부품업체 12개사 등이다.
80) 1994년 10월 20일 기계금속, 전기, 전자 중심사업장 대표자 회의, 10월 26~28일 '금속일반(기계 금속, 전기전자) 노조대표자 세미나', 11월 25일 1차 금속일반 지역대표자회의(유성 경하장에서, 10개 지역 16명 참석), 12월 3~5일 수련회 및 2차 금속일반 지역대표자회의(계룡산 유스호스텔에서, 12개 지역 126명 참석, 마창 20여 명 참가) 등.
81) 가입 노조는 99개 노조, 조합원 3만3천 명이고, 추진위원장에는 경선을 통해 문성현 전노협 사무총장이 선출되었다.

이렇게 조선, 자동차, 일반금속 등으로 나뉘게 되자 조선노협은 1995년 1월 중에 세 조직이 공동으로 '금속산업단위노조대표자수련회'를 개최할 것을 제안(금속산별 통합조직 건설과 금속산업의 1995년 공동 임투 및 공동사업을 위해)하였고, 대표자회의는 이 제안을 전폭 수용하고, 금속산별 건설과 1995년 공동임투안 준비와 공동사업을 구체화하기로 함으로써 금속산업 산별조직 건설에 밝은 전망을 열었다.

그러나 아직도 기업별 노조의 틀이 몸에 배인 대다수 노조간부들은 '머리는 산별지향, 몸은 기업별' 행동으로 나타날 수밖에 없었다. 따라서 이런 현실적 조건 속에서 단일 산별노조를 건설하기 위해서는 무엇보다 목적의식성과 기관차적 역할을 할 수 있는 진지가 중요하였다. 이런 점에서 주요 진지는 지역적으로는 마창지역과 울산지역이, 업종으로는 조선업종과 자동차 완성차 업종이 중심이 될 수밖에 없었다.

그런데 마창지역은 단일산업 밀집지역인 공단으로 이루어졌다는 점, 즉 전기전자를 중심으로 한 마산 수출지역과 자동차부품, 일반기계, 1차 소재 산업, 방산업 등 한국기계공업의 요람이라 일컬어지는 창원공단으로 이루어졌다는 점에서 정서적 동일성과 결합력이 강하게 작용하는 유리한 조건을 형성할 수 있는 중요한 의의를 지닌 지역이었다.

그럼에도 마창지역은 조선업(타코마)을 제외한 자동차 업종이 주로 완성차가 아닌 부품업종인 관계로 업종별 조직화 기준과 조건이 불명확하였다. 또한 규모도 적은데다 전국으로 흩어지게 되면 공동사업과 공동투쟁에서 집중력이나 구심력을 세우기가 쉽지 않았다. 따라서 마창지역의 자동차관련 업종 노조들은 완성차 중심인 '자동차추진위'에 가입할 것인가, 아니면 '금속일반'에 가입할 것인지의 문제가 가장 핵심적인 문제로 떠오르게 되었다.

그리고 그동안 지역을 중심으로 사고하고 지역을 기반으로 한 연대 투쟁에 익숙해 있던 마창노련 및 마창지역 노동자들로서는 '조선노협', '자동차추진위', '금속일반추진위' 등 업종으로 분화 재편되는 과정에서 갑갑함과 혼란을 느끼지 않을 수 없었다.

결국 마창지역의 특수성으로 인해 마창노련 및 청송회, 그리고 참관노조들은 마창노련 가입 노조 대다수가 가입한 마창 금속일반 노동조합 협의회 추진위원회(이하 '마창 금속일반(추)')에 가입하게 되었다. 이는 '자총련 추진위'가 정부의 삼성 승용차 진출에 반대하는 연대투쟁을 전개하는 가운데[82] 12월 9일 마창지역에도 마창 금속일반(추)가 구성된 데 따른 것이다. 마창 금속일반(추)는 전국 조직으로 보면 조선, 자동차 업종을 제외한 전국 금속일반 노동조합 협의회 추진위원회의 마창지역 조직이며 동시에, 마창지역에서는 타코마(조선노협)를 제외한 나머지 제조업 민주노조가 거의 참여하고 있는 사실상의 마창지역 금속노조 협의회 추진위나 다름이 없었다. 그러나 마창 금속일반(추)는 1995년 상반기에는 독자적인 사업을 전개하지 않는 대신 '민주노총(준) 마창공투본'과 병행하여 사업을 진행하기로 하였다.

마창노련 창립 7주년 기념, 제6회 들불대동제

마창노련은 창립 7주년을 맞아 제6회 들불대동제를 추진함에 있어서, 기획팀과 행사준비위원회를 구성하는 등 어느 때보다 조직적, 계

---

82) 12월 5일 기자회견, 12월 7일 과천 종합청사 앞에서 '결의대회'(7천여 명 참석), 12월 8일 기아, 대우, 아시아, 쌍용, 서해공업 등 총파업 돌입, 12월 9일 대우, 기아, 아시아, 쌍용 파업 전개, 12월 9일 전국 동시다발 권역별 집회 개최(보라매 공원의 수도권 집회에 기아, 대우, 쌍용, 만도기계, 서해공업 등 조합원 2만 명 참가, 광주 집회에 아시아, 에이피 등 조합원 4천 명 참가 등), 12월 10일 기아 파업 단행, 12월 25~30일 민주당사에서 자동차 추진위 간부 '삼성 승용차 진출 철회 요구' 단식농성투쟁 전개 등.

획적으로 행사를 준비하고 알차게 진행하였다.

그리하여 12월 9일 오후 6시 30분 창원대학교 봉림관 지하 소강당에서는 지역 노동자, 학생 등 500여 명이 참가한 가운데 제6회 들불대동제 문화한마당이 펼쳐졌다.

마창노련 이승필 의장의 축하와 격려의 인사말에 이어 마창지역 노조 및 단체에서 참가한 총 13개 팀이 벌이는 열띤 공연경쟁에 조합원들은 뜨거운 박수갈채를 보냈다.

또한 축제를 더욱 빛내기 위해 찬조 출연한 축하공연도 이어졌는데 마창노련 산안법규국에서 산재와 관련한 내용과 민주노총 건설 내용을 담은 슬라이드 상영, 마창 노동자문학회 참글의 '미친새' 연극공연, 그리고 동명중공업노조 문화패의 투쟁가 메들리 축하공연이 더욱 자리를 빛내 주었다.

영예의 들불상은 두산유리노조가 수상하여 공연의 절정을 이루었다.

문화 한마당이 펼쳐진 행사장 주변에서는 사진전시회가 열려 각 단위노조의 노동자대회 및 산재 관련 사진이 눈길을 끌었는가하면, 재정사업의 하나로 주점이 개설되기도 하였다.

또한 1994년 12월 14일에는 마창노련 창립 7주년 기념식 및 기념강연회가 마산 가톨릭여성회관에서 지역 노동자 200여 명이 참석한 가운데 열렸다. 마창노련 모범조합, 모범 조합원, 그리고 제6회 마창노련 문학상 시상식을 마지막으로 기념식은 모두 끝이 났다.

2부에서는 문성현 전노협 사무총장의 강연회가 열려 1995년 임투 전망을 제시하는 내용으로 알차게 진행되었다. 그러나 기념식이 끝난 후 노조위원장들이 대거 자리를 빠져나가 함께 고민할 수 있는 자리가 되기에는 미흡하였다.

제8장

마창노련 정신이여 영원하라

1995

1. 1995년 임단협·노동법개정·사회개혁 투쟁

1995년 개관

김영삼 정권은 1995년 6월 지방자치단체 선거를 겨냥해 1994년 12월 23일 보수강경 세력을 전면에 내세우는 개각을 단행함으로써 집권 초기 내세운 개혁정책을 완전히 거두었다.[1]

그런가하면 북미핵공방을 빌미로 전쟁 분위기를 조성하더니 김일성 주석 사망 이후에는 안보논리를 적용하여 민간통일 운동을 탄압하는 등 신공안정국까지 조성하였다. 이에 우루과이라운드 협정으로 벼랑 앞으로 내몰린 농민들과 전지협 공권력 투입 등으로 분노한 노동자들은 김영삼 정부로부터 이탈해 갔고 중간층마저 일정 정도 동요하는 상태에 달했다. 더욱이 성수대교 붕괴, 아현동 도시가스 폭발 등으로 부패하고 무능한 정권에 대한 민심의 이반은 눈에 띄게 증가하였다.

여기에 1995년 1월 WTO 체제가 출범하고 1996년 한국의 OECD

---

1) 개각의 특징으로는 5, 6공 인물과 대구·경북 출신을 대거 기용하고 호남 출신을 철저히 배제하는 등 3당 합당 구도를 재현하고 보수강경 일색으로 통일외교팀을 구성했으며, 경제팀을 그대로 유임시킨 채 노동부장관마저 경제부처 출신으로 기용했다.

가입을 앞두고 김영삼 정권은 '세계화'를 기치로 규제완화와 자유경쟁을 추진하면서 사실상 재벌위주 성장정책을 강화해 나갔다. 그 결과 경쟁력이 취약한 중소기업은 재벌그룹 대기업에 하청 계열화되거나 조업단축, 휴폐업에 내몰리게 되었고, 삼성 승용차 진출 과정에서 확인할 수 있듯이 재벌그룹간 경쟁은 격화되고 재벌에 대한 경제력 집중은 심화되었다. 이런 가운데 경기호황의 전망 속에서도 물가안정을 앞세워 임금억제 정책은 지속되었다. 반면에 자본측은 자동차, 조선 등 주요 전략산업 사업장에서는 경기호황을 반영하여 노동자들의 요구를 일정 정도 수용하면서 다른 한편으로는 신경영전략을 꾸준히 추구하여 노조의 개량화와 무력화를 시도하고, 실리적 노사협조주의를 전파해 나가고 있었다.[2]

1995년에는 임단투에 노동법개정 및 사회개혁투쟁을 결합하기로

한편 1995년에는 노동법개정 가능성이 어느 해보다 높을 것으로 예상되었다.

이는 산별노조와 민주노총 건설을 앞두고 있는 민주노총(준)으로서는 무엇보다 합법성 쟁취를 위한 노동법개정투쟁이 절박하게 대두되었기 때문이었다.

또한 정부 역시 ILO의 노동법개정 권고와 OECD 가입, 그리고 WTO체제 출범 이후 가시화될 블루라운드 공세 등에 부담을 느껴 노동법을 개정하지 않을 수 없었고, 자본측 역시 기업의 유연성을 높이고 노동 비용을 절감하기 위해 노동법 개악의 필요성을 강하게 느끼고 있었다.

---

2) 신경영전략에는 생산현장에 대한 노동통제 강화, 정규직 축소와 비정규직 확대로 고용불안 제도화, 다물교육 등 기업문화 운동 확산, 능력주의 인사제도(예 : 직무직능급) 도입 등이 있다.

이로 인해 1995년에는 노동자와 정부, 그리고 자본측 모두 노동법 개정 문제를 놓고 한판 격돌이 예상되었다.

뿐만 아니라 1995년 3월에 열릴 사회개발 세계정상회의를 앞두고 국내 민간단체에서는 사회복지의 후진성을 알리고 이를 극복하기 위한 사업을 전개할 예정이었다. 특히 1995년 2월 임시국회에서는 의료보험법 개정이 제1의 안건으로 상정되어 의료보험법 통합 일원화와 보험적용 확대문제가 쟁점화될 예정이었고, 국민연금과 공무원연금 등 각종 기금의 수익성과 안정성을 악화시키는 공공자금관리기금법 운용과정에서의 폐해 역시 쟁점화될 것으로 예상되었다.

이에 민주노총(준)에서는 1995년 임단투에 노동법개정 및 사회개혁투쟁을 결합하기로 결정하였다.

사회개혁투쟁은 단순히 노조운동에 대한 국민적 지지를 확보한다는 차원에서가 아니라 노동자들이 사회개혁 투쟁의 중심세력으로 나서서 노동자와 국민의 생활의 질을 개선함으로써 노조운동의 사회적 역할을 높인다는 차원에서 결의되었다. 특히 노동자들의 이해와 밀접히 관련되고 전 국민적 생활개선과도 직접적으로 연결되는 의료, 교육, 환경문제 등을 사회제도적 측면에서 적극 요구하기로 하였다.

4년 만에 구성된 민주노총(준) 마창공투본3)

마창노련은 1994년 9월부터 '임단투 소위'를 구성하고 어느 해보다 1995 임단투 준비를 철저히 했다. 특히 1995년 임단투에서는 노동법개정투쟁, 한국노총 탈퇴투쟁, 해고자복직투쟁, 사회개혁투쟁을 병행하기로 함에 따라 이에 따른 사업계획을 수립하고, 조직적인 역량을 기울여 나갔다.

---

3) 정식명칭은 1995년 임단협 승리와 민주노총·산별노조 건설 마산·창원 공동 투쟁본부(이하 '민주노총(준) 마창공투본').

그리고 무엇보다 1995년에는 반드시 공동투쟁본부를 구성한다는 목표로 1994년 12월 9일 출범한 민주노총 마창(준)을 중심으로 공투본 구성에 박차를 가하였다.

그리하여 1995년 3월 2일 7-2차 임대를 통해 민주노총(준) 마창공투본 구성 및 1995년 임단투 및 사회개혁 투쟁의 목표, 기조, 방향 등을 확정 결의하고, 3월 6일 민주노총 마창(준) 제3차 대표자회의에서 이를 다시 확정 결의함으로써 마침내 민주노총(준) 마창공투본이 공식 출범하게 되었다.

1990년 이후 실로 4년 만에 마창지역 공투본이 꾸려지게 된 것이다. 민주노총(주)마창공투본 구성으로 1995년 임단투의 성과는 이미 반이나 달성한 셈이었다. 이로써 마창 노동자들은 출발선에서부터 자신감을 갖고 1995년 임단투를 시작하게 되었다.

민주노총(준) 마창공투본(68개 노조)은 이승필 마창노련 의장을 본부장으로 선출하고, 조직체계 및 집행의 세부 방침을 논의해 나갔다.4)

그런데 실제로 민주노총 마창(준)은 53개 노조 참여라는 외형적 확대에 비해 조직의 내용은 빈약하였다. 우선 가입 절차나 의무금 납부 결의 등이 통일적으로 마련되지 않아 확대간부회의 등 최소한의 의결기구도 거치지 않고 참여한 노조도 많았을 뿐 아니라 한국노총과의 관계정립이 제대로 되지 않아 조직력이나 집행력, 조직의 규율성 등이 취약한 상태였다. 이에 마창공투본은 가장 먼저 조직의 규율성과

---

4) 주요 회의체계로는 대표자회의, 집행위원회, 6개 지구별 회의, 공동교섭단 회의 등이고, 집행위원회는 제조업지구와 업종지구, 그리고 공동교섭단과 상황실 등으로 나뉘었다. 제조업지구는 5개 지구(괄호안은 지구장노조)로 나뉘어, 1지구 12개 노조(한국중공업노조), 2지구 8개 노조(통일중공업노조), 3지구 14개 노조(한국화낙노조), 4지구 10개 노조(효성중공업노조), 5지구 8개 노조(시티즌노조) 등이고, 업종지구는 16개 노조로 이루어졌다. 그리고 상황실은 조직쟁의, 교육선전, 정책기획, 총무 등으로 구성되었다.

원칙을 세우기 위해 공투본 참가 노조는 필히 조합원총회 혹은 대의원대회의 결의를 거치는 것을 원칙으로 결정하였다.

조직적 목표

마창공투본은 두 가지 중요한 조직적 목표를 수립하였는데 우선 단위노조를 중심으로 한 현장의 대중투쟁력을 강화시키는 것과, 또 하나 한국노총 탈퇴투쟁과 미조직 노동자들의 조직화 사업을 통한 조직확대였다.

그동안 자본측의 신경영전략으로 인해 현장안의 조직력은 많이 약화되었고 노동자의 의식 역시 취약해져 단위노조뿐 아니라 지역연대사업과 투쟁에도 조합원들의 참여나 규율성이 많이 떨어진 것이 사실이었다. 거기다가 마창노련은 지난 4년간 지역 공투본을 꾸리지 못하여 대중투쟁에 대한 최소한의 책임을 지지 못해 지역 대중운동이 활발하지 못했고, 단위노조의 연대활동도 소극적이었다.

따라서 공투본 구성을 통해 현장에서부터 대중투쟁력을 회복, 활성화시키는 것을 급선무로 배치하였다.

물론 사무전문직 노조의 경우는 대부분이 전국적인 연맹이나 단일노조의 틀 속에서 임단투의 중심기조가 잡히기 때문에 지역을 중심으로 한 임단투의 내용을 공동으로 해내기에는 부적합한 조건에 처해 있었다. 그러나 이 점 역시 조합원들이 일상적인 상호지원과 연대, 공동사업에의 적극 참여를 통해 차츰 제조업과의 정서적 차별성을 좁히고 지역연대에 관심을 갖도록 하였다.

또한 마창공투본 가입 노조는 제조업과 금속산업이 다수이며, 일부(타코마 : 조선노협)를 제외하고 대부분의 노조가 마창 금속일반(추)에 참가하고 있었다. 따라서 마창공투본은 조직 목표를 '금속산별' 조직으로 발전하는 것에 두면서, 이를 위해 한국노총탈퇴를 통한 조직

확대뿐 아니라 미조직 노동자의 조직화에도 힘을 기울여 민주노조운동의 저변을 확대하고 명실공히 천만 노동자의 민주노총을 건설하기로 하였다.

마창공투본은 이를 위해 우선 사업장 내에 있는 하청 노동자들이나 일용공 등 비정규직 노동자들의 임금, 근로조건, 고용 등의 문제를 적극 제기하고, 노조 규약을 개정하여 하청, 일용공을 포함한 비정규직 노동자들에게도 조합원 자격을 부여하는 등 조직사업을 적극적으로 배치하기로 하였다. 그리고 이를 위해 지역 차원에서 차룡단지 등 미조직 노동자들에 대한 선전사업 등 조직확대에 힘을 쏟기로 하였다.

공동요구, 공동교섭, 공동투쟁

공투본의 공동요구 중 가장 중심은 역시 임금과 단협이다.

우선 임금에서는 "기본급 98,947원 정액을 공동요구(호봉 승급분 제외)하되 단위노조 실정에 따라 조정"하기로 하였다. 그리고 단협에서는 8가지를 공동요구하기로 하였다. 8대 요구는 ① 노동시간 단축(주 5일 40시간 노동제, 월 소정 근로시간수 174시간 적용, 변형근로시간제 반대), ② 고용보장 조항 신설 및 강화, ③ 작업중지권 확보 등 산업안전보건 조항 강화, ④ 의료비 보조, ⑤ 퇴직금 누진제 실시, ⑥ 식당운영위원회 구성과 운영 및 우리 농산물 이용, ⑦ 사내 복지기금 설치, ⑧ 직장탁아소 설치 등이다.

그리고 노동법개정 공동요구로는 제3자개입금지조항 삭제, 변형근로시간제 도입 반대, 근로자파견법 도입 반대, 해고자 복직 등으로 결정하였다.

사회개혁 투쟁은 노동운동의 영역을 넓힌다는 의미에서는 긍정적이었으나 사회개혁요구는 제도개선요구이기 때문에 단위노조 차원에서 구체화하거나 교섭으로 해결하는 데는 한계와 무리가 따를 수밖에 없었다. 따라서 노동자들이 사회개혁투쟁에 전면적으로 나설 수 없는 현실을 배려하여 상층단위에서는 수준에 걸맞는 정치적 대응에 주력하고, 단위노조에서는 노동자들의 생활과 밀접한 매개가 되는 문제, 즉 의료비보조, 건강검진 등의 구체적 요구를 제기하기로 하였다. 이에 따라 마창공투본은 사회개혁 공동요구로 "의료보험 통합 일원화와 보험적용 확대"를 설정하였다.

이렇듯 공동요구안을 통해 공동투쟁을 담보하려고 한 공투본의 시도는 올바른 것이었지만 실제로 한국중공업, 효성중공업, 한국화낙 등의 노조를 제외한 각 단위노조들은 특히 임금면에서 공투본의 공동요구안을 반영하지는 못했다.[5]

한 걸음 더 나아가 마창공투본은 산별노조 건설의 토대를 구축한다는 차원에서 산업(업종)별 단결의 기초와 의식을 보다 공고히 다지기 위한 공동교섭 전술 몇 가지 사례를 제기하였다.

하나는 지역의 금속산업노조 중 몇몇 가능한 노조들이 함께 임금 및 단협과 관련하여 공동요구안을 작성하고 '공동교섭단'을 구성하는 것이다. 이 때 각 단위노조는 조합원들로부터 교섭권을 '공동교섭단'에게 위임한다는 절차를 거쳐야 한다. 이렇게 하면 조합원에게 새로운 전망을 제시할 수도 있고 교섭권 위임절차를 통해 기업별노조 의식을 극복하고 보다 손쉽게 시기를 집중할 수 있어 현실적 성과를 거둘 수 있다. 물론 이것은 시기상조일 수도 있으나 앞으로는 이런 방향으로 나가야 한다는 점에서 1995년부터는 가능한 노조에서부터 이를 시도하기로 하였다. 둘째는 해고자복직 '공동교섭단'을 구성하여 해당

---

5) 임금에서 기본급 9만 원 이상을 요구한 노조는 33개 중 20개 노조, 9만 원 미만은 13개 노조였다. 또한 단협 요구안에서는 주 40시간제 요구가 7개, 고용보장 11개, 산업안전부문의 작업중지권요구 4개, 의료비 보조 6개, 퇴직금 누진제 10개 노조 등이다.

기업주와 집단교섭 및 개별 기업주와의 교섭을 요구하거나 노동부 등 행정기관을 대상으로 '공동교섭단'을 중심으로 한 다양한 사업을 전개하는 것이었다. 그리고 셋째는 마산수출자유지역에서 탁아소 설치를 요구할 경우 '탁아소문제 수출지역 공동교섭단'을 구성하여 수출지역 관리소 등을 상대로 교섭을 해나가는 방법이었다.

이러한 공동교섭 전술은 기업별노조에서 산별노조로 전환해 나가는 과정에서 중요한 의미가 있었다. 그러나 교섭 시작을 눈앞에 둔 3월에 이를 채택함으로써 시기적으로 무리였고 현실적으로도 가능성이 희박하다는 지적을 받았다.

한편 여성노동자들은 변형근로시간제, 근로자파견법 등이 시행되면 지금보다 훨씬 더 빨리, 더 많은 여성노동자들이 정규직에서 점차 임시직, 시간제, 촉탁, 가내노동 등 비정규직 노동자로 밀려나게 될 것에 대비하여 노동법개정 투쟁에 적극 앞장설 것을 촉구하고 나섰다. 그리하여 3·8 여성의 날 87주년 기념식에서 '1995년 여성노동자 선언문'을 선포하고 생리휴가 무급화 반대, 월차휴가 폐지 반대, 정부기관 및 공공기관에서의 20% 여성고용할당제 실시, 특히 여성채용시 용모제한 규정 폐지 등을 강력 주장하였다. 그리고 아울러 1995년 단협에서는 남녀 상시 노동자 150인 이상 사업장에 직장탁아소를 설치할 것을 촉구하였다.

손해배상청구소송 공세에 '소송고지 보조참가' 전술로 맞서다

2월 22일 부산지법에서는 1994년 한진중공업노조의 LNG파업 농성으로 인한 손실액 보상의 명목으로 대우조선측이 한진중공업노조간부 4명을 상대로 낸 손해배상청구소송 1차 심리가 열렸다.6) 이 날 재

---

6) 한진중공업노조는 1991년도 박창수 위원장 옥중 살해사건과 관련한 파업으로 이미 손해배상청구소송을 당한 경험이 있었기 때문에 1994년 임투과정에서도

판에는 피고측 노조간부 4명 이외에 한진중공업 조합원 404명이 피고 보조참가인 자격으로 참가(전체 561명 중 75% 참가)하여 출석을 부르는 데만 1시간 30분이 소요되어 재판에 큰 타격을 주게 되었다. 이 재판을 계기로 그동안 노동자들에 대한 강력한 탄압의 한 수단으로 악용되어 오던 자본측의 손해배상청구에 대한 실천적인 대응방안의 하나로 소송고지 전술이 노동계의 새로운 주목을 받게 되었다.7)

자본이 손해배상청구를 통해 노리는 것은 결코 물질적인 손실 보상이 아니라 노조를 분열시켜 조직을 와해하려는 데 있으며 장기적으로는 노조의 단체행동권 자체를 제한하는 데 그 목적이 있었다. 따라서 소송고지 보조참가 전술이란 바로 이러한 자본과 정권의 탄압을 무력화시켜 아예 손해배상청구소송을 취하하도록 하는 데 일차적 목적이 있었다.

전 조합원이 공동으로 피고가 되어 재판에 참여하게 되자 회사가 일차적으로 노렸던 몇몇 간부나 활동가의 심리적 위축이나 고립의도는 무산되었다. 또한 공민권 행사의 일환으로 법정에 출두하게 됨으로써 유급으로 합법적인 파업을 하는 효과를 얻기도 하였다. 아울러 수많은 피고가 법정에 출두하자 그들을 수용할 법정이 문제가 되고 정상적인 재판절차나 법원의 업무가 지장을 받음으로써 회사가 오히려 법원으로부터 심리적인 압박을 받는 결과를 거두게 되었다. 결국

회사측의 손해배상청구 공세를 예상하고 소송고지전술에 대한 교육과 홍보를 했으며 파업돌입 이후 전 조합원이 총회에서 소송고지에 적극적으로 참여하겠다는 의지를 확인하기 위한 서명을 받아 놓았다.
7) 소송고지 보조참가 전술이란 손해배상청구를 당한 피고가 함께 파업에 동참했던 동료 조합원 전원 또는 일부도 소송과 관련이 있다며 이들을 상대로 법원에 소송고지서를 제출하는 것이다. 법원에서는 이들 전원에게 소송고지서를 송달하며, 소송고지서를 송달받은 자들은 피고 보조 참가 신청서를 법원에 제출하고 피고보조 참가인의 자격으로 소송에 참가한다. 결국 몇 명의 간부만 피고가 되는 것이 아니라 조합원 다수가 피고가 되게 하는 전술이었다.

소송고지 전술은 손해배상청구가 노조를 무력화시키기는커녕 오히려 노조의 조직력, 단결력을 강화시킴으로로써 자신들에게 불리하다는 것을 회사측에게 인식시켜 소송을 취하하게 하려는 전술인 것이다.

마창공투본은 1995년 임단투에서 자본측의 손해배상청구 공세가 심해질 것으로 예상하고 이에 대비하여 쟁발결의를 위한 임시총회에서 반드시 전 조합원의 소송고지와 피고 보조참가 서명운동을 조직적으로 펼쳐 나가기로 하였다.8)

2. 투쟁열기로 고양되어 가는 교섭기

4년 만의 감격! 마창공투본 발대식

3월 31일 창원 체육공원에서는 4천여 명의 노동자가 참가한 가운데 마창공투본 발대식이 성황리에 열렸다. 1990년 공투본 결성 이후 실로 4년 만의 공백을 깨고 열리는 감격스런 발대식이었다.

특히 이 날 행사에는 세일중공업, 효성중공업, 대원강업, 타코마, 한양공영, 두산기계, 한일단조 등에서 각 노조별로 자체 출정식을 마친 후 깃발을 앞세우고 발대식장까지 행진하여 1989년의 감격을 되새겨주고 발대식의 의의를 더욱 빛냈다.

대회장에는 '공동요구 공동교섭 공동투쟁 산별노조 쟁취하자', '마창 노동자 연대투쟁 산별노조 건설하고 노동해방 쟁취하자!' 는 등의

---

8) 5월 16일 경남종합사회복지회관에서 열린 '총자본의 법적탄압에 대한 노조의 대응'이라는 윤인섭 변호사의 교육에는 250여 명이 참석하여 회사측의 각종 고소고발과 손해배상청구소송 등의 법적 탄압에 대한 대응방안에 큰 관심과 호응을 보여주었다. 마창공투본 소속 노조는 전 조합원이 소송고지 전술에 참가하였는데 1995년에는 한국중공업에서만 손해배상청구소송이 제기되었다.

95 투쟁 선포

1995년 3월 31일 창원중앙체육공원에서 열린 마창공투본 발대식. 그동안의 '험난했던 세월'을 반영하듯 '마창공투본'은 4년 만에 꾸려졌다.

현수막이 나부끼고 '승리 95 임단투', '철폐 노동악법' '건설! 민주노총' '쟁취! 산별노조' 등의 만장이 휘날렸다.

발대식 1부 문화행사는 길놀이, 노래율동, 풍물판굿이 열띤 환호 속에 펼쳐졌고, 2부 본행사는 마창공투본 소속 각 단위노조의 깃발들이 우렁찬 박수와 환호, 노랫소리와 함께 입장하는 가운데 시작되었다.

이승필 공투본 본부장은 대회사를 통해 "지난 몇 년간의 침체와 좌절을 딛고 힘차게 제2의 도약을 선언한다"고 치하하고 "우리의 공동 요구인 기본급 98,947원 인상과 주 5일 40시간 노동, 고용안정, 해고자 복직, 노동법개정, 산업안전 등을 가슴에 아로새기고, 공투본 깃발 아래 공동교섭, 공동투쟁을 힘차게 전개해 나가자"고 힘주어 말했고 권용목 민주노총(준) 공동대표도 격려사를 통해 "세계화의 바람을 뚫고 노동자, 민중의 거센 바람을 일으키자"고 격려했다. 대회 참가자들은 결의문을 통해 "공동요구와 공동교섭에 근거한 공동투쟁 전개"를 위해 소속 노조들이 반드시 공동투쟁 규율을 지킬 것을 힘차게 다짐했다.[9] 3부 흥겨운 대동놀이를 끝으로 대회는 마무리되었다.

조선노동자들의 유해·위험작업 거부 및 중지권보장 공동투쟁

조선노협은 1995년 임단투에서는 반드시 유해·위험작업 거부와 작업중지권을 보장받아야 한다는 각오 아래 임단투 초반부터 강력한 공동투쟁에 들어가 공청회와 노동부 항의방문(3/24), 6개 노조 동시다발 집회(3/28, 8천여 명 참여) 등으로 조선노협 공동투쟁열기를 전국에 확산시켰다.

그리고 4월 11일에는 세 번째 상경투쟁(13일까지)을 감행하였다. 조선노협 소속 6개 노조간부 등 60여 명은 작업복과 보호구를 갖추고 일하는 모습 그대로 한국조선공업협회, 한진그룹본사, 민자당, 민주당 앞에서 집회를 열고, 종로, 파고다공원, 명동, 여의도 등 도심 한복판을 누비며 시민홍보전을 벌였다. 그리고 자본측과 정부에 "노사특별대책기구 구성, 노사합동 안전점검 실시, 작업환경 측정기관과 건강검진기관 선택권 및 유해, 위험작업 중지권 노조에 보장, 산안보건법 개정" 등 대책마련을 요구하였다.

조선노협 노동자들이 마치 우주인이 서울 한복판에 나타난 듯한 차림을 하고 거리를 누비자 국민과 언론은 조선소의 가공할 산재의 실태(1주일에 한 명 꼴로 사망자 발생)에 대한 높은 관심을 나타냈고 그

---

9) 공동투쟁 규율로는 "완전쟁취를 위해 끝까지 투쟁한다, 교섭일을 주 2회 정도로 통일한다, 밀실교섭, 마라톤 교섭 절대 금지, 전 조합원에게 임단협 관련내용을 반드시 공개한다, 공권력 투입이나 탄압, 비상상황 발생할 경우 단위노조는 반드시 철야 한다, 파업노조에 대한 지지대자보, 지지방문, 격려전화를 실시한다, 타결은 반드시 조합원총회를 거쳐 결정한다, 타결 후에도 공투본 해산 때까지 제반사업을 함께 한다, 투쟁기금을 조성한다" 등이다.

결과 소수의 투쟁으로 높은 홍보 효과를 이루었다. 이 상경투쟁 이후 각 단위노조 및 지역 차원에서도 조선소의 산재·직업병 대책 마련을 위한 공동투쟁이 대중투쟁으로 전화되었다.

이런 가운데 노·사·정이 참여하는 대책회의가 추진되었다. 이는 상경투쟁 이틀째인 4월 12일 노동부가 요청한 간담회[10]에서 노동부가 노·사·정 특별기구 구성(3월 24일 조선노협은 노동부 항의방문 때 노·사·정 특별대책기구 마련을 요구하였다) 등 본격적인 대책 마련을 위한 실무 성격의 대책회의를 제안하고, 조선노협이 4월 14일 중앙집행위원회에서 이를 승인함에 따라 본격화되었다.[11]

이로써 정부가 인정하지 않는 법외노조인 조선노협이 투쟁을 통해 노·사·정이 머리를 맞대는 대책회의의 명실상부한 한쪽 파트너로 자리매김하면서 조선소의 산재·직업병 대책마련의 중요한 계기를 마련하게 되었다.

한편 마창지역에서도 5월 13일 마창공투본, 조선노협(타코마), '(가칭)노동과 건강을 위한 연대회의'(공동대표 최기용, 김호상)가 함께 오후 2시부터 마산 창동 시민극장 앞에서 간단한 약식집회와 거리행진 및 대시민 공동 선전전을 펼쳤다(전국 동시).

타코마, 한국중공업, 현대정공, 삼성중공업 등에서는 산재사망 보고를 통해 열악한 현장의 실태를 실감나게 전달하였고, 시민극장→코아양과→오동동→성안백화점으로 이어지는 거리행진에서는 노동자들이 조선소에서 용접을 할 때나 작업할 때 입는 복장을 그대로 입고 나와 열악한 작업환경에서 일하고 있는 노동자의 모습을 생생하게 보

---

10) 간담회 참석자는 노동부 산업안전국 김호선 기획과장 등 4인과 조선노협 산안부장단 7명 등이다.
11) '조선업종 산재·직업병 예방을 위한 대책회의'에는 노사정 산안관련 책임자, 즉 조선노협(참관노조 포함), 노동부, 산업안전공단, 한국조선공업협회와 조선 6개사 등이 참석할 것을 합의하였다.

여주었다.

이 날의 선전전은 차량선동과 작업복 착용에서 시민들의 큰 호응을 얻어 많은 시민들의 산재에 대한 이해를 넓히는 계기가 되었다는 점에서 큰 성과를 거두었다.

해고자에 대한 집단폭행 및 구속 규탄 투쟁

한편 해고자가 발생한 통일중공업, 효성중공업, 기아기공 등 8개 노조에서는 공동요구에 따라 임단투에서 해고자 복직을 요구안으로 제시하였다. 그러자 자본측은 해고자 복직은 교섭대상이 아니라며 교섭 자체를 거부해 진통을 겪고 있었다.

이렇듯 각 단위노조에서는 개별 자본을 상대로 해고자 복직을 요구하는 한편에서는 전국의 해고자들이 정부를 상대로 해고자복직투쟁을 전개하고 있었다. 4월 18일 전국 해고자들이 노동부와의 면담 약속에 따라 과천 정부청사로 들어가려 하자 경찰은 이들에게 집단폭행을 가하고 강제연행, 구속시켰다.[12]

이에 전국 노동자들은 즉각 반발하고 빗발치는 항의 속에서 투쟁을 전개하였다.

전국 민주노총(준)은 '구속·수배·해고 노동자 원상회복 특별위원회'를 중심으로 각 노조, 사회단체 등과 항의성명서를 발표하고, 4월 21일에는 과천 정부청사 앞에서 노동부와 경찰의 폭행만행을 규탄하는 집회를 열었고, 해고자(10명)들은 4월 24일부터 명동성당에서 무기한 단식농성에 들어가 경찰폭행만행규탄과 책임자처벌을 요구하였다.

마창공투본과 마창지역 해고자들도 속보, 대자보(4/19), 성명서 등을 통해 폭력만행을 규탄하는 한편 노동부 창원지방노동사무소를 두

---

12) 6명의 구속자 중 마창 구속자는 3명으로 김현준(삼미종합특수강), 이기호(삼미종합특수강), 나현균(타코마) 등이다.

차례나 항의방문 하였으나[13] 노동부측은 일관되게 책임을 회피하고 발뺌하는 답변만을 늘어놓았다.[14]

자본측의 교섭기피

마창지역 1995년 임단협 1차 교섭은 4월 16일에서 5월 15일 사이에 집중적(20개 노조, 55.6%)으로 시작되어 마창공투본의 시기 집중 방침이 철저하게 관철되어 나타났다.[15]

그런가하면 조합원들의 투쟁열기는 어느 해보다 높아졌다. 이는 1980년대 말 3저 호황 이후 최대의 경기호황이라는 경제조건 속에서 임금인상에 대한 기대심리가 높아진데다가, 1994년에 노경총 임금합의로 한국노총이 실질적으로 무력화됨으로써 민주노총(준)의 위상이 높아지고 투쟁에 대한 자신감으로 투쟁동력 역시 빠르게 고양 확대되었기 때문이다.

그러나 자본과 정권은 6·27 지자체 선거에서의 주도권 확보를 위하여 민주노조진영에 대해 한편으로는 개량화시키고 한편으로는 총단결과 투쟁 집중을 저지한다는 구도 속에서 조기타결과 물리적 탄압이라는 양면전술을 구사하였다. 말하자면 투쟁의 의지를 분명히 하는 노조에 대해서는 입체적인 탄압을 통해 노조를 무력화시키되 그 밖의

---

13) 4월 27일 1차 항의방문(13개 노조, 57명 참석), 5월 10일 2차 항의방문(17개 노조, 70여 명 참석).

14) 이영대 소장은 해고자 복직요구에 대해 "임금협상이 처리된 후 논의하는 게 좋지 않느냐"며 핵심을 비켜가고, 제3자개입금지에 따른 경고성 공문발송에 대해서는 "회사쪽 질의에 답한 것이고 노조에는 참고로 보낸 것이다"라고 발뺌하였다.

15) 조사대상 36개 노조 중 4월 18개(48.6%), 5월 15개(40.5%)로서, 4월과 5월이 총 33개(89.2%)이다. 그러나 효성중공업, 두산유리, 기아기공 등은 회사측의 교섭거부로 인해 교섭이 늦어져 실제로 1차 교섭이 이루어진 날짜는 효성중공업 6월 16일, 두산유리 6월 15일, 기아기공 8월 23일 등이다.

노조에 대해서는 비교적 높은 임금안을 제시하는 개량적 공세로써 조기타결을 유도하여 투쟁시기를 분산시키고자 했던 것이다.

그로 인해 마창지역에서는 화천기계 등 일부 노조는 예년에 비해 대폭적인 인상안을 제시하며 조기타결을 유도해 나갔고, 이러한 상황 속에서 마창공투본 소속의 적지 않은 노조들이 5월에 개별 노조의 조건에 따라 임단협을 타결했으며 그 결과 공동투쟁의 분위기가 상당부분 훼손되었다.

마창공투본의 공동투쟁

마창공투본의 공동요구안을 단위노조 요구안으로 제시한 효성중공업, 두산기계, 두산유리, 기아기공16) 등에서는 회사측이 해고자 복직이나 사회개혁요구는 교섭 대상이 아니라는 이유로 처음부터 아예 노조측 교섭요청에 응하지 않고 심지어 탄압을 가해 교섭이 계속 지연되었다.17)

효성중공업노조는 교섭 촉구대회, 유인물 배포 등을 통해 회사쪽의 교섭거부에 강력 항의하였고 두산기계 노조도 4월 7일 중식시간에 열린 출정식에서 전 조합원이 체결권 시비를 분쇄할 것을 결의하였다.

마창공투본은 4월 7일 해당 노조와 간담회를 갖는 등 대응방안을 논의하고 적극 연대를 펼치기로 하였다. 특히 마창공투본은 효성중공

---

16) 기아기공 노조(위원장 김헌주)는 1993년 마창노련·전노협을 탈퇴하였으나 해고자들과 민주노조추진위 조합원들의 꾸준한 투쟁으로 민주 집행부를 출범시키고 1995년 마창공투본에 참여하였다.

17) 효성중공업 회사측은 노조측 요구내용이 교섭대상이 아니라며 1차 교섭(3/24)에 불참하였고, 기아기공 역시 회사측이 해고자복직은 교섭대상이 아니라는 이유로 1차 교섭(4/26)에서부터 계속 교섭을 거부하였다. 두산기계(창원지부장 조태일)와 두산유리노조(영남지부장 오세은)도 회사측이 노조대표자의 교섭 체결권 확인을 요구하여 교섭이 지연, 거부되었다.

업노조가 지역 공투본 공동요구안을 그대로 단위노조 요구안으로 확정함으로써 타노조의 귀감이 되었다는 점에서 공투본 차원의 강력한 대응이 필요하다고 보았다. 사실 효성중공업노조를 지원하고 돕기 위해서는 무엇보다 각 단위노조가 지역 공동요구안을 각 노조의 요구안으로 확정하는 것이 필요했다. 이에 마창공투본은 각 노조에 지역 공동요구안을 각 노조의 요구안으로 확정할 것을 촉구하는 한편 효성 자본측의 교섭기피에 항의하는 유인물을 배포하였다.

그리고 4월 21일 마창공투본 소속 간부들은 효성중공업 정문 앞에서 공동 출근투쟁을 전개하였다.[18] 회사측은 관리자를 총동원, 사진기, 비디오로 현장을 촬영하고 출근투쟁 중인 지역노조간부들에게 심한 욕설을 퍼붓는가 하면 거친 몸싸움을 벌여 이 과정에서 연행자가 발생하기도 했으나 마창공투본과 해당 노조(통일중공업노조)가 창원경찰서 항의방문, 조합원 잔업거부 등 신속한 대응을 펼침으로써 연행자들을 모두 석방시켜 냈다.

효성중공업은 그 뒤에도 여전히 교섭이 결렬되어 노조측은 쟁의발생신고를 마쳤으나 노동부와 회사측은 가처분 신청을 통해 "실질적인 교섭이 부족하므로 쟁의발생 요건이 안 된다"는 논리로 노조측의 쟁의 일정을 원점으로 돌려놓고 말았다.

이처럼 정권과 자본은 노동악법과 각종 법률조항을 동원한 탄압공세를 펼쳐 1995년에도 예외없이 고소고발(효성중공업, 기아기공, 한국중공업, 두산기계 등)을 자행하였다. 특히 1995년 들어 정부의 행정 지도와 자본측의 가처분신청 등을 통한 법적 공세가 두드러지게 많았다.

제3자개입 선언

제3자개입금지조항은 노동자의 단결과 연대를 근본적으로 가로막

---

18) 통일중공업, 현대정공, 한국중공업, 쌍용중공업 등 12개 노조 60여 명 참가.

고 제약하는 조항이란 점에서 민주노총, 산별노조 건설에서 최대의 걸림돌로 인식되는 악법 중의 악법이었다.[19]

그러나 1987년 이후 끊임없이 주장해 온 제3자개입금지 철폐가, 김영삼 정권하에서도 여전히 폐기되지 않고 오히려 노동자들의 단결과 투쟁을 탄압하는 유력한 무기로 이용되자,[20] 민주노조진영은 이번에야말로 강력한 총력투쟁으로 악법 자체를 무력화시키겠다고 적극 나서게 되었다.

그리하여 마창지역뿐 아니라 전국 노동자들은 제3자개입금지조항을 적극적인 제3자개입 실천을 통해 무력화시키고자 '제3자개입 선언' 서명운동을 펼쳐 단위노조대표자와 간부만이 아니라 조합원들까지 대거 참가시키는 대중투쟁으로 확대하였다.[21]

이러한 '제3자개입 선언' 운동에 대해 정부는 4월 20일, 21일 조선노협, 대노협, 현총련을 내사하고 앞으로 제3자개입금지조항을 더욱 강하게 적용해 나가겠다는 강경일변도의 탄압 방침을 발표했다.

그러나 전국 노동자들은 이에 굴하지 않고 조합원 서명운동을 더욱 확산시켰고 그 결과 마창지역에서만 총 25개 노조, 8,150명에 달하는 조합원이 서명에 참가함으로써 노동악법을 사회 쟁점화시키는 한편 연대투쟁을 활성화시키는 데 큰 기여를 하였다.

이렇듯 교섭기에서부터 제3자개입금지조항을 철회하기 위한 민주노조진영의 투쟁이 어느 때보다 강력하게 터져 나오는 가운데 노동자

---

19) 제3자개입금지조항은 1980년 전두환 등 쿠데타 세력에 의해 주도되던 국가보위입법회의에서 만들어졌다.
20) 김영삼 대통령은 당선되기 이전 이 조항 철폐를 약속한 바 있다.
21) 2월 28일 전국 금속일반업종 추진위(위원장 문성현) 6차 회의에서 '제3자개입'이 선언되자마자 곧바로 제3자개입선언 운동이 급속히 확산되었다. 이에 3월 28일 민주노총(준) 5차 대표자회의는 "제3자개입금지조항 철폐를 위해, 각 산업(업종)별, 각 지역별로 투쟁사업장에 '제3자개입'을 선언한다"는 내용의 조합원 서명운동을 펼치기로 하였다.

들은 5·1절 투쟁에서 공식적으로, 그리고 대중적으로 '제3자개입'을 선언하고 연대투쟁을 과감하게 실천할 것임을 결의하였다. 이로써 제 3자개입금지조항을 둘러싼 민주노조진영과 정부의 힘 대결이 고조되 었다.[22]

1995년 세계노동절 기념 노동자대회

세계노동절을 기념하는 행사가 5월 1일 수도권 노동자대회를 본대 회로 전국 각지에서 4월 28일부터 5월 1일까지 힘있게 열렸다. 특히 1995년에는 5월 1일이 노동자의 날로 공식화된 최초의 휴일인데다가 민주노총 건설을 계기로 예년에 비해 전반적으로 열띤 분위기와 많은 노동자의 참여 속에서 성황리에 치루어졌다.

수도권대회는 5월 1일 서울대 대운동장에서 2만여 노동자들이 모 인 가운데 열렸다. 본대회를 마친 참석자들은 오후 4시경부터 가두행 진에 들어가 보라매 공원에서 오후 7시 30분경 마무리집회를 했다. 가두행진에서는 지역과 업종별로 준비해 온 복장행렬로 많은 시민들 의 눈길을 끌었다. 특히 이 날은 한국통신노조 조합원 3천여 명이 초 록색 조끼를 입고 참석하여 많은 박수를 받았다.

그리고 마창지역에서는 4월 29일(토) 오후 1시 30분 창원 중앙 체 육공원에서 '세계노동절 기념 및 노동열사 정신계승, 1995 임단투 승 리를 위한 마창 노동자대회'가 열렸다.[23]

---

22) 창원지방노동사무소는 제3자개입을 선언한 노조에 대해 연이어 공문을 발송 하고, 엄중 사법조치를 경고하였다.

23) 4월 17일 마창 노동자대회 준비위원회를 구성하고 4월 26일 강연회(창원대학 교, 60여 명 참석, 강사 : 양규헌 전노협 의장), 홍보선전전(4월 28일 수출지역 정문과 후문, 차량후문, 2공구, 봉암단지, 차룡단지 등에서 홍보전단 배포, 4 월 29일 선전물 제작 배포, 4월 28일 28개 노조에서 현수막 '공공투쟁! 세계 노동절기념' 부착) 등 준비활동을 실시하였다. 그리고 대회가 열리기 직전 마

단위노조 및 지역 풍물패 '노풍연' 등 문선대의 길놀이로 시작된 식전행사는 노래와 율동으로 1천 명 참석자들의 흥을 돋우었다.

1부 추모행사에서는 박창수 열사, 이영일 열사, 임종호 열사 등 노동열사 소개와 추모사에 이어서 문선대가 들려주는 박창수 열사 추모곡 '다시 노동자로 태어나'와 이영일 열사 추모곡 '불꽃으로 타올라' 등이 울려퍼졌다.

각 단체 및 단위노조 위원장들의 집단 헌화를 끝으로 추모행사가 막을 내리자 오후 2시 30분경, 각 노조의 깃발 입장을 시작으로 2부 본대회가 펼쳐졌다.

이승필 본부장은 대회사에서 투쟁과 연대의 정신을 역설하고 '제3자개입'을 힘차게 선언하였다.

각계 인사의 격려사, 연대사, '마창 해협'의 해고자 복직 투쟁보고에 이어 한국중공업노조 김창근 위원장은 '제3자개입 선언문'을 낭독하였고 마지막으로 현대정공노조 전갑주 위원장의 투쟁결의문을 통해 참석자들은 1995년 임단투 완전승리를 굳게 다짐한 뒤 가두행진에 들어갔다.

창원시청 앞에서 간단한 마무리 집회를 마친 마창 노동자들은 출정식 겸 노동절기념 대회를 모두 마치고 울산으로 출발하였다.

영남노동자대회

마창지역 총 26개 노조 400여 명의 노동자와 학생들은 전야제가 열리는 울산대학교에 도착하였다.

오후 8시부터 시작된 전야제에는 약 2,500여 명의 노동자와 학생이 참석하였다. 각종 문화공연이 펼쳐치는 가운데 특히 마창지역 문선대가 준비한 노래판굿 '어기영차! 희망의 큰 문 열어보세' 공연은 전야

창공투본 소속 20여 명 노조위원장은 기자회견을 열고 조합원 서명운동 결과를 발표하였다.

제에서 가장 많은 박수를 받았다.

다음날 4월 30일 오전 11시 울산 태화강 고수부지에서는 노동자, 학생 6천여 명이 참가한 가운데 노동열사 추모식이 거행되었다. 이소선 어머님은 추모사를 통해 "5·1절이 폐지된 지 35년 만에 노동자의 날로 되찾게 된 것은 구속, 수배, 해고, 죽음을 무릅쓴 많은 노동자들의 노력 덕분"이라고 격려하였다. 행사에는 박종철 열사와 박창수 열사, 정경식 열사의 부모님 등 유족들이 참여하여 열사를 추모하고 뜻을 기리는 행사의 의미를 더욱 새겨 주었다.

이윽고 오후 1시 개회선언과 동시에 영남지역 노조와 각 지역노조연합의 깃발이 힘있게 입장하는 것으로 2부 본대회가 시작되었다.

이승필 대회 위원장(마창노련 의장)은 대회사에서 "1995년 임단투는 민주노총, 산별노조 건설을 앞두고 영남지역 노동자들이 선봉에서 임단투 승리! 산별노조 쟁취! 제3자개입을 대중적으로 선언, 실천해 나가자"고 힘주어 말했다. 이후 이어진 투쟁 연설에서는 산재·직업병 추방 및 그 투쟁에 대한 내용이 가장 주목을 받았다. 마지막으로 참석자들은 대구지역 가스폭발 참사로 목숨을 잃은 무고한 시민과 어린 학생들을 위해 묵념하고 특별결의문 낭독을 통해 '작업전 묵념, 모금운동, 헌혈운동' 전개와 함께 '김영삼 정권 퇴진운동'을 결의하였다.

끝으로 영남 노동자 6천여 명은 '제3자개입' 선언과 지역, 업종, 그룹을 뛰어 넘는 연대투쟁을 힘차게 결의한 뒤 본대회를 마치고 승리의 대행진에 들어갔다.

"사고 공화국의 부실공사에 희생된 분과 유가족에게 삼가 조의를 표합니다"라는 내용의 현수막을 펼쳐든 행진대열은 질서유지대와 방송차, 풍물문선대를 앞세우고 태화강 고수부지에서 시청으로, 시청에서 다시 고수부지로 긴 행렬을 이루어 많은 시민들의 호응과 박수를 받았다.24)

3. 불타는 전국 투쟁전선

쟁의발생 결의

1995년 전국 임단투의 불꽃은 현대자동차노조와 한국통신노조에서
부터 타오르기 시작하였다.

그리하여 현대자동차와 한국통신의 투쟁이 점차 뜨겁게 달구어지
던 5월 말부터 마창공투본 노조들의 쟁의발생 결의가 시작되었다. 쟁
의발생신고를 결의한 노조는 총 27개로 조사대상 33개 중 81.8%에 달
했다. 시기는 예년에 비해 앞당겨져 5월 하순경에서 6월 초순까지 집
중되었고, 결의율 역시 90% 이상이 16개(59.3%), 100%가 9개(37.5%)
에 달할 만큼 높은 투쟁수위를 나타냈다.

특히 이 시기에는 노조대표자의 체결권 시비로 교섭이 지연되었던
두산기계에서는 회사측이 5월 11일(3차) "노사화합을 선언하면 하기
휴가를 유급으로 해 주고, 그룹사 내에서 임금을 최고 인상하겠다"고
제시하였으나 다음날 조합원들은 이러한 회사측 안을 63% 반대로 부
결함으로써 위원장이 사임하게 되었다. 이렇듯 두산기계 노조 창원지
부가 회사측과 본조 집행부와의 노사화합 선언 기도를 분쇄함으로써
지역 임단투의 투쟁기풍을 바로잡고 이후 공동투쟁에 대한 자신감을
불러일으키는 계기를 마련해 주었다.

그러나 1995년 임단투에서는 산본을 비롯한 몇몇 노조를 빼고는 대

---

24) 5월 3일 오후 3시, 통일중공업노조(위원장 조철우)는 사내 민주광장에서 조합
원 700여 명과 유족, 지역의 노조 대표, 간부 등 지역 노동자 900여 명이 참
석한 가운데 고 이영일, 임종호 열사 임현수 조합원 합동 추모식을 가졌다.
또한 5월 7일 오후 2시 양산 솥발산 공원묘지에서는 박창수 열사 4주기 추모
식이 열렸는데 마창지역 20여 명을 비롯, 민주노총(준) 권용목 대표 등 150여
명의 노동자와 유가족이 참석하였다. 추모식 후 참가자들은 솥발산에 묻혀
있는 권미경 열사의 묘지도 참배했다.

체로 쟁의발생신고를 하고서도 준법투쟁을 적극적으로 벌이지 않았다. 특히 1995년과 같은 경기호황 국면에서는 잔업거부 투쟁이 위력적인 전술로서 구사될 필요가 있었으나 그렇게 되지 못해 아쉬움을 남겼다. 이는 단위노조 집행부의 의지와 노력이 부족한 탓도 크지만 자본의 신경영전략 등에 의해 노조의 현장 장악력이 떨어진데도 커다란 원인이 있었다.

한편 효성중공업, 기아기공, 두산유리, 두산기계, 대림자동차 등에서는 정부와 회사측의 부당한 노조탄압과 불성실한 교섭 태도로 인해 교섭이 무산 또는 지연되고 있었다. 이에 마창공투본은 5월 24일 지구별 체육대회를 열어 이들 노조를 위로하고 투쟁에 지친 심신을 땀으로 닦아주었다.[25]

현대자동차와 한국통신 노동자들 투쟁으로 떨쳐 일어서다

5월 12일 현대자동차에서는 양봉수 열사가 부당해고와 집단폭행에 항의해 분신하는 사건이 발생하였다.[26] 분노한 현대자동차 조합원들은(승용 1, 2, 3공장과 상용 4공장) 5월 13일부터 속속 전면파업에 들어갔고, 정문 앞과 본관 앞 잔디밭에서는 연일 현대자동차 조합원과 지역 및 전국 노동자들의 항의집회가 계속되었다.

한편 한국통신노조는 4월 22일부터 교섭이 시작되었으나 회사측의 노골적인 불성실 교섭으로 교섭은 계속 결렬되었다.[27] 이런 가운데 5

---

25) 12개 노조에서 약 200여 명이 참가하여 모처럼 동지들과의 경기를 통해 지친 심신을 땀으로 닦아 냈다.

26) 현대자동차노조 양봉수 열사는 2월 16일 2차 해고된 뒤 5월 12일 분신, 급히 병원으로 옮겨졌으나 사경을 헤매게 되었다.

27) 한국통신노조는 1994년 6월, 10여 년간의 어용노조 시대를 마감하고 민주노조시대를 힘차게 열었다. 노조는 1995년 4월 2일 보라매공원에서 1995년 임단투 전진대회를 열었는데, 여기에는 조합원 4만여 명이 참석하여 김영삼 정

월 16일 한국통신노조간부 64명에 대한 중징계 및 사법처리 방침이 발표되었다. 또한 대통령을 위시한 정부와 한국통신측은 연이어 강경 방침을 발표하고, 지도부에 대한 대대적인 검거령과 함께 압수수색 등 초강경 탄압을 자행하면서 일체의 대화마저 거부하였다. 특히 김영삼 대통령은 코앞에 다가온 자자체 선거에서 보수층의 표를 의식하여 한국통신노조를 "국가전복, 폭도" 운운하는 망언으로 매도하고 대대적인 여론공세를 퍼부으며 탄압을 정당화하려고 했다.

이에 전노협, 민주노총(준), 영남지역노조대표자회의, 현총련 등 전국의 노동자들은 탄압받는 한국통신노조와 현대자동차노조에 적극적인 지원지지 투쟁을 결의하고 나섰다.

그러자 파업 중인 현대자동차에 5월 19일 새벽 4시 경찰병력이 투입되어 분신대책위 지도부를 연행 구속하고 현총련과 영남지역노동조합대표자회의 지도부 20여 명에 대한 검거령을 내렸다. 마창공투본은 즉각 5월 19일 공권력 투입에 항의하는 각 단위노조별 규탄대회(중식시간 및 퇴근시간을 이용)를 조직하였다.[28]

특히 광주민중항쟁 15주년을 계기로 전국 민주노총(준)은 광주학살 책임자를 처벌하고 잘못된 역사를 바로잡기 위해 1995년 5월의 광주를 전국 노동자들의 투쟁열기로 가득 채우기로 하였다.

그리하여 5월 20일 밤 9시부터 조선대에서 전야제를 거행하고, 5월 21일 아침 망월동 묘역을 참배한 민주노총(준)은 5월 21일 오전 11시 광주역에서 노동자, 학생 등 3천여 명이 참가한 가운데 현대자동차노

권의 민주노조 파괴음모에 강력한 쐐기를 박는 계기가 되었다.

28) 현대정공 ⇒ 정문 앞 규탄집회, 잔업거부(1,400명), 통일중공업 ⇒ 임단투 보고대회 및 규탄집회(1,000명), 한양공영 ⇒ 임단투 보고대회 및 규탄집회(130명 참석), 타코마 ⇒ 교섭촉구 및 규탄대회(500명), 한국중공업 ⇒ 규탄집회(오후 5시와 7시, 2회), 대원강업 ⇒ 교섭 보고대회(아침)에서 상황보고, 웨스트 ⇒ 오전·오후 1시간 30분씩 두 차례 교육 및 보고, 기아기공 ⇒ 규탄집회 등.

조와 한국통신노조에 대한 탄압을 강력 규탄하고 광주학살 주범을 기소할 것을 촉구하는 전국 노동자 결의대회를 열었다. 그리고 본대회를 마친 뒤 참가자들은 시민들의 많은 관심 속에 광주역에서 도청을 거쳐 조선대까지 거리행진을 펼쳤다.

이러한 규탄투쟁의 여세를 몰아 한국통신노조는 5월 22일 명동성당 농성 그리고 5월 27일 조계사 농성을 각각 배치하였다. 이에 민주노총(준)은 당면투쟁을 범국민적으로 확산하는 것이 중요하다고 판단하고 5월 23일 종교계, 학계, 법조계 등 각계 각층의 지도자가 참가한 자리에서 당면한 노동현황을 설명하고 각계 각층의 시국선언 발표와 함께 범국민대책위원회의 구성을 제안하였다.

이에 따라 6월 1일 오전 10시 서울 기독교회관 2층 강당에서 범국민대책위원회가 결성되었다.29)

이승필 마창공투본 본부장 구속 영장 발부

한편 5월 22일 이승필 본부장에게 현대자동차 양봉수 분신투쟁과 관련하여 업무방해 혐의로 사전구속영장이 발부되었다.30) 그리고 곧이어 5월 26일 경찰이 이승필 본부장을 연행하기 위해 마창공투본 사무실과 본부장 자택으로, 5월 29일 마창공투본 사무실로 형사들을 투입하기에 이르렀다.

---

29) 공동대표 및 고문으로는 고영구(법조계), 김금수(노동계), 김중배(언론계), 김진균(학계), 문규현(종교계), 지선(종교계), 천영세(전국연합 공동의장) 등이다.

30) 5월 22일자『한국일보』는 이승필 영남지역노조대표자회의 의장 및 윤재건 현총련 의장 등을 비롯한 5~6명에게 현대자동차 정문 밖에서 마이크로 노동자를 선동한 혐의 및 업무방해 혐의로 사전구속영장이 발부되었다고 보도하였다. 제3자개입금지조항이 아닌 업무방해 혐의를 적용한 것은 '제3자개입선언' 투쟁의 성과로 보여진다.

이에 마창공투본은 마창노련 사무실에서 철야농성을 벌여나가는 한편 5월 27일 토요일 오후 2시 마산역 광장에서 마창 노동자 결의대회(노동운동탄압분쇄 및 95 임단투와 사회개혁투쟁 승리를 위한 마창 노동자 결의대회)를 열고 이승필 본부장에 대한 구속 방침 등 정부의 노동운동 탄압을 강력하게 규탄했다.

참가자들은 대회를 마친 뒤 성안백화점까지 거리행진을 펼치면서 시민들에게 한국통신과 현대자동차 사태의 진상을 알리는 선전물을 배포하고 이승필 본부장의 구속기도에 시민들이 나서 강력 항의해 줄 것을 촉구하였다. 또한 6월 2일에도 전 조합원이 마산, 창원 일대 5개 지역에서 동시다발로 대대적인 대시민 선전전을 전개하였다.

그 후 그러나 6월 6일 한국통신노조간부들이 농성 중인 명동성당과 조계사에 경찰병력이 투입되어 농성 간부 전원을 강제연행한 사태가 발생하였다. 군사독재정권하에서도 유린당하지 않던 민주화의 성지인 명동성당과 조계사를 문민정부를 자처하는 김영삼 정권이 유린한 데 대한 거센 분노와 저항으로 인해 종교계와 정부의 대결 국면이 심화되었다.[31]

마창공투본 소속 노조들은 6월 7일부터 13일까지 마창공투본 소속 노조는 각 단위노조별 규탄집회를 개최하였다.

한편 이렇듯 이승필 본부장 연행을 위해 사무실 및 자택을 급습하는 등 정부의 노동운동 탄압과 공안정국 조성 기도가 드러나자 마창노련 및 마창지역 각계 각층 민주단체들은 6월 9일 민주당 경남도지

---

31) 한국통신노조는 이후 노조의 방어력이 약해지면서 현장이 사측에 의해 장악되었고, 여러 악재가 돌출하면서 노조는 더욱 자신감을 잃어 회사측과 힘겨루기에서 밀리는 양상을 보였다. 그로 인해 7월 22일 82.2%로 쟁의행위를 결의하였으나 7월 28일 직권중재가 결정되고, 7월 30일 부산역에서 열린 전국집회에서 유덕상 위원장은 "눈물로 1995년 임투의 깃발을 내린다"는 마지막 연설 후 자수함으로써 한국통신노조의 1995년 임단투는 막을 내렸다.

부 사무실에서 50여 단체대표와 개인인사 등 70여 명이 참가한 가운
데 부당한 공권력 반대와 노동인권 보장을 위한 마산·창원 시민대책
위원회(이하 '마창시민대책위')를 발족하였다.32) 마창시민대책위는 김
영삼 정권의 노동정책이 민주주의의 후퇴를 넘어 과거 군사정권보다
더욱 심하게, 더욱 상식 밖으로 노동자를 탄압하고 있다면서 김영삼
정권의 반민주성을 폭로하고 규탄하였다.

발족식이 끝난 뒤 마창시민대책위는 마창공투본과 함께 노동부 창
원지방노동사무소를 방문해 정부의 탄압과 최근 남발하고 있는 노동
부의 부당한 행정지도를 규탄하고, 효성중공업노조의 부당노동행위
고발 건을 이유없이 계속 미루고 있는 노동부의 행위를 강력 항의했
다. 시민대책위는 다음날인 6월 10일 대대적인 시민 선전전을 통해
정부의 노동자 탄압을 규탄하여 시민들의 열띤 반응을 얻어냈다.

현대자동차 양봉수 열사와 대우조선 박삼훈 열사 추모

한편 5월 12일 분신 후 대구 동산의료원에서 투병하던 현대자동차
해고자 양봉수(28) 열사가 입원 32일 만인 6월 13일 오전, 끝내 숨을
거뒀다. 경찰은 2백여 명의 병력을 투입해 양봉수 열사의 주검을 영
안실로 옮겼으며 이를 저지하던 박용선 대구지역노동조합연합 의장
과 이을숙 동산병원노조 위원장 등 4명을 연행했다.

마창공투본과 마창시민대책위는 6월 16일 오후 6시 창원 중앙체육
공원에서 마창공투본 소속 조합원 2천여 명이 참가한 가운데 '고 양봉
수 열사 정신계승과 1995 임단투 및 사회개혁투쟁 완전쟁취를 위한

---

32) 공동대표 : 6명(김영만 마창연합 상임의장, 김종덕 경남대 교수, 김윤규 마창
    연합 공동의장, 박재혁 민주당 마산회원구 지구당위원장, 장민현 신부, 이영
    주 전국교직원노조 경남지부장), 집행위원장 : 박성철 경남노동자협의회 사무
    국장.

마창 노동자 총력투쟁 결의대회'를 열고 공투본 소속 노조의 모든 힘을 결합하여 투쟁할 것을 선포했다.

양봉수 열사 정신계승 추모식에 이어서 2부 본대회에서 마창시민대책위 김윤규 공동대표는 김영삼 대통령 탄핵소추 국회청원 서명운동을 대대적으로 벌여나가겠다고 밝혔다. 3부 문화공연의 열띤 호응 속에서 총력투쟁 결의대회는 활활 타오르는 불글씨처럼 투쟁열기를 뜨겁게 달군 채 끝이 났다.

이후 마창시민대책위는 6월 22일 마창공투본과 함께 마창지역 시내 중심가에서 김영삼 대통령 탄핵소추 국회청원 서명운동과 시민 선전전을 전개하였다.

김영삼 대통령이 한국통신노조를 매도하면서 '국가전복' 운운한 것은 대통령 스스로 사회적 갈등과 분쟁을 통합조정하기는커녕 오히려 한쪽 입장의 선두에 서서 온갖 갈등과 분쟁을 증폭시키고 무참하게 노동자의 기본권을 유린한 것이 분명하였다. 따라서 이는 대통령으로서의 임무를 명백하게 위반한 것이므로 김영삼 대통령을 탄핵소추하는 국회청원운동을 전개하기로 한 것이다.

뿐만 아니라 6월 8일 ILO(국제노동기구) 총회에 참석한 박종근 한국노총 위원장은 '한국통신, 현대자동차 사건의 진상'을 발표하는 자리에서 "일부 불법적인 파업이 정부에게 노동자의 권리를 탄압하는 구실을 제공해 노조운동에 장애가 되고 있다"면서 한국통신과 현대자동차 노동자들의 투쟁을 왜곡한 내용을 회의에 참석한 각국의 노조대표에게 홍보하였다. 이에 7월 5일 민주노총(준) 마창공투본 소속 노조 간부 25명은 한국노총 경남도본부(창원 중앙동)를 항의방문하고 한국노총 박종근 위원장의 망언을 규탄하고 항의하였다.

한편 6월 21일 대우조선에서 박삼훈 열사가 분신 사망함에 따라 마창 시민대책위는 6월 29일 대우조선에서 엄숙하게 치뤄진 고 박삼훈

열사 전국노동자장에 참석하여 3천 명의 노동자들과 함께 고인의 넋을 기렸다.[33)

4. 폭염도 녹여낼 만큼 뜨거웠던 파업투쟁

산재·직업병 추방의 달

1995년 들어 자본측은 신경영전략 등 경영합리화 정책의 일환으로 노동강도를 강화함으로써 1994년 한 해 동안 산재로 사망한 노동자가 2,700여 명에 이르는 등 심각한 지경에 이르게 되었다. 이에 대한 노동자들의 경각심을 높이고 자본측에 산재추방을 촉구하기 위해 마창노련과 노건연대회의는 7월 산업재해 추방의 달 공동사업과 일반 건강검진의 의료보험 이관에 대한 대응 등에 대해 논의하고 '7월 산재·직업병 추방의 달 공동사업추진위'를 구성하였다.[34) 주요사업으로는 17개 노조에 건강검진 실태조사사업(12개 사업장에서 특수 검진검사) 하는 등 다양한 사업을 전개하였다.[35)

---

33) 대우조선의 고 박삼훈 열사(41세)는 6월 21일 대우조선 회사측의 노조탄압에 항거해 분신 사망하였다. 대우조선은 그동안 신경영전략이란 미명하에 현장의 노동통제와 노동강도를 강화하면서 노조 주최 집회 참석을 조직적으로 방해하는 등 온갖 수단과 방법을 동원하여 노조활동을 탄압하였고, 고 박삼훈 열사는 회사측 탄압에 대한 분노와 회사측 탄압에 짓눌려 노조를 중심으로 단결하지 못한 조합원에 대한 안타까움에서 분신을 결행하였다.
34) 참가단체는 민주노총 마창(준), 마창·거제 노동과 건강을 위한 연대회의, 경남노동자협의회, 마창 민주노동자협의회, 마창 노동자풍물패연합, 노동자문화예술단체협의회(베꾸마당, 소리새벽) 등이다.
35) 그 밖의 사업으로는 '사업장 순회 사진전시회', 만화 대자보, 현수막 부착(각 단위노조와 시내 공동 5군데), 시민선전전(7/12), 조합원 선전물(부채) 제작 배포, 통신 사업 등이다.

'죽음의 행진'은 이제 그만!
하루에 7~8명이 죽어가는 산재 공화국. 마창 노동자들이 7월 마산 창동에서 산재추방 가두행
진을 벌이고 있다.

1995년 7월 5일 창원 중앙동 대한가족계획협회 경남지부 강당에서는 17개 노조 및 단체회원 100여 명이 참석한 가운데 '신경영전략이 노동자에게 미치는 영향'이라는 주제로 토론회가 열렸다. 김정호 마창노련 교선국장의 주제발표에 이어 기계금속, 전기전자, 조선업종 등 업종별 사례발표를 통해 노동자 건강에 대한 새로운 관심을 불러일으켰다. 마지막으로 최기용 노건연대회 공동대표는 "자본측의 신경영전략에 따른 노동통제와 노조무력화에 적극적으로 대응하지 못한 점을 인정하고, 앞으로는 작업환경 개선, 노동시간 단축 등 산업안전보건 활동의 강화로 자본가의 노동강화정책에 맞서자"고 주장했다.

또한 7월 14일 창원대학교 봉림관에서는 제 5회 민주노총 건설과 산업재해 추방을 위한 마창 노동자 문화한마당(17개 노조, 300여 명 참석)이 열려 산재추방을 위한 단위노조별 문화 경연대회 및 문화공

연(베꾸마당 풍물 판굿, 소리새벽 노래공연, 노동자풍물패연합 극 공연)이 펼쳐졌다. 이를 통해 조합원들은 산재·직업병의 심각성을 현실적으로 직접 각성하는 계기가 되었다.

10개 노조 파업투쟁, 부분파업 전술 압도적

6·27 지자체 선거를 전후로 마창지역 임단투는 본격적으로 투쟁기에 돌입하였다.

쟁의발생신고 24개 노조 중 쟁의행위를 결의한 14개 노조(58.3%)를 시기와 결의율로 나누면, 시기는 6월 20일부터 30일까지가 7개 노조로서 전체 14개 중 절반을 차지하고, 9개 노조(64.3%)가 6월 20일부터 7월 10일 사이에 집중적으로 투쟁에 돌입하였다. 쟁의행위 결의는 14개 노조 전체가 조합원 임시총회를 통해 의결하였는데 10개 노조(71.4%)가 80% 이상의 결의율을 보여 조합원의 높은 투쟁의지를 엿볼 수 있었다.

그런데 한양공영(창원지부장 김정철)은 60%라는 낮은 결의율에도 불구하고 약 일 주일간의 파업을 전개한 반면, 높은 결의율을 보인 타코마(97.5%)와 효성중공업(97%)은 파업에 돌입하지 않아 대조를 이루었다.

예년과 비교해 보면 공투본이 구성되지 못했던 1991년부터 1994년까지는 전반적으로 쟁의집중 시기가 분산되거나 늦춰지는 경향이 있었으나 1995년에는 시기집중 정도가 한층 강화되었다. 그리하여 쟁의행위를 결의한 노조 중 62.5%(15개 노조)가 6월에 집중되었고, 파업시기도 파업노조의 60%(전체 10개 파업노조 중 6개 노조)가 6월 15~30일 사이에 집중되어 투쟁을 전개한 것으로 나타났다.

이와 같은 결과로 미루어 볼 때 1995년 들어 쟁의시기를 집중하는데 단위노조 차원에서 많은 노력을 기울였다는 것을 알 수 있다.

　그 중 전면파업에 들어간 노조는 10여 개 노조이며, 시기는 6월 하순에서부터 9월초까지로 나타났다. 그리고 파업기간은 한양공영이 8일로 가장 짧고, 한국중공업이 47일로 가장 길었다.[36)]

　10개 노조의 파업돌입과 타결일자를 도표화하면 다음과 같다.

【표】 1995년 파업투쟁 10개 노조의 파업시기 현황표

노조	6/13	6/21	6/22	6/26	6/29	6/30	7/3	7/8	7/10	7/20	7/21	8/4	8/5	8/18	8/25	9/6
쌍차	■	■	■	■	■	■	■	■	■							
통일		■	■	■	■	■	■	■								
신동		■	■	■	■	■	■	■	■							
한양			■	■	■											
산본				■	■	■	■	■	■							
대림						■	■	■	■	■						
성전							■	■	■	■	■	■	■			
한중									■	■	■	■	■	■	■	
대한											■	■	■			
두산														■	■	■

　그런데 1995년 파업투쟁에서는 예년에 비해 특히 부분파업 전술이 압도적으로 많았다. 신동광학과 산본이 회사측의 직장폐쇄에 따라 자동적으로 전면파업에 들어갔을 뿐, 기타 파업노조는 부분파업과 전면파업을 번갈아 전개하거나, 부분파업을 진행하다가 뒤에 전면파업에 들어갔다. 이처럼 부분파업을 선호하고 전면파업을 피해가는 양상이 두드러진 것은 공동투쟁에 대한 불확실한 전망으로 인해 안게 되는 부담(특히 중소기업 노조)이 주요한 원인으로 작용했다고 볼 수 있다.[37)]

---

36) 파업기간(전면파업뿐 아니라 잔업, 특근, 철야거부에서부터 1~4시간에 걸친 부분파업, 집회투쟁, 징검다리 정상조업 날짜, 그리고 회사측의 직장폐쇄 일자까지 포함)은 한양공영(8일), 통일중공업(13일), 산본(13일), 대한화학기계(16일), 신동광학(20일), 두산기계(20일), 대림자동차(21일), 쌍용자동차(28일), 성전(33일), 한국중공업(47일) 등이다.

중소사업장의 파업투쟁 공동전선과 대기업노조의 개별화

마창지역 공동임단투에서는 대기업노조들이 내부적 조건에 따라 투쟁일정을 변경하고 공세적인 투쟁 방침과 전술을 포기함으로써 철저하게 개별화되는 양상을 나타냈다. 다시 말해 한국중공업과 효성중공업노조의 투쟁일정은 자본의 공세와 노조의 내부 사정으로 대폭 미루어졌고, 6월 29일에는 현대정공노조가 쟁의행위 결의를 직전에 두고 임단투를 타결지었으며, 7월 3일에는 통일중공업노조가 53%의 낮은 찬성율로 타결되었다.[38]

그 대신 신생노조인 쌍용자동차노조 창원지부(지부장 최상권, 350명 조합원, 1995년 3월 31일 출범)가 6월 13일 쟁의행위를 결의한 뒤 투쟁에 돌입하였다. 쌍용자동차노조는 마창공투본에서 주최하는 각종 회의화 행사에 참여하는 것은 물론 지역 민주노조진영과의 연대활동도 꾸준히 벌여나가, 신생노조의 투쟁열기를 지역 노동자들에게 과시하였다. 조합원 대다수가 20~25세의 젊은층인데다가 노조간부들이 회사쪽 관리자들과 싸움과정에서 밀리지 않고 현장 장악력을 높여 낸 결과였다. 그러나 무엇보다 노조간부들이 꾸준한 현장순회와 홍보물 배포를 통해 조합원들과의 거리를 좁혀 낸 것이 투쟁의 원동력이 되었다.

뒤를 이어 6월 20일에 통일중공업노조, 한양공영 창원지부, 신동광학 등에서, 그리고 6월 24일 산본에서 각각 쟁의행위를 결의한 직후 투쟁에 돌입하여 전면파업과 부분파업을 번갈아 구사하며 투쟁열기

---

37) 지난 몇 년간 지역 민주노조운동이 침체에 빠지면서 합법주의 경향이 강화된 데 그 원인이 있다고 보는 견해도 있다.
38) 통일중공업노조는 해고자 복직 합의(6/9)에도 불구하고 임단협 요구가 받아들여지지 않자 6월 20일 90. 5% 찬성으로 파업을 결의하고 부분파업과 전면파업에 들어갔다.

를 높였다.39) 그 중 한양공영노조 창원지부(조합원 130명, 타워크레인과 엘리베이터 생산)는 1994년 10월 전 집행부가 사퇴함에 따라 보궐선거에서 김정철 지부장이 선출되었다. 이후 노조는 마창공투본에 가입하여 마창공투본의 떠오르는 샛별로 손색이 없을 정도로 적극적이고 선도적인 활동을 펼쳤다.

그리고 타코마 노조는 6월 20일 쟁의결의 직후 파업에 들어가지 않는 대신 조합원들이 자발적으로 잔업거부에 들어갔다. 그런가하면 6월 27일 신동광학,40) 7월 1일 산본에서 각각 회사측의 직장폐쇄로 인해 노조측이 자동파업에 돌입하는 등 중소노조들의 적극적이고 완강한 투쟁이 지속되면서 지역전선은 이들 중소사업장을 중심으로 형성되었다.

6월 28일 저녁 7시 산본노조에서는 산본, 한양공영, 두산기계 노조 등 40여 명의 간부가 모여 공동 철야 프로그램을 진행하며 공동투쟁의 기운을 높였다. 그동안 공투본 소속 노조들은 임단투 준비기에서부터 통일중공업과 한국중공업의 공동수련회, 한국화낙과 쌍용자동차, 한양공영의 3사 공동수련회, 그리고 공동교육 등을 통해 다양한 공동투쟁을 실천해왔다.

---

39) 특히 산본노조는 1995년 5월 보궐선거로 당선된 윤종현 노조위원장을 비롯한 6대 집행부를 중심으로 270여 조합원들이 똘똘 뭉쳐 노조 역사 7년 이래 최대의 임투 분위기로 고조되어, 동종업체인 시티즌정밀과 카시오의 교섭석상에서도 산본의 진행에 민감한 반응을 보일 정도로, 수출지역 전체에 활력을 불어넣었다.

40) 신동광학은 차룡단지에 위치한 쌍안경과 조준경 생산 중소사업장(남자 44명, 아줌마 62명 등 총 144명 조합원)으로서 1988년 노조결성 이후 가장 조합원의 단결력이 높아 파업에까지 돌입하였으나 처음 당해 보는 기습적인 회사측의 직장폐쇄에 약간은 당황하고, 약간은 분노한 채 6월 28일 회사측 봉쇄망을 뚫고 전 조합원이 출근하여 공장 안마당에서 천막을 치고 농성에 들어가 7월 8일까지 천막농성을 계속하였다.

그러나 6월 29일 한양공영 창원지부의 타결에 이어 7월 6일 직장폐쇄 철회에 따라 정상조업에 들어간 산본노조가 7월 8일 타결되고, 7월 10일에는 신동광학노조와 쌍용자동차노조(중앙노동위에 일방중재를 신청함에 따라)가 각각 타결됨으로써 6월 하순 본격화되었던 5개 중소사업장들의 투쟁은 7월 10일을 고비로 타결 분위기로 바뀌었다.

특히 산본노조는 집행부와 조합원의 일사분란한 단결과 높은 투쟁 열기, 다양한 전술 등을 통해 승리적인 분위기 속에서 임단투를 마무리함으로써 단위노조 임단투의 모범을 보여주고, 그동안 침체상태에 빠져 있던 수출지역 민주노조운동의 분위기를 쇄신시키고 활력을 불어넣는 중요한 계기로 작용하였다.

공투본 상황실 조사에 따르면 7월 5일 현재 전체조사 대상의 45.3%인 24개 사업장이 임단협을 마무리했고 평균 타결율이 9.5%(기본급 평균 5만3천9백77원)로 대부분의 타결노조가 정부의 임금억제선을 넘어선 것으로 분석되었다.

그러나 투쟁은 여기서 끝나지 않고, 마치 이어달리기 경주를 하듯 하반기 투쟁이 새롭게 시작되었다.

대림자동차, 성전, 한국중공업노조 등의 파업투쟁

대림자동차노조가 6월 29일 파업결의 이후 부분파업과 전면파업에 돌입하고, 성전노조도 7월 3일부터 부분파업에 돌입하여 마창지역에는 하반기 투쟁이 새롭게 시작되었다.[41] 또한 타코마노조도 7월 10일부터 전 조합원이 철야농성투쟁(사실상 파업)으로 투쟁의 강도를 높

---

41) 성전노조는 일찍이 3월 6일 단협 1차 교섭, 4월 10일 임금 1차 교섭을 시작하였으나, 회사와의 교섭에 진전이 없게 되자 6월 28일 조합원총회에서 90.4%의 높은 찬성률로 쟁의행위를 결의하고 7월 3일부터 1~2시간 부분파업에 돌입하였다.

이는가 하면, 7월 13일에는 대림자동차노조가 전면파업에 들어가게
되었다.[42]

이로써 마창지역에는 7월 들어 또다시 전운이 감돌기 시작하였다.

성전노조는 산본과 함께 수출지역에서 파업투쟁의 깃발을 힘차게
나부끼면서 역내 선전전 및 출근집회와 출근투쟁 등을 힘차게 전개하
여 수출지역에까지 투쟁열기를 북돋았고, 이에 마창공투본 5지구(시
티즌정밀, 산본, 웨스트)는 대표자들의 지원방문(7/19)과 투쟁기금 모
금 등으로 성전노조를 집중지원하였다.

그러나 무엇보다 한국중공업노조(김창근 위원장)가 7월 10일부터 4
시간 부분파업에 들어가게 되자 한 여름의 폭염보다 더 뜨거운 투쟁
열기가 확산되었다.[43]

그동안 한국중공업노조는 1992년 이후 3년 동안의 무쟁의와 그동
안 사측의 보이지 않는 경영혁신 운동과 각종 교육 등으로 조합원 의
식이 상당히 취약한 상태였다. 그러나 1995년 들어서 민주노총 건설
과 지자체 선거 등으로 투쟁의 호기를 맞았다고 판단한 노조는 1995
년에는 기필코 조합원 저변에 잠재해 있는 투쟁력을 되살려 일방중재
조항을 반드시 철폐해내기로 하였다. 일방중재는 노사 자율교섭을 파

---

42) 대림자동차노조는 7월 13일 손해배상청구소송에 대비한 소송고지 보조참가
    전술을 위해 전 조합원으로부터 서명을 받고 쟁의기금 1만 원 모금을 결의하
    는 등 투쟁열기를 드높였다.
43) 한국중공업노조는 5월 12일 1차교섭 이후 회사측의 무성의한 교섭에 분노하
    여 5월 31일(대의원대회) 쟁의발생을 결의하였다. 높은 쟁의발생 결의율
    (98%)에 힘을 얻은 노조는 간부들의 조기 출근투쟁, 매일 아침 대의원 주재
    조합원 조회 실시 등 조직적 결속을 다져나갔고, 현장에 풍선달기, 부서별 현
    수막 걸기 등을 통해 현장조합원들의 투쟁분위기를 고조시켜 나갔다. 그리고
    7월 3일부터 상근간부 전원이 밤샘농성을 계속하였다. 이렇게 두 달 동안이
    나 벌인 20여 차례의 교섭에서도 진전의 기미가 보이지 않자 분노한 조합원
    들은 7월 6일과 7일 3,031명(87.5%)의 찬성으로 파업을 결의하였다.

괴함은 물론 헌법에도 보장된 단체행동권을 묶는 악법조항으로 반드시 개정해야 할 핵심사항이었다. 특히 정부의 공기업 민영화에 대한 검토가 진행 중인 상황에서 예상되는 민영화의 각종 부작용에 대하여 노조가 조직적 대응을 펴 나가기 위해서라도 반드시 일방중재는 철폐되어야만 했다.

한국중공업 조합원들은 7월 10일부터 계속된 전 조합원 집회에 매회 3천여 명씩 꾸준히 참석하면서 일사분란하게 4시간씩의 부분파업에 임하였고, 이를 바탕으로 전 노조간부들은 회사측 물량반출에 대비하여 밤샘농성을 계속하였다. 또한 노조는 전 사원(비조합원 포함)과 중간관리자, 협력업체, 가족과 지역주민 등 각계 각층에게 투쟁의 정당성과 노조의 입장을 올바로 이해시키기 위한 홍보선전물을 제작 배포하였다. 뿐만 아니라 조합원은 직접 거리에 나가 시민들에게 유인물을 배포하기도 하는 등 홍보선전 작업을 중점적으로 실천하였다.

'복직이 아니면 죽음을!' 기아기공 쇠사슬과 고공 농성 결사투쟁

한편 기아기공은 4월 26일 1차 교섭에서부터 회사측이 해고자 복직은 교섭대상이 아니라면서 한 번도 교섭에 응하지 않았다. 이에 해고자 5명은 중대 결단을 내리고 6월 20일부터 본공장과 남산공장 정문에서 쇠사슬로 몸을 묶고 '복직 아니면 죽음'을 달라면서 무기한 결사 농성투쟁에 들어갔다.44)

그러나 3개월이 지난 7월에 들어서도 회사측은 여전히 교섭에 얼굴 한 번 내놓지 않았다. 이에 성실교섭을 촉구하기 위해 노조는 잔업,

---

44) 해고자 5명 중 류창호, 조춘래, 정기호 3명은 본공장 중앙 쇠기둥에, 하진병, 조병도 2명은 남산공장 정문 입구 울타리에 쇠사슬로 온 몸을 묶은 채 농성하였고, 회사측은 이들 5명을 포함 해고자 11명에 대해 업무방해 및 특수주거 침입 등의 혐의로 6월 20일 창원경찰서에 고소하였다.

"복직이 아니면 죽음을!"
기아기공(현 기아중공업) 해고자 5명은 1995년 6월20일부터 본공장과 남산공장 정문에서 복직을 요구
하며 '쇠사슬 농성'을 벌였다.

특근, 철야 등을 거부하였고(6/26~7/1), 해고자 3명(김윤규, 김수한조 병도)도 7월 7일부터 정문 앞 단식농성에 들어갔다. 이로써 쇠사슬 농성자 5명을 포함하여 해고자 8명이 결사투쟁에 돌입하게 되었다.

그러나 회사측은 7월 10일 해고자 13명에 대한 고소고발과 노조간부 12명에 대한 징계위원회 회부를 통보했다. 이에 분노한 노조는 7월 12일 김헌주 노조위원장과 임상득 반월 지부장 2명이 조합원 중식 집회를 마친뒤 조합원들이 지켜보는 가운데 기아기공 본 공장 내에 있는 40미터 높이의 취수탑에 올라가 무기한 단식농성에 들어갔다.

그리고 때를 맞춰 해고자 10여 명(회사 정문 앞에서 6일째 단식농성을 벌이고 있던 해고자와 23일째 쇠사슬 농성을 벌이고 있던 해고자들)도 7월 13일 새벽 2시경 기습적으로 공장 안으로 들어가 2차 쇠사슬 농성투쟁을 전개하기에 이르렀다.

이렇듯 기아기공 노조가 극한 투쟁에 들어감에 따라 마창공투본은 마창시민대책위와 함께 기아기공노조에 대한 다각적인 지원, 연대투쟁을 전개하여 투쟁전선을 확대, 강화시키고자 하였다.

마침 이 시기에는 마창공투본 소속 노조들의 파업투쟁이 7월 10일로 잠깐 일단락 되면서 위력적인 투쟁전선은 세워지지 못했으나 그 대신 타결노조들의 지원방문이 활발하게 줄을 잇고 있었다.[45] 이러한 지원방문과 연대투쟁에 힘입어 조합원들의 투쟁열기도 서서히 달아오르기 시작하였다.

그리하여 7월 20일 전 조합원들은 4시간 조퇴투쟁을 전개하고 거리로 나와 기아기공 사태의 진상을 시민들에게 알리고, 다음날인 7월 21일에는 '기아노동자 한마당' 잔치를 개최하였다. 초청을 받은 기아자동차노조 간부 30여 명과 공투본 소속 노조간부 100여 명은 회사측의 봉쇄를 뚫고 회사 안으로 들어왔고, 농성자들과 조합원들의 열렬한 환호를 받으며 함께 어울려 한마당 잔치를 즐겼다.

기아기공의 한 해고자는 마창공투본 동지들에게 이렇게 말했다. "우리는 결코 질 수 없습니다. 왜냐하면 우리는 인간이고 김재복은 짐승이기 때문입니다. 해고자들이나 가족들과 마주치는 것이 겁이 나서 폭력깡패들의 호위를 받으며 개문으로 들락거리는 자(김재복 사장을 지칭함)가 어떻게 사람입니까?"

실제로 김재복 사장은 경찰력이 투입되기 며칠 전 일본으로 출장을 떠나면서 단식을 하고 있는 해고 노동자들을 짐승에 빗대어 "배고프면 내려오겠지, 내버려 두라"는 말을 내뱉았다.

또한 같은 날 오후 3시에는 한국중공업노조에서 노조 창립 8주년을 맞아 공투본 소속 노조간부 100여 명과 조합원 3,500여 명이 참석한

---

45) 마창공투본 및 시민대책위에서 50~100여 명이 7/13, 7/14, 7/18, 7/19, 7/21 등 다섯 차례에 걸쳐 지원방문을 실시하고 투쟁지원금을 모금하였다.

가운데 기념식 및 총력투쟁 결의대회를 개최하였다. 김창근 위원장의 대회사에 조합원들은 열렬한 환호와 힘찬 결의로 화답했고 대회를 마친 3천여 명의 조합원들은 '전 조합원 1일 밤샘농성'에 참가했다.

이렇듯 기아기공 노조와 한국중공업노조의 투쟁이 갈수록 뜨거워지는 가운데 7월 20일 대림자동차노조는 위원장 직권조인이라는 석연찮은 마무리 과정을 밟으며 투쟁을 매듭지었다.

그러나 7월 22일 새벽 4시경, 기아기공 농성장에 500여 명의 경찰병력이 투입되어 쇠사슬 농성과 단식농성을 전개하던 해고자 및 노조간부 34명 전원을 연행하고 이 중 10여 명을 구속하였다.[46]

마창공투본은 즉각 출근시간 전에 창원경찰서 앞에서 기아기공에 대한 공권력투입을 강력히 규탄하고 구속, 연행 노동자의 전원 석방을 요구하였다. 그리고 태풍으로 인한 피해복구가 한참인 가운데, 7월 26일 오후 6시 마창공투본은 시민대책위와 함께 기아기공 옆 체육공원에서 600여 명의 참석자들과 함께 '기아기공 폭력경찰 투입 및 단병호 전노협 중앙위원 구속(7/15) 규탄대회'를 개최하고 3개월째 교섭에 얼굴 한 번 안 내비쳐 장기농성을 유발하고도 모자라 경찰병력 투입까지 요청한 기아 자본측을 강력 비난하였다.

한국중공업노조의 여름 휴가 출근투쟁과 경영진 퇴진 투쟁

7월 말부터 8월 초순까지의 여름휴가 기간 동안 타코마 노조가 7월 26일 장기간의 임단투를 마무리하고 성전 노조도 8월 3일 노사 잠정합의안이 부결되었으나 재교섭 끝에 다음날 8월 4일 타결되었다.

---

46) 연행자는 김헌주 위원장과 임상덕 반월 지부장, 그리고 해고노동자 12명과 노조간부 20명 등 총 34명이다. 이 중 장초 전 위원장 등 10명의 해고자는 구속되었고, 그리고 김윤규, 전병환 등 2명의 해고자는 구류, 김헌주 위원장을 비롯한 5명의 노조간부는 불구속 조치되었다.

그러나 한국중공업에서는 여름휴가(7/30~8/3)가 가까워오면서 회사측의 직장폐쇄 협박, 노조간부에 대한 고소고발 및 손해배상청구[47] 등의 공세가 강화되었고, 이에 맞선 노조의 대응 역시 조합원들의 피고보조 참가 신청 서명운동과 여름 휴가 출근투쟁 등으로 뜨겁게 달아올랐다. 조합원들은 500여 명씩 각 지구대별로 여름휴가 5일 동안 가족과 함께 회사로 출근하여 휴가와 투쟁을 동시에 전개하였다.

이러한 휴가투쟁을 통해 한국중공업노조는 다시 한번 조직력을 강화하고, 체력을 보충한 뒤 투쟁에 대비하는 효과를 거두고 새로운 투쟁에 돌입하였다.[48]

그것은 다름 아닌 '경영진 퇴진 투쟁'이었다. 회사측은 언론을 이용하여 1,800억 경영손실과 적자경영의 책임을 노조의 파업으로 떠넘겨 임금삭감과 성과금 미지급 등의 명분으로 악용하려 하였다.[49] 이에 노조는 이를 역이용하여 경영손실과 적자경영에 대한 책임을 지고 이

---

47) 7월 26일 회사측은 김창근 위원장, 임병섭 부위원장, 강용표 교선부장을 노동쟁의조정법 및 업무방해 혐의로 창원경찰서 및 창원지방노동사무소에 고소하고, 이어서 7월 29일에는 노조 상집 부장, 차장 및 대의원 등 노조간부 26명과 노조를 상대로 손해배상 10억 청구소송을 창원지법에 제기하였다.

48) 7/30(일) 1지구대, 7/31(월) 2지구대, 8/1(화) 3지구대, 8/2(수) 4지구대, 8/3(수) 5지구대별로 출근하였다. 한국중공업 사내에는 사원복지를 위한 수영장도 있고, 테니스장, 헬스클럽 등의 기본시설이 갖추어져 있었고, 새파란 잔디로 포장된 운동장도 있어 조합원들이 자녀들과 함께 여름 휴가를 즐길 수 있었다. 노조는 천막촌을 마련하고, 수영대회, 가족 노래자랑, 물풍선 터뜨리기, 수구대회 등 조합원 가족과 함께 할 수 있는 각종 프로그램을 마련하였다. 8월 5일에는 하기휴가 결산 겸 조합원 가족과 함께 밤샘농성에 들어가 투쟁결의를 다졌다.

49) 조선일보 8월 4일자에는 "한중, 1천2백만 불 클레임당해"라는 제하의 기사가 실렸다. 감사원의 집중감사로 한중 이수강 사장이 사표를 제출하는 등 소동을 벌인 데 이어, 이번에는 사우디 담수화 플랜트 및 발전설비 납품과정에서 철구조물에 중대결함이 발생하여 클레임을 제기당해 1천2백만 불 상당의 손해를 입었다는 것이 밝혀졌다는 보도였다.

수강 사장을 비롯한 경영진이 퇴진할 것을 요구하기로 한 것이다.

노조는 시민들에게 "국민의 혈세로 가꾸어진 공기업을 부실경영, 적자경영 해 온 무책임한 경영진이 물러나야 하고, 그러기 위해서는 국민의 도움이 필요하다"고 호소하면서 8월 7일 3천여 명의 조합원들이 거리로 나가 시민들에게 회사측에 항의전화를 하도록 호소하고 조합원 차량에 소자보를 부착하고 차량홍보전을 전개하는 등 대대적인 선전전에 돌입하였다.

그러나 8월 9일 무노동무임금을 적용하여 40~50%가 줄어든 월급봉투를 받은 조합원들은 생존의 위협감을 느끼지 않을 수 없었다.

이제는 결단을 내려야 할 시기가 다가온 것이다.

한편에서는 전면파업과 상경투쟁을 주장하는 목소리가 커져갔고 또 다른 한편에서는 전면파업은 고소고발, 손해배상청구 등으로 운신의 폭이 좁아진 노조 집행부를 구속하고 노조를 약화시키려는 회사측의 의도에 말려드는 것이라는 반론이 전개되었다.

마창지역 임단투 8월의 폭염속에서 더욱 뜨겁게 타오르다

이렇듯 한국중공업에서 회사와 언론의 왜곡선전이 반대로 경영진 퇴진운동으로 발전되고, 이러한 노조측 호소가 점차 시민들과 여론의 힘을 얻어 조합원들의 투쟁수위가 점차 강화되자 8월 10일 회사, 안기부, 검찰과 경찰, 노동부 등은 관계기관대책회의를 열고 이번에는 협력업체들을 동원하여 노·노 갈등 부추기에 나섰다. 그리하여 8월 10일 협력업체협의회는 노조측에 정문 봉쇄에 대한 강력한 협박성 공문을 보냈으나,50) 노조는 유인물을 통해 같은 노동자임을 강조하면서

---

50) 협력업체 협의회 공문 : ① 귀사와 협력업체는 완전 별개의 업체로 우리의 생계유지를 분명히 방해하고 있음에 향후 우리의 생존권 유지를 위해 각 매스컴 통보는 물론 어떠한 민형사상의 법적 대응도 불사하겠다. ② 금후 작업중

적극 협조를 호소하였다.

그러나 8월 11일 정문을 지키던 조합원들이 하청업체 노동자들의 출근 차량을 매립지 주차장과 사내 중앙 주차장으로 유도하는 과정에서, 일부 하청업체 직원들이 통제에 따르지 않고 (고의로) 차를 주차장 입구와 정문에 세워둔 채 내려버려 차량이 도로에까지 늘어서는 일이 발생하게 하였다. 그런데 이를 두고 MBC-TV가 "노조가 정문을 차단하여 하도급 출입을 봉쇄하였다"라고 왜곡 보도하자 노조는 "당일 상황은 사내 협력업체 직원들이 행한 행동"임을 밝히고 MBC-TV에 정정보도를 강력하게 촉구하는 동시에 시민들에게 사건의 진상을 대대적으로 알리는 홍보물을 배포하였다.

이렇게 한국중공업노조가 투쟁이 점차 투쟁수위를 높이는 가운데 8월 12일 두산기계노조가 쟁의행위를 결의하고 부분파업에 들어감으로써 임단투 막바지의 열기를 달구어 갔다.[51]

이렇듯 한국중공업과 두산기계와 더불어, 기아기공, 두산유리, 삼미금속 등 마창지역 임단투는 8월 중순이 되어서도 끝이 나기는커녕 더욱 거세게 투쟁으로 치달았다.

이에 전국 및 마창공투본은 한국중공업노조 및 투쟁노조에 대한 지원방문을 조직화하고, 언론보도 및 각종 투쟁지지 광고, 지지 팩스보내기 등 다각적 지원활동을 전개하고 공권력 투입시 잔업거부 등 공

지 요청 등 일체의 요구사상은 정식공문으로 요청 요망한다. ③ 이후 이로 인한 협력업체 종업원의 어떠한 과격한 행동 야기는 물론 모든 손실은 귀측에서 분명히 책임 보상해 줄 것을 강력히 요망한다.

51) 두산기계는 회사측의 노조대표자 체결권 시비와 위원장 불신임으로 인해 교섭이 중단, 노조는 6월 5일 정용국 위원장을 56.5% 지지로 선출하고, 창원지부는 조태일 지부장을 79.8%의 지지로 신임하여 새로운 집행부를 구성하고 교섭을 전개하였다. 그리고 7월 28일 쟁의발생, 8월 12일 쟁의행위 결의(90.1%)로 회사측 개악안 제시에 맞섰으나 8월 9일부터 회사측의 물량반출이 극심하고, 손해배상청구 및 고소고발 협박이 잇따랐다.

동투쟁에 돌입할 것을 결의하였다.

한편 마창노련은 1995년 8월 7일 창원대학교에서 열린 7-32차 운영위원회(18명 참가)에서 규약상 8월에 개최하기로 되어 있는 마창노련 8년차 정기대의원대회를 연기하기로 결정하였다.

그리고 8월 9일에는 민주노총 마창공투본 소속 노조간부 및 기아기공 노조간부와 가족, 학생, 단체실무자 등 100여 명은 오전 11시부터 마산교도소 앞에서 양심수 집단 면회투쟁을 전개하였다.

한국중공업노조 3년 무쟁의를 깨고 전면투쟁으로

장기적 교착상태에 빠진 한국중공업에서는 8월 16일 30차 교섭 이후 전면파업의 기운이 높아졌다. 그리하여 노조는 마침내 1992년 이후 무쟁의 3년을 깨고 전면파업에 돌입하게 되었다.

그동안 노조측 교섭위원들은 조합원들의 동의를 구하지 않고 노조측 요구안을 대폭 양보한 수정안을 제시하여 조합원의 거센 반발에 부닥쳤으나 회사측은 그 수정안마저 일방적으로 무시하였다. 뿐만 아니라 사장은 "앞으로 노조가 파업 등으로 회사를 흔들면 안 주겠다는 전통을 확립하겠다, 쟁의가 마무리되면 사원들 기강부터 바로 잡겠다"며 협박까지 자행하였다. 이에 조합원들은 분노가 일시에 폭발, "노조가 흔들면 안 준다고 했다는데 과연 그런지 본때를 보여주자"면서 투쟁을 선포하였다. 교섭을 통한 평화적 해결은 물 건너 간 셈이고 회사와 노동부, 경찰측이 일방중재, 직장폐쇄, 경찰력 투입 등 강경수순까지 준비함으로써 이제 전면투쟁은 피할 수 없게 된 것이다.

4천3백 명의 조합원을 거느린 한국중공업노조의 투쟁은 전체 민주노조진영과 자본의 마지막 한판승부라 할 만큼 그 의미가 중요한 것이었다. 마창공투본 및 시민대책위는 8월 17일 오후 6시 창원 체육공원에서 '마창 노동자 결의대회'를 개최하고 한국중공업노조의 파업투쟁에 대한 마창지역 노동자들의 결의를 드높였다. 특히 이 날 대회에는 총 23개 노조 1,500여 명이 참가하였는데, 그 중에는 타지역 노동자들도 참가하여 환영을 받았다.

김창근 한국중공업노조 위원장이 연단에 올라서자 참가자들의 뜨거운 박수가 쏟아졌다. "한중 싸움은 한중 노조만의 싸움이 아닌 마창지역 더 나아가 전국 노동자들의 싸움이 되었다"고 말하고 "한 몸 희생되는 한이 있더라도 기필코 싸워서 승리할 것"이라고 밝혔다.

또한 5년 만에 압도적인 투쟁열기로 파업을 결의한 김기영 두산기계 노조 창원지부 사무국장은 힘찬 투쟁연설을 통해 "선언적인 임단투가 아닌 실천적인 연대투쟁을 벌이자"고 호소했다.

참석자들은 창원시청 앞 정우상가까지 거리행진을 벌이며 시민들에게 유인물을 나눠주었고[52] 시민들은 많은 관심을 보이며 호응을 나타냈다. 한국중공업 조합원 900여 명은 마무리까지 질서정연하게 투쟁을 전개해 모범을 보여주었다.

한국중공업노조 8월 18일 전면파업 투쟁

8월 18일 오전 8시 30분, 전 조합원은 조업을 거부한 채 본관 앞에서 조합원 집회를 개최하고 이후 본관 1층에서부터 12층까지 계단과 복도를 차지하고 본관 농성투쟁에 돌입하였다. 일간지와 방송사들은 앞다투어 한국중공업 사태를 자세히 보도하였고, 정부 부처에서도 대책회의를 여느라 부산하였다. 이런 가운데 회사측의 일방중재 신청과 공권력 투입 등 심상치 않은 조짐이 보이자 노조는 본관 12층에 30일 정도 분량의 쌀(200가마니)과 라면(두대 트럭분) 등 주·부식을 대량 이동하는 등 비상식량을 준비하였다.

---

52) 유인물 제목은 「수백 수천 억의 경영손실을 노조에 떠넘기려는 한국중공업 경영진을 시민 여러분께 고발합니다」이다.

한국중공업 — 그 해 여름은 뜨거웠네!
교섭시작부터 마무리까지 106일, 부분파업 42일, 전면파업 8일. 한국중공업노조 4천 조합원이
똘똘 뭉쳐서 힘차게 파업투쟁을 벌이고 있다.

마창공투본과 시민대책위는 한국중공업 전 조합원 4천 명이 참가한 가운데 본관 앞에서 '문화제'를 열고, 장기간 파업투쟁으로 주춤할지도 모를 조합원들의 투쟁동력을 북돋기 위해 공장별 부서별 노개가사 바꿔부르기 경연대회를 연출하여 큰 호응을 얻었다. 문화행사에는 마창공투본 문선대, 두산기계 문선대, 부산 놀이패 '일터', 노래패 '꽃다지' 등이 차례로 공연을 갖고 투쟁을 지지하고 격려하였다.

특히 간부 철야농성과 부분파업을 전개하고 있는 두산기계노조는 조합원 50여 명이 질서정연하게 행사에 참여하고 이색적인 문화공연을 펼쳐 한중 조합원들의 많은 박수를 받았다.

8월 19일 국회노동위 소속 김말룡 의원과 노동부 등 여러 경로에서 협상재개와 노사자율 교섭을 촉구하고 나섰다. 하지만 회사측은 이를 비웃듯 8월 19일 3명을 추가 고소하여 고소고발자는 6명으로 불어났

고 사내 27개 협력업체까지 동원하여 김창근 위원장을 창원지검에 고발하는 등 총탄압 공세를 펼쳤다.

노조는 8월 21일 아침 9시부터 본관 앞 광장에서 전 조합원 집회를 열고, 각 지구대별 투쟁방침을 전달하고 오후 1시를 기해 정문 출입을 완전 봉쇄한다는 방침을 발표하였다(단 노조는 하도급 및 협력업체 노동자들의 회사출입 통제에서 혹시 있을지도 모를 물리적 충돌을 최대한 피하기로 하였다).53)

그러자 10시 20분경 회사측에서 교섭재개를 요청해 왔고 8월 22일 32차 교섭이 오전 11시부터 8월 23일까지 하루를 넘기는 철야 마라톤 협상으로 이어졌다. 3천여 조합원들은 철야농성하면서 시시각각 보고되는 교섭상황에 촉각을 곤두세웠다. 점차 노사 양측의 의견이 좁혀져가면서 교섭은 해결을 위한 초읽기에 들어갔다.

마침내 8월 23일 잠정합의안이 마련되고 8월 25일 2,228명(64.3%)의 찬성으로 마무리되었다.

총 교섭기간 106일(5/12~25), 부분파업 42일(7/7~8/17), 전면파업 8일(8/18~25)을 기록하며, 한국중공업노조 역사 이래 처음으로 전 조합원의 단결된 투쟁의지와 강고한 투쟁으로 마침내 자본과 정권의 집요한 노조무력화 공세를 뚫고 투쟁을 성과적으로 마무리지었다.

무엇보다 한국중공업노조는 가장 중요한 핵심목표인 일방중재 조항을 '1998년 임단협 체결시 삭제'로 타결함으로써 큰 성과를 쟁취하였다.54)

---

53) 노조는 8월 20일자 한국일보 사설 "지탄받는 한중 파업"에 대해 즉각 사과와 각성을 촉구하고 8월 21일자로 각 언론사 및 각 사업장에 "8월 21일 오후 1시를 기해 회사정문 출입을 차단한다"는 공문을 발송하였다.
54) 8월 25일 임단협 최종 조인식에서 회사측은 고소고발 취하를 문서화해 줄 것을 요구하는 노조측에게 약속의 참뜻을 믿어 달라면서 각종 고소고발을 취하하겠고 철썩 같이 약속했으나 한 달도 안 되어 약속을 뒤집고 9월 10일과 18

1995년 입단투 마무리

이렇듯 8월 25일 한국중공업의 임단투가 마무리되면서 사실상 마창지역 임단투는 타결분위기로 접어들었다.

근 4개월만에 처음으로 8월 23일 기아기공노조는 회사측과 교섭석상에 마주 앉게 되었다. 이는 노조가 8월 16일 대의원대회에서 노조측 요구안 중에서 공투본의 공동요구안인 사회개혁 요구를 삭제한 데 따른 것이었다. 그리하여 기아기공은 8월 23일 단 한 차례 교섭에서 잠정합의안을 이끌어 내 8월 25일 조합원 81.5% 찬성으로 임금인상안을 타결지었다.

그리고 두산기계 노조는 간부들의 강고한 투쟁의지와 조합원의 활발하고 적극적인 참여 속에서 완강한 파업투쟁을 벌인 끝에 9월 6일 75.2% 찬성으로 임단투를 타결지었다.

이로써 마창공투본의 상반기 임단투는 모두 마무리되었다.

1995년 마창공투본의 임단투 결과를 보면 우선 타결시기에서 경남금속(단협)이 4월 26일 가장 빨리 타결된 데 반해 두산기계는 가장 늦은 9월 6일 타결되었는가하면 대다수(21개 노조, 60%)가 6월과 7월에 타결되어 예년에 비해 앞당겨지고 시기 또한 집중되었다.

특히 마창공투본 소속 노조 다수는 공동투쟁 규율 결의에 따라 잠정합의안을 조합원 찬반투표로서 결의하였다. 그러나 일부에서는 설명회나 보고대회 등으로 확정 타결하거나, 대림자동차 등 소수에서 직권조인으로 마무리 짓기도 하였다. 이에 대한 조합원의 반발은 예

일 김창근 위원장, 임병섭 부위원장, 강응표 교선부장 3인을 구속하였고, 임단협 마무리 직후 '100일 비상작전'을 빌미로 사풍확립, 근무기강 확립을 강요하면서 현장 통제를 강화했으며, 이로 말미암아 현장의 분위기는 위축되었다. 11월 15일부터 불구속 3명을 포함한 6명의 재판이 시작되어 1996년 2월 7일 김창근 위원장 등 6명이 집행유예로 출감함으로써 1995년 임단투는 긴 여정을 끝냈다.

년에 비해 거세게 나타나 집행부가 불신임당한 경우가 많아 직권조인
에 대한 조합원의 주체적이고 성숙된 의식을 반영하였다.55)

그런데 잠정합의안에 대한 찬성률은 조기 타결 노조는 물론이고 파
업투쟁을 통해 마무리한 노조들의 경우에도 대부분 낮게 나타났다.
조기 타결노조의 경우 집행부가 투쟁을 통하지 않고 교섭 위주로 문
제를 풀려고 했거나, 조합원들의 의견수렴 절차를 거치지 않고 일방
적으로 마무리하려 했던 태도에 대한 조합원들의 반발이 주요하게 작
용했다.

이에 반해 한국중공업, 산본 노조처럼 집행부가 명확한 방침을 가
지고 투쟁을 전개한 경우에는 비록 타결안이 미흡하다고 해도 조합원
들이 찬성표를 던진 경우가 많았다. 이것은 조합원들의 의식이 투쟁
의 성격(민주노조사수)을 정확히 이해하고 조합 전체의 발전을 개인
의 만족도보다 앞세웠다는 점에서 긍정적으로 평가할 수 있다.

그런가하면 자본측의 교섭기피, 교섭지연 등의 술책은 1995년에도
여전히 계속되었다. 단협개악안을 들고나오거나, 직장폐쇄, 체결권 시
비 등 교섭기피와 교섭지연 술책을 위한 갖가지 탄압으로 1995년에도
교섭에 어려움을 많이 겪었다.

이는 교섭기간과 교섭회수의 비교에서 잘 알 수 있는데, 교섭기간
이 4~5개월이 걸렸음에도 교섭회수는 불과 10~20차를 넘지 않았다.

---

55) 부영공업노조는 조합원 보고대회를 통해 확정 타결, 코렉스 노조는 55%의
반대로 부결되었으나 조합원 설명회를 통해 확정 타결, 태광과 일신도 각각
조합원 설명회를 통해 확정 타결지었다. 그에 비해 두산유리노조는 운영위에
서 잠정합의안을 부결하였으나 이후 운영위원회에서 체결권에 관한 논의를
전개한 끝에 결국 위원장의 조인으로 마무리되었다. 그리고 경남금속노조는
잠정합의안이 조합원 임시총회에서 부결되자, 집행부 신임투표를 실시하여
66%의 신임을 얻음으로써 집행부가 조인식을 마쳤고, 대림자동차노조는 위
원장이 직권조인한 후 집행부가 총사퇴하였다.

이는 자본측의 교섭 지연이 기피로 교섭이 실효를 거두지 못했기 때문이다.56)

타결 성과

한편 1995년 임단투에서의 요구사항 관철 정도를 알아보기 위해 지난 3년간 요구액 및 타결액을 도표화하면 다음과 같다.

[표] 연도별 임금인상요구액 및 타결액(율)

(요구액과 타결액은 기본급, 또는 기본급 환산액 기준)

	기본급 요구액(율)	기본급대비 타결액(율)	관철율	통상급대비 타결액
1993년	63,938원(13.5%)	36,905원(8.1%)	57.7%	
1994년	70,437원(14.0%)	46,151원(9.2%)	65.5%	
1995년	90,263원(15.8%)	54,812원(9.6%)	60.7%	66,824원(기, 대비 11.7%)

위 표를 통해 전체 평균 타결 임금인상액은 예년에 비해 높게 나타났고, 타결 임금인상률도 1993년 이후 가장 높았으며 정권과 자본측이 1995년 초에 설정한 임금억제선(5.6~8.6%)에 비해 높은 수준에서 타결되었음을 알 수 있다.57) 그러나 임금인상 관철률은 1994년도에 비해 떨어졌는데 이는 경기회복과 마창공투본의 공동요구액(98,947원) 등 주객관적인 조건에 따른 요구액은 높아진 데 반해 노동자들의

---

56) 기아기공은 실제는 122일 동안 교섭이 이루어지지 않다가 1차교섭만으로 타결되었고, 한국중공업노조는 47일간의 파업투쟁을 전개하여 총 교섭기간 106일에 33차 교섭에서 타결되어 교섭회수로는 가장 많았다. 그리고 153일이라는 가장 긴 교섭기간을 기록한 두산기계는 21차 교섭으로 타결되었고, 효성중공업은 교섭기간은 139일인데 교섭회수는 15차, 두산유리는 교섭기간 119일에 교섭회수는 12차로 각각 타결되었다.

57) 임금인상 타결액 중 최고액은 효성중공업의 7~8만 원이고, 최저액은 LG산전, 두산유리, 세신실업 등의 3~4만 원이다.

단결된 조직력과 투쟁력이 뒷받침되지 못했기 때문이다.

이처럼 임금이 비교적 높은 수준에서 인상 타결된 데 비해 단협의 타결수준은 상대적으로 낮게 나타났다.

상여금에서 LG산전, 한국화낙, 한국중공업, 통일중공업 등 6개 노조가 100%를 인상시킨 것을 빼놓고는 노동시간 단축 부문에서 성과를 거둔 노조가 전혀 없고 작업중지권 확보는 범한금속노조만이 따냈을 뿐이다.

그 밖에 고용보장 부문에서는 통일중공업, 한국중공업, 한양공영 노조가, 의료비 보조 및 상병수당 부문에서는 통일중공업과 한국화낙 노조가, 식당운영위 구성 및 우리 농산물 이용에서는 삼미금속, 통일중공업, 한양공영, 신동광학 등 4개 노조, 사내복지기금 설치에서는 통일중공업노조가 일정한 성과를 거둔 것으로 나타났다.

그 밖에 전체적으로 보면 회사측의 개악안에 맞서 현행수준을 유지하거나 약간의 부분적 개정을 이루어 낸 정도라고 볼 수 있다.

민주노총 마창공투본의 해산과 그 성과

마창공투본은 9월 28일 오후 6시 30분 창원대에서 마창공투본 해산식을 가짐으로써 1995년 임단투는 대단원의 막을 내리게 되었다.[58]

그동안 3월 20일 민주노총 마창(준) 4차, 마창공투본 1차 대표자회의를 시작으로 마창공투본은 대표자회의 및 집행위원회, 지구별 대표자회의 등 각종 회의를 통해 각 투쟁의 전개과정마다 주요 투쟁을 결정하고 집행해왔으며 9월 25일 민주노총 마창(준) 22차, 마창공투본

---

58) 마창노련은 1995년 9월 4일 7기-33차 운영위원회에서 마창노련 7기 회계감사를 실시하고, 아울러 8년차 사업계획을 심의 의결하였다. 이렇듯 1995년 9월부터 12월까지를 임기로 한 마창노련 8년차 사업계획이 확정됨에 따라 8년차가 시작되었다.

19차 대표자회의를 끝으로 1995년 마창공투본 임단투 평가를 확정하고 마감하였다.

사실 1995년 임단투는 공투본을 구성하여 운영한 그 자체만으로도 중요한 의의를 가진다.

왜냐하면 마창공투본이 임단투 분위기를 고양시키고 대중들이 투쟁에 대한 자신감을 회복하는 데 커다란 역할을 한 결과 마창공투본 소속 노조들이 정부의 임금억제선을 뛰어넘는, 비교적 높은 임금인상안을 쟁취할 수 있었기 때문이다.

또한 한국노총탈퇴 노조가 늘고 민주노총, 산별노조 건설이 확고한 대세로 자리잡으며 제3자개입 금지 무력화 투쟁 등을 통해 연대투쟁, 공동투쟁의 기풍이 확산된 것은 공투본 사업의 중요한 성과라 할 수 있을 것이다.

1995년 임단투 기간 동안 한국노총을 탈퇴한 마창공투본 소속 노조는 7개로서 웨스트(1/11), 대원강업(4/4), 신동광학(4/17), 쌍용중공업(6/2), 기아기공(6/22), 산본(6/24), 태광(8/9), 범한금속 등이고 규약 전문에 '금속연맹'을 삭제한 노조는 한국중공업, 경남금속, 신동광학, 한양공영, 삼미금속, 두산기계 등이다.

물론 사무, 업종 노조와의 교류는 미흡하였으나 (주)센트랄, 일신 등의 노조는 새 집행부가 들어선 뒤 공투본과 결합하여 지역 민주노조진영의 외연을 확대시켜 공투본의 조직적 성과를 거두었고 동명중공업, 기아정기 노조도 새로운 집행부가 들어서면서 지역 민주노조진영과의 교류와 연대를 강화해 나갔다.

특히 산본과 두산기계 등 공투본 소속 노조들의 연대활동은 전반적으로 예년에 비해 활성화되었으나 여전히 단위노조간의 편차가 심하였고, 웨스트 등 일부 노조를 제외하면 조기 타결 노조들이 끝까지 같이 하려는 모습이 부족했던 점은 아직도 남아 있는 기업별 노조의 한계로 지적되었다.

또한 1994년에 이어 1995년에도 해고자들의 투쟁은 강고하게 펼쳐졌는데 특히 기아기공 해고자들의 쇠사슬투쟁, 아사단식투쟁 등은 보는 이들의 눈시울을 적실 만큼 결사적으로 결행되었다. 그러나 그 성과는 미흡하여 통일중공업노조가 해고자 7명의 재입사형식의 복직을 쟁취했으며 삼미특수강 해고자들도 복직의 교두보를 마련하는 성과를 거두는 데 그쳤고 오히려 탄압으로 13명의 해고자가 구속되기도 하였다.

무엇보다 마창공투본은 지도집행력에서 예년에 비해 비교적 활발한 활동을 펼쳤는데 특히 교육선전활동이 두드러졌다. 마창공투본 집행위는 PC통신을 이용해 각 단위노조와의 기동력 있는 상황보고 및 전달체계를 만들었으며 본격적인 투쟁기에 철야농성을 전개하여 상황을 집중시키고 기동력 있게 대처하려는 노력이 돋보였다.

5. 1995년 민주노총과 산별노조 건설 사업

민주노총 건설 11월

민주노총(준)은 앞으로 건설될 민주노총의 목표, 방향, 사업 등 갖가지 구체적 내용을 채우는 문제를 놓고 각 조직단위별로 논의를 활성화해 나갔다.

그런데 민주노총을 언제 건설할 것이냐를 놓고 논란이 분분한 가운데 2월 9일 민주노총(준) 운영위원회(2차)가 '5월 1일 출범 안'에 대해 논란 끝에 표결처리하여 10:5로 통과하자, 마창지역을 비롯한 각 지역 및 그룹 단위에서 이의를 제기하고 나섰다.

운영위원회가 임시대표자회의나 대의원대회 등 조직적 논의와 결의에 입각해 하부조직의 토의와 의견을 수렴하기보다 상층 결정과 합의정신을 무시한 표결 결정으로 사업을 운영한 데 대해 마창노련과 현총련 등이 심각하게 문제점을 비판하고 나선 것이다.59)

이에 2월 15일 민주노총(준) 제4차 대표자회의는 문제점을 심각하게 비판한 후 장시간의 토론 끝에 하부조직의 대중적 토의를 거쳐 시기문제를 결정하기로 합의하고, 아울러 의무금 문제, 금속산업과 사무전문직의 산업, 업종별 편제 문제에 대해서도 지속적으로 대중적 토의를 조직하기로 결정했다.60)

그리하여 3월 28일 민주노총(준) 제5차 대표자회의(40여 명 참석)는 그동안 논란이 빚어졌던 민주노총 건설 시기 문제를 '1995년 10월 창립대의원대회, 11월 12일 전국노동자대회 출범식 개최' 등으로 결정함으로써 매듭을 지었다.

1995년 상반기 금속산업 단일조직 건설을 향하여

마창노련을 비롯하여 대부분의 노조들이 지금까지 지역적 연대를

---

59) 민주노총 마창(준) 2월 14일 임시대표자회의에서 현장의 논의수렴 없이 하향식으로 결정하는 것은 민주적 절차에 위배된다는 원칙을 분명히 하고, 2월 15일에 열리는 대표자회의에서 표결처리될 경우 마창지역 대표들은 표결에 참여하지 않을 것을 결의하였다. 현총련도 2월 12일 대의원대회 및 중앙운영위원회의 이름으로 성명서를 내고, "조합원의 의견을 수렴하는 과정을 거치지 않은 표결처리 방식의 조직운영은 조직 내 합의정신을 높이고 단결력을 강화하는 데 장애가 되어 힘있는 민주노총 건설을 가로막는 원인이 되고 있다"고 주장하고 "시급히 이러한 작풍이 해소되지 않으면 현총련은 이후 민주노총(준)과의 사업에 있어서 사안별로 선별해서 결합할 수밖에 없다"고 밝혔다.

60) 이 날 대표자회의에 참가한 마창, 부산, 대구, 경기 등 지역조직과 현총련, 대노협 등 그룹조직은 운영위원회의 사업작풍에 대한 심각한 문제제기와 함께 '5월 1일 출범 안'이 현실적으로 무리임을 공통적으로 지적하고 상반기 임단투의 성과를 토대로 그 평가에 기초하여 건설할 것을 제안하였다.

기반으로 발전해 오다 보니 오랫동안 지역이라는 하나의 공동체적 정서에 익숙하게 되었다. 그러던 차에 업종별 연대를 기반으로 한 조직 재편과정에서 조선업종, 자동차업종, 기계금속, 전기전자 등으로 나뉘어지게 되자 지역별 연대기반이 크게 흔들리면서 갈등과 혼란에 빠지게 되었다.

이에 1994년 말~1995년 초부터 '금속산업 단일조직'이라는 실천적 논의가 진행되기 시작했다.61)

논의의 중심은 1995년 임단투 공동투쟁을 통해 '3개 조직으로 나뉜 금속산업 노조들을 하나의 조직으로 묶어 산업별 노조 건설에 힘차게 나서자'는 데로 집중되었다.

제일 먼저 금속산업 단일조직 건설을 제안하고 나선 것은 조선노협이었다. 조선노협 10차 중앙집행위원회(1994년 11/27)는 민주노총 준비위에 가입하는 것을 유보하고 대신 금속산별노조를 힘차게 건설할 것을 결정하였다.

이어 1995년 2월 18일 조선노협 2차 정기대의원대회는 규약전문 중 '조선노동조합연맹으로 발전시키며'라는 구절을 삭제하고, '금속산별노조 건설을 위한 특별결의문'을 통해 조선노협 단위로 민주노총(준)에 가입하는 것을 유보하기로 공식 발표하였다. 조선노협의 민주노총 가입 유보 결정은 이미 조선노협 소속 노조가 지역, 그룹별 연대조직을 통해 민주노총(준)에 가입하였기 때문에 이 중 가입하는 것은 자칫 단결의 폭이 산별이 아닌 업종으로 굳어질 수도 있어 산별노조 건설에 지장을 줄 것이 우려되었기 때문이다.

---

61) 마창노련이 1995년 1월 금속산별 단일노조 건설과 관련한 논의를 활성화하고 대중적으로 논의를 확산시키고 기초를 다지기 위해 마련한 세 차례에 걸친 기획 강연회는 '산별노조의 이해'(1/13, 강신준 동아대 교수, 70여 명), '산별노조와 노동관계법'(1/18, 윤인섭 변호사, 150여 명), '산별노조의 각국별 유형과 정치조직'(1/26, 임영일 경남대 교수, 150여 명) 등이다.

이후 조선노협의 1995년 공동임투 사업 제안을 토대로 금속산업 연대모임이 진전되었다. 그리하여 4월 23일 울산군 배내골 수양관에서는 민주노조 사상 처음으로 금속산업 차원의 첫 공식적 연대모임(전노협 주최)인 '전국 금속산업 노동조합 임투대책 간담회'가 열리게 되었다.

간담회에는 각 지역의 금속산업 노조와 조선노협, 자총련(준), 금속일반(추), 현총련, 대노협 등 66개 노조, 200여 명이 참가하여 1995년 임투대책과 공동투쟁에 대한 진지하고 열띤 토의를 벌였다.[62] 토론 결과 금속 노동자들은 적극적 '제3자개입 선언' 투쟁과 5월 20일 광주에서의 '금속산업 노동자 결의대회'를 대중적으로 개최하기로 결의하였다.

그리하여 간담회 이후 구성된 '전국 금속노동자 결의대회 조직위원회'는 5·18 광주항쟁 기념 광주순례기간 중 전야제가 열리는 5월 20일 밤 12시 조선공전 2호관에서 노동자와 학생이 참가한 가운데 '95 공동임투승리와 노동운동탄압분쇄를 위한 전국 금속노동자결의대회'를 열었다.

이 대회에는 전국 15개 지역, 2개 업종, 120여 개 노조간부와 조합원, 그리고 청년학생 등 2천여 명이 실내 강당을 가득 메운 가운데 진행되었다.

참가자들은 문성현 전국 금속일반(추) 위원장(전노협 사무총장)의 기조연설과 백순환 조선노협 부의장(대우조선노조 위원장)의 대회사

---

62) 간담회는 오후 1시경부터 시작되었는데, 간담회 직전에 조선노협, 현총련, 대노협의 공동수련회가 같은 장소에서 이루어져 전국 주요 대공장 노조가 거의 참여하였다. 사회는 문성현 전노협 사무총장이 진행하였고, 대흥기계, 한화전자정보통신, 포항유일교통 노조 등의 탄압사례와 투쟁보고에 이어 기조발제(단병호 전 전노협 위원장의 '금속산업 공동투쟁 방향')와 8개 조로 나뉜 분반토의(1시간 30분)가 진행되었다.

를 통해 현대자동차와 한국통신 등에 대한 정권의 탄압을 분쇄하고 1995년 임단투의 승리를 기반으로 금속산별 노조를 건설할 것을 뜨거운 열기로 결의하였다.

마지막으로 참가자들은 이승필 마창노련 의장의 결의문 낭독을 통해 금속노동자 5대 핵심요구 쟁취를 위해 금속산업 공동투쟁을 힘차게 전개할 것을 결의하였다.63)

이 결의대회는 금속노동자들이 '투쟁으로 돌파한다'는 결의를 다지는 장으로서, 특히 금속노동자들이 대중적으로 공동투쟁을 통한 금속산별노조 건설을 결의했다는 점에서 중요한 의의를 갖는 행사였다.

자총련(준) 독자적 민주노총 가입

1995년 임단투가 본격화되면서 금속연맹 건설 논의는 잠시 중단되었다가 임단투가 마무리되던 7월초 조선노협이 금속 3조직에 또다시 금속연맹 건설을 제안함으로써 다시 재개되었다.

이에 따라 7월 한 달 동안 두 차례에 걸쳐 금속 3개 조직대표자 간담회가 열려 금속산업별 조직건설과 민주노총(준) 가입문제가 논의되었으나 민주노총(준) 가입경로에 대한 이견은 좁혀지지 않았다.

민주노총(준) 가입방식과 관련해서 조선노협은 "금속연맹이라는 하나의 단일조직을 구성한 후 민주노총(준)에 가입할 것"을 제안한 반면 자총련(준)은 "3개 업종별이 업종별로 민주노총(준)에 가입한 후

---

63) 금속산업 공동임투 승리를 위한 5대 핵심요구는 ① 임금억제선 철폐, ② 주 40시간 쟁취, ③ 고용문제 노사합의, ④ 산업재해 위험시 작업중지권 쟁취, (5) 제3자개입금지 철폐 등이다. 그리고 공동투쟁 내용은, 한국통신노조와 현자 노동자 탄압에 대한 적극 대응, 투쟁시기 최대한 앞당길 것, 동시 보고대회 개최, 제3자개입 수배자를 위한 특별모금 조직, 지도부에 대한 침탈이나 고소고발시 농성돌입과 전 조합원 항의투쟁 전개, 전국 금속산업 공투위 조직, 지역, 단위노조 조건에 맞게 공투위, 실천위 조직 등이다.

그 산하에 업종별협의체인 '금속산별추진위'를 구성할 것"을 제안하여 견해 차이를 드러냈다.

금속일반(추)는 공식입장을 표명하지 않았으나 민주노총(준) 건설과 함께 금속연맹도 건설되어야 한다는 원칙을 확인하고 보다 대중적인 토론을 통해 방침을 확정하기로 하였다.

이렇게 민주노총(준) 가입 방식을 둘러싼 입장 차이가 극복되지 못하고 있는 가운데 자총련(준)이 1995년 8월에 민주노총(준)에 독자적으로 가입함으로써 금속산업이 하나의 조직으로 민주노총(준)에 가입하는 것은 사실상 어렵게 되었다.[64]

금속연맹(추) 출범

따라서 이제 금속산업의 민주노총(준) 가입문제는 '조선노협과 금속일반(추)가 하나로 가입할 것인가 그렇지 않을 것인가'라는 문제로 집약되었다.

금속일반(추)는 8월 17일 제12차 전국대표자회의에서 '금속연맹을 통한 민주노총(준) 가입'을 기본원칙으로 결정하고, 조선노협과 긴밀한 협의하에 '금속연맹 건설' 합의사항에 동의하는 모든 조직을 크게 묶어 민주노총(준)에 가입하기로 하였다.

그리하여 1995년 8월 23~24일 속리산 화양 유스호스텔에서 전국 금속산업 40여 개 노조(마창 9개 노조)가 참여한 가운데 두 조직이 공동으로 주최한 '전국 금속산업 단위노조대표자회의'가 열렸고, 백순환 조선노협 부의장의 '금속연맹 건설방안 및 추진위 구성 제안'에 대한 발제와 분반토론 끝에 마침내 8월 24일 금속일반(추) 및 조선노협은

---

64) 자총련(준)은 1995년 11월 4일 성균관대학교 유림회관에서 전국 자동차산업 노동조합 총연맹(이하 '자총련') 창립대회를 개최하고 자총련 출범을 대중적으로 결의하였다(마창지역 대원강업노조 창원지부 가입).

전국 금속노동조합연맹 추진위원회(이하 '금속연맹추진위') 결성을 결정하고 임시대표로는 문성현 금속일반(추)위원장과 윤재건 조선노협 의장을 선출하였다.

민주노총 가맹단위는 산업별 단위로만 한다?

한편 전국 민주노총(준)은 7월부터 정책 세미나를 거쳐 민주노총의 강령, 규약 초안을 작성하여 단위노조대표자 수련대회에서 본격적으로 토론하였다. 그리하여 8월 24일부터 26일까지 속리산 화양 유스호스텔에서는 민주노총(준) 주최로 전국에서 노조대표자와 간부 등 300여 명이 참가한 가운데 '민주노총 건설과 하반기 사업활성화를 위한 전국 단위노조대표자 수련대회'가 열렸다. 특히 그 전날인 23일부터 24일까지 같은 장소에서 금속 산업노조대표자회의가 열려 금속연맹(추)를 구성하기로 결의함에 따라 많은 수의 노조대표자 및 간부들이 참석하였다.

발제 후 벌어진 지정토론과 조별토론에서 참석자들은 깊은 관심과 열의를 갖고 활발한 의견을 개진했고 날카로운 문제제기를 쏟아냈다.

"그동안의 투쟁 성과를 제대로 담아 내 노동자의 관점에서 민주노총의 지향점을 분명하게 담아 내야함에도 그렇지 못하고 소극적이었다"는 점과 특히 "'전태일 정신'이나 '전노협 정신' 등과 같이 민주노조운동의 역사와 전통을 계승한다는 점을 보다 구체적으로 서술해야 한다"는 지적이 쏟아졌다.

쟁점의 핵심은 가맹단위와 관련한 문제제기였고 첨예한 대립으로 일부 참가자들이 중간에 돌아가는 사태가 발생하기도 하였다. 말하자면 가맹단위와 관련하여 산업별 단위만을 가맹단위로 하고 있는 초안에 대해서 "민주노조운동의 역사와 전통, 그리고 현실적 운동상황에 비추어 지역과 그룹 단위도 가맹단위로 인정해야 한다"는 문제제기가

있었다.65)

덧붙여 지역·그룹 단위를 통폐합 할 수 있는 기능을 민주노총 중
앙위원회가 갖는 것은 각 단위에서 상황과 조건에 맞게 자주적으로
판단할 사항이지 중앙에서 통제할 사항이 아니라는 점에서 과도하다
는 날카로운 문제제기가 가해졌다.

민주노총 강령과 규약 등 기본과제 결정

마창지역에서는 1995년 9월 28일 창원대 봉림관에서 마창공투본
해산식을 겸해 '민주노총 강령, 규약 토론회'를 열었다.

150여 명 참석자는 1부 공투본 해산식에 이어 진행된 2부 민주노총
강령, 규약 토론회에서 주제발제(문성현 금속연맹(추) 공동대표)와 지
정토론자들(전갑주 현대정공노조 위원장, 윤종현 산본노조 위원장, 이
치권 범한금속노조 위원장, 강택수 한국전기연구소 지부장, 임영일 경
남대 교수 등)의 토론을 통해 강령 규약의 문제점을 지적하고 올바른
방향을 제시하였다.

토론자들은 민주노총이 진정한 조합원의 대표 조직으로, 투쟁조직
으로 세워지기 위해서는 지역조직의 강화, 대의원 배정 기준에서 최
소 각 단위노조 대표가 참석하는 것 이상으로 할 것 등을 제시하였고,
백순환 대우조선노조 위원장은 "마창, 진주, 거제 노동자가 단일한 조
직을 세워 함께 투쟁할 것"을, 즉 광역 조직화를 제기하였다.

이렇게 마창지역을 비롯한 각 지역 및 업종과 산업별 단위에서 열
띤 토론을 거친 끝에 마침내 10월 4일 민주노총(준) 11차 대표자회의

---

65) 가맹단위와 관련하여 이후 지역과 그룹단위 중 그룹은 가맹단위로 인정되었
    으나 지역은 가맹단위로 인정되지 않았다(마창노련·전노협은 해산하였으나
    현총련은 그룹단위로 민주노총에 가입하였다). 이렇게 결정이 되기까지의 논
    의과정은 상세한 기록이 없어 상술할 수 없는 점 이해하기 바란다.

(46명 대표자 참석)는 민주노총 선언, 강령, 규약 등 기본과제를 최종 확정하였다.

그동안 가장 큰 쟁점이었던 민조노총 조직체계에 대해서는 규약 제5조(구성)에서 "민주노총은 민주노총의 선언, 강령, 규약에 찬동하고 이 규약이 정하는 바에 따라 가맹이 승인된 산업별 노조로 구성한다. 단 산업별 노조이란 전국 규모의 산업별 단위노조와 연합단체를 말하며, 이에 준하는 전국규모의 산업별 협의회 외 직업별 노조, 일반 노조는 가맹단위로 본다"라고 확정하였다.

그리고 하반기 주요 사업으로 근로자파견제 등 노동악법 개정과 5·18진상규명투쟁을 힘있게 벌여 나가기로 결의하고, 민주노총 건설기금을 마련하기 위해 조합원 1인당 1만 원 모금운동을 전개하기로 결의하였다.

그러나 전국 민주노총(준)이 조합원 홍보교육용으로 만든 작은 책자 『민주노총 우리 손으로 만듭시다』에서 1987년 이후 민주노조운동의 역사, 특히 6년여 동안 민주노조운동을 가장 힘차게 이끌어왔던 전노협의 역사가 송두리째 빠져 있는 것을 발견한 마창노련은 "전노협 역사가 없이 어찌 민주노총이 있을 수 있냐"며 강한 유감을 표현하고 '마창노련·전노협 정신계승'을 강력 요구하고 나섰다.66)

민주노총 가입은 금속연맹(추) 가입으로 창구를 단일화

10월 6~7일 열린 전국 금속연맹(추) 1차 전체회의(상임집행위원회 수준의 결의를 거쳐 참여신청서를 제출한 84개 노조 중 62개 노조대표자 참석)는 금속연맹 건설을 위한 본격적인 사업일정을 '1996년 1월 창립, 추진위 단계에서 민주노총 가입, 각 지역별 추진위원회 구성과

---

66) 마창노련, 『마창노련신문』 제69호, 1996. 10. 12, 1쪽.

지역 대표자회의 운영' 등을 결정하였다.67)

특히 민주노총 가입 경로는 단위노조가 민주노총 지역조직을 통해 가입하는 것이 아니라 단위노조가 직접 금속연맹(추)에 가입하는 것으로 결정하였다. 그리고 조직의 운영은 민주노총 지역조직을 중심으로 업종별 활동을 결합하여 운영하되 지역편제의 기준과 범위 등에 대해서는 좀더 검토하기로 하였으며, 지역 대표자회의가 강령규약을 만들기 위한 소위원회도 겸하는 것으로 결정하였다.

또한 금속연맹(추)에 참가하는 단위노조의 민주노총 사업은 금속연맹(추)로 창구를 단일화하고 전국노동자대회에서 금속연맹(추) 이름의 단일대오로 참가하기로 결정하였다.

이렇게 하여 사실상 금속연맹 건설 사업은 10월 6~7일 열린 1차 전체회의 결정 이후부터 본격화되기 시작하여 10월 말까지 모두 12개 지역에서 추진위원회가 구성되었다.

10월 18일 금속연맹 서부경남지부(추) 구성

그동안 금속연맹(추)는 기본조직을 어떻게 짤 것인가 하는 문제를 둘러싸고 각각의 입장이 맞붙어 논의를 전개하였다. 말하자면 "지역조직이 돼야 한다"라는 입장과 "업종조직이 돼야 한다"는 입장이 맞물리는가 하면, 지역조직의 형태도 과거와 달리 가능하면 마창지역을 벗어나 큰 조직의 틀을 짜야 한다는 광역조직화 주장이 대두되었다.

마창지역은 무엇보다 마창노련·전노협으로 대표되었던 지역 민주노조운동의 구심이었다. 따라서 조직의 일상적인 연대활동 및 투쟁의 기본단위가 지역이었다는 점이 고려되지 않을 수 없었다.

---

67) 기타 결정사항은 조합원 수 20% 목표 발기인 모집(발기인 1인당 1만 원), 민주노총 의무금(200원)을 포함해 조합원 1인당 1천 원 의무금 결정, 강령·규약 소위원회 구성 및 운영 등이다.

이에 금속연맹의 기본조직은 지역조직으로 하기로 하였다. 그런데 문제는 지역의 범위를 가능하면 마창지역을 벗어난 큰 조직의 틀로 할 것인가, 아닌가로 귀결되었다. 그동안 마창지역은 전국적 연대도 적극적으로 전개하였으나 주로 마창지역 틀 내에서 연대를 해 왔는데 이는 노동자들이 집중되어 공동투쟁이나 공동사업을 쉽게 할 수 있는 장점이 있었기 때문이었다. 그러나 이제는 이러한 기초 위에서 보다 많은 노동자들을 포괄하고 공동사업이 가능한 범위 내에서 조직을 구성해야 할 필요성이 제기되었다.

이에 그동안 마창지역을 중심으로 전개해왔던 연대의 폭을 실질적으로 넓혀 지역의 협소함을 극복하고 산별노조의 전망을 열어 가기 위해 마창지역뿐 아니라, 거제와 진주까지도 포괄하는 서부경남 범위로 확대하기로 하고 10월 11일 마창 금속일반(추)를 발전적으로 해산하였다.

그리하여 마침내 10월 18일 마창노련 사무실에서는 마창지역 금속노조와 대우조선노조 등 17개 노조대표자들이 참여한 가운데 마창지역, 진주, 거제 지역을 포함한 금속연맹 서부경남지역 추진위원회(이하 '금속연맹 서부경남지부(추)')를 구성하였다. 그리고 금속연맹 서부경남지부(추) 1차 대표자회의는 대표에 이승필 마창노련 의장과 부대표에 백순환 대우조선노조 위원장을 각각 선출하였다.

이로써 마창노련 가입 노조와 청송회 등 마창지역 대다수 노조들은 금속연맹 서부경남 지부(추) 가입을 통해 민주노총에 가입하였다.[68]

한편 11월 1일 그동안 차룡단지와 봉암단지 등 중소사업장과 영세사업장 노동자들을 주요 대상으로 지역노조 건설운동을 펼쳐왔던 '작

---

68) 금속연맹 서부경남지부(추) 가입 노조는 28개, 조합원은 21,294명이다. 그러나 금속연맹 창립 대의원대회 자료집에는 가입 노조 23개, 조합원 17,698명으로 숫자상 차이가 있다.

은공장 노동자 모임터'가 발전적으로 해산하는 대신 '마창지역 금속노조 준비위원회'(위원장 이상돌, 사무국장 석영철)를 정식 발족하고 앞으로 민주노총, 금속연맹과 적극 연대하기로 결의하였다.

6. 근로자파견법 저지, 민주노총탄압분쇄, 5·18 학살자처벌요구 투쟁

투쟁으로 근로자파견법 입법 유보시키다

1995년 8월 10일 재정경제원은 어려움에 빠진 중소기업을 지원하고 활성화하기 위해 노동력을 효율적으로 운용할 수 있도록 하겠다는 명분을 걸고 '변형근로시간제', '근로자파견법' 제정을 추진하겠다는 의견을 내놓았다.[69] 그리고 9월 13일 대통령 주재하에 열린 신경제추진회의에서 근로자파견제를 정기국회에서 통과시키겠다고 발표하였다.

이에 전국 민주노총(준) 및 각 연맹 단체 추진위원회는 10월 16일 민자당사 앞 항의집회, 각 지역의 민자당사 항의방문, 그리고 10월 19일 각 지구당 및 지역구 국회의원에 입법반대 촉구 방문 등으로 압박을 가하였다. 또한 10월 22일 구미 금오산 정상에서는 마창지역을 비롯한 대구, 구미, 경주, 포항, 부산, 양산, 진주, 거제 지역 노동자 1,300여 명이 한 목소리로 '근로자파견법 등 노동악법 분쇄!', '민주노총·산별노조 건설!', '노동해방 쟁취!' 등을 힘차게 결의했다.

10월 26일 국회 환경노동위원회의 공청회를 시작으로 근로자파견법에 대한 상임위 심사가 본격화될 것이 예상됨에 따라 10월 25일 공

---

69) 근로자파견제는 현행 근로기준법상으로는 금지되어 있으나 노동부의 묵인하에 처음에는 청소나 경비직으로 시작했으나 차츰 금융, 보험, 서비스업, 제조업 등 전 직종으로 확대되어, 파견근로자 수가 1986년에는 1만4천 명이었다가 1991년에는 20만7천 명으로 크게 늘었고, 비공식 집계에 따르면 40~50만 명에 이르는 실정이었다.

청회 개최, 10월 25일부터 중앙과 전국 각 지역에서 철야농성 돌입, 11월 1일 전국 단위노조대표자 비상 결의대회 개최, 그리고 해당 상임위 소속 국회의원들에게 항의전화와 항의팩스 보내기 등을 통해 근로자파견법 입법저지에 총력을 기울였다.[70)

이 결과 새정치국민회의와 민주당이 '입법저지'를 당론으로 정한 상태에서 민자당이 11월 2일 유보하기로 결정함에 따라 근로자파견법 저지투쟁은 일단 수면 아래로 가라앉게 되었다.

이는 민주노총(준)을 중심으로 한 전 노동자들이 강력한 반대투쟁을 전개한 성과였다. 하지만 그것이 철회가 아닌 유보에 그침으로써 투쟁의 불씨를 남겼다.

민주노총탄압 분쇄투쟁

민주노총 출범을 앞두고 정부는 10월 17일 권영길, 양규헌 등 민주노총(준) 공동대표, 문성현 금속연맹(추) 위원장, 이승필 마창노련 의장, 김승호 전국노운협 지도위원 등 민주노총(준) 지도부 및 노동운동단체 간부 등 수배자 19명에 대해 긴급 검거령을 내리고, 일선 경찰서별로 2~10명으로 구성된 수사전담반을 편성하는가하면 5백만 원 현상금까지 내걸고 특별 검거에 나섰다.[71)

그러던 중 11월 3일 문성현 금속연맹(추) 위원장과 전국노운협의 김영곤 의장, 박용식 편집부장 등이 국가보안법과 노동쟁의조정법 위

---

70) 마창지역에서는 1995년 11월 2일 마산 YMCA에서 금속연맹(추), 금속연맹 서부경남(추) 주최 2차 정책토론회가 열렸는데, 윤인섭 변호사의 기본발제 '근로자파견법 해설'과 지정토론 '하청노동자 실태와 문제점' 등이 이어졌다.
71) 경찰은 전국노운협을 이적단체로,『노동운동』, 1994년 1·2월호에 실린 김영곤, 김승호, 문성현 등의 좌담회를 이적표현물로 규정하고, 1992년 범민족대회 당시 노동운동진영에서 함께 개최한 '일본식민통치 사죄배상 및 군국주의 부활 저지 노동자대회'의 개최를 반국가단체 찬양·고무·동조로 몰고 갔다.

반혐의로 전격 구속되었다.72) 또한 민주노총(준) 모금운동을 '기부금품 모집 금지법 위반'이라며 불법으로 규정하고 예금계좌에 대한 압수수색에 들어가는 한편 11월 6일에는 전노운협과 관련 민주노총에 대한 이적성 여부 수사방침을 밝히는가 하면 11월 7일에는 진념 노동부장관이 복수노조금지조항에 따라 민주노총을 법외단체로 규정해 민주노총의 법적 지위를 인정하지 않겠다는 등 민주노총에 대한 탄압의도를 노골적으로 드러냈다.

이에 민주노총 마창(준)은 "구태의연한 반공 이데올로기를 앞세워 민주노총을 빨갱이 조직으로 매도해 많은 중간노조들의 참여를 봉쇄하기 위한 것"이라면서 정부의 탄압을 규탄하고, 11월 7일부터 서울 명동성당에서 40여 명의 운영위원들이 '민주노총 탄압행위 중단, 노태우 및 뇌물제공 기업인 구속, 5·18특별법 제정' 등을 요구하며 무기한 천막농성에 돌입하였다.

전국노운협도 11월 7일부터 '이적단체 조작 등 노동운동탄압 중단과 5·18 학살자 처벌'을 요구하면서 같은 장소에서 농성에 들어갔다.

그리고 '구속자석방촉구서한'을 국회, 청와대, 내무부, 경찰청 등에 항의팩스로 보내고, 지역별 토론회(11/4)와 철야농성(11/7), 단위노조별 중식집회(11/7, 8)겸 문성현 금속연맹(추) 위원장 구속규탄 및 전국노동자대회 출정식을 갖고 상집간부 전원이 지역별 철야농성에 참가하였다. 11월 9일에는 마창지역 노조간부 60여 명이 참가하는 대시민 선전전을 전개하였다.

---

72) 문성현 금속연맹(추) 위원장에게는 한국통신노조 교육과 임투전진대회에서 민주노총(준)과 전노협의 후원을 조직한 사실, 전국금속노동조합 임투간담회에서 시기 집중 결의를 고취시킴으로써 8개 노조의 파업을 유도한 것을 이유로 제3자개입위반이 추가되었다.

5·18의 주범에 대해 김영삼 정권이 "성공한 구테타는 처벌할 수 없다"는 처벌 방침을 내리자 전국의 교수, 학생, 노동자, 변호사 등이 '5·18특별법 제정'을 한 목소리로 요구하고 나서, 각계 각층의 서명이 100만 명을 넘어서게 되었다.

특히 노태우 전 대통령의 비자금이 5천억이라는 사실이 밝혀지자 노태우 구속, 대선자금 공개 및 5·18특별법 제정 요구 투쟁이 거세게 일어났다.

결국 이로 인해 11월 3일 노태우 전 대통령이 대국민사과문을 발표하였으나, 이후에도 노태우 전 대통령 구속과 5·18특별법 제정을 요구하는 투쟁은 계속되었고, 11월 16일 서울 명동성당에서는 정의평화위원회와 천주교 정의구현 전국사제단 등이 시국기도회를 여는가 하면 이후 전국의 지역민주단체와 학생, 교수, 변호사, 노동자들이 '5·18 책임자들의 사법처리를 위한 특별법 제정과 특별검사제 도입, 비자금 사건의 철저한 수사'를 요구하고 나섰다.

이에 마창지역에서도 '5·18책임자 처벌을 위한 마창 시민대책위'를 구성하고, 11월 4일 마산 창동 상업은행 앞에서 시민, 노동자, 학생 등 200여 명이 참가한 가운데 '3차 마창시민대회'를 열고, 6공 비리 철저 진상 규명, 노태우 등 비자금 관련자 구속, 김영삼 김대중 김종필 등 3김 대선자금 공개, 5·18 특별법 즉각 제정 등을 강력히 촉구하고 거리행진을 하며 시민들에게 유인물을 배포하였다.

7. 민주노총 창립 전국노동자대회

전국 민주노총 창립 대의원대회

1995년 11월 11일 서울 연세대 대강당에서 민주노총 창립 대의원대회가 개최되었다.

민주노총 가입조직은 861개 노조 418,154명으로 산업별조직(16개 산별노조, 4개 가입예정 산별노조)과 지역조직(10개 지역본부), 그룹조직(2개) 등이 참가하였다.

특히 금속연맹(추)가 정식으로 이 날 민주노총에 가입하고 대의원을 파견함에 따라, 금속일반(추)와 조선노협은 해산하였다.[73]

총 대의원 336명중 328명이 참가하고 500여 명이 참관한 가운데 민주노총 창립대의원대회가 열림으로써 민주노총의 새역사가 시작된 것이다.

제1부 기념식에서 권영길 민주노총 준비위 공동대표는 대회사에서 "우리는 권력과 자본의 거짓평등이 아닌 노동자들의 진정한 평등을 위해 새나라를 건설해 나가고 있다. 전노협 동지들께 무한히 감사하며 모든 노동자투쟁의 정신을 이어 받아 민주노총을 힘있게 키워 나가자"고 역설하였다.

천영세 전국연합 공동의장의 연대사에 이어 빌 크란츠 국제자유노련(한국노총 가입) 사무총장은 국제연대 강화를 제안하고 민주노총에 대한 강력한 지지를 표명했다. 뿐만 아니라 각국의 한국노총과 국제연합 조직에서 연대사를 보내왔으며, 독일금속노조, 남아공노총, 브라질노총 등 17개 조직에서 노조지도자들이 대회에 직접 참가해 노동자 국제연대의 정신을 드높였다.

제2부에서는 규약 강령 및 기본과제를 일괄 통과하는 방식으로 비밀 무기명투표가 진행되어 강령과 규약을 통과시켰다. 그리고 이어서

---

73) 금속일반(추)는 그동안의 성과를 금속연맹에 적극 계승키로 하고 해산하였고, 조선노협도 금속연맹 업종분과(협의회)로 전환하기로 기본방향을 잡은 뒤 12월 9일 임대에서 해산을 최종 결정하였다.

위원장에 권영길(민주노총(준) 공동대표), 수석부위원장에 양규헌(전노
협 위원장), 사무총장에 권용목(민주노총(준) 공동대표) 등 임원을 선
출하였다.[74]

11월 11일 연세대 전야제

11월 11일 밤 연세대 노천극장에서는 3만여 명의 노동자, 학생, 시민
들이 입추의 여지없이 꽉 들어찬 가운데 새벽까지 전야제를 진행했다.

마창지역 노동자들은 11일 토요일 마산·창원을 떠나 밤 10시경 도
착하였다.

연세대 노천극장으로 들어가는 길목에는 입구에서부터 주점, 판매
대, 그리고 투쟁을 홍보선전하는 노동자들로 장사진을 이루고 있었다.
2만5천 명을 수용할 수 있다는 노천극장은 미어터질 듯 꽉 차, 뒷산에
도 한치의 틈도 없이 사람들의 물결로 출렁였다.

1부 상징의식 '우리의 염원 민주노총', 2부 전국 노동자 문화한마당,
3부 영화 '아름다운 청년, 전태일' 시사회, 4부 최도은과 안치환의 노
래공연이 밤이 깊도록 계속되었다.

금속노동자 결의대회와 거리행진

다음날 11월 12일 아침 9시, 연세대 노천극장에서 열린 '전국금속노
동자결의대회'에는 금속연맹(추) 소속 8천 명의 노동자와 현총련을 비
롯한 학생과 단체 등 총 1만 명 이상의 대오가 노천극장을 가득 메웠

---

74) 부위원장에는 단병호(전노협 전 위원장), 허영구(민주노총(준) 집행위원장),
    배범식(자총련 위원장), 배석범(건설노련 위원장), 허장(사무노련 공동위원
    장), 김영대(전노협 수석부위원장), 정해숙(전교조 위원장), 박문진(병원노련
    위원장) 등이고, 회계감사에는 류대현(대학노련 위원장), 최동식(인노협 위원
    장) 등이다.

다. 윤재건 공동추진위원장은 대회사를 통해 금속연맹 건설에 온 힘을 다하자고 강조했고, 투쟁연설과 결의문 낭독을 마친 참석자들은 연세대 도서관 앞으로 행진하였다.

그리고 도서관 앞에서 금속연맹(추)는 자총련, 현총련과 함께 공동 출정식을 가진 뒤 조선노협 100여 명의 '우주복'부대를 앞장 세우고, 여의도로 행진하였다.

금속 노동자들은 행진하는 동안 '금속 산별노조 건설!'을 연호하며 파란깃발, 파란머리띠, 빨간코팅 면장갑의 물결을 이뤘다.

또한 각 단위별 노동자들도 오전 10시경부터 '노태우 구속', '구속동지 석방', '노동운동탄압분쇄' 등을 외치며 각 산업, 업종 단위별로 장갑, 스카프, 모자 등을 통일적으로 착용하고 연세대에서 출발해 마포를 지나 여의도까지 약 6킬로미터의 거리를 행진하였다.

"철의 노동자, 연맹으로 뭉친다."
1995년 11월 12일 민주노총창립기념대회에 앞서 연세대 노천극장에 모인 1만여 명의 전국금속노동자들은 '금속노동자결의대회'를 열었다.

2시간이 넘는 행진에도 불구하고 대열은 지도부의 지휘에 잘 따랐고 흐트러짐 없이 여의도에 도착하여 점심식사를 하였다.

민주노총 출범 전국노동자대회

11월 12일 민주노총 출범을 선언하고 축하하는 전국노동자대회가 여의도 광장에서 5만여 명의 노동자, 학생, 시민이 참여한 가운데 성대하게 열렸다. 오후 1시경부터 민주노총 창립을 축하하는 문화공연이 시작되었는데, 대회장이 비좁을 정도로 많은 노동자들이 참가해 시종 열띤 분위기에서 2시간 가량 공연이 진행되었다. 그리고 오후 3시경, 개회선언과 함께 깃발입장이 시작되었다.

42만 명의 조합원의 위력을 과시하듯 깃발은 끝도 없이 이어졌고, 지역과 업종, 그룹별 수없이 다양한 깃발들이 모여들었다.

이제 하나의 민주노총 깃발을 높이 치켜세울 순간이 온 것이다.

권영길 민주노총 위원장은 대회사에서 "첫째 산별노조에 부합되는 임단투, 둘째 사회개혁투쟁 본격화, 셋째 노동자 정치세력화 구체화"를 제안했고, 윤재건 금속연맹(추) 공동 추진위원장은 투쟁연설에서 "건설이 목적이 아니라 사수가 목적이다"라고 강조하였다.

결의문 채택을 마지막으로 대회가 끝난 후 민주노총호의 출항을 기념하는 대동 뱃놀이가 펼쳐졌다.

'고용안정쟁취', '산별노조 조직화', '노동자정치세력화' 등 민주노총 20대 과제가 적힌 대형 애드벌룬이 입장하고, 오색천이 휘날리는 가운데, 참석자들은 힘찬 노래에 맞춰 덩실덩실 춤추고 함께 어울려 장관을 이루었다.

8. 마창노련·전노협 해산

청송회 해산

청송회 노조는 1995년 12월 1일 현재 총 15개 가입 노조 중 12개 노조(1996년 3월 현재)가 민주노총에 가입했고, 3개 노조가 참관을 결의할 정도로 민주노총, 산별노조 건설에 적극적이고 모범적이었다.

그리하여 청송회는 4년 간의 사업과 투쟁의 성과를 금속연맹 건설과 민주노총 강화로 계승할 것을 목적으로 공식 해산을 결의하고, 12월 1일 마산 가톨릭여성회관 2층 교육실에서 청송회 13개 노조간부 및 조합원 등 80여 명이 참석한 가운데 해산식을 거행하였다.

이효식 동서식품노조 창원지부장의 사회로 거행된 해산식에서 홍여표 마창노련 사무처장은 격려사를 통해 마창노련과 함께 해 온 지난한 청송회의 투쟁을 격려하면서 "사업 속에서 확인된 문제와 한계를 냉철히 평가 반성하고 이후 금속연맹 건설과 민주노총 강화에 총력 투쟁하자"고 제안하였다.

이 날 해산식에서는 청송회의 창립과 해산까지의 4년간의 청송회 투쟁사 보고가 있었다.[75]

1990년 전노협 창립과 함께 집중강화된 탄압으로 인해 마창노련에 가입하기에는 현실적으로 어려웠던 몇몇 미가입 노조들은 앞으로 현장 조직력을 확대강화하여 자주적이고 민주적인 노조의 기틀이 마련될 때 마창노련에 가입하기로 하고 1990년 11월 20일 마창노련 미가입 참관노조대표자 13명이 모여 청송회라는 대표자모임을 결성하였다.

---

75) 청송회 투쟁사를 발췌 수록한 글은 홍지욱, 「마창노련의 영원한 동지 청송회 해산, 민주노총 금속연맹으로 하나되어 함께 간다」, 『전진하는 노동자』 제52호, 1995. 12. 28, 28~29쪽 참고.

그리하여 1991~1992년 임단투에서 삼우산기, 루카스, 대한광학 등의 노조는 강고한 파업투쟁과 적극적인 지원 연대투쟁을 전개하여 급기야 초대회장인 이태경 대한광학노조 위원장이 구속되기도 했다. 뿐만 아니라 청송회는 중소노조간부 및 조합원을 대상으로 등반대회, 수련회, 교육 등 다양한 사업을 전개하며 민주노조운동의 확대를 조직해 나갔다. 그리하여 청송회 목표인 마창노련 가입 사업은 삼우산기, 대한광학, 루카스, 화천기계 노조 등이 마창노련에 가입함으로써 그 성과를 달성하였다. 특히 마창노련이 중심이 된 임단투나 지역 투쟁에서 그 연대전선을 확대, 엄호하는 중요한 역할을 수행한 점은 민주노조운동의 발전적 성과였다. 그 중에서도 청송회 가입 노조인 신동광학, 한국화낙, 시티즌정밀, 태광, 범한금속, (주)센트랄 등의 노조는 한국노총을 조직적으로 탈퇴하며 민주노총, 금속연맹 건설투쟁에 적극적으로 나섰으며 나아가 한국화낙, 화천기계 노조는 전국적으로 선두에서 금속연맹에 가입하는 모범을 보였다.

그러나 청송회는 중소단위의 조직이라는 점, 노조의 지도 집행력의 취약성, 정권과 자본측의 집요한 이념적 물리적 탄압, 그리고 청송회 자체가 조직적 지도나 집행력을 갖춘 조직이 아니라 대표자회의체 수준이라는 점 등으로 인하여 더 이상 당면한 민주노조운동의 임무와 역할을 성과적으로 수행하는 데는 한계가 있었다.

그럼에도 불구하고 청송회는 지난 4년간의 사업과 투쟁 속에서 대표자회의체라는 조직 수준 이상을 뛰어넘는 투쟁을 실천하며 마창지역 민주노조운동에 헌신적으로 복무해 왔다.

마창노련 정신이여 영원하라!

마창노련은 87년 노동자대투쟁 이후 전국 민주노조운동의 선봉에 서서 정권과 자본의 끊임없는 탄압에도 굴하지 않고 당당하게 투쟁해 온 마창노련 8년의 역사를 기념하고, 마창노련의 투철한 투쟁정신과 연대정신을 민주노총과 금속연맹에 계승시켜 나간다는 결의와 각오를 다지기 위한 장을 마련하기로 하였다.

이에 '마창노련 정신계승 기간'(12/11~16)을 설정하고 이 기간 동안 갖가지 기념사업 및 주요행사를 계획하고 준비에 들어갔다.

기념사업으로는 단위노조 현수막 달기(마창노련 가입 노조는 의무적, 기타노조는 신청에 한하여)를 비롯하여 마창노련 투쟁의 역사를 담아내는 사진, 단위노조 투쟁사진, 산재 및 노동 관련 사진 등을 전시하는 순회 사진전시회(12/1~16)를 개최했다. 또 복지국, 조통국에서는 수익사업이 아닌 기념사업으로서, 마창노련 8년의 투쟁역사를 기념품으로 제작하여 조합원들이 보관하게 하는 기념품 제작 사업을 준비하였다. 그리고 교선국에서는 포스터나 전단 등 각종 홍보 선전물과 들불대동제 기념자료집 발간을 기획 준비하였다.

그리하여 1995년 12월 14일에는 마창노련 창립 8주년 기념식이 경남대 한마관에서 200여 명이 참가한 가운데 열렸다. 기념식에서는 이홍석, 헌연도 등 마창노련 전 의장과 전현직 마창노련 의장에게 주는 공로패와 문성현 마창노련 지도위원, 임영일 마창노련 자문위원 등에 대한 감사패 증정이 있었다. 그리고 모범 노조 시상과 마창노련 문학상 시상식을 끝으로 기념식을 마친 후 강연회(윤재건 금속연맹(추) 위원장의 '마창노련 계승하여 금속산별 건설하자')가 열리기도 했다.

마창노련 해산대회

한편 전노협이 12월 3일 연세대학교 강당에서 대의원대회를 열고 해산을 공식 결의함에 따라 마창노련 또한 1995년 12월 16일(토) 오후 경남대 한마관 다목적강당(홀)에서 마창노련 제8년차 정기대의원대회와 해산대회를 개최하였다.

먼저 대의원대회에서는 마창노련 7·8년차 사업보고(반금규 통일 중공업노조 위원장 개요 설명, 박수로 통과) 및 마창노련 감사보고(윤종현 산본노조 위원장 보고),[76] 마창노련 해산안 심의(박충배 효성중공업노조 위원장 제안 설명, 기립박수로 통과) 등을 진행하였다.

그리고 마지막으로 마창노련 정기대의원대회는 마창노련 규약 제52조 2항에 의거 대의원 2/3 동의로 마창노련의 해산을 결의하고 이후 모든 문제는 청산위원회와 마창노련사 발간위원회로 이관하기로 의결하였다.

'전노협 시대'는 가고 ……
전노협은 1995년 12월3일 연세대에서 대의원대회를 열어 전노협의 '발전적인' 해산을 결의했다. 이날 해산식에서 조합원들은 '전노협 깃발을 내리는 것이 아니라 가슴에 묻을 것'을 다짐했다.

---

76) 마창노련 부채액에 대한 해명 요구에 대해 "1992년 마창노련 권대운 후보 선거대책본부에서 차용한 부채액은 4년차 대의원대회에서 마창노련 부채로 결정되었음"을 밝혔다.

대의원대회에 이어서 오후 3시 30분부터 마창노련 해산대회가 개최되었다.

특별히 이 날 대회장에는 수배 중인 이승필 의장이 모습을 드러내 모든 참석자들의 열렬한 기립박수를 받았다. 이승필 의장은 대회에 참석하기 위해 이틀 동안 경남대에서 추위에 떨며 기다렸다. 해산하는 마지막 날까지도 자유롭지 못한 몸으로 조합원들 앞에 서게 된 이승필 의장에게 마창노련 조합원들은 격려와 성원의 박수를 아낌없이 보내 주었다.

"깃발은 내려도 '정신'은 영원하라!"
1995년 12월16일 경남대 한마관을 눈물바다로 만들었던 마창노련 해산대회. 당시 수배 중이던 이승필 마창노련 의장은 경찰의 봉쇄망을 뚫고 참석, 눈물을 훔치며 마창노련 깃발을 가슴에 꼭 끌어안았다..

대회사를 낭독하면서 이승필 의장은 남다른 감회와 감격에 젖은 듯 간간이 목이 메기도 했다. 대회사에서는 1987년 마창노련 창립 이후 한시도 쉬지않고 싸우고 또 싸우며 지나온 8년을 치하하고 "끝이 아니라 새로운 시작"을 힘차게 선언하였다.

특별한 순서로는 척박한 땅에서 평등한 세상, 노동해방 새 세상을 일구기 위해 투쟁하고 마창노련을 사수하기 위해 투쟁하다 산화해간 고 이영일 열사와 고 임종호 열사에게 마창노련 전 조합원의 이름으로 노동해방패 봉정식이 거행되었다.

이어서 대회는 각계 인사말(구속자가족, 자문위원, 전직의장, 마창연합, 마창총련)에 이어 해산결의문 낭독(차주원 화천기계노조 위원장) 순으로 진행되었다.

그리고 마지막으로 상징의식이 거행되었다. 푸른 바탕에 노란색 한반도 마크가 새겨진 마창노련 깃발이 입장(한국중공업노조, 산본노조 쟁의부장)하자 마창단결가의 노래가 힘차게 울렸다.

"연대투쟁으로 뭉쳤다 마창노련 깃발 아래 긴긴 설움 고통의 세월 온 몸으로 맞서니/여기 한 데 뭉쳐 나간다 피 묻은 깃발 들고 억센 주먹 치켜 뻗어 하나 되어 외친다/이제는 일어서리라 끝내 우리의 사슬 끊고 전노협의 선봉으로 힘차게 싸우리라/당당하게 전진하며 끝까지 투쟁하리니 아아 마침내 승리하는 마창 노동자"

1절에 이어 2절이 흘러나왔다. 그러나 노래는 간간이 멈췄고, 그 사이 참석자들의 얼굴에는 눈물이 볼을 타고 흘러내렸다.

"연대투쟁으로 뭉쳤다. 마창노련 깃발 아래 저들의 미친 칼날에도 온 몸으로 맞서니/여기 한 데 뭉쳐 나간다 피 묻은 깃발 들고 억센 주먹 치켜 뻗어 하나 되어 외친다 /우리는 역사의 주인 보라 진군의 저 깃발 굳센 다짐 결사투쟁 마창단결 만만세/당당하게 전진하며 끝까지 투쟁하리니 아아 마침내 승리하는 마창 노동자"

깃발은 노래가 끝날 때까지 천천히 무대를 돌았다. 마창노련 깃발이 역사의 막 뒤로 사라지는 순간이었다. 마침내 깃발은 천천히 내려졌다. 1987년 이후 달려온 8년의 역사가 한꺼번에 머리 속을 주마등처럼 스치고 지났다. 깃발이 가지런히 접히는 동안 장내에서는 간간이 흐느낌이 새어나왔다. 깃발을 가슴에 받아 안은 이승필 마창노련 의장과 참가자 모두의 눈에도 이슬이 맺혔다.

마창노련·전노협의 해소는 청산적 해산이 아니라 새로운 단계로의 도약을 뜻하는 발전적 해소이다.

그럼에도 마창노련을 끔찍이도 사랑했던 조합원들은 가슴에 한가닥 서늘한 바람이 스치고 지나감을 부정할 수 없었다. 그것은 아마도 마창노련·전노협이 더 큰 하나가 되지 못한 채 오히려 자동차연맹, 금속연맹, 현총련 등으로 나뉘어진 탓인지도 모른다. 하지만 조직의 형식이야 어떻든 그 안에 담긴 마창노련·전노협의 정신만은 면면히 이어져 나갈 것임을 모두가 알고 있었기에 숙연한 분위기 속에서도 민주노총과 산별노조 시대로의 출발을 다짐하는 힘찬 구호가 거침없이 흘러나왔다.

한편 12월 16일 마창노련 정기대의원대회 및 해산식이 진행되는 동안 경남대학교 한마관 3층에서는 오후 2시부터는 500여 명의 조합원이 참가한 가운데 전노협 6년사 '87에서 95까지' 비디오 상영이 진행되었다. 그리고 해산식이 끝난 뒤 모두 함께 모인 가운데 '마창노련 창립 8주년 기념 제7회 들불대동제 문화한마당' 행사가 펼쳐졌다.

풍물과 북춤의 길놀이에 이어 문화행사가 시작되었다. 총체극 '또 다시 앞으로 …… 마침내 노동해방!' 공연은 전노협 문화국, 단위노조 풍물패 및 조합원, 지역 노동자 문화단체 등과 결합하여 마련되었다.

또한 '조합원 한마디' 비디오도 상영되었는데, 이 비디오는 마창노련 8년을 마감하면서 해산과 관련한 소감 한마디씩을 인터뷰하여 영상으로 제작한 것이었다. 이승필 마창노련 의장 및 양규헌 전노협 위원장, 마창노련 전직 의장, 그리고 마창지역 조합원 10여 명 등 인터뷰 대상자들은 한결같이 마창노련 해산에 대한 아쉬움을 표시하면서도 새로운 민주노총 시대에 대한 기대와 희망을 아끼지 않았다.

　마창지역 노래패 '소리새벽', 민중가수 '최도은', '노래선언' 등의 초청 노래공연에 이어 풍물패를 선두로 실외로 나온 참석자들은 '또·다·시·앞·으·로·마·침·내·노·동·해·방'이라는 불글씨를 점화하고 다 함께 대동한마당을 펼쳤다.

제9장

민주노총과 산별노조 시대로

민주노총 경남지역본부 마창지역협의회

금속연맹 서부경남지부

마창노련 청산위원회와 마창노련사 발간위원회 구성

1. 민주노총 경남지역본부 마창지역협의회

민주노총 규약 제2장 '조직' 제6조 '지역본부 구성'에서 "광역자치단체 단위로 지역본부를 조직하고, 필요에 따라 지구협의회를 둔다"라고 규정함에 따라 마창지역은 광역시도를 기본으로 하는 경남지역본부 건설 및 마창지역협의회 건설을 위한 논의 및 조직활동에 들어갔다.

그리하여 1996년 3월 20일 창원 가톨릭 사회교육회관에서 '민주노총 경남지역본부 마창지역협의회' 창립 대의원대회가 열려 의장에는 홍여표 전 마창노련 사무처장, 사무처장에는 최재기 민주노총(준) 집행위원장이 각각 선출되었다.

민주노총 마창지역협의회 가입 노조는 총 32개 노조로(대의원 총63명), 상급단체별로 보면 금속연맹 17, 자총련 3, 언론노련 3, 현총련 2, 화학 2, 전문노련 2, 병원노련 1, 전교조 1 등의 분포를 이루고 있으며, 상급단체가 결정되지 못한 노조들은 참관노조(총 19개, 대의원 총 47명)로 참가하였다.

2. 금속연맹 서부경남지부

1996년 1월 21일 전국 금속연맹이 출범한 후 금속연맹 서부경남지부도 정식으로 발족하였다.

1996년 3월 27일 오후 7시, 경남종합사회복지관에서는 금속연맹 서부경남지부 출범식 및 제1차 대의원대회가 열렸다. 금속연맹 서부경남지부 의장에는 이승필 마창노련 의장, 부의장에는 김창근 한국중공업노조 위원장, 박충배 효성중공업노조 위원장, 이진수 한국마그넷노조 위원장이 각각 선출되었다.

금속연맹 서부경남지부 가입 노조는 1996년 3월 27일 현재 총 32개 노조(대의원수 76명)이며 참관노조 7개 노조를 포함하여 총 39개 노조에 이른다.

3. 마창노련 청산위원회와 마창노련사 발간위원회 구성

1995년 12월 16일 마창노련 8년차 정기대의원대회는 마창노련 사무실 및 자산과 부채, 비품 처리 문제는 마창노련 규약 제 53조 1항에 의거하여 마창노련 청산위원회와 마창노련사 발간위원회에서 집행하도록 결의하였다.[1]

청산위원회는 마창노련 이승필 의장, 홍여표 사무처장, 한경숙 사무국장, 윤종현 사정위원, 김정호 교선국장 등 5명으로 구성되었다. 청산위원회는 이후 마창노련의 남은 재정은 마창노련 8년사 발간위원회에 이관하고 그 밖의 각종 비품은 금속연맹 서부경남(추)로 이관한 뒤 해산하였다.

---

1) 마창노련 규약 제 53조(청산) ① 전 조의 규정에 의하여 해산한 때에는 해산일로부터 15일 내에 의장은 총회(대의원대회)의 승인을 얻어 5명 이내의 청산위원을 임명한다. ② 청산위원회는 본 연합의 재정 등 청산(안)을 작성하여 총회(대의원대회)의 의결을 얻어 청산을 개시하고 그 결과를 보고한다.

　한편 마창노련사 발간위원회는 1995년 12월 29일 1차 발간위원회
를 시작으로 1996년 1월 발간위원회 대표에 이승필 위원장을 선출하
고, 김하경 편집국장 인준과 규약 제정 등 조직과 운영체계를 갖추고
본격적으로 사업에 착수하였다.

　참고로 마창노련사 발간위원은 총 21명으로서 ① 마창노련 : 이승필
의장, 홍여표 사무처장, 김정호 교선국장 ② 마창노련 소속 노조(14개)
: 한국중공업, 현대정공, 통일중공업, 효성중공업, 대림자동차, 세신실
업, 경남금속, 대원강업, 화천기계, 웨스트, 삼미금속, 산본, 두산유리
마산지부, 삼화기계 등 ③ 청송회 ② : 한국화낙, 동서식품, ④ 기타 ②
: 김하경 편집국장, 정주석 변호사 등이다.

　그리고 운영위원회는 7명으로 구성되었는데, 이승필의장, 홍여표
사무처장, 김정호 교선국장, 김하경 편집국장, 통일중공업(창원대표),
산본(수출대표), 동서식품(청송회대표) 등이다.

글쓴이 김하경

책을 다 쓰고 나서

원래 계획했던 마창노련사 발간사업은 단행본 출간을 목적으로 한 것이었다. 그러나 1차 자료를 분류하고 정리하는 작업과 1차 자료 중 중요한 내용을 취사선택하여 백서 초고를 만드는 작업이 더해지면서 돈과 시간, 인력 등 애초의 계획은 엄청난 차질을 빚게 되었다.

한두 달이면 끝날 줄 알았던 자료정리작업은 실무자와 둘이서 1996년 한 해 동안을 꼬박 매달렸음에도 전체 자료 중 75%인 1993년까지만 겨우 색인작업을 끝마칠 수 있었다. 그 과정에서 재정을 마련하기 위해 『마창노련신문』(축쇄판)을 제작 판매하여 고생 끝에 500만 원 정도 수입을 얻었으나 1997년 들어 재정은 바닥 나고 실무자마저 사임하여 모든 업무를 혼자서 감당해야만 했다.

결국 백서 초고작업은 어깨가 부서지도록 쓰고 또 쓴 끝에 1년 반이 걸린 뒤에야 1998년 10월경 완성될 수 있었다. 분량만 단행본 5권 이상, 200자 원고지 1만 장이 넘었다. 백서 초고가 완성된 뒤 곧장 단행본 쓰기에 들어갔고 천신만고 끝에 5월에서야 초고가 윤곽을 드러냈다.

잘 되면 잘 되서 안 되면 안 되서 이 작업에 빠져 지낸 시간이 자그만치 3년 반이었다. 그동안 '역사'와 '진실'에 대한 책임감에 짓눌리고 강박관념에 질식할 것 같던 적이 한두 번이 아니었고 그 때문에 후회도 많이 했다. 그런 인고의 긴 시간이 지나면서 도무지 끝이 나지 않을 것 같던 탈고의 시간이 기적처럼 다가왔다. 그리고 두 권의 책이 이렇게 세상에 빛을 보게 되었다. 그동안의 끔찍했던 시간들을 생각하면 당연히 날아갈 듯 기뻐야 하는데, 이상하게도 반대로 마음이 무겁고 무섭기만 하다. 쓸 때보다 더 무섭다. 과연 마창노련 8년 동안의 역사와 진실이 이 책에 충실히 밝혀졌는가에 대한 두려움이 너무나도 크기 때문일 것이다.

물론 나는 이 책을 객관적이고 풍부하게 쓰려고 최선의 노력을 다했다고는 자부하고 있다.

다만 내가 이 책의 배경이 된 시대와 똑같은 시대를 살아왔고 이 책에 등장하는 인물들과 함께 살아왔기 때문에 이 책의 시대와 인물들에 대해 조선시대를 돌아보듯 냉정할 수만은 없었다는 점, 그리하여 때로는 감정

에 복바치거나 개인적 경험이나 판단에 사로
잡힐 때도 있었을 것이라는 점을 고백하고
싶다. 무엇보다 노동운동의 발전과정에서 중
요한 역할을 담당하고 지대한 영향을 남긴
정파의 입장에 가까이 접근해서 전체를 기술
하지는 못했다. 특히 마창노련·전노협 해산
을 결정하게 된 과정과 그 논의내용을 상세
하게 기술하지 못했다. 굳이 변명 하자면 이
부분에 대한 명확하고도 공식적인 입장표명
이나 정리문건이 없다거나, 아니면 마창노
련·전노협이 아직 정확하게 역사의 자리매
김을 받지 못했다거나, 또한 아직도 관련자
들이 활동을 계속하고 있다는 점 등을 거론
할 수는 있다. 하지만 이렇다고 해서 이 책의
한계가 없어지는 것은 아닐 것이다. 이 점 이
책을 읽는 분들께 머리 숙여 양해를 구하고
싶다.

역사는 살아남은 사람들의 것이기에 입장
따라 관점 따라 얼마든지 새로 씌어질 수 있
다. 마창노련 8년의 역사도 언젠가 그리고 누
군가에 의해 다시 씌어질지 모른다. 그 때쯤
이 책의 한계도 조금씩 그 한계를 극복할 수
있을지 모른다.

이런 생각을 하면 조금은 마음이 놓인다.

글쓴이 김하경

감사의 인사를 전합니다

누구보다 마창지역 노동자 여러분들께 감사 드립니다. 이 책은 마창지역 전 노동자들의 책입니다. 마창지역 노동자들이 없었다면 이 책은 세상에 나올 수 없었을 것입니다.

1년 계획이 3년 반을 훌쩍 넘겼음에도 묵묵히 믿고 기다려 주신 발간위원님들과 마창노련 조합원들께 진심으로 감사 드립니다.

특별히 지금 부산교도소에서 고생하고 계시는 발간위원회 대표이신 이승필 위원장님께 고마움을 전합니다. 그동안 이승필 위원장님은 두 번의 수배와 두 번의 구속을 겪어야 했습니다. 하지만 힘들고 바쁜 가운데서도 위원장님은 항상 발간사업에 대한 격려와 용기를 주셨습니다. 책 쓴다는 핑계로 면회나 편지 한 번 못한 미안함을 이 지면을 통해 대신합니다.

현재 금속산업연맹 경남본부 상근자로부터는 일일이 말할 수 없을 만큼 많은 도움을 받았습니다. 100박스가 넘는 자료들을 너댓 번이나 옮겨 주었을 뿐 아니라 『마창노련신문』(축쇄판) 배포와 판매 등 보이지 않게 궂은 일을 도맡아 준 데 대해 뭐라 고마움을 표해야 할지 모르겠습니다.

『마창노련신문』과 대의원대회 자료집을 입력해 준 금속산업연맹 총무부장 류시현 양, 대림자동차노조의 김영희 양, 현대정공 이성호 씨에게 감사의 마음을 전합니다.

특히 좋은 사진을 구하기 위해 지역을 돌아다니며 정성을 다해 준

한양공영노조 창원지부 김우희 총무부장의 노고에 깊은 고마움을 전합니다.

아울러 경남대학교 사회학과 교수님들께는 이 지면을 통해 특별히 대신 감사의 마음을 전합니다. 사무실과 비품을 사용하도록 허락하였을 뿐 아니라 물심양면으로 도와주신 애정과 관심에 다시 한번 감사를 표합니다.

그리고 재정적 도움을 아끼지 않으신 정주석 변호사님께도 지면으로나마 감사의 말을 전합니다.

또한 서울대학교 김진균 교수님께 고마움을 전합니다. 부족하기 짝이 없는 백서 초고를 일일이 다 읽어 주시고 꼼꼼하게 교정까지 봐주신 노고에 대해서는 뭐라고 고마움을 표현할 말이 없습니다. 학문적 관심을 넘어 노동자들에 대한 사랑과 신뢰가 없었다면 그런 정성은 어림없는 일이었을 것입니다.

전노협백서팀의 김종배 씨와 정경원 씨가 보내준 동병상린의 격려와 충고 그리고 지원 역시 고맙습니다.

끝으로 재정적 어려움을 마다 않고 출판을 맡아 준 갈무리 출판사와 이원영 선생님께 감사함을 전합니다.

부록

마창노련 창립 발기대회 취지문

지난 수십 년 동안 이 땅의 노동자는 기업주의 착취와 관의 억압에 신음해 오면서도 우리의 권익은 우리가 찾겠다는 의지가 꺾이지 않고, 그 의지를 실현시킬 수 있는 힘을 축적해 온 결과 87년 6월 항쟁을 계기로 우리는 위대한 승리를 거두었습니다. 전국 각지에서 수많은 노조가 새로이 결성되고, 어용성 시비로 인하여 수많은 기존 노조의 내용이 바뀌었습니다. 우리가 오늘과 같은 결실을 거두게 된 근원적인 힘은 바로, 단결입니다. 우리 사회는 지금까지 노동자 자신들이 최소한의 권익을 보장받기 위해서 구걸하는 것은 허용했지만, 권익을 당당하게 획득하기 위하여 단결해서 투쟁할 수 있는 여건은 보장해 주지 못했습니다.

과거에 우리의 선배 노동자들이 걸어온 과정에서 충분히 알 수 있듯이, 우리가 서로 흩어져 있을 때라든지 방심하고 있을 때는 필히, 우리가 이미 획득한 권익을 빼앗겨 버리게 된다는 사실을 우리는 너무나 잘 알고 있습니다.

우리가 우리 스스로의 힘으로 거둔 결실을 가꾸고 다듬어서, 사회가 어떻게 변하든지 간에 우리의 능동적인 자세와 자발적인 노력으로 우리 노동자들의 앞날에 먹구름의 어두움이 걷히고 밝은 태양의 광명과 따사로움이 가득하도록, 다시 한번 각오를 다짐하여 우리들 상호간의 굳건한 단결을 구축합시다. 따라서 다음과 같은 결의와 내용을 가진 자주적 마·창 노동조합 연합회를 결성합니다.

1. 마산·창원지역노동조합총연합회는 우리 문제는 우리 스스로가 능동적으로 해결하는 터전이 된다.

7·8월 투쟁에서도 체험했듯이 해당 관청이나 한국노총은 노동자들의 열망을 제대로 수용하지 못하였다. 또한 조합의 일상활동이나 임금교섭 등 노조의 기능을 수행하는데 있어서 구체적인 대안과 지원을 하지 못하는 실정이다. 따라서 우리는 타에 의존함이 없이 우리 자신들의 힘으로 우리들의 문제를 해결하고자 한다.

2. 본 연합회는 어떠한 형태이든 외부세력의 시녀가 되지 않는다.

지금까지 우리는 운동권과 연계되었다든지 외부세력이 개입했다든지 하는 기업주들의 억척과 비난으로 인하여, 우리의 순수하고 자발적인 단결력을 매도당해 온 사례들이 많습니다. 이제 우리는 명실상부한 이 사회의 주역으로 당당하게 존재함으로써 우리가 땀흘린 결실에 대한 분배를 정당하게 요구하는 기능을 수행하는 자주적 입장으로 발돋음했습니다.

3. 본 연합회는 현 기존 한국노총 산하 각 연맹별 단체를 전면적으로 부정하지 않는다.

일부 노조간부들이 우려하고 있는 점은 본 연합회가 현재 한국노총을 중심으로 결합되어 있는 연맹 노조의 전국적인 한국노총구조를 이원화시키려고 시도하지 않느냐는 것입니다. 그렇게 되면 우리 사회의 사회적 총자본과 분배관계에서 끊임없는 대립상태에 있는 상황에서 노동자측 힘을 약화시키는 결과를 낳는다고 우려하고 있습니다. 정말로 정확한 지적입니다. 본 연합회는 그러한 의미를 가진 조직은 결코 아닙니다. 현재 한국노총의 각 산별 단체가 가진 현실적인 문제점과 취약성을 타에 의존함이 없이 능동적이고 자발적으로 비판, 보완해 나가기 위한 가장 직접적인 터전이 됩니다.

4. 본 연합회는 아직 자체역량을 정비하지 못하고 있는 신생노조와 변경된 노조에 있어 더욱 중요하고 직접적인 도움이 되고자 하는 조직입니다.

많은 신규노조들은 아직도 자체문제를 해결하고자 고심하고 있습니다. 지역 연합회는 이러한 노조들의 고충을 처리하는 일을 우선적으로 담당하고자 합니다. 타노조의 경험사례 및 일상활동 내용, 그리고 다른 사람들의 지혜와 지식, 타노조와 각급 기관에서 취급하는 필요한 모든 정보와 자료를 전문적이고 집중적으로 수집해서 다양하게 교환함으로써, 자체역량을 향상시키는데, 적극적인 지원 및 협조체제가 된다는 사실입니다.

5. 본 연합회는 조직을 내실화하고 적극적인 활성화를 기하기 위하여 업무집행별 사업내용 편성의 대략적인 대안을 상정하고 세부 사업활동계획을 차기 총회에서 수립하는 것으로 하겠습니다.

마창노련 창립 선언문

우리 마산·창원 지역 노동자들은 자기운명의 주인으로서 그리고 역사발전의 주체로서 모든 억압과 예속을 거부하고, 마산·창원노동조합총연합의 깃발 아래 일치단결하여 자주적이고 민주적인 노조운동의 새시대를 창조해 나갈 것을 엄숙히 선언한다. 이 땅의 노동자들은 오랜 세월 동안 그 험난한 노동현실 속에 신음해 오면서도 자유, 평화, 평등이 보장된 인간다운 삶의 참사회를 위해 부단히 투쟁해 왔다.

우리의 진정한 노동운동은 권력과 자본의 탄압으로 때로는 위축되고 때로는 침체되기도 하였으나 노동자들의 무수한 피땀으로 면면히 이어내려와 1987년 7·8월 투쟁을 디딤돌로 그 찬란한 도약의 계기를 맞이하고 있다. 이것은 결코 하루아침에 이루어진 우연한 결과가 아님을 우리는 잘 알고 있다. 기나긴 굴종과 침묵의 시대를 온 몸으로 맞서 싸워 온 선배 노동자들의 눈물겨운 투쟁의 결실이자 인간다운 삶을 향한 불굴의 신념과 뜨거운 열정을 바탕으로 쉼 없이 전진해 온 우리 노동자들의 피눈물 어린 결실인 것이다.

이제 우리 마산·창원노동조합총연합은 권력과 자본에 의해 왜곡되고 부패해진 노조의 풍토에 편입되기를 반대하고, 우리 문제는 우리 스스로가 능동적으로 해결해 나가는 터전이 될 것이며, 뜨거운 동지애와 굳은 신뢰를 밑거름으로 대동단결하여 노동자에게 영원한 노예적 삶을 강요하는 모든 불의와 맞서 의로운 투쟁을 전개해 나갈 것이다.

또한 우리는 아직 자체 역량을 정비하지 못하고 있는 신생 노조와 새롭게 변경된 노조에 있어 더욱 중요하고 직접적인 도움이 되기 위해 헌신 노력할 것임은 물론, 지역 노동자의 단결과 굳건한 연대를 기반으로 노동자의 정치, 경제, 사회, 문화의 제반 권리를 완전히 확보하는 참된 민주사회의 건설을 위해 전국 노동자와 무궁무진한 동지적 사랑으로 뜨겁게 뭉칠 것이며, 이 땅의 진정한 민주화를 염원하는 애국적 민주세력과도 형제적 사랑으로 긴밀하게 협력하여 총 매진해 나갈 것이다.

이제 우리의 힘찬 전진은 오랜 탄압과 장벽을 무너뜨리고 반드시 승리하고야 말 것이다. 우리에게는 역사를 이끄는 원동력이 있으며, 정의는 항상 우리편에 있기 때문이다. 그리고 우리는 인간다운 삶의 참사회를 향한 불굴의 투지로 굳게 뭉쳐 있기 때문이다. 우리는 역사적 주체로서 막중한 사명을 성실, 과감히 수행하기 위해 그 어떠한 역경에도 굴하지 않고 20만 마산, 창원 노동자와 더불어 더욱 힘있게 전진해 나갈 것이다.

강 령

1. 우리는 마창지역 노동자를 위하여 자주적이고 민주적으로 활동하는 노조운동을 강력히 추진한다.

1. 우리는 조합원들의 단결된 힘을 바탕으로 굳건히 연대하여 자본과 정치권력의 노동자에 대한 착취와 탄압을 물리치며, 이에 단호히 맞서 공동으로 대처한다.

1. 우리는 노동 3권의 완전쟁취와 노동자의 정치적, 사회적, 경제적 권리를 완전히 확보한다.

1. 우리는 주 5일 근무제로 생계비 쟁취, 노동조건 개선, 노동현장의 민주화, 사회민주화를 위해 노력하며 노동자의 자유로운 인간다운 삶을 쟁취한다.

1. 우리는 지역, 업종을 떠나 노동자는 하나라는 정신으로 연대 협력하여 노조운동의 지역, 전국 통일을 이룩한다.

1. 우리는 여성노동자의 지위향상을 위해 남녀차별을 철폐하고, 동일노동 동일임금을 쟁취한다.

1. 우리는 민주적이고 평등한 사회를 만들기 위하여 투쟁하는 모든 민주세력과 적극적으로 연대하여 노동해방의 그 날까지 끝까지 투쟁한다.

정기대의원대회 및 임시대의원대회

차수	임 기	정기대의원대회	임시대의원대회
1	1987.12~1988.12	1989.2 개최	
2	1989.1~1989.12	(1990.2/24 예정 → 연기) 1990.3/16 개최	(1차) 1989.8. (2차) 1990.1/13(전노협가입 결정) (3차) 1990.12.(회기년도 조정, 임기연장)
3	1990.1~1991.7	(1991. 9/6 개최 → 침탈로 연기) 1992.1/17 개최	1992.3/27 (1차)
4	1991.8~1992.7	(자료집만 발간)	
6	1992.8~1993.7	1993.8/30 개최	
7	1993.8~1994.7	1994.6/30. 개최(자료집 없음)	
7, 8	1994.8~1995.12	1995.12월 개최	1994.11/4 (7-1차) 1995.3/2 (7-2차)

1987~1995 마창노련 가입 노조 현황

가입 노조	89.2월	90.2월	91.9월	93.4월	94.11월	95.12월
타코마	1,070	1,070	탈퇴			
한국수미다전기	800	150	청산			
소요엔트프라이즈	70	40	해산			
한국스타	680	568	탈퇴			
한국중천	570	450	탈퇴			
기아기공	1,752	1,753	1,645	탈퇴		
한국화약	661	610	탈퇴			
한국중공업	4,200	4,200	3,800	3,400	3,400	3,800
삼미금속	460	460	300	220	250	250
삼미금속단조	275	275	250	폐업		
(주)통일	2,900	2,900	2,600	1,400	1,200	1,200
세신실업	702	450	400	350	330	310
대원강업	440	440	434	437	476	450
부산산업기계	201	138	100	60	탈퇴	
부영공업	380	280	탈퇴			
창원공업	200	190	탈퇴			
영흥철강	320	320	탈퇴			
한국센트랄자동차	421		탈퇴			
한국동광	2,000	2,000	2,000	2,000	탈퇴	
대림자동차	744	850	721	626	570	530
한국시티즌	2,255	750	탈퇴			
한국남산업	220	210	탈퇴			
한국동경전파	150	100	탈퇴			
일진특수판금	70					
산본	467	340	295	300	300	250

가입 노조	89.2월	89.8월	90.2월	91.9월	93.4월	94.11월	95.12월
한국웨스트전기	287		270	224	116	73	59
한국일선	600		550	탈퇴			
코렉스	200		탈퇴				
한국강구	100		100	탈퇴			
오성사	480		480	216	170		
한국TC전자	921		30	폐업			
효성중공업	1,457		1,372	1,410	1,410	1,104	1,104
두산유리	236		236	242		200	200
용원석산	34		34	탈퇴			
경남금속		118	118	89	88	90	90
만호제강		180	180	탈퇴			
삼화기계		46	33	27	26	26	26
태평공업		61	61	탈퇴			
태평양화학							
한일단조		180	240	탈퇴			
현대정공		1,950	1,900	1,900	1,888	1,850	1,850
대한광학				157	24	폐업	
동양전장				165	폐업		
삼우산기				304	폐업		
한국루카스				160	160	탈퇴	
화천기계						156	156
총계(노조/조합원수)	35/27,000		41/24,450	22/17,439	17/12,675	14/10,025	14/10,275

* 마창노련 정기대의원대회, 임시대의원대회 자료집 참조

* ▨ : 탈퇴 또는 폐업한 곳

* 노조 명칭 변경한 곳 : (주)통일(　～91.4월) ⇒ 통일중공업(91.4~94년)

　　　　　　　　　　⇒ 통일중공업(95～　)

년도별 노동조합수 비교

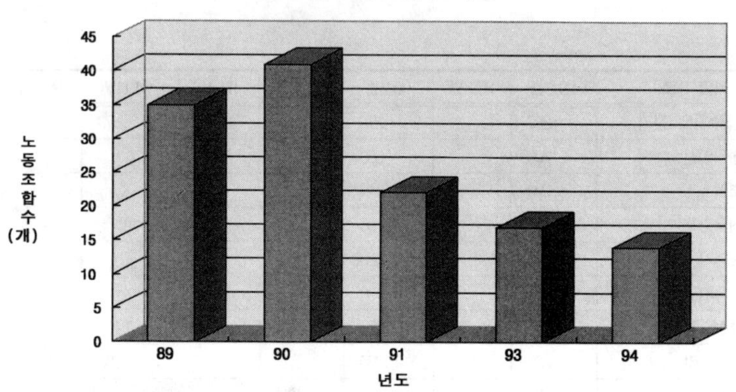

년도별 조합원 수 비교

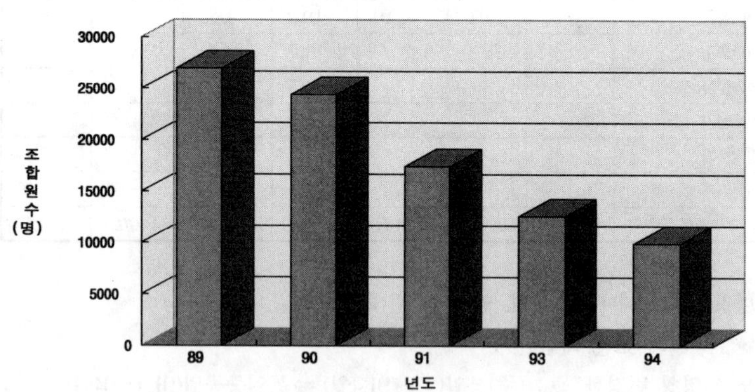

790

조직기구 현황

1대(87.12~89.1)			2대(89.1~90.1)	3대(90.1~91.7)
	87.12~88.2(임시)	88.6(임시)		
조합원총회			조합원총회	조합원총회
대의원대회			대의원대회	대의원대회
운영위			운영위원회	운영위원회
고문		고문	지도위원	지도위원
				자문위원
			사정위원	사정위원회
			다국적기업대책특위	
			방위산업체대책특위	
			가족위원회	
감사		회계감사	정책실장	정책실장
의장	회장	회장	의장	의장
부의장	부회장	부회장	부의장	부의장
사무처장	사무국 (총무, 재정, 복지부)	사무국 (총무, 재정)	사무처장	사무처장
총무부			총무국	총무국
재정부				
조직부	조직국 (체육, 조직, 대외부)	조직국 (조직 1·2부, 노사대책, 체육부)	조직국	조직국
			노사대책국	노사대책국
교육선전부	교선국 (교육, 법규, 선전부)	교선국 (선전, 법규, 교육)	교육선전국	교육선전국
		조통국 (조통 1부·2부)	조사통계국	조사통계국
여성부	조통국 (조통, 노사대책부)	여성국 (문화, 복지부)	여성국	여성국
			문화체육국	문화체육국
				복지국
1처 5부	4국 11부	5국 13부	1처 7국	1처 8국

4대(91.8~92.7)	5대(92.8~93.7)	6대(93.8~94.7)	7,8대(94.8~95.12)
조합원총회	조합원총회	조합원총회	조합원총회
대의원대회	대의원대회	대의원대회	대의원대회
운영위원회	운영위원회	운영위원회	운영위원회
지도위원	지도위원	지도위원	지도위원
자문위원	자문위원	자문위원	자문위원
사정위원회	사정위원회	사정위원회	사정위원회
정책실장	정책실장	정책실장	정책실장
의장	의장	의장	의장
부의장	부의장	부의장	부의장
사무처장	사무처장	사무처장	사무처장
총무국	총무국	사무국	사무국
교육국	교육국	교선국	교육선전국
선전국	선전국	선전국	
조직국	조직국	조직국	조직국
쟁의국	쟁의국	쟁의국	쟁의국
여성국	여성국		
문화체육국	문화체육국	문화체육국	문화체육국
조사통계국	조사통계국	조사통계국	조사통계국
복지후생국	복지후생국	복지후생국	복지후생국
연대사업국	연대사업국	산안법규국	산안법규국
1처 10국	1처 10국	1처 9국	1처 8국

연도별 조직 현황

6-1. 1대(1987.12~1989.1)

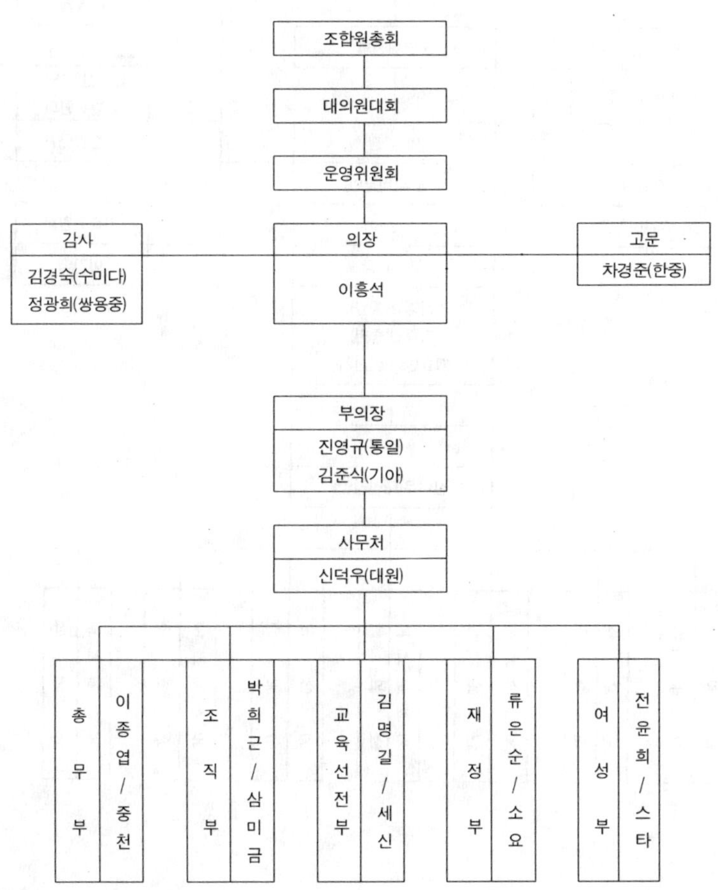

6-2. 2대(1989.1~1990.1)

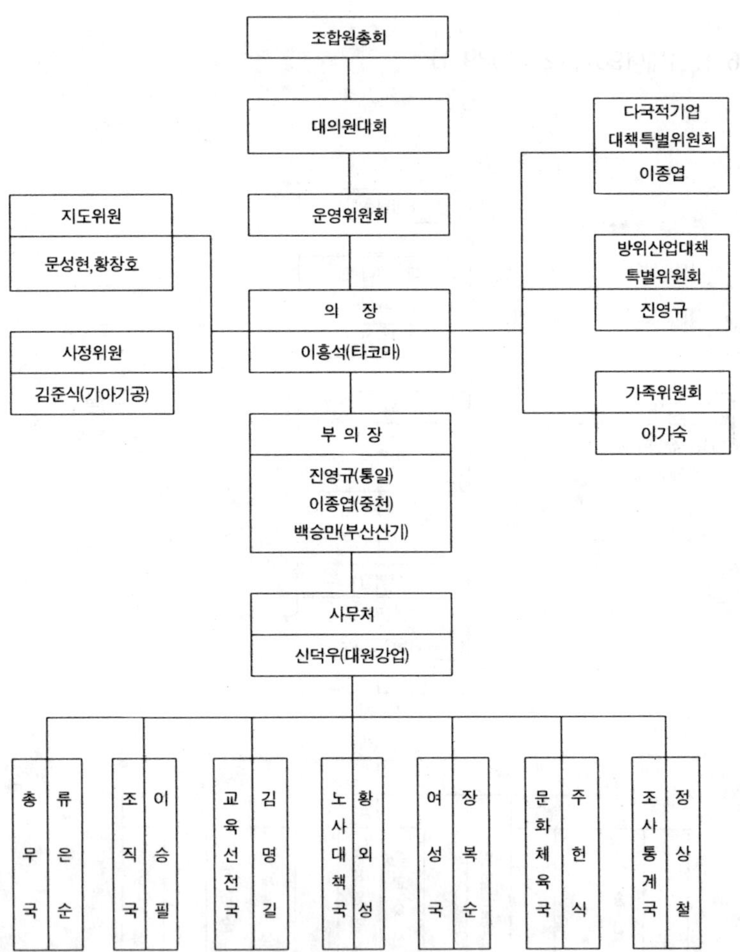

6-3. 3대(1990.1~1991.7)

※ 1990.12/10 임시대의원대회에서 회계연도 조정, 임기연장

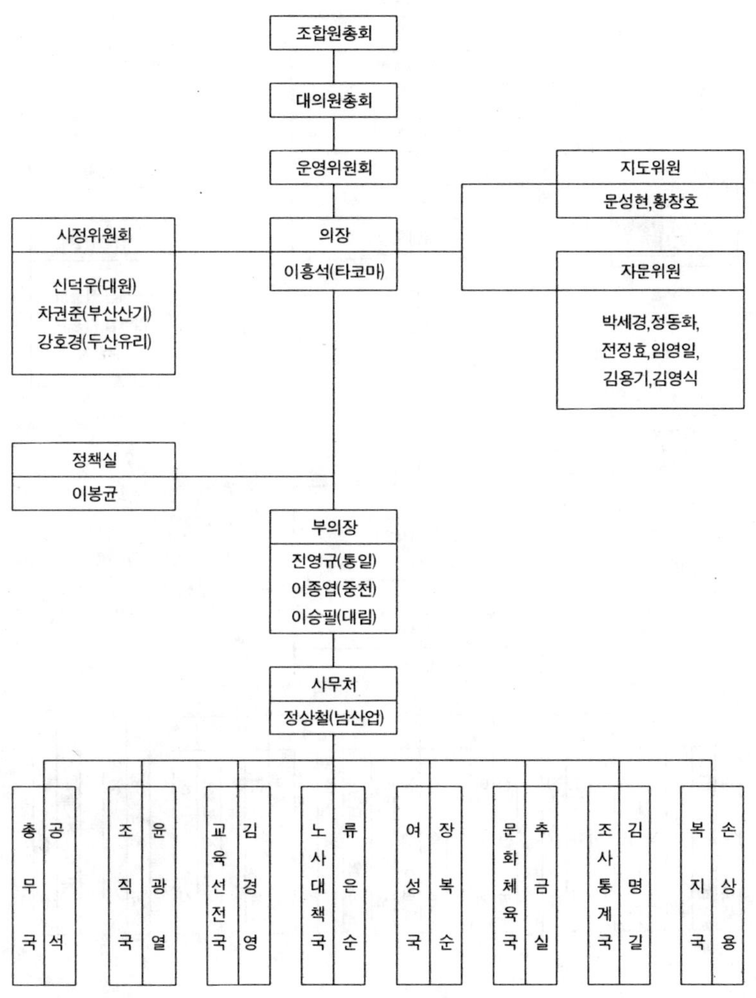

6-4. 4대(1991.8~1992.7)

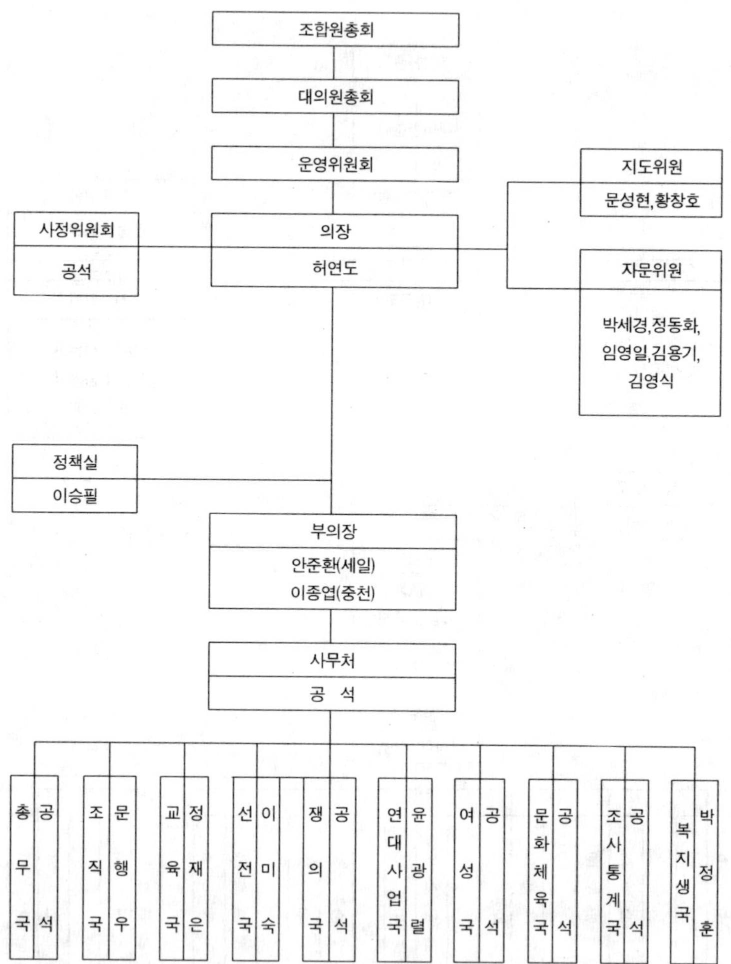

6-5. 5대(1992.8∼1993.7)

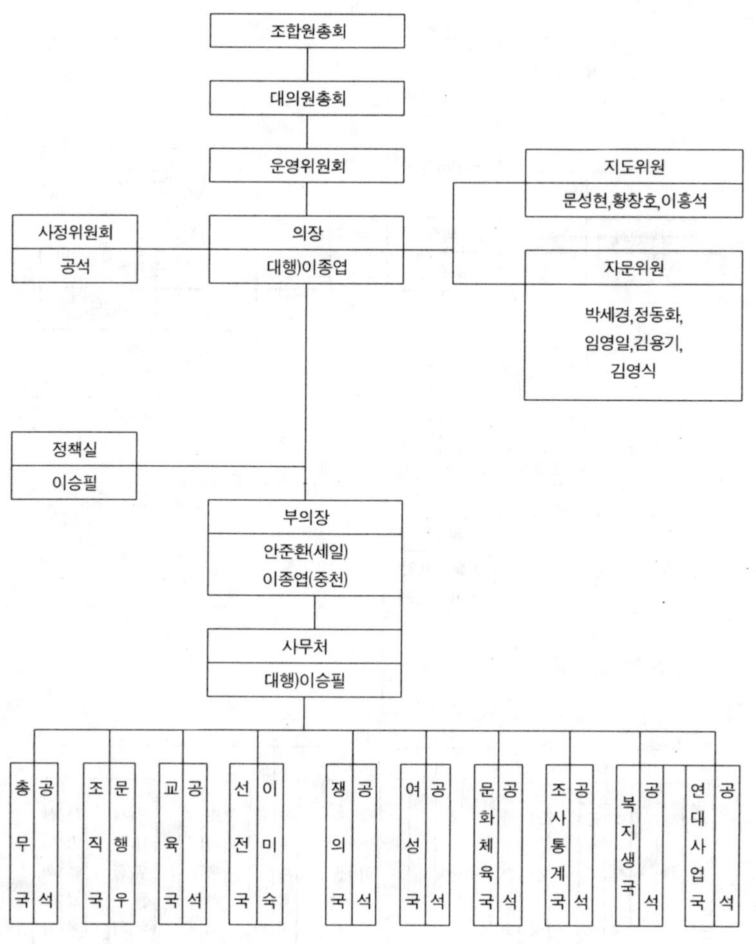

6-6. 6대(1993.8~1994.7)

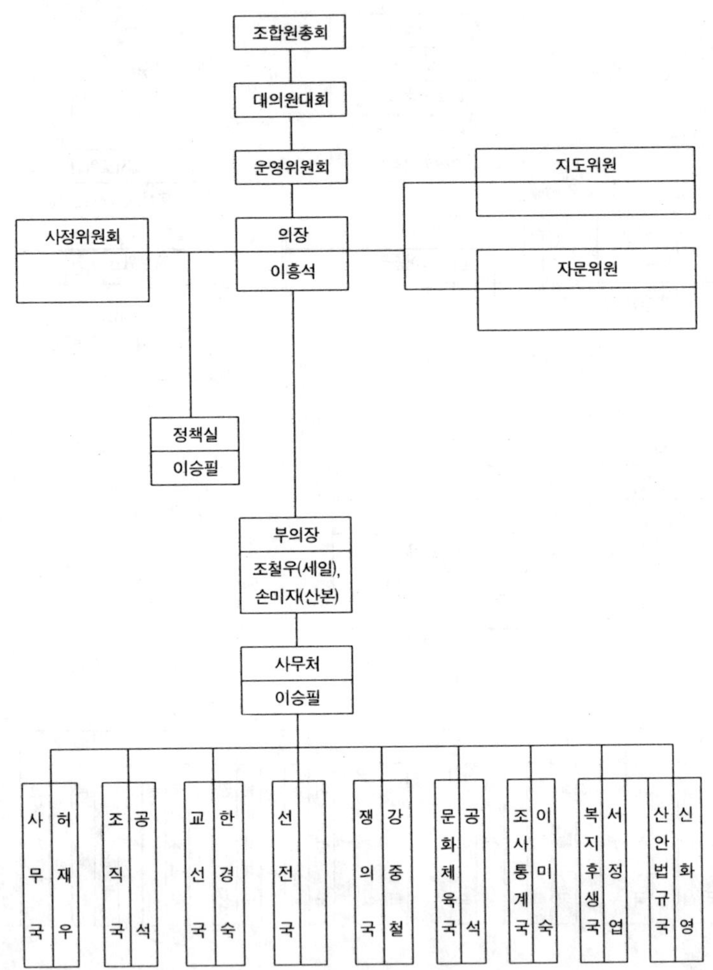

6-7. 7 · 8대(1994.8~1995.12)

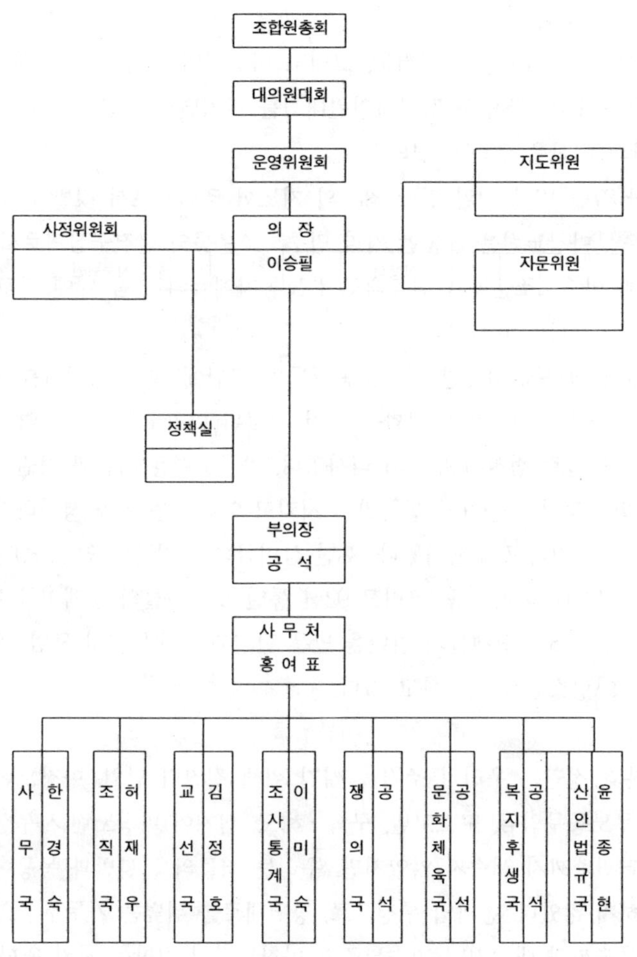

7. 해산 결의문

마창노련 조합원동지 여러분, 그리고 마창지역 노동자 여러분!

우리는 오늘 제8년차 정기대의원대회를 마치면서 마산·창원노동조합총연합의 해산을 엄숙히 결의한다.

지난 87년 12월 14일 전국 최초의 지노협 조직으로서 깃발을 우뚝 세운지 8년, 마창노련은 그동안 지역 민주노조운동의 단결구심체로서, 나아가 전체 민주노조운동의 선봉대로서 노동자계급의 이름 앞에 결코 부끄럽지 않는 길을 걸어왔다.

전태일 열사를 비롯한 선배노동자들의 고난에 찬 투쟁역사를 계승하고, 87년 노동자대투쟁의 성과를 모아 건설된 마창노련의 8년 역사는 피와 땀과 눈물로 점철된 투쟁의 역사였다. 마창노련은 자본과 정권의 가혹한 탄압에 맞서 노동자의 생존권을 지키고 인간다운 삶을 쟁취하기 위해 줄기차게 단결하고 투쟁해왔다. 88년 삼미금속 동지들의 임투, 89년의 세신실업 구사대 퇴치투쟁, 그리고 92년 통일 노동자들의 총액임금제 분쇄투쟁은 전국 노동형제들의 찬탄을 받은 단결과 연대투쟁의 모범이었음을 우리는 자랑스럽게 기억하고 있다.

자본과 정권은 우리의 조직을 깨기 위해 경찰력 난입, 마창노련 탈퇴공작, 무노동무임금, 고소고발, 구속·해고, 심지어 마창노련 사무실 침탈과 테러만행까지 서슴지 않았지만, 우리는 저들의 군홧발과 몽둥이에 결코 굴하지 않았다. 총파업 투쟁으로, 창원대로를 뒤덮는 가두투쟁으로, 그리고 목숨까지 내던지며 민주노조와 마창노련의 깃발을 지켜 왔다. 뿐만 아니라 마창노련은 전체 민주노조운동의 발전과 전체 민중의 권익실현을 위해서도 헌신적으로 노력해 왔다. 전노협을 건설하고 사수하는데 중

추적인 역할을 담당했으며, 최근 들어서는 민주노총 창립과 산별노조 건설 투쟁에 매진해 왔다.

우리는 오늘 마창노련의 해산을 맞아 지난 8년의 역사를 돌이켜 보면서 마창노련이 이 땅에 자주적 민주노조운동의 시대를 여는데 선구적인 역할을 했다고 감히 자부한다. 그리고 마창노련의 역사에 담긴 소중한 정신들 — 전투적 대중투쟁의 기풍과 굳건한 연대투쟁의 전통, 노동해방을 향한 지칠 줄 모르는 열정을 가슴 깊이 되새기고자 한다. 나아가 온 몸을 불살라 민주노조와 마창노련을 지켰던 이영일, 임종호 열사의 숭고한 자기희생 정신을 노동해방의 그 날까지 길이 계승시킬 것을 다짐한다. 이제 우리의 민주노조운동은 지난 8년간의 투쟁 성과를 총결산하면서 새로운 도약을 위해 내닫고 있다. 천만 노동자의 단결 구심체인 민주노총의 깃발 아래 하나되어 기업별 노조의 벽을 깨부수고 산업별 단결투쟁으로 나아가고 있으며, 나아가 사회변혁의 중심주체로서 우뚝 서고 있다.

자, 동지들! 이제 다시 시작이다. 마창노련의 창립이 자주적 민주노조운동의 시대를 여는 신호탄이었다면, 마창노련의 '발전적 해산'은 민주노조운동의 새로운 전진을 위한 출발이다. 마창노련의 성과를 계승하고, 마창노련이 못다 했던 일을 새로운 과제로 부여안으면서 금속연맹과 산별노조 건설, 민주노총 강화를 위해 힘차게 나아가자. 결코 내릴 수 없는 노동해방의 깃발을 들고 전진 또 전진하자!

1995년 12월 16일
마산·창원노동조합총연합 대의원 일동

약칭 · 약어 일람

노동조합 약칭 일람

단체 약칭 일람

약어 일람

단 체 약 칭

경기지역노동조합연합 / 경기노련
경남지역노동자협의회 / 경노협
국가안전기획부 / 안기부
기아그룹노동조합총연합 / 기총련
노동법개정투쟁 및 임금인상 전국투쟁본부 /
전국투본
노동조합정상화추진위원 / 노정추
노동조합탄압저지전국노동자공동대책협의회 /
전국공대협
노조민주화추진위원회 / 노민추
다국적기업대책특별위원회 / 다국적특위
연대를 위한대기업노동조합회의 / 대기업연대회의
마산·창원구속자석방및수배조치해제를위한가족대
책위원회 / 마창구가위
마산·창원지역노동법개정 및 임금인상 공동투쟁
본부/ 마창공투본
마산노동연맹 / 마산노련
마산창원노동조합총연합 / 창노련
민주노조실천위원회 / 실위
민주노조쟁취추진위원회 / 민노추
민주대개혁과 민주정부수립을 위한 국민회의 /
국민회의
민주자유당 / 민자당
민주화를위한전국교수협의회 / 민교협
민주화실천가족운동협의회 / 민가협
방위산업체특별위원회 / 방산특위
부천지역노동조합협의회 / 부노협
사회주의노동자동맹 / 사노맹
상임집행위원회 / 상집
서울지역노동조합협의외 / 서노협
선거관리위원회 / 선관위
수출자유지역노동조합협의회 / 수노협

외국기업 부당철수 저지 및 노조탄압분쇄 공동투
쟁위원회 / 외자기업 공투위
쟁의대책위원회 / 쟁대위
전국경제인단체협의회 / 경단협
전국경제인연합회 / 전경련
전국교직원노동조합 / 전교조
전국구속·수배·해고노동자원상회복투쟁위원회 /
전해투
전국금속노동조합연맹추진위원회 / 금속연맹(추)
전국노동운동단체협의회 / 전국노운협
전국노동조합대표자회의 / 전노대
전국노동조합협의회 / 전노협
전국농민운동연합 / 전농련
전국민족민주운동연합 / 전민련
전국빈민연합 / 전빈련
전국업종노동조합회의 / 업종회의
전노협건설준비소위원회 / 전노협준비소위
지역·업종별노동조합전국회의 / 전국회의
지역노동조합협의회 / 지노협
진주지역민주노동조합연합 / 진민노련
통일국민당 / 국민당
통일민주당 / 민주당
한국경영자총협회 / 경총
한국노동당건설추진위원회 / 한노당
한국노동조합총연맹 / 한국노총
한국노동조합총연맹한국경자총협회 / 노경총
한국민족예술인총연합 / 민예총
현대그룹노동조합총연합 / 현총련
International Labour Organization /ILO
Organization fo Economic Cooperation and
Development / OECD
World Trade Organizatopm / WTO

노 동 조 합 약 칭

(주)센트랄 노동조합 / (주)센트랄
(주)통일 노동조합 / (주)통일
경남금속 노동조합 / 경남금속 노조
금성사노동조합 창원1지부 / 금성사 창원1지부 노조
금성사노동조합 창원2지부 / 금성사 창원2지부 노조
금성산전 노동조합 / 금성산전 노조
금성자판기 노동조합 / 금성자판기 노조
기아기공 노동조합 / 기아기공 노조
기아정기 노동조합 / 기아정기 노조
대림자동차 노동조합 / 대림자동차 노조
대명공업 노동조합 / 대명공업 노조
대성공업 노동조합 / 대성공업 노조
대원강업 노동조합 창원지부 / 대원강업 노조
대한광학 노동조합 / 대한광학 노조
대한화학기계 노동조합 / 대한화기 노조
동명중공업 노동조합 / 동명중공업 노조
동양물산 노동조합 / 동양물산 노조
동양전장 노동조합 / 동양전장 노조
두산기계 노동조합 / 두산기계 노조
두산유리 노동조합 마산지부 / 두산유리 노조
미진금속 노동조합 / 미진금속 노조
부산산업기계 노동조합 / 부산산기 노조
부영공업 노동조합 / 부영공업 노조
삼미금속 노동조합 / 삼미금속 노조
삼미종합특수강 노동조합 / 삼미특수강 노조
삼양전기 노동조합 / 삼양전기 노조
삼우산기 노동조합 / 삼우산기 노조
삼화기계 노동조합 / 삼화기계 노조
세신실업 창원공장 노동조합 / 세신실업 노조
세일중공업 노동조합 / 세일중공업 노조(91/4~94)
소요 엔터프라이즈 노동조합 / 소요 노조
신동광학 노동조합 / 신동광학 노조

신흥화학 노동조합 / 신흥화학 노조
오성사 노동조합 / 오성 노조
제일정밀 노동조합 / 제일정밀 노조
코렉스스포츠 노동조합 / 코렉스 노조
코리아타코마 노동조합 / 타코마 노조
태광특수기계 노동조합 / 태광 노조
태양유전 노동조합 / 태양유전 노조
통일중공업 노동조합 / 통일중공업 노조 95~
한국 TC전자 노동조합 / TC 노조
한국 남산업 노동조합 / 남산업 노조
한국 동경전자 노동조합 / 동경전자 노조
한국 동경전파 노동조합 / 동경전파 노조
한국 동광 노동조합 / 동광 노조
한국 루카스디젤 노동조합 / 루카스 노조
한국 산본 노동조합 / 산본 노조
한국 성전 노동조합 / 성전 노조
한국 소와 노동조합 / 소와 노조
한국 수미다전기 노동조합 / 수미사 노조
한국 스타 노동조합 / 스타 노조
한국 시티즌 노동조합 / 시티즌 노조
한국 시티즌정밀 노동조합 / 시티즌정밀 노조
한국 웨스트전기 노동조합 / 웨스트 노조
한국 일신 노동조합 / 일신 노조
한국 중천 노동조합 / 중천 노조
한국 화약 노동조합 / 한국화약 노조
한국중공업 노동조합 / 한국중공업 노조
한일단조 노동조합 / 한일단조 노조
현대정공 창원공장 노동조합 / 현대정공 노조
현대중공업 노동조합 / 현대중공업 노조
화천기계 노동조합 / 화천기계 노조
효성기계 노동조합 / 효성기계 노조
효성중공업 노동조합 / 효성중공업 노조

약　어

교육선전 / 교선
노동법개정투쟁 / 노개투
노동자 / 사용자 / 노사
노동조합 / 노조
노래가사바꿔부르기 / 노가바
단체협약 / 단협
단체협약갱신투쟁 / 단협투쟁
대통령선거 / 대선
문화선동대 / 문선대
문화체육국 / 문체국
사용자측 / 사측
산업별 / 산별
산업재해 / 산재
손해배상 / 손배
신용협동조합 / 신협

옥중투쟁위원회 / 옥투위
외국자본 / 외자
방위산업체 / 방산업체
임금인상단체협약갱신투쟁 / 임단투
임금인상투쟁 / 임투
임시대의원대회 / 임대
쟁의발생 / 쟁발
정기대의원대회 / 정대
정당방위대 / 정방대
지방자치단체 / 지자체
지방자치제 / 지자제
집회및시위에관한법률 / 집시법
투쟁본부 / 투본
마산수출자유지역 / 수출지역

1. 오늘의 세계경제 : 위기와 전망

크리스 하먼 지음 / 이원영 편역

1990년대에 자본주의 세계경제가 직면한 위기의 성격과 그 내적 동력을 이론적·실증적으로 해부한 경제 분석서.

2. 동유럽에서의 계급투쟁 : 1945~1983

크리스 하먼 지음 / 김형주 옮김

1945~1983년에 걸쳐 스딸린주의 관료정권에 대항하는 동유럽 노동자계급의 투쟁이 어떻게 전개되어 왔는가를 실증적으로 분석한 역사서.

3. 오늘날의 노동자계급

알렉스 캘리니코스·크리스 하먼 지음 / 이원영 옮김

현대 자본주의 사회에서 노동자계급의 구성과 역할, 그리고 성격이 어떻게 변화하고 있는가를 실증적으로 분석한 책.

5. 서유럽 사회주의의 역사 : 1944~1985

이안 버첼 지음 / 배일룡·서창현 옮김

유럽 사회민주주의 정당들과 공산당들의 역사를 실제 행동을 중심으로 분석한 책.

6. 현대자본주의와 민족문제

알렉스 캘리니코스 외 지음 / 배일룡 편역

자본 국제화의 과정에서 국민국가의 위상은 어떻게 바뀔 것인가를 둘러싸고 전개된 논쟁집.

7. 소련의 해체와 그 이후의 동유럽

크리스 하먼·마이크 헤인즈 지음 / 이원영 편역

소련 해체 과정의 저변에서 작용하고 있는 사회적 동력을 분석하고 그 이후 동유럽 사회가 처해 있는 심각한 위기와 그 성격을 해부한 역사 분석서.

8. 현대 철학의 두 가지 전통과 마르크스주의

알렉스 캘리니코스 지음 / 정남영 옮김

현대 철학의 역사에 대한 비판적 분석을 통해 철학에서 마르크스주의의 역할은 무엇인가를 집중적으로 탐구한 철학 개론서.

9. 현대 프랑스 철학의 성격 논쟁

알렉스 캘리니코스 외 지음 / 이원영 편역·해제

알뛰세의 구조주의 철학과 포스트구조주의의 성격 문제를 둘러싸고 영국의 국제사회주의자들 내부에서 벌어졌던 논쟁을 묶은 책.

10. 자유의 새로운 공간

펠릭스 가따리·안토니오 네그리 지음 / 이원영 옮김

1968년 이후 등장한 새로운 집단적 주체와 전복적 정치 그리고 연합의 새로운 노선을 제시한 철학·정치학 입문서.

11. 안토니오 그람시의 단층들

페리 앤더슨·칼 보그 외 지음 / 김현우·신진욱·허준석 편역

마르크스주의 내에서 그리고 밖에서 그람시에게 미친 지적 영향의 다양성을 강조하면서 정치적 위기들과 대격변들, 숨가쁘게 변화하는 상황에 대한 그람시의 개입을 다각도로 탐구하고 있는 책.

12. 배반당한 혁명

레온 뜨로츠키 지음 / 김성훈 옮김

소련의 스딸린주의 체제가 한창 위세를 떨치던 1930년대. 혁명적 마르크스주의의 입장에서 통계수치와 신문기사 등 구체적인 자료를 바탕으로 소련 사회와 스딸린주의 정치 체제의 성격을 파헤치고 그 미래를 전망한 뜨로츠키의 대표적 정치 분석서.

13. 들뢰즈의 철학사상

마이클 하트 지음 / 이성민·서창현 옮김

들뢰즈 철학사상의 발전을 분석한 철학 개론서이자 현대 프랑스 철학과 포스트구조주의 사상을 이해하는 데 커다란 도움을 줄 수 있는 입문서.

14. 포스트모더니즘 이후의 정치와 문화

마이클 라이언 지음 / 나병철·이경훈 옮김

마르크스주의와 해체론의 연계문제를 다양한 현대사상의 문맥에서 보다 확장시키는 한편, 실제의 정치와 문화에 구체적으로 적용시키는 철학적 문화 분석서.

15. 디오니소스의 노동·I

안토니오 네그리·마이클 하트 지음 / 이원영 옮김

'시간에 의한 사물들의 형성'이자 '살아 있는 형식부여적 불'로서의 '디오니소스의 노동', 즉 '기쁨의 실천'을 서술한 책.

16. 디오니소스의 노동·II

안토니오 네그리·마이클 하트 지음 / 이원영 옮김

이탈리아 아우토노미아 운동의 지도적 이론가였으며 현재 파리 제8대학 교수로 『전미래』지를 주도하고 있는 안토니오 네그리와 그의 제자이자 가장 긴밀한 협력자이면서 듀크대학 교수인 마이클 하트가 공동집필한 정치철학서.

마이노리티 시선 1

왜 딸려!

구로노동자문학회 창립 10주년 기념시집

사는 일에 지쳐 처진 어깨로 찾아가면 10년이 지났는데도 구로노동자문학회가 아직도 그 곳에 있다. 낯익은 이름보다 낯선 이름이 더 많지만 한번 손을 잡고 나면 곧 낯이 익어지는 동지들. 10년이 지났는데도 아직 그 곳에 그대로 있다.

— 김해화(시인)

마이노리티 시선 2

사람이 그리운 날

일과시 제4집

그대들 정직한 노래 참 아름답다.
생각해보면 참되고 선하고 아름답게 살고 싶었는데 어디선가 길을 잃었다.
그 노래 벗삼아 아주 어두워지기 전에 이 나무 아래를 떠날 수 있기를.
가다가 나처럼 길잃은 사람 만나면 나도 그대들처럼 정직한 노래, 말없는 눈인사 보낼 수 있기를.

— 유시주(시인, 자유기고가)

17. 이딸리아 자율주의 정치철학·1

쎄르지오 볼로냐·안또니오 네그리 외 지음 / 이원영 편역

이딸리아 아우또노미아 운동의 이론적 표현물 중의 하나인 자율주의 정치철학이 형성된 역사적 배경과 마르크스주의 전통 속에서 자율주의 철학의 독특성, 그리고 1980년대 이후 1990년대 중반에 이르기까지 그것이 거두어 온 발전적 성과를 집약한 책.

19. 사빠띠스따

해리 클리버 지음 / 이원영·서창현 옮김

미국의 대표적인 자율주의적 마르크스주의자이며 사빠띠스따 행동위원회의 활동적 일원인 해리 클리버 교수(미국 텍사스 대학 정치경제학 교수)의 진지하면서도 읽기 쉬운 정치 논문 모음집.

20. 신자유주의와 화폐의 정치

워너 본펠드·존 홀러웨이 편저 / 이원영 옮김

사회관계의 한 형식으로서의, 계급투쟁의 한 형식으로서의 화폐에 대한 탐구. 이 책 전체에 중심적인 것은, 화폐적 불안정성의 이면은 노동의 불복종적 권력이라는 것을 이해하는 것이다.